Philosophia of Taisho-Shin-Kyoiku: un véritable élan de vie

大正新教育の思想

生命の躍動

橋本美保
田中智志
編著

東信堂

まえがき

日本で「新教育」と呼ばれる教育実践は、毀誉褒貶の激しい教育実践である。大まかにくくるなら、フランスでl'éducation nouvelle（新教育）、アメリカでProgressive Education（進歩主義教育）、ドイツでReformpädagogik（改革教育）と呼ばれてきたこの教育実践は、一方で高く評価されながら、他方で厳しく非難されてきた。たとえば、アメリカの進歩主義教育の思想的基盤を形成し、多くの追随者を生みだしたジョン・デューイは、教育界のヒトラーに喩えられたことすらある。

しかし、新教育は子ども中心、経験中心の教育実践にとどまる営みではない。それは教育思想でもある。大正新教育についていえば、それは明治期に導入された近代教育を超えようとする教育思想でもある。奇妙なことにも、これまでのところ、大正新教育の思想についての検討は充分になされてこなかった。大正新教育を象徴する「八大教育主張」についてはたびたび言及されてきたが、その内容についてはほとんど語られることがなかった。大正新教育は、それを支える思想の検討を等閑に付したまま、高らかに宣揚されたり、激しく非難されてきた。

本書のめざすところは、この大正新教育の思想内容を可能なかぎり深く探究することである。大正新教育がどのような経緯で、どういう歴史的・社会的背景のもとに、日本に登場したのか、そうした社会史的・歴史社会学的な検討は、本書がめざすところではない。本書がめざすところは、大正期における新教育の思想内容を存在論的な深みから捉えることである。そこで語られている基礎概念が何を意味しているのか、その根本思想を明らかにすることである。

私たちの試みは、従来の肯定的な新教育研究に似ているかもしれないが、それとは区別されるだろう。新教育に確かな「教育的価値」を見いだす従来の新教育研究は、普遍性を僭称しつつも、実質的に平板な価値規範にすぎない教育的価値を見いだすにとどまっているが、私たちの試みは、そうした教育的価値を再確認することではなく、そこに脱構築不可能な思考を見いだす試みである。それは、不在の存在としての真理に向かうという意思である。

また、私たちの試みは、これまでの新教育への批判を無視しているように見えるかもしれないが、そうした批判を踏まえたものである。たしかに、新教育には教育現実・社会変動・政治状況への機能的対処・反動的対応といった側面があり、座学／活動、学知／生活、言葉／経験、能動／受動、主体／客体、個人／社会といった二項対立図式にとらわれるという側面もある。しかし、新教育の思想は、そうした負の側面にとどまらない可能性、すなわち前述の真理への意思を秘めている。

本書は、序章・終章と三つの部から構成されている。序章は、大正新教育を近代教育史のなかに位置づけ、論点を提示している。「海外の新教育思想」と題された第1部は、日本の新教育思想に大きな影響を与えた四人の教育思想家、デューイ、ドクロリー、フレネ、モンテッソーリを取りあげ、その特徴を述べている（残念ながら、ベルクソンについての章を設けていない）。「八大教育主張」と題された第2部は、表題どおり、「八大教育主張」と呼ばれた教育思想を取りあげ、その特徴をまとめている。「新教育の思想圏」と題された第3部は、「八大教育主張」には含まれていないが、私たちが重要と考える教育思想家六人を取りあげ、その教育思想を特徴づけている。終章は、これまでの議論を踏まえて、大正新教育の根本思想を存在論的な生命思想として捉えることを提案している。

なお、史料の引用にあたっては、できるだけ原文に忠実に行うこととした。ただし、漢字の旧字体は新字体に改め、合字は仮名に改めた。また、引用者が［ ］を用いて字句を補い、原文中の傍点はとくに断りのないかぎり省いた。

編者

大正新教育の思想――生命の躍動／目次

まえがき　i

序　章　大正新教育・再訪……橋本美保　3
1　はじめに――今なぜ大正新教育なのか　4
2　ヘルバルト教育学の受容　6
3　公教育への批判と「新教育」の登場　12
4　教師の成長とその役割の変化　15
5　相互活動的な教育関係と教育的思考　26

第1部　海外の新教育思想

第1章　デューイ教育思想の基礎――自然の呼応可能性……田中智志　34
1　大正新教育とデューイ　35
2　デューイの自然呼応論　38
3　デューイ教育諸概念　48

4　自然呼応論とアガペー　56

第2章　ドクロリー教育思想の基礎——全体化と生命……田中智志　62
1　大正新教育とドクロリー　63
2　ドクロリーの全体化論　65
3　ドクロリーの生の教育論　78
4　生命の存在論的了解　82

第3章　フレネの教育思想——その可能性と射程……金森　修　89
1　フレネの生涯と教育実践　90
2　主著『仕事の教育』における自然観と教育観　102
3　〈乖離的〉な総括　117

第4章　モンテッソーリの教育思想——フレーベルとの決別がもたらしたもの……山内紀幸　139
1　問題設定　140
2　期待されたフレーベル主義との融合論　141
3　モンテッソーリの沈黙　145
4　フレーベルとの決別　149
5　モンテッソーリ教育思想の形成　152
6　結語——フレーベルとの決別がもたらしたもの　156

第2部　八大教育主張

第5章　八大教育主張の教育理念──愛に連なる生命……橋本美保・田中智志　164
1　八大教育主張について　165
2　八大教育主張講演会の企画と運営　167
3　教育学術研究大会が終わって　173
4　八大教育主張の概要　179
5　アガペーとしての愛の出現　189
6　アガペーとしての愛の思想史的位置　196
第6章　及川平治の動的教育論──生命と生活……橋本美保　203
1　はじめに──及川の経歴と実践課題　204
2　『分団式動的教育法』に見る「教育の動的見地」　208
3　動的世界観の基礎概念　211
4　動的教育論の特徴　215
5　及川の生命概念と生活概念　220
6　おわりに──自由に向かう生命の躍動　224

第7章　稲毛金七の教育思想……………安部高太朗　232
1　はじめに　233
2　稲毛金七と教育　235
3　創造教育論について　240
4　おわりに　249
第8章　樋口長市の自学主義教育論……………永井優美・近藤めぐみ　256
1　はじめに　257
2　樋口長市の経歴　258
3　樋口の自学主義教育論の特徴　259
4　川井訓導事件の真相　267
5　おわりに　275
第9章　手塚岸衛の「自由」概念――千葉師範附小における「自由教育」の実践を通じて……………田中智輝　278
1　はじめに　279
2　手塚の「自由教育」における理論と実践　280
3　「自然の理性化」としての「自由」　283
4　「創造的連続発展」としての「自由」　286
5　「自由への教育」と「自由としての教育」を支えるもの　291

6　おわりに　295

第10章　千葉命吉の教育思想――「生の哲学」の系譜……木下　慎　299
1　はじめに　300
2　生命と問題解決　301
3　生命の衝動　304
4　生命の潜勢力　314
5　おわりに　319

第11章　河野清丸の「自動主義教育」論――「灰色教育家」……田口賢太郎　323
1　はじめに　324
2　河野の教育思想への評価――「自動主義」論以前・以後の主張の変節を巡って　326
3　「八大教育主張」時における河野の「自動教育論」　329
4　「転向」および教育の目的と方法の問題――「自動主義」以前の河野に遡行して　333
5　灰色教育家としての彷徨――イメディアの教育思想　338
6　おわりに　341

第12章　小原國芳の「田園都市」――「全人教育」をめぐる行動と物語……山名　淳　349
1　はじめに――「新教育」の空間構成という視点　350
2　「教師が経営する田園都市」――日本の「田園都市」体系における玉川学園の位置　352

3　都市部からの空間的な遠さと時間的な近さ　354
4　学園を中心とした生活共同体　356
5　「田園都市」草創期における労作教育の拠点形成　359
6　玉川学園における「新教育」のカノン形成　361
7　おわりに――夢のゆくえ　366

第3部　新教育の思想圏

第13章　橋詰良一の「家なき幼稚園」構想……米津美香　380
1　はじめに　381
2　家はなくても幼稚園はできる　382
3　誕生した七つの幼稚園　385
4　橋詰の「自然」概念　393
5　おわりに　398
第14章　芦田恵之助における生の変容とその思想
――綴り方教授における「随意選題」論に着目して……松橋俊輔　402
1　はじめに　403

2　明治期の綴り方論　404
3　芦田の苦しみ　407
4　変容はいかにして可能になったか　410
5　「随意選題」論の内実　415
6　芦田は何を失ったのか　421

第15章　北澤種一によるドクロリー教育法の受容——全体教育の実践思想……遠座知恵　425
1　はじめに　426
2　大正新教育とドクロリー教育法　429
3　東京女高師附小の改革に与えた影響　433
4　全体教育の実践とその思想　435
5　おわりに　439

第16章　一九二〇年代の赤井米吉の芸術と宗教——共鳴と祈りの心について……李　舜志　443
1　はじめに　444
2　赤井における芸術　446
3　赤井における宗教　455
4　赤井における社会　459
5　まとめ　463

第17章　北村久雄の「音楽的美的直観」概念――音楽教師としての音楽と生命の理解……塚原健太　467
1　はじめに　468
2　音楽の独自性への認識　471
3　ベルクソンの持続と美的直観　475
4　北村の生命理解と教師の役割　480

第18章　野村芳兵衛の教育思想――愛と功利の生活教育……木下　慎　486
1　はじめに　487
2　野村の大正期の思想　488
3　野村の昭和期の思想　504
4　おわりに　513

終　章　思想としての大正新教育へ――呼応し躍動するアガペー……田中智志　518
1　大正新教育をめぐって　519
2　功利主義と個人の発達　521
3　大正新教育の思想史へ　525
4　アガペーとしての愛　531
5　呼応し躍動するアガペー　544

あとがき 551
人名索引 555
事項索引 563
執筆者紹介 566

大正新教育の思想——生命の躍動

Philosophia of Taisho-Shin-Kyoiku: un véritable élan de vie

序　章　大正新教育・再訪

Taisho-Shin-Kyoiku Revisited: An Overview

橋本　美保

〈概要〉　序章では、大正新教育を思想史的に位置づけるために、明治期の日本の教育学を概観する。教育学は西洋で成立発展した学問であるが、なかでも日本が受容した教育学は、主にドイツで誕生し展開したヘルバルト主義教育学である。本章では、まず、この教育学の特徴と、それが日本に導入された経緯を確認する。ヘルバルト主義教育学は日本に紹介された後、日本的に変容し、定着した。そして、それは、日本の学校に画一的、静的な実践の弊害をもたらしたとして、やがて批判の対象となっていく。その批判のなかから登場した新しい教育思潮・教育実践は、一般に「大正新教育」と呼ばれている。大正期に広く教育刷新運動として普及した「新教育」は、教師たちの自由闊達な教育学研究活動の産物であった。よりよい教育への果敢な試みは、教師自身の、新しい教育の未来を切り開こうとする生きざまに支えられていたのである。

1　はじめに――今なぜ大正新教育なのか

ヨーロッパ・アメリカの先進諸国においては、スプートニク・ショック（一九五七年）とジャパン・ショック（一九八四年）が、第二次世界大戦後の世界の教育を語る上で欠かせない出来事とされてきた。この二つの出来事は、他国の教育に対する評価、すなわち対外教育観が、ある国の教育変革に大きな影響を与える事実を示している。さらに、近年、そこに加えられた第三のショックが、ＰＩＳＡショック（フィンランド・ショック）である。これらの出来事が引き起こした教育の史的事象は、近代以降の教育変革の契機が、一国（社会）の特殊な国内事情だけではなく、その時代の国際関係のなかにおいて把握されてこそ、その本質を理解し得ることを示唆している。

たとえば、「生きる力」の育成をめざして創設された「総合的な学習の時間」は、カリキュラムをデザインする主体が教師にあるという自覚を促し、教科横断的な体験学習を進める多様なカリキュラムを創出した一方で、「ゆとり教育」の元凶として非難され、岐路に立たされている。二〇〇四（平成一六）年のＰＩＳＡショックを受けて、日本の教育課程行政は「学力向上」に向けて舵を切ったと言えるだろう。同じような教育改革の契機は、新教育運動とそれを否定する学力低下論の台頭という形で、近代教育史上何度も見られた。「新教育はなぜ繰り返すのか」、この問いが私たちに近代学校教育の歴史的研究、とりわけ大正新教育への関心を生じさせた根底にある。

一九世紀から二〇世紀への世紀転換期の日本における教育改造運動、いわゆる大正新教育運動については、それが制度を変革できなかった教育運動であるという運動史的な評価とともに、そのブルジョア的性格と思想の脆弱性によって、体制側の弾圧に抗しきれなかったことが限界であるとされてきた。しかしながら、ある教育者や実践が体制に抗し得たか否か、社会改革に貢献できたかどうかによってその思想や実践の質を評価できるとは限らない。

実践そのものに内在する本質的価値に基づいて大正新教育を評価することこそ、その教育学的意義を重層的に捉え直す試みとして必要であろう。このような問題意識から、大正期の教育運動を別の視点から捉え直す一つの方法として、国際的な教育運動への位置づけを視野に入れつつ、西洋の教育思想の導入と日本の教育実践の刷新との関係に注目したい。

「新教育はなぜ繰り返すのか」という問いは、すなわち「新教育はどうして成就しないのか」という問いである。どんな時代にもどんな国（地域）にも優れた教師がおり、優れた実践がある。それがなかなか一般化しないのはどうしてなのか。本書においては、「大正新教育」を国際新教育運動の一環として捉え、その教育学的意義を思想史的な捉え直しによって明らかにすることを試みたい。仮に、大正新教育の思想が脆弱であったとするならば、誰の思想が脆弱なのか、どこにその限界があるのかという大正新教育に見られる思想の内実とその構造を明らかにしなければ学問的とはいえない。ただし、新教育運動における「思想史的な捉え直し」は簡単ではない。なぜなら、運動の主体であった実践家の「思想」はどこに表れているのかを精査することが必要だからである。実践家は思想家や教育学者とは違い、自分の思想を体系的に語っていないし、むしろ言葉にしていない場合が多い。精力的な執筆活動をしている実践家であっても、その語りはいつ、どのような場で誰に対してなされたものかによって異なり、言葉だけを追えば一貫性を逸しているように見える場合が多い。だからこそ、彼らの置かれた情況に関する史実を掘り起こし、重ね合わせることで、読むべきテキストを吟味し、彼らの実践の基底にある「思想」を読み取ることが必要となる。本書の各章では、新教育にかかわった思想家、理論家（学者）、企業家、実践家がそれぞれにどのような歴史的社会的情況のなかで、どのような個人的な衝迫（課題解決）の文脈でそれぞれの言葉を紡いでいたのかに目配りがされつつ、その基底にある思想が読み解かれていく。

そこで、まず本章では、大正新教育を思想史的に位置づけるために、明治期の教育学との関係を概観しておこう。

ドイツのヘルバルト教育学を受容して成立した近代日本の教育学がどのようなものであったのか、その特質を確認し、その土壌のもとで、しかもそれを批判する形で生起することとなった大正新教育運動とその思想の背景を把握することから始めよう[1]。

2　ヘルバルト教育学の受容

ヘルバルト教育学の特色

一九世紀前半のドイツでは、近代的な学校が制度化され、普及し始めた。このとき、学校教育の理論的な土台となる「教育学」の樹立に中心的役割を果たした人物が、ヘルバルト（Herbart, Johann F. 1776-1841）である。ヘルバルトは、彼の主著と言われる『一般教育学』（*Allgemeine Pädagogik*, 1806）と『教育学講義要項』（*Umriss Pädagogischer Vorlesungen*, 1835）を著し、教育学の目的を倫理学によって、また方法を心理学によって基礎づけることにより、教育学を体系化した。彼によって教育学は「教職の科学」として基礎づけられ、現代にいたるまで、一五〇年にわたる発展の礎を築くこととなった。

ヘルバルトは、倫理学に拠りながら、教育の目的を「品性の陶冶」（Character Bildung）であるとした。「品性の陶冶」とは「道徳的な人格の形成」を意味している。ヘルバルトは、教育を「管理」（Regierung）、「訓練」（Zucht）、「教授」（Unterricht）という三つの営みに分け、品性の陶冶のためには、「管理」を前提としながら「教授」と「訓練」とを両車輪とする働きかけが必要であると考えた。ヘルバルトによれば、教授は思想界を陶冶し、教育は品性を陶冶する。しかも後者は前者なしにはありえないことから、これら三つのうち「教授」が中心的な位置を占める。ヘルバルトの「教育的教授」(erziehender Unterricht) という表現は、このことを強調した独特の意味をもつ。

ここで二つのことを確認しておきたい。一つは、一般に「管理」と訳されているもとのドイツ語が「Regierung」(レギールング) であり、実際にヘルバルトがこの言葉で意味していたことは「ただすこと、整えること」であったことである。いわば、それは、子どもを何かに真剣に取り組ませるための与件である。したがって日本語の「管理」という言葉のニュアンスとはずれている。もう一つは、一般に「訓練」と訳されているドイツ語が「Zucht」(ツフト) であり、この言葉の意味するところが「相手の心情に働きかけること」、つまり「子どもを心情的に支援すること」により人間形成を図るということである。これも「訓練」という日本語の意味からかなりずれている。

さて、ヘルバルトが、自身の教育学をどのように形成していったのか、その経緯を確かめておこう。ヘルバルトの教育学的思索は、若いころの家庭教師の体験に根源があると言われている。そのころ、ヘルバルトはスイス・ベルン州の小さな町ブルクドルフにあったペスタロッチ (Pestalozzi, Johann Heinrich 1746-1827) の実験学校を視察し、大きな感銘を受けた。ペスタロッチは、スイスの教育者で、当時、孤児や貧民の子どもの教育を熱心に行っていた。有名な著書として、『隠者の夕暮』(*Die Abendstunde eines Einsiedlers*, 1780)、『リーンハルトとゲルトルート』(*Lienhard und Gertrud*, 1781-87) などがある。ペスタロッチが強調した「諸能力の調和的な完成」は、ヘルバルトにおいては「多方興味」の喚起によってめざされた。教育の目的として「品性の陶冶」を強調したヘルバルトは、その方法としての多方興味の喚起を中心的な課題としたのである。

さらに、ヘルバルトは、ペスタロッチが提唱していた「直観から概念へ」という認識の過程を、自身の連合心理学を用いた「興味」の理論によって深めようとした。興味は、「閾下」(無意識) にある既有の表象群が、「識閾」において新しい表象を「類化」(統覚) するところに生じるが、その際には「専心」(Vertiefung) と「致思」(Besinnung) が条件となる。専心と致思には、それぞれに静的、動的な二側面があり、専心は明瞭と連合に、致思は系統と方法に区分される。この考え方に基づいて、ヘルバルトは、知識が次の四段階を経て獲得されるという心理的な学習過程論を提示した。すなわち、人間の認識は、「明瞭」(対象を明瞭に見ること)、「連合」(心に生じた表象を結びつけること)、「系統」(連合した表象を秩序づけること)、そして「方法」(秩序づけられた表象を分節化し、応用すること)という、四段階を経て獲得されるという考え方である。つまり、この認識の過程に応じた教授の過程(すなわち指示・結合・教授・哲学)を展開することこそが、教師の重要な役割に他ならない。いいかえるなら、教師の大事な役割は、生徒をよく観察しながら、その認識の状況を把握し、その生徒に対する教授をどう展開するかを判断することであった。

ヘルバルトは、教師に求められるこうした技能を「教育的タクト」(pädagogischer Takt)と呼んでいる。この「タクト」という言葉は、オーケストラで指揮者が使う指揮棒、ドイツ語でいう「タクトストック」の「タクト」と同じ言葉であり、「指揮する」「同調させる」という意味である。つまり、「教育的タクト」とは、教授の過程を、学習者の認識の過程に同調させる、ということを意味している。

ヘルバルト教育学の日本への導入

このようなヘルバルトの教育理論は、彼の弟子のツィラー(Ziller, Tuiskon 1817-82)やライン(Rein, Wilhelm 1847-1929)などの、いわゆる「ヘルバルト学派」と呼ばれる教育学者たちに継承されていった。彼らがヘルバルトの学説を発展させる過程で創出した教育内容の「方法的単元」や、教授の「形式的段階」「中心統合法」「文化史段階説」などは当時から現在にいたるまで多くの国の学校教育の普及と発展に影響を及ぼした。ただし、彼らは、ヘルバルトの教育理論を学校教育でそのまま使えるように、極端に形式的で機械的な方向に発展させた。ツィラーの場合、ヘルバルトの四つの教授段階は、「分析→総合→連合→系統→方法」という五つの教授段階に書き換えられた。これは、ヘルバルトのいう「明瞭」を「分析」と「総合」に分けたもので、ヘルバルトの主張に近い考え方である。

これに対してラインは、ツィラーの五つの教授段階を基に、教師の教授手続きとして、「予備→提示→比較→総括→応用」という五段階教授法を提案した。ごく簡単にいえば、「予備」は教える内容を予示すること、「提示」は教える内容を子どもに示し伝えること、「比較」はすでに知っている内容と新しく知った内容を関係づけさせること、「総括」は振り返りまとめさせること、「応用」は教わった内容を使わせることである。一九世紀後半から二〇世紀にかけて、ドイツ国内外の学校では、この五段階教授法を用いて授業を行うことが、広く試みられるようになった。

こうしたヘルバルト教育学、およびヘルバルト主義教育学の日本への本格的な導入は、一八八七（明治二〇）年帝国大学に招聘されたドイツ人ハウスクネヒト（Hausknecht, Emil 1853-1927）の来日に始まる。ハウスクネヒトの教育学講義は、ヘルバルト学派に属するケルン（Kern, Hermann 1823-1891）の考え方をもとにしたものといわれる。このハウスクネヒトに学んだ人物が、谷本富、稲垣末松、湯原元一、大瀬甚太郎などであり、彼らはその後、日本にヘルバルト主義教育学を普及させる主要な担い手となった。一八九一（明治二四）年以降、ハウスクネヒトの門生たちによって、ヘルバルト学派の著作の翻訳や紹介が活発に行われていった。とくに、ドイツで師範学校用の教科書として書かれた著作、たとえば、ケルンや、リンドナー（Lindner, Gustav A. 1828-1887）、ラインらの著作が翻訳刊行され、広く普及した。また、谷本富が著した『実用教育学及教授法』（一八九四）、『科学的教育学講義』（一八九五）は、ヘルバルト主義教育学の理論的な紹介であるとともに、それを教育実践にどのように応用するべきか、その応用法を示したものであった。

ここで、確認しておくべきことは、これらの翻訳、紹介のほとんどが、ヘルバルトの教育理論・教授理論を研究したものではなく、ヘルバルト学派の教育学（教授論）を取りあげていたことである。つまり、この時代に「ヘルバルト教育学」と呼ばれたものの多くは、ヘルバルト本人の教育学ではなかったのである。

ヘルバルト主義教育学の普及・変容

日本で初めに着手された「ヘルバルト教育学」研究は、教育目的論に関することであった。明治二〇年代のハウスクネヒト門下生たちによるヘルバルトおよびヘルバルト主義教育学の研究では、とくに道徳性の涵養という教育目的が注目されていた。ヘルバルトは、道徳性を「内的自由、完全性、好意、権利、公正」という五つの近代的理念に分けている。これらは、キリスト教やフランス啓蒙思想を背景とした理念であるが、湯原元一や谷本富は、それを「五倫五常」に近いものと見なし、儒教主義的に解釈したり、教育勅語で語られている徳目に還元した解釈を試みている。そして、ヘルバルトの道徳性は、ヘルバルトの理論から離れて、徳育重視の教育政策のもとでその合理的手段として援用された。

こうしたヘルバルト主義教育学が提唱した道徳性は、個人主義的な色合いの強い概念である。そのため、国家意識の高揚が目論まれたり、明治三〇年代に社会的教育学説が台頭したりすると、しだいに批判されるようになり、教育目的論におけるヘルバルト主義教育学の流行は後退していった。

明治三〇年代に入ると、ヘルバルト派のラインらが著した『国民学校教授の理論と実際』（*Theorie und Praxis des Volksschulunterrichts*, 1878-85）などの著作を通じて、ヘルバルト主義教授法の紹介が盛んに行われるようになった。その結果、五段階教授法を中心とする実践的な教授技術が広く普及していった。その主要な担い手となったのは、東京高等師範学校の教員や卒業生などである。この頃、社会的教育学、国家的教育学の立場からのヘルバルト主義教育目的論への批判はすでに始まっていた。そのため、東京高等師範学校におけるヘルバルト主義の導入に際しては、教育目的論の紹介は重視されていなかったし、同時に教育内容についても、国家が定めた教則、教授細目、教科書が所与のものとされていた。先述のように、ヘルバルト本人の唱えた四つの教授段階は、子どもの認識過程に対応したものであり、「方法的単元」という教材論と統一的に捉えられていたが、日本にそれが受容される過程においては、所与の教材を伝達するたんなる手続きに切り詰められた。「方法的単元」とは、本来、子どもの興味関心や発達段階に合わせた内容を教授活動の単位とする考え方であり、いわば、子どもに寄り添った教授学習過程論であったが、ヘルバルト主義教育が教育方法に切り詰められてしまったために、子どもに寄り添うという考え方は、看過されていった。

明治三〇年代の中頃になると、定型的な教科教授法が形成され、実践の現場に浸透していった。すでに明治三〇年前後から、教育ジャーナリズムや教員養成、検定などの諸制度や、各種講習会を通して、ヘルバルト主義教授法は流布しつつあったが、やがて地域の授業法研究会を通して、地方にも普及していった。明治期の教授法書および教育雑誌に掲載された教案や授業記録を収集・分析した稲垣忠彦によれば、教授法定型の形式化と普及ルートの形成とは、相互に関連しつつ並行的に進行していた。すなわち、明治三〇年代前半に中央においてその基本的形態が完成し、明治三〇年代後半に各地方で水平的に拡大したという（稲垣 1995: 212）。ここで確認しなければならないことは、この地方への普及過程において、もともと五段階であった教授法が、「予備→教授→応用」のような三段階に簡略化されて実践されるようになったということである。ここに、日本におけるヘルバルト教育学受容のもう一つの特質が認められる。すなわち、中央から地方へと、ヘルバルト主義の教授法が普及する過程において、それが、方法化に加えて簡略化という変容を生じたことである。

このように偏狭的形式的に変容したドイツ教育学、すなわちヘルバルト主義教育学は、明治末期から大正時代にかけて、批判の対象とされるようになり、そこに新しい教育思潮が生まれた。

3 公教育への批判と「新教育」の登場

デモクラシーの思潮と公教育への批判

第一次世界大戦後の日本では、経済発展と並行して自由主義思想が拡がり、市民の権利への関心が高まっていった。いわゆる「大正デモクラシー」の拡がりである。たとえば、一九一八（大正七）年の政党内閣の成立や、一九一九年頃からの普通選挙論の台頭は、そうしたデモクラシーへの志向、市民の権利意識の拡がりを象徴する出来事であったし、吉野作造のような、民本主義者たちによるデモクラシーの高唱も盛んになった。

教育政策においては、天皇制を中心とした国家主義体制を確立するための学校教育の整備が図られ、明治後期までにはほぼその基礎を完成させていた。この国家主義的な学校教育を政策的に支えたものは、教育勅語の発布と教科書の国定化である。大正期の学校教育は、この二つの柱による「臣民教育」の徹底を主要な課題として進められていた。しかし、こうした国家主義的な教育政策・行政上の課題は、この時代に高揚し始めた民衆の市民的要求とは、本来符合するものではなかった。そのため、国家主義的な学校教育と、デモクラシー・市民的権利との妥協点が、切実に求められるようになった。教育は、この時代において、いわば一種の思想的格闘の場、思想的妥協の場となっていった。そうした時代的背景のもと、教育の世界に新しい考え方や実践が登場した。この時期に新たに登場し普及した教育は、一般に「大正新教育」とか「大正自由主義教育」と呼ばれている。

当時は、国家主義的な考え方のもとで、体制側の価値を子どもに刷り込むために教育内容が画一的に統制され、教育の形式化・形骸化が蔓延し始めていた。そうした情況に対する批判は、しだいに高まり、ついに国家の教育政策を論議し策定する場でも、その批判を無視できなくなった。一例を挙げよう。一九一七（大正六）年に設置された臨時教育会議には小学校教育の改善策が諮問され、これに対する同会議の答申には「児童ノ理解ト応用トヲ主トシテ不必要ナル記憶ノ為ニ児童ノ心身ヲ徒費スルノ弊風ヲ矯正」する必要があると記されている。もっとも、このような教育改革は、絶対主義的な体制を揺るがせない範囲で部分的に行われた。すなわち、国家主義的な教育目的・教育内容に抵触しない、教育形態や教育方法においては、ある程度その画一的注入的方法を改めることが許されたのである。このような、「新しい」「自由」な教育を求める声は、主として都市のブルジョワジー、いいかえれば、中産階級の自由・平等の権利要求を背景としながら登場してきたものであるが、国家主義体制という枠組みのなかで、主として教授法改革をスローガンとした運動として教育界に拡がっていった。

「新教育」の受容と展開

大正期から昭和初期にかけて拡がった「新教育」(「自由教育」)は、基本的にヨーロッパ、アメリカの教育理論や実践の紹介ないしは受容によって展開された。その意味では、大正新教育は、日本で最初に生まれた日本独自の考え方ではない。アメリカのデューイ、キルパトリック、フランスのフレネ、ベルギーのドクロリー、イタリアのモンテッソーリなどの教育思想家は、日本の大正新教育の思想的契機である。ただし、のちに確認するように、そうであることは、この大正新教育に日本的な固有性・独自性がないということではない。

ともあれ、この時代に実際に行われた新しい教育実践としての新教育はきわめて多様であり、いわば、総花的に展開していったが、そうした多様な教育実践にもいくつか共通する部分がある。それは、従来の画一主義、注入主義、暗記主義的な教育方法を批判し、子どもの個性、自発性の尊重を主張していたことである。こうした批判や主張を特徴とする新教育は、すでに明治末期に樋口勘次郎や谷本富らによっても提唱されていた。彼らは、近代社会・近代国家にふさわしい人材の養成のために、人間形成の新しい方法を模索していた。大正期の新教育は、こうした明治末期における先行的な新教育を、いわば呼び水としながら、この時代の政治的・文化的な自由主義的風潮と結びついて、大きな拡がりをみせていったといえよう。

八大教育主張と新教育の思想圏

この時期の新教育の拡がり、また多様性をよく示すものが、一九二一（大正一〇）年に東京高等師範学校講堂で行われた講演会での議論、いわゆる八大教育主張である。この講演会には、新進気鋭の新教育思想家・実践家が参集した。樋口長市、河野清丸、手塚岸衛、千葉命吉、稲毛金七、及川平治、小原國芳、片上伸、の八人である。彼らは、それぞれに個性的な教育論を唱え、その議論の華やかさは、全国の多くの教育者を魅了するものだった。彼らのなかには、たんに「論」に終わることなく、自らその思想を実践した者も少なくなかった。たとえば、及川平治が、明石女子師範学校附属小学校で実践した「分団式動的教育法」や、小原國芳が成城学園で展開した「全人教育」、手塚岸衛が千葉県師範学校附属小学校で行った「自由教育」などの新しい実践は、多くの教育者に影響を与え、普及していった（第5章を参照）。

八大教育主張の論者のほかにも、多くの教育者が新教育を唱え、また実践していった。師範学校系の教育実践についてみれば、たとえば、奈良女子高等師範学校附属小学校の主事であった木下竹次は、教室や時間割から子どもたちを解放して「生活即学習」の考え方を徹底した。また、東京女子高等師範学校附属小学校の主事北澤種一は、作業主義に基づく労作教育を展開した。私立学校では、西山哲治の帝国小学校（一九一二年）、中村春二の成蹊学園（一九一二年）、澤柳政太郎の成城小学校（一九一七年）、羽仁もと子の自由学園（一九二一年）、赤井米吉の明星学園（一九二四年）、小原國芳の玉川学園（一九二九年）などが新教育を標榜した新学校として有名である。

このような新教育の実践は、私立学校や師範学校附属小学校などでは盛んになったが、公立学校への大規模な導入は難しかったと言われている（中野 1968: 270）。その最も大きな理由は、多くの公立学校には国家主義教育が深く浸透していたことによる。新教育の実践は、現場の教師たちによる自主的な取り組みであったため、その支持層の拡大は文部省や地方行政当局の警戒するところとなった。そして、多くの公立学校においては、国定教育を逸脱した新教育の弾圧が厳しく行われるようになっていった。

4　教師の成長とその役割の変化

新教育における教授理論の研究と実践への応用

上記のような国家主義的な教育施策のもとで教師に期待された役割は、国家の教育理念を実現するために、国家が定めた教育内容を、正確にかつ速やかに教授することであった。いいかえれば、教師には、教育目的や教育内容の適切さを問い、その意味を考えることは求められず、ただ効果的・効率的に子どもを学ばせるための教授法を開発し、それを着実に遂行するという役割が期待されていた。いわば、教師には「教授の機械」として働くことが求められていたのである。

しかし、「新教育」の教育思潮が広まり、また自由主義的風潮が高まるとともに、現場の教師たちのなかには、海外の教育情報を入手してヨーロッパ・アメリカの哲学思想・教授理論を研究し、自分の教育実践にそれらを導入することを試みる人たちが現れた。新教育の実践校として注目された学校の多くでは、校内に、あるいは学校の壁を超えて、研究熱心な教師たちによる研究会が組織され、そこで独自のカリキュラムや教授法が開発され、その成果が出版物として公表されていった。いくつかの例をみよう。

私立学校における新教育

一九二四（大正一三）年、当時の教育改革の指導者の一人であった野口援太郎は「教育の世紀社」を結成し、自宅に池袋児童の村小学校を開校した。同校は、徹底した自由教育を理想とし、開校当初は、教室や教育課程、教師、時間割などが一切定められていなかった。児童の自律的な学習活動を何よりも重んじたのである。同校の教師野村芳兵衛は、学校や学級を社会組織や家庭に見立てた「協働自治」を提唱し、峰地光重は生活綴方を実践するなど、新たな教育の方向性が開拓された。野口が結成した「教育の世紀社」が発行した雑誌『教育の世紀』には、「ダルトン・プラン」や「ドクロリー・メソッド」など、当時ヨーロッパやアメリカにおいて広く耳目を集め、実践された新教育についての記事が数多く掲載されていた。

ダルトン・プランは、個別学習指導の方法の一つで、アメリカのパーカースト（Parkhurst, Helen 1887-1973）が創案したものである。ダルトン・プランにおいては、主要教科について、生徒の能力や個性に応じた学習進度表が作成される。生徒は、各自の計画に従ってそれぞれの教科の研究室へ行って自学自習を行い、その成果を教師のもとに報告しに行く。教師は生徒の成果を確認しながら、学習進度表を修正したり、必要な指示を与えたりする。

ドクロリー・メソッドは、ベルギーの医師であり教育者であったドクロリー（Decroly, Jean-Ovide 1871-1932）が考案した教育方法である。その特徴は、第一に、子どもの興味関心そして遊びを重視し、子どもを動かすことではなく、子どもが動く状態を創り出すことである。第二に、言葉をつねに文章として捉え、さらに文脈のなかに位置づけること、同じように事物をつねに過程や関係として捉え、さらに自然全体・社会全体のなかに位置づけることである。第三に、学習の過程を「観察」「連合」「表現」と類型化することである。「観察」は、たんに見るだけでなく、五感を使って感覚的に対象を把握し、それを全体のなかに位置づけること、「連合」は観察によって得た知見を言葉にし、その言葉を他の言葉と結びつけること、「表現」は自分が理解したことを、別の言葉や、音楽、図像などで再現することである。ドクロリーにとって、こうした学習は、子どもの生活をよりよくするために行われるものであり、また生活に密着して行われるべきものであった。それは、彼の「生（活）による生（活）のための学校」という言葉によく象徴されている。こうしたドクロリーの教育についての考え方は、アメリカの教育学者デューイ（Dewey, John 1859-1952）の考え方とよく似ている（第2章を参照）。

池袋児童の村小学校では、こうした海外の教育情報を、「新教育連盟」（The New Education Fellowship）の機関誌『新世紀』（*The New Era*）を通して得ていた。新教育連盟とは、一九二一年にヨーロッパで創設された教育関係者の国際的な団体で、子どもの自主性・創造性を尊重し、人間教育のあり方を追求することを目的としていた。野口は、この連盟の日本支部の代表を引き受けていた。

また、成城学園では、一九二三（大正一二）年頃からダルトン・プランが導入された。成城学園の教育問題研究会は、ダルトン・プランを組み込んだ教師たちの実践や研究の成果を、機関誌『教育問題研究』に論文として発表したり、『成城小学校研究叢書』の一冊として公刊したりした。同校は、教師自身による自由な研究活動に基づく実験学校としての役割を自負しており、その影響力は大きかった。

師範学校における新教育

こうした私立学校だけでなく、いくつかの師範学校附属小学校においても、教師たちの自主的・自発的な研究活動に基づく独創的な教育実践が行われた。四校の実践を紹介しよう。

その一つは、東京女子高等師範学校附属小学校の実践である。同校では、一学年を第一部から第三部までの三部構成とし、それぞれの部は女子教育、複式学級の教授法と国定教科書の効果的活用法、新教育研究という研究課題に取り組み、その成果を雑誌『児童教育』に公表した。とくに、一九二〇（大正九）年頃に改組された第三部では、東京女子高等師範学校教授兼附属小学校主事藤井利誉《としたか》の主導により「プロジェクト・メソッド」の研究が開始された。その研究は、藤井の後任となった北澤種一に引き継がれると同時に、北澤の指導を受けた第三部の訓導吉田弘によって実践された（遠座 2013: 103-163）。同校のように、師範学校の教授が附属小学校主事を兼任して校内の共同研究を指導し、組織化していった例は多く見られる。

プロジェクト・メソッドは、アメリカの教育学者、キルパトリック（Kilpatrick, William Heard 1871-1965）が考案した教育形態であり、子どもたちが設定する具体的な問題解決活動を中心として、授業が構成される。授業では、子どもたちが何か具体的な問題、自分にとって身近な問題を解決するためにグループを作り、さまざまな知識・技能を動員しながら、また教師からの示唆・助言を得ながら、問題の分析、解決方法の構想、その解決方法の実施、そしてその結果の評価を行う。プロジェクト・メソッドは遡れば、アメリカの教育学者であるデューイが考えだした教育形態であり、キルパトリックは、そのデューイの弟子である（田中／橋本 2012）。

次の事例は、奈良女子高等師範学校における実践である。同校においては、まず松濤泰巖《まつなみたいがん》教授が、アメリカで広まっていたプロジェクト・メソッドを、附属小学校や附属幼稚園の教員たちに紹介した。そうした情報に依拠しながら、附属小学校の訓導鶴居滋一、附属幼稚園の主事森川正雄らが研究を重ね、一九二一（大正一〇）年頃から、プロジェクト・メソッドの実践を試みるようになった（遠座 2013: 219-277）。附属小学校では、主事木下竹次が、画一的で受動的な教育を批判して、学習主体としての子どもの自律性を保障するための「学習法」を提唱した。彼の「学習法」は、「独自学習→相互学習→独自学習」という定式化された教育方法をとっており、特設「学習時間」において行われた。木下の学習法はそれを実践に適用しようとする同校の訓導たちによって研究され、「合科学習」という新たな指導形態を生みだし、そうした研究成果は、一九二二（大正一一）年に創刊された研究誌『学習研究』に次々と発表されていった。

三つ目の実践例は、千葉県師範学校附属小学校での実践である。同校では、教育学者の篠原助市から理論的な支援を得ていた主事手塚岸衛が「自由教育論」を主張し、一九二〇年に研究団体白楊会を結成した。白楊会は同校の訓導以外にも著名な教育学者が多数参加し、児童本位の「自学」と「自治」の方法が探求された。そこでは、子ども自身の自発的な学びと同時に、子どもたちの協同的な活動が重視されており、一九二四（大正一三）年に機関誌『自由教育』を創刊して、「自学」と「自治」についての記事を掲載し、自分たちの教育実践を公表していった。

四つ目の実践例は、兵庫県明石女子師範学校附属学校での実践である。同校の附属幼稚園と小学校では、プロジェクト・メソッドを共通原理とした幼小連携カリキュラムの研究・開発が、主事及川平治を中心とした教師たち（訓導や保姆）の共同研究によって展開された（橋本 2013）[2]。同校の幼小連携カリキュラムは、やがて「生活単位のカリキュラム」として試行され、同校が一九二九年以降開催した「カリキュラム講習会」や及川の著作などを通して、日本に本格的なカリキュラム研究の概念と方法を普及させることとなった。

この時期、地方の師範学校においても、校内に教科別の研究会や課題別の研究会を組織して、西洋の新教育情報に基づく新しい教育方法の研究や教材開発に取り組んでいたところは少なくない。時代背景も影響していたと思われるが、日本の多くの地域で西洋の新教育への関心が高まり、教師たちが自主的に、また協同しながらそうした教育情報を研究し、自分たちの教育実践に生かそうとしていた。

公立学校における試み

教師たちが組織的に新教育の研究に取り組んだ公立小学校もあった。たとえば、当時の東京市浅草区の富士小学校では、昭和初年頃から校長上沼久之丞《うえぬまきゅうのじょう》が海外教育視察などを通じて新教育の情報を得ていた。そうした情報をもとに、同校の訓導たちによってドクロリー・メソッドやコンプレックス・システムなどヨーロッパ・アメリカの新教育についての研究が行われた。(東京市富士尋常小学校1933: 4-5, 196)。実は、上沼は、前任校の千束小学校長であった一九一八(大正七年)頃から、図画や体操、国語などにおける表現教育の研究に着手していた。一九二三(大正一二)年に上沼が富士小に着任すると、訓導たちは、彼の「創造主義」の学級経営論を支柱としつつ、自由画、手工、綴方、読方、童謡、自由作曲など児童の創作活動による合科教育の実践を展開した。このころの同校の実践報告には、当時、文学・芸術界で隆盛であった「生命主義」の影響が色濃く見られ[3]、児童の創作や鑑賞が、「生命の成長を全う」させるために、児童と作品との「生命の共鳴共感」をめざす表現活動として重視されていた(学習指導研究会 1928: 126-128など)。同時に、同校は奈良女子高等師範学校附属小学校の実践に学んでおり、木下竹次の「生活即学習」論に基づく「学習法」を取り入れて創造主義の生活教育(創造生活)を具現化すべく、訓導たちがそれぞれに研究課題を設定し、その成果と実践の記録を校内研究会や「公開指導研究会」で報告し合っていた。このような取り組みが下地となって、上沼からもたらされたドクロリー・メソッドの情報は、生活教育の理論として採用され、一九三〇(昭和五)年度から「低学年合科教育」という形で全校を挙げて試みられた(東京市富士尋常小学校1933: 203)。その教科課程案や実践記録は校内誌「実際の理論化」に発表されている。

従来、富士小学校における自主的で組織的な新教育への取り組みは、公立小学校においては稀少な例であったと考えられてきた。先述のように、公立学校は基本的に国家主義教育政策に枠づけられていたために、なかなか自由な教育研究ができなかったからである。富士小で、このような新教育の研究と実践が可能であったのは、卓越した探求心とリーダーシップを備えた校長がいたこと、そして当時の東京市の学事関係吏員が新教育に対して寛容であったことによる(鈴木 1987)。ただし、大正期の東京市では、富士小だけではなく浅草小学校や福井小学校、千束小学校などを含む浅草区教育会や、本所区の横川小学校などで、教師たちによる組織的な実践改革が行われていた(鈴木 1990)[4]。また、一九二八(昭和三)年には富士小を中心に、東京市外の教師たちを加えた「学習指導研究会」の研究成果が、『実際の理論化』として公刊されている。このように、目立った指導者がいた学校だけにとどまらず、学校や自治体の枠を超えて新教育の実践情報は広まっていき、熱心な教師ほど自身の環境に真摯に向き合いながら新しい実践を創出していた。

近年、公立小学校における新教育については、神奈川県の田島小学校（金子 2004, 遠座 2013）や福井県の三国小学校（豊田 2005, 増田／松川 2012）、岡山県の倉敷小学校（鈴木 2012, 2014）などの実践を核とする地域実態史の解明が進められつつある。「新教育」の思想史的捉え直しのためには、さらに多くの事例研究が進められると同時に、そこに携わった公立小学校の教師の「実践思想」が解明されていくことが期待される。彼らが、自らの理想を抱き、それを具現化しようと模索（葛藤）した「過程」に注目することで、彼らの「教育的思考」がどのような条件のもとで形成されたのかが明らかにされねばならない。大正新教育は、優れた指導者がいた学校や、目覚ましい成果があった学校だけで行われていたのではない。国家主義体制のもとで強い制約を受けた公立小学校においても、多くの教師がそれぞれの情況のなかで、彼らなりの教育改造を試みていたのであり、それを試みようとする教師の生き方にこそ「新教育」の本質を見ることができるだろう。

以上のように、大正・昭和初期には教育現場において実践課題を明確に持つようになった教師たちによって、西洋の新教育情報が研究され、教育実践の質を変えていく試みが多く見られた。次に考えてみたいことは、こうした試みは、教師をどのように成長させ、その役割を自覚させていったのか、ということである。ここでは、大正新教育運動の指導者の一人である及川平治に注目してみよう。

教師の意識改革と役割の変化——及川平治を事例として

及川平治（1875-1939）は、大学や高等師範学校ではなく、教育現場に身を置きながら実践理論の研究を行い、カリキュラム開発の担い手としての教師の役割を刷新しようとした。一九一二（大正元）年、及川が最初に著した『分団式動的教育法』は、一九二三年の関東大震災で紙型焼失のため絶版となるまで実に二五版を重ね、教育書としては空前のベストセラーとなった。同書の刊行以来、及川が主事を務めていた明石女子師範学校附属小学校には、その教育実践について学ぼうと、年間一万人を超える参観者が訪れたといわれている。その及川の教育実践理論の特徴は、「分団式教育」と「生活単元」、そしてこの二つを思想的に支えた「動的教育論」にある。

分団式教育は、教師が一人ひとりの児童の習熟度や興味関心の差異などに応じて臨機応変に一時的な分団すなわちグループを作り、それぞれの状態にあわせて指導を行うという方式である。それは個別化教授法といってよいだろう。具体的には、教師がまず新しい内容について一斉教授を行ったあと、テストによって内容を理解した児童と内容を理解していない児童という二つの分団をつくる。内容を理解した児童の分団は、さらに習熟するためのドリルを行い、内容を理解していない分団には、教師による再教授が行われる。この後、もう一度テストをして最も進度の遅い児童からなる三つめの分団が作られ、この分団に対してさらに指導が行われる。その間、他の二つの分団はドリルを続ける。最後に、各分団を集めてまとめの一斉教授を行う。

次に生活単元は、欧米教育視察からの帰国後に及川が提唱した授業形態であり、それは、児童の生活に即した題材を用い、児童の興味関心に訴える授業である。及川にとって「単元」とは、知識のまとまりではなく、児童が「必要を感じてより満足するまでの心身活動の分量」（及川 1915: 115）であった。たとえば、及川の指導を受けた西口槌太郎訓導は、一九二八（昭和三）年に「電車乗り遊び——明石から兵庫まで」（西口 1930: 176-190）という授業を行っている。当時、須磨公園では、日光博覧会が開催されて多くの見物人で賑わっていたことから、博覧会に対する児童の興味を活用し、電車に乗車するという活動を通して、乗車に必要な知識・習慣・態度を形成することが、この授業のねらいであった。現在でいえば、小学校一年生が校外学習で日光博覧会に出かける計画を自分たちで立ててみようという、六時間にわたる単元である。当時の一般的な授業方法は画一的な一斉教授であったが、及川は、児童に受動性を強いる一斉教授のかわりに、児童一人ひとりの自発的な学習活動、とりわけ児童の生活のなかにある問題解決を促す教育として、生活単元を提唱したのである。

及川のこうした分団式教育、生活単元という教育方法・カリキュラムを支えていた理論が、彼の「動的教育論」である。動的教育論の要点は次の三点にまとめられる。第一に、「静的教育を改めて動的（機能的）教育となすべきこと」、第二に、「教育の当体（児童）に存する事実を重んずべきこと」、第三に、「真理そのものを与ふるよりも真理の探究法を授くべきこと」である（及川 1912: 1-17）。及川は、児童一人ひとりが自発的に学習するという意味での「動的教育」の方途として、個々の児童の能力や興味の違いを重視すること、そして児童自身が学習を深化させていけるような学習法を身につけさせることを説いたのである（第6章を参照）。

及川における教育思想と教師の役割

及川の教育思想と教師の役割との関係を、確認しよう。動的教育論を理論的な基礎としている及川にとって、教師の役割はきわめて重要であった。及川にとって、教師が担うべき役割は、国家が定めた教育内容をできるだけ忠実にかつ効率よく伝達することではなかったからである。現場の教師でもあった及川は、自分の関心から、教授法の背後にある教授理論を知るために、独学でアメリカの進歩主義教育思想やヨーロッパの新教育思想を学んだ。そのなかで彼は、教師はまず児童の「学習過程」を理解し、その学習過程に沿った教授を行わねばならないと確信した。そして、定められた内容をただ教えるのではなく、児童の学習過程が自発的に展開されるように輔導することが、教師の最も重要な役割であると説いたのである。

及川が奨励した教育方法としての分団式教育や、カリキュラムとしての生活単元は、その実践に携わった教師の力量を開発し伸長することに役立ったと考えられる。それは、教師が子どもたち一人ひとりをしっかり見ること、すなわち教育事実の観察、それに基づく判断が、その指導の基礎だったからである。及川は、動的教育から見た「教師の任務」について以下のように論じている。

「教師の活動は子供の刻々に成長する要求に応ぜねばならぬから大に創意的独創的活動を要するのである。此の点から見れば教育は一種の芸術である。瞬間毎に独創を要し、その活動に全我を没頭して計画したときにのみ始めて成功するのである。……［中略］……子供の活動状態、要求の変化に応じて教師の活動様式は常に変はるべきもので慣例による活動を許さないといふことである（傍点、原文のまま）」（及川 1922: 83）

及川は、教授とは、医者のように「検診」し、芸術家のように「創造」すべきものだと説くなかで、とくに、芸術家が「自己と対象の生命とを一致させ彼我の区別を撤して一如となる如く、教師と子供の生命とが一体とならなくては輔導が出来ない」ことを強調している（及川 1922: 83）。

従来、及川が教育史上に残した功績は、主として分団式教育という教授法改革と、生活単元によるカリキュラム改造の二点について評価されてきた。しかし、生涯において及川を貫いていた関心は、目の前の子ども一人ひとりに応じた教育をどうやって行うかにあった。その課題に応えるために、及川は子どもの「生活（life）」を過去から将来までという長いスパンで捉え、子どもがそれぞれ自分の人生を生きていくために必要な力を「生活教育」によってつけさせたいと考えるようになったのである。

よりよい未来をともに切り開く

及川の著した『分団式動的教育法』はベストセラーとなり、及川は全国の教師たちが慕い憧れる存在となった。農家の出身で尋常師範学校しか卒業していない及川が、独学でヨーロッパ・アメリカの教育情報を収集し、果敢に新しい教授法やカリキュラムを開発して現場で実験したことは、現場の教師たちの心を大きく動かしたのである。及川の教育活動全体が、当時の教師たちに教師の立場や役割についての覚醒を引き起こしたといえる。教師とはいかなる存在であるのか、教師とはたんなる「教授の機械」なのか。最も効果的・効率的に知識技能・価値規範を習得させる機械でよいのか、それとも、「理想への導き手」なのか。自ら心に理想を抱き、閉塞感から抜けだし、子どもたちとともに新しい未来を切り開く探求者であるのか、こうした問いを生みだしたといえよう。

たしかに、歴史が示しているように、そしてしばしば新教育研究によって指摘されているように、新教育運動が喚起したであろう教師の意識改革は、国家主義教育という体制全体を変えるような成果をあげることはなかった。しかし、充分な成果が上がらなかったということは、その試みが無意味であったということではない。つねに「教育とは何か」を問い続けること、よりよい未来へ向かって、子どもとともに現状を問いに付すこと、それは、新教育の思想家・実践家たちが、語ったことであり、また体現したことである。その価値は、なによりもまず、彼らの言葉、彼らの行動そのものに認められるべきである。

5 相互活動的な教育関係と教育的思考

大正新教育の相互活動的な教育関係

これまで述べてきたことをまとめれば、次のようになるだろう。近代日本に成立した教育学という学問は、主にドイツで誕生し展開された教育学であった。このドイツの教育学は、明治期の日本においてはヘルバルト主義の教育学として受容され、その過程で子どもの学習過程よりも教師の教授過程が強調され、定型化された。その結果、画一的・受動的な授業実践が一般化していった。大正新教育運動は、こうした教育の現状への批判として、そしてその代替案として登場した。それは、私立学校や一部の師範学校の附属学校における教員間の自由闊達な議論のなかで、海外の教育情報を摂取しつつ、考案され、展開していった。一般の公立学校では、国家主義的な管理統制が相対的に強かったが、実際には新教育と呼べる実践も少なからず広まっていたのではないだろうか。新教育運動の教育史的意義の一つは「教職の覚醒」にあったと考えられるが、それは、教師の役割を「教授の機械」にとどめることなく、子どもたちの学びと生活を一体化させ、よりよい未来を切り開かせる支援者として位置づけ、かつ自分自身の教育実践をよりよく変革する探求者として位置づけるという意識変革を含み持っていたということである。

こうしてみると、大正新教育とともに「教育関係」が新たな様相を呈するようになったと考えられる。すなわち、デューイ、キルパトリック、ドクロリー、フレネなどが提唱した「プロジェクト・メソッド」や「ドクロリー・メソッド」などの日本への紹介・受容が、従来の伝達論的な教育関係とは異なる、相互活動的な教育関係を浮き彫りにしたといえるだろう。従来の教育関係は、基本的に、教師が理論に教導された実践を行い、子どもがそれを従順に受容するという関係である。それは、教師が既定の教科書の内容を、「五段階教授法」のような所定の教授学習の理論に基づき、子どもに「伝達する」という関係にある。これに対して、新教育における教育関係は、教師が理論・企図を心に抱きつつも、是々非々で子どもに応答するという関係である。それは、教師が子どもたちの活動を喚起し、またそれに応答しつつ、子どもたちのなかに新しい知を「創出する」という関係、つまり相互活動の関係である。たとえば、プロジェクト型のカリキュラム実践においては、教師の企図通りに活動が進むことはまずない。その実践では、子ども一人ひとりの固有な学びが、教師の企図を超えて現れるからである。

教職の覚醒と一体の教育的思考の生成

こうした相互活動的な教育関係の実践では、精緻な教育方法の開発ではなく、未知なる教育現実への態度が教師に要求される。ここにこそ「教職の覚醒」の真の契機がある。こうした教職の覚醒は、「教育的思考」の生成と一体である。相互活動的な教育関係においては、教師は、子どもたちが一人ひとり絶えず生成変化し、二人として同一の子どもはいないという自明な現実をあらためてつきつけられ、この現実に対してどのようなスタンスで臨むのか、そのスタンスの決定が不断に迫られる。教師は、自分の「教育的意図」を超える教育現実に直面するとき、たとえば、思ったとおりの反応を子どもたちがしないときに、あるいは思いもよらない反発に直面したときに、そして自分の力量不足・経験不足を思い知らされるときに、どのようなスタンスで、なおも教育を続けるべきなのか否か、決断を迫られる。ここで求められるものが、教師を真に教師たらしめる「教育的思考」である。それは、端的にいえば、子ども一人ひとりがよりよく生きるために行われる無条件の支援として自分の教育活動を位置づけることであり、この困難な営みに携わることに、苦しみを超える「歓び」をいささかなりとも感じることである。教育的思考は、有用な人材になりうる子どもたちの可能性を信じるという態度だけでなく、子どもたち一人ひとりに固有な成長を信じるという態度としても表れる。

この教師の教育的思考がもたらす応答的・支援的な教育的態度は、伝達論的な教育関係において唱えられてきた教師の公平的・権威的な態度から明確に区別される。伝達論的な教育関係における教師の態度は、教師の予期を超える子どもたちの応答を逸脱と捉え、またそれを固有性への支援へとつなぐのではなく、所定の教育的意図へと回収しようとするからである。そこで重視されているのは、所定の教育的意図であり、今ここでの、この子どもへの応答ではない。そこには、子どもたち一人ひとりが固有な存在であるという事実に対する認識が、そしてこの事実が要求する子どもたち一人ひとりに対する倫理的態度が欠けている。すなわち、子どもたち一人ひとりの命に対する畏敬の念が欠けている。伝達論的な教育関係において教師が示す態度は、教育的思考に基礎づけられている教師の献身的態度や愛他的態度ではなく、子どもたちが有用な人材になりうる可能性を信じるという利得的態度である。

新教育の根本思想の探究へ

大正新教育論に、部分的ながら見られるこの相互活動的な教育関係は、デューイ、キルパトリック、ドクロリー、フレネ、モンテッソーリなどの考案した教育方法を導入するというかたちで生みだされてきたが、それらをただ模倣したものではなかった。先述の及川の議論に看取されるように、また後段の各章の議論が明示しているように、大正新教育の推進者たちは、ヨーロッパ・アメリカの新教育の推進者たちの考え方を採り入れながらも、それぞれ独自の新教育論を形成していったからである。海外の教育思想は、彼らのなかにすでにある教育思想を触発したのである。いわば、外からの教育論の受容に、内なる教育論の醸成を見ることができる。

しかし、重要なことは、大正新教育には独自性があると強調することではなく、大正新教育の言説にヨーロッパ・アメリカの新教育論と通底する思想を聴き取ることである。それは、文化・社会・歴史の違いを超えて、日本の新教育の推進者とヨーロッパ・アメリカの新教育の推進者をつなぐものを見いだす試みである。その通底性は、いいかえれば、日本の新教育論とヨーロッパ・アメリカの新教育論において分有されている根本思想である。それは、「生命」「生活」「自然」といった言葉で語られている価値規範ではなく、それらの言葉を結びつけている思想(「自然思想」「生命思想」)である。この新教育の根本思想は、誰かから伝達され、それを受け入れることで、自身の教育論の基礎となるのではないだろう。新教育の根本思想は、すでに自分自身が漠然とであれ、萌芽的にであれ、保持し開花させようとしていた思考であろう。以下の各章の議論は、個々の新教育の推進者を取りあげながらも、全体として、彼らが形成していた教育論の根本思想を浮き彫りにするはずである。

注

(1) 本章におけるヘルバルト主義教育学の成立や普及、および大正新教育運動の生起や特質についての概説は、拙稿(2012)に大幅な加筆修正を行ったものである。なおその際、今井(2009)、片桐/木村(2008)、庄司(1985)、田中耕治ほか(2012)、田中/橋本(2012)、中野(1968)など、章末に挙げた文献を参照した。

(2) 明石附小では、モンテッソーリ・メソッドについても研究されたが、導入はされなかった。モンテッソーリ・メソッドは、イタリアの医師で教育者の、マリア・モンテッソーリ(Montessori, Maria 1870-1952)が考案した教育方法である。モンテッソーリ・メソッドの主な特徴は、子どもの発達段階を重視すること、とりわけ幼児期の子どもに対しては、五感に適切な刺激を与える教具を用いること、そしてすべての子どもが持っている知的好奇心を高めることである。モンテッソーリ・メソッドにおいては、年齢段階によって変化する心の機能に合わせた教育方法が重要と考えられている(第4章を参照)。モンテッソーリ・メソッドは、当時、ヨーロッパだけでなく、アメリカでも広く注目されていたが、それが普及した大きな要因は、キルパトリックが一九一四年に著した小冊子*The Montessori System Examined*が広く読まれたことによる。

(3) 鈴木貞美は、「生命主義(vitalism)」を「思想一般において、「生命」という概念を世界観の根本原理とするもの」とし、「「生命」の自由な発現を求める二〇世紀初頭の思潮」を「大正生命主義」と名付けているが(鈴木 1995, 1996)、文学、芸術、哲学、宗教など各分野における思潮の差異や特質による分類については曖昧である。ここでいう「生命主義」は、後段の章で論じられる「生命思想」とは区別される必要があると考えられる。

（4）当時の東京市において、学校を超えて自発的な新教育実践の研究開発が行われていたことについては、鈴木そよ子の一連の研究に詳しい。最近の研究では、カリキュラムの視点から、富士小を中心とする東京市の訓導たちの「問題意識」の解明が試みられている（鈴木 2012）。

文献

稲垣忠彦 1995『明治教授理論史研究――公教育教授定型の形成』増補版、評論社

今井康雄編 2009『教育思想史』有斐閣

上沼久之丞 1936『体験富士の学校経営』教育実際社

遠座知恵 2013『近代日本におけるプロジェクト・メソッドの受容』風間書房

及川平治 1912『分団式動的教育法』弘学館書店

及川平治 1915『分団式各科動的教育法』弘学館書店

及川平治 1922「動的教育より見たる教師論」『教育論叢』第八巻第五号、八一―八八頁

金子（遠座）知恵 2004「田島小学校における体験教育の実践的展開――「遊戯化教育」の位置とその特徴」『日本の教育史学』第四七号、六七―八七頁

学習指導研究会代表者上沼久之丞編 1928『実際の理論化』東京市富士小学校内学習指導研究会

片桐芳雄／木村元編著 2008『教育から見る日本の社会と歴史』八千代出版

庄司他人男 1985『ヘルバルト主義教授理論の展開――現代教授理論の基盤形成過程』風間書房

鈴木和正 2011「岡山県倉敷小学校における大正新教育実践の展開――地域社会が抱える問題とその対応をめぐって」『教育学研究ジャーナル』中国四国教育学会、第九号、五一―六〇頁

鈴木和正 2014「公立小学校における「大正新教育」実践の地域史的研究」（博士論文、広島大学）

鈴木貞美 1995『大正生命主義と現代』河出書房新社

鈴木貞美 1996『「生命」で読む日本近代――大正生命主義の誕生と展開』日本放送出版協会

鈴木そよ子 1987「富士小学校における教育実践・研究活動の展開――昭和初期公立小学校の新教育実践」『東京大学教育学部紀要』第二六号、二五一―二六〇頁

鈴木そよ子 1990「公立小学校における新教育と東京市の教育研究体制——一九二〇年代を中心に」『教育学研究』第五七巻第二号、一四九－一五八頁
鈴木そよ子 2012「大正新教育における公立学校のカリキュラム」『神奈川大学心理・教育研究論集』第三二号、一七－三三頁
田中耕治／鶴田清司／橋本美保／藤村宣之 2012『新しい時代の教育方法』有斐閣
田中智志／橋本美保 2012『プロジェクト活動——知と生を結ぶ学び』東京大学出版会
東京市富士尋常小学校 1933『生活学校富士の教育』東京市富士小学校内学習指導研究会
豊田ひさき 2005「「子どもから」のカリキュラム編成に関する歴史的考察——三國小学校における三好得恵の実践を手がかりに」『教育学研究』第七二巻第四号、四九二－五〇四頁
中野光 1968『大正自由教育の研究』黎明書房
西口槌太郎 1930『尋常一学年生活単位の教科構成と共教育』弘学館
日本近代教育史事典編集委員会編 1971『日本近代教育史事典』平凡社
橋本美保 2012「教育学の受容と新教育」森川輝紀／小玉重夫編著『教育史入門』放送大学教育振興会
橋本美保 2013「及川平治のプロジェクト理解と明石女子師範学校附属学校園におけるその実践」『東京学芸大学紀要』総合教育科学系Ⅰ、第六四集、九五－一〇八頁
増田翼／松川恵子 2012「福井県における大正新教育運動に関する研究」『仁愛女子短期大学研究紀要』第四四号、三九－四八頁

第１部　海外の新教育思想

第1章　デューイ教育思想の基礎——自然の呼応可能性

Communicability of Nature: Profondeur of Educational Thought of Dewey

田中　智志

〈概要〉　デューイの教育思想は、大正新教育の思想家たちに大きな影響を及ぼした。その理由は、デューイの教育思想が、新しい教育方法を提示したことだけではなく、教育自体の存立条件を示していたことにも見いだせる。それは、科学を超える哲学である。デューイの哲学は、「実験主義」「道具主義」「プラグマティズム」と形容されるが、厳密にいえば、「自然呼応論」である。それは、自然の本態を「呼応可能性」(communicability) と見なすことである。デューイの呼応可能性は、キリスト教のアガペーに連なる概念である。この自然の本態を人間・社会の基礎として再確認させ、人間を再形成し、社会を再構築することが、デューイの教育思想である。「協同性」、「デモクラシー」、「共同体」などの教育概念は、この自然の本態のコロラリーである。つまるところ、デューイの教育思想は、アガペーを原型とする自然呼応論によって基礎づけられている。

1　大正新教育とデューイ

デューイのイメージ

デューイは、一九一九（大正八）年二月に来日して五週間にわたり日本に滞在し、その間に、東京帝国大学哲学科で「現在の哲学の位置――哲学の改造の諸問題」と題した連続講演を行っている。その内容は、一九二〇年に『哲学の再構築』（*Reconstruction in Philosophy*）と題されて出版された。同書は、一九二一（大正一一）年に千葉命吉によって『哲学の改造』という書名で翻訳刊行されている。また、デューイが一九一六年に出版した『デモクラシーと教育』（*Democracy and Education: An Introduction to the Philosophy of Education*）は、来日した一九一九年に帆足理一郎によって『教育哲学概論――民主主義と教育』という書名で翻訳刊行されている（Dewey 1916=1919）。

デューイの教育思想は、すくなくとも大正新教育を担った思想家たちを大きく触発したように見える。大正新教育の思想家のなかで、デューイの教育思想に言及しない者はほとんどいないからである。しかし、北村三子は、「確かにデューイの実験学校の試みは大正新教育や戦後教育改革に直接間接に影響を与えたが、主要な関心は教育方法に向けられ、その根底にある哲学まで届くことはほとんど無かったのである」と述べている（北村 2010: 5-6）。そして、デューイの連続講演についても、「一定の共感者はあったものの、ドイツ観念論の影響の強い日本では、総体的には、デューイの講演は理解されなかったのであろう」と述べている（北村 2010: 21）。連続講演については、そのとおりだろうが、大正新教育の思想家たちについてはどうだろうか。

大正新教育の思想においては、「デューイ」という名前は、多くの場合、新しい教育方法のヴィジョンとともに語られている。「実験主義」「道具主義」「プラグマティズム」「経験主義」といった言葉が、デューイの教育思想を形容する言葉として、たびたび使われている。それらは基本的に、「科学」と不可分の関係にある言葉である。大正新教育においては、デューイの教育思想は、大雑把にいえば、経験を元に、問題解決のための仮説を立て、それを実験で検証し、仮説を理論化するという意味の「科学」を志向している、と考えられてきたように見える。

デューイの哲学と教育目的

しかし、デューイの教育思想は、いわゆる「科学」に還元されない。デューイの教育思想を基礎づけているものは「哲学」である。彼の「哲学」は、「科学」や通念の前提命題を露わにし、より重要なそれを科学・政治・教育の基礎命題として提示することである。それは、古代ギリシアの「形而上学」でも、中世の「スコラ学」でもなく、さらに近代の「理念論」や「経験論」でもない。そうした既存の哲学から影響を受けながらも、デューイの「哲学」は、それらの哲学から区別される。それは、デューイの言葉を挙げるなら、「原経験的自然主義」(empirical naturalism) と形容されている（その成立過程・内部構造については、加賀裕郎が詳細に明らかにしている（加賀 2009））。それは、いいかえれば「自然呼応論」、すなわち「自然」の本態を「呼応可能性」(communicability) と見なすことである。呼応可能性としての「自然」の本態、これを「自然性」と呼ぶならば、この自然性は、デューイの教育概念を根底から規定している。デューイのいう自然性は、人の、つまり子どものhuman nature（内在する人間的自然性）だからである。世界と人は、ともに「自然性」=「呼応可能性」であることにおいて、通底している。

そして、少なくとも人の「自然性」は、「充全化」される運命にある。デューイは、一九〇二年の『子どもとカリキュラム』の最後で、次のように述べている。「子どもの学びの道程（course of study）は、教師に向かって、これこれのことは子どもが受容し達成する真実、美、活動であり、子どもに開かれている、と告げるのである。さあ、見きわめよう。日々、子どもを条件付けているものがある。それが子どもたち自身の活動を避けがたくあの方向に向かわせている。すなわち彼（女）ら自身の最高点（culmination）に。さあ、子どもの自然［性］がその運命を充全化（fulfillment）するように働きかけよう」と（Dewey 2008, mw. 2, CC: 291 傍点は引用者）。デューイはまた、一九一六年の『デモクラシーと教育』のなかで、次のように述べている。「生命体は、ある一つの段階においても、それ以外の段階においても、同じように、それぞれの内在的充全（intrinsic fullness）と絶対的要請（absolute claims）にもとづいて、真に積極的に生きている。……生きることは、それ自体、内在的実質（intrinsic quality）を保持することであり、教育の仕事は、この本質によりそうことである」と（Dewey 2008, mw. 9, DE: 56 傍点は引用者）。

自然とアガペーとの関係

端的にいえば、人間のなかの「自然性」、すなわち「人間的自然性」(human nature）が「充全化」されることが、デューイにとっての途絶えることなく「成長」し続ける教育の本態である。そして、デューイのいうデモクラシーは、「民主制」ではなく、また彼のいうコミュニティは、「地域共同体」ではなく、どちらも「社会的自然性」（social nature）であり、それは、「人間的自然性」の充全化（「完全化」）としての教育とともに、充全化（「完全化」）されうる。以下において、私は、デューイ教育思想の基礎としての「哲学」が、上述の「自然呼応論」であることを示し、そののち、デューイの主要な教育概念が「自然」に基礎づけられていることを示す。そして最後に、デューイにとっての「自然」が、キリスト教神学から隔てられた概念でありながら、キリスト教的な「愛」、すなわち「アガペー」に通じる概念である、と述べる。

このような解釈が成り立つならば、すなわち、デューイの教育思想がキリスト教的な「愛」に暗々裏に通じる「自然」の概念に支えられているとすれば、デューイの教育思想の基礎を理解することは、当時の日本人、とりわけ大正新教育の思想家たちにとって、容易なことではなかったはずである。キリスト教思想は、日本的な文化から根本的に区別される特異な思想だからであり、しかも、デューイのキリスト教への態度は、儀礼化されたそれを遠ざけようとしながらも、本来的なそれと最も近しくあろうとするという、不即不離の態度であり、「信仰」といわれる一般的な教会キリスト教に見られる態度を退けているからである。

しかし、本書の後段（第2部）の各論で明らかになるように、大正新教育の思想家たちの何人かは、私たちの推断をはるかに超えて、デューイの「哲学」に肉薄していたように思われる。たとえば、及川平治の教育思想は、のちに明らかになるように、デューイ教育思想の本質である「哲学」に感応共鳴していたからである（橋本論文「及川平治の動的教育論」を参照されたい）。ここでの課題は、大正新教育の個々の思想家について、その事実を示すことではない。本章の課題は、彼らのデューイ「哲学」理解を示すための下準備をすることである。

2　デューイの自然呼応論

自然の本態

デューイは、『経験と自然』において、「自然の本態」（nature of Nature）は「前分節の全体性」（unanalyzed totality）と形容している（Dewey 2008, lw. 1, EN: 16, 18）。すなわち、言語によって分節されて諸命題で語られる前の、人に経験されたまとまりである。デューイは、それを、人の「感受する」（aware）「世界の全体性」「生体的一体性」（organic union）とも語っている。「感受」は、心理学用語の「知覚」（*awareness*）から区別されるものであり、いわゆる「感じ」（“feeling”）、いわゆる「直感」（“intuition”）に通じる（Dewey 2008, lw. 1, EN: 228）。この感受される「自然」の全貌・本質は語りがたい。「自然」を構成する諸事物が連綿連関し変化推移しているためである。いいかえれば、「自然」は、此所だけでなく彼方にもつながり、現在だけでなく過去にも未来にもつながっているからである。人にできることは、この連綿連関し変化推移する「自然」を「心」(mind) によって感受し「形」(image) として意味づけることである。そうした連綿連関し変化推移する「自然」の存在様態は、ふだん意識されない。意識は、ふだん現在のこれこれについての意識だからである。いいかえれば、「自然」は、人がそれに先行する感受という営みをしっかりと踏まえるとき、いくらか具体的に意識に顕現してくる。

もしも意識が、「心」が感受した「自然」を踏まえて働くなら、「自然」は、意識の働きかけのなかで、その意識に応答し、その意識と通じ合う。デューイは、自然の変化推移が意識されることを人と自然の「相互浸透」と形容し、さらにそれを人への「啓示」と表現する。「相互浸透」(interpenetration) は、古典ギリシア語の「ペリコレーシス」(perichoresis)、ラテン語の「サルコミンセシオ」(circumincessio) の翻訳であり、父（神）／子（イエス）が、それぞれに固有の存在でありながら、ともに「通底していること」を意味する (Smith 2001)。「啓示」(revelation) は、神による人への真理の黙示であり、人の孤立・傲慢からの救出・解放を意味する。

過去と未来が現在と一体であることが〔自然の事物についての〕すべての感受において顕現するということは、一つの神秘であるが、それは、意識が暗黙のうちに自然から分け隔てられている場合、自然が暫定的ないし歴史的な意味内容として位置づけられ退けられている場合である。〔しかし〕意識が自然と結びついているとき、この神秘は、応答的であり充全的である自然と、〔人が〕操作的に〔＝働きかけのなかで〕相互浸透 (interpenetration) するという、輝かしい啓示 (revelation) となる (Dewey 2008, lw. 1, EN: 265)。

相互活動としての共通感覚と科学

自然の感受は、人びとに通底する「共通感覚」（common sense）である。common senseは、通常、「常識」と訳されるが、デューイのいうcommon senseは、だれもが従うべき知見・規範のことではなく、人びとが事物に働きかけるときに、人びとがともに与《あずか》っている基底的感覚である。それは、アリストテレスにさかのぼりうるが、やはりスコラ学のいうsensus communisを思い出させるだろう（たとえば、トマス・アクィナスにとってのそれは、万人に共通し万人を一つにする「理性の光」である）。ともあれ、デューイのいう共通感覚が生じるのは、人が事物と「相互活動」（interaction）するときである。「相互活動」とは、活動（action）を交わし合う（inter/trans）こと、相互に応答しあうことである。デューイの『論理』の言葉を引こう。「［自然を］活かすこと（use）と［自然に］与《あずか》ること（enjoyment）は、共通感覚において、人という存在が彼らのまわりの世界と、直接的に結び合っていることを示す、二つの様態である」（Dewey 2008, lw. 12, L: 69）。

デューイの求める「科学」もまた、共通感覚と同じく、人と事物との相互活動である。『知ることと知られたもの』において、デューイは「共通感覚と科学はともに相互活動として扱われるべきである」と述べている（Dewey 2008, lw. 16, KK: 242）。そして、『人間の諸問題』において、「それら［科学と技術］は、人間的な望み、先見、目的、熱情といった媒体のなかで営まれる。こうした科学と技術はさまざまな相互活動であり、そうした相互活動においては、人間が自然とともに働き、人間的要素が自然を変化させたり方向づけたりするものとして受け容れられる」と述べている（Dewey 2008, lw. 15, PM: 26）。ようするに、科学に基づいて対象に働きかけ、その働きかけに対する応えという相互活動が、人の経験を生みだし、その経験が科学を生みだすと。

活用と享受

共通感覚としてであれ、科学としてであれ、人と事物との相互活動の様態は、上記のように、基本的に「活かす」と「与る」とに分けられる。デューイの「活かす」と「与る」との区別は、アウグスティヌスの『キリスト教の教え』（*De doctrina christiana*）における「活用する」（uti ウティ）と「享受する」（frui フルイ）の区別に基づいているのだろう（Augstinus, DC=1988: 30-32）。「活かす（活用する）」は、自分の手元にあるもの（道具）を用いつつ、事物に働きかけ、事物に助けられることであり、「与る（享受する）」は、自分から隔てられたもの（神）に依りつつ、事物に向かい、事物に助けられ、事物の本質にいたることである。デューイは、活用と享受の関係について、「活用は、つまるところ、何らかの完成（consummation）や享受（enjoyment）のために存在する」と述べている（Dewey 2008, lw. 12, L: 69）。のちに確認するが、この「完成」は、活用がたんに成功することではなく、事物の本質に与り、自然を損なうことなく自然と共存することである。

活用としてであれ、享受としてであれ、人と事物との相互活動においては、常に新しいものが人に露わになる。それが「経験」であり「知る」ということである。教育の営みも、人と事物の相互活動である。学ぶことは、子どもが事物と相互活動することのなかにあり、教えることも、子どもと事物との相互活動に支えられつつ、教師が事物と相互活動することのなかで知ることである。「〔近代以前とは違い〕近現代科学においては、学ぶことは、だれも知らなかったことを発見することである。それは一つの相互活動である。すなわち、そこでは、自然が教師であり、学生が探究によって学ぶことによって、教師自身が真理に到達する」（Dewey 2008, lw. 1, EN: 122）。

情況内思考・探究と対環境思考・探究

人と事物との相互活動においては、その場が代替不可能な固有な「情況」（situation）として浮かびあがり、その

「情況」が人に解決するべき「問題」として迫ってくる。それが「思考する」「探究する」という営みの端緒である。デューイのいう「情況」は、「環境」(environment) から区別される。情況は、自分に差し迫る問題が及ぶ範囲であり、〈私〉("I") という生体が内属参入している場であるが、環境は、自分の問題を超えるところであり、人格 (person) という生体から区別されるところである。いいかえれば、人は、〈私〉として情況に内属参入し、情況を原初的に経験するが、人格として環境に対峙し、環境を理論的に構成する。人格の思考・探究は、具体的に経験される〈私〉の情況を超えて、抽象的に把握される環境に及ぶ。

情況内の思考・探究は、共通感覚的であり、当事者の活用・享受に結びついているが、対環境の思考・探究は、科学的であり、当事者の活用・享受から離れ、それ自体のために行われる。いわば、科学的な思考・探究が、科学的な思考・探究の目的である。デューイは、『論理』において、次のように述べている。「何かについての知識の獲得は、かならず共通感覚の探究をふくみ、その探究が生じるのは、何かを活かしたりそれに与ったりするためであり、科学的探究とはちがい、それ自体のためではない。科学的探究においては、人間存在が直接的な (*immediate*) 環境に直截的に (*direct*) 含まれることはない。[環境に含まれている] 事実は、実践的なことから区別された理論的なもののなかで、扱われる」(Dewey 2008, lw. 12, L: 66-7 傍点は原文のイタリック)。

コミュニケーションの想像力

〈私〉が関与する共通感覚的な思考・探究は、〈私〉から隔てられた科学的な思考・探究から区別されるが、どちらも人と事物の相互活動であり、デューイはこうした相互活動を「コミュニケーション」と呼び、それが人為のうちで最も驚異的な営みであるという。「すべての事象のなかで、コミュニケーションは最大の驚異である。すなわち、諸事物 (things) がなしうることは外在的に押したり引いたりすることであるという捉え方を、諸事物自体が人に露わとなり、かつそれら自体にも露わとなるという捉え方に移すこと、このコミュニケーションの成果が［人の事物への］参入であり［人と人との］分かち合いであるということ、これは驚異であり、その傍らでは、あの実体変化（transubstantiation）すら霞んでゆく」（Dewey 2008, lw. 1, EN: 132）。

「実体変化」――神学では「聖変化」と呼ばれてきた――とは、ラテン語のtranssubstantiatioに由来する言葉で、カトリック教会のミサにおいて、パンと葡萄酒が、その外観はそのままに、その「実体」（substance）をイエス・キリストの「実体」に変化する、ということを意味する。それは、人がキリストと「コミュニオン」（communion）する――すなわち二つのものが結び合う――ための、不可欠な条件であり、人の神への信仰がもたらす奇跡であった。デューイが、実体変化がもたらすコミュニオンよりも、人と事物とのコミュニケーションのほうがはるかに驚くべき事実であるというのは、デューイの明確な態度を示している。それは、人がよりよく生きるための必要条件を、信仰と引き替えに人に届けられる「神の恵み」（Grace）に見いだすのではなく、すでに人びとに贈られているコミュニケーションの力に見いだすという態度である。

こうしたコミュニケーションの力の中心が、人の「想像力」（imagination）であり、この想像力によって諸概念が生じることが、教育である。「［自然の最小単位である］出来事（events）の意味は、想像力のなかで、無限に結びつけられ、再配置される。そしてこのような内在的試み――すなわち思想（thought）――の成果が、素朴で無垢な事象との相互活動のなかから沸き出る」。その成果が「表象、代用、象徴、含意」であり、これらの知見によって「出来事は、最初の状態よりも、はるかに処理になじみ、持続的なものとなり、通用するものとなる」（Dewey 2008, lw. 1, EN: 132）。そしてそれらが、教育という営みを可能にする。「学び、教えることが［人という］存在のなかに現れるとき、どのような出来事も、知見（information かたち作るもの）を生みだす」。人を充全化に向けて生き生きと活動させるうえで不可欠なものが、この出来事が示す知見である（Dewey 2008, lw. 1, EN: 133）。

協同と参入

コミュニケーションの原動力である想像力の働きは、意味の「協同」（association）、すなわちある意味（言葉）を他の意味（言葉）と結びつけることである。それが、人の「言語活動」（language）である。「言語活動は、人間的な協同（human association）の自然な働きである」（Dewey 2008, lw. 1, EN: 137）。意味の協同、つまり言語活動は、人のなかでの相互活動であり、それは、人と人との相互活動、人以外の事物と事物との相互活動と基本的に同じである。「存在するものすべては、それが知られたものであれ、知られうるものであれ、ほかのものと相互活動している。存在するものすべては協同し、同時に起立し単独である」（Dewey 2008, lw. 1, EN: 138）。

人と出来事とのコミュニケーションは、出来事とその観察者の間で生じるコミュニケーションである。出来事に関心をもつ、出来事を考えるという営み、いいかえれば、出来事と協同する、出来事に参入するという営みが、「表徴」（sign 事物を表し徴づけるもの）を生成する。たとえば、農夫が鶏に餌を与えるために、腕を上げると、鶏は反射的に逃げるが、すぐに戻ってくる。何度も、鶏は同じ行動を繰りかえす。鶏にとって「農夫の動作は、表徴ではなく、刺激だからである。しかし、幼児は、そうした動作を想起する（discount）。すなわち、そうした動作に関心をもつ［＝入り込む］ようになり、それを出来事（events）と捉えて対応を用意し、自分が望んでいる成就（consummation）に向かう。彼は、そうした動作を今後に生じる出来事を暗示する表徴（sign）として扱うことを学び、そうすることで、自分の応答をそれらの出来事の意味に向かわせる。……［ようするに、］鶏の活動は自己中心的であるが、人間存在のそれは参入的（participative）である」（Dewey 2008, lw. 1, EN: 140）。

共営為と呼応可能性

出来事をもたらす行為者と、それを何らかの「事物」（things）として意味づける――いわば、「自然」という諸出来の連綿連鎖から何かを言葉によって、たとえば「花」として、浮かびあがらせる——観察者とは、「共営為的」(cooperative) である。たとえば、花を指さし、「もってこい」という人Aは、そういわれて、花をもっていく人Bと、共営為的である。言葉は、人と人の共営為の重要な条件である。言葉は、すでに定められている言葉の意味を表現するだけでなく、行為者と観察者の共営為 (相互活動) を生みだすからである。AとBのそれぞれの活動は、言葉による相互修正・相互規制を経つつ、合一ないし整合するからである。すなわち、Bの言語活動が、Aの言葉の意味を理解し、Bが正しく花をもってゆくことを可能にするからである。「言語活動 (language) の核心は、先行する何かの『表現』(expression) でも、先行する思想の『表現』でもない。言語活動の核心は、コミュニケーションである。それは、活動における共営為 (cooperation) の確立であり、この活動のなかにお互い (partners) がいる。それぞれの活動は、お互いの連携 (partnership) によって修正され規制される」。言語活動を基底とする連携的ないし共営為的な二者の活動が、デューイのいう「関係性」である。「言語活動はしたがって、個別性ではなく関係性 (relationship) である」(Dewey 2008, lw. 1, EN: 141, 145)。

したがって、人は、他者と直接的にコミュニケーションするのではなく、他者にかかわる出来事とコミュニケーションを行うことで、その他者と共営為的にコミュニケーションを行う。いいかえれば、ある人が他者と同じ方向に向かうのは、両者の意思が直接に通底しているというよりも、両者がそれぞれに出来事と真にコミュニケーションを行っているからである。この真のコミュニケーションが「活動」である。そこでは、お互いの意図が牽制し合って活動が「修正され規制される」のではなく、それぞれの思考・探究が事物からの応答によって「修正され規制される」のである。これが、デューイのいう「経験の分かち合い」(shared experience) ないし「活動の結び合い」(joint action) である (ex. Dewey 2008, mw.9, DE: 20)。それは、「学ぶこと」と「示すこと」の関係についてもいえる。子どもの意図と教師との意図が牽制し合って教育活動が「修正され規制される」のではなく、それぞれの思考・探究が教材である事物からの応答によって「修正され規制される」のである。つまり、子どもと教師の cooperation は、たんなる双方の「協力」ではなく、固有的な経験の分かち合いとしての共営為である。

重要なことは、デューイのコミュニケーション概念が、人が出来事（事物）に応答するだけでなく、出来事（事物）が人に応答するという意味で、アニミズム的であるということである。「アニミズム、命をもたないものに自分の望みや意図を見いだすことは、心理現象としての神秘的な［自己］投影ではない。そう考えることは、自然の事実の誤った解釈である。［人に何かを］指示する事物は、目的や遂行が［その事物と人との間で］分かち合われ、社会的である情況において、実際に何かを含みもつ事物である」。「アニミズムの論理は明快である。言葉は事物に間接的に働きかける、つまり表徴するとされ、言葉は事物の指示的な帰結を表現するとされるが、なぜ言葉が直接に事物に働きかけ、その潜在的な諸力を解放するとしてはならないのか。私たちは、事物を名前で『呼ぶ』が、なぜ、事物が答えるといってはならないのか。……つまり『アニミズム』は、社会的情況の内実を、自然な事物と人間の直接的関係性にそのまま見いだした結果、生じたものである」。それは自然の事実に一致している。「すべての事物は、潜在的に呼応可能性（communicability）を秘めている」(Dewey 2008, lw. 1, EN: 141-2)。communicability はラテン語の communicabilis（伝搬可能）に由来する言葉であり、スコラ学では、神の属性が被造物に「伝搬する可能性」（communicabilitas）という意味で使われる（GA Bd. 1, KBDS: 260-1）。

「神の愛」としての「自然の至高性」

ようするに、自然の本態は呼応可能性である。自然を構成し体現する事物すべては、人の呼びかけに応え、人は、その応えにまた応えて、呼びかける。こうした呼応の連鎖が、人と自然とのコミュニケーション（相互活動）である。このコミュニケーションは、自然の一部である人についても、同じようにいえる。人と人のコミュニケーションは、本来の自然の相互活動が、事物とのコミュニケーションを媒介としつつ、現れたものである。したがって、相互活動はコミュニケーションと同値ではない。事物と事物の相互活動は、人と事物の、人と人の相互活動から区別される。人と事物の、人と人の相互活動だけが「コミュニケーション」と呼ばれる。なぜなら、コミュニケーションは、本来的に人の想像力に支えられ、人の想像力は、本来的に「充全性」(fulfillment)に向かう力だからである。その充全性は、自然が示す「至高性」(culmination)であり、いいかえれば、神が示すような「愛」(love)である。このような理念化された言葉は、たんに事実を指示する「表徴」ではなく、意味を喚起する「象徴」(symbol)である。

コミュニケーションは、道具的であるだけでなく完成的(consummatory)である。……コミュニケーションにおいては、動物に特徴的である結合や愛着が〔人間に特徴的である〕無限の理念化を可能にする愛情(endearments)に成り変わるからである。すなわち、まさに自然の至高性(culmination)を意味する象徴(symbol)に成り変わるからである。神が愛(love)であるということは、神は力であるということよりも重要な理念化である。愛が、その頂点においては、啓光(illumination)と叡智(wisdom)をもたらすという意味で、愛は、神性が真理であるということと同じくらい重要である(Dewey 2008, lw. 1, EN: 157-8 傍点引用者)。

神の示す愛は、人と人の間に多様に存在している。「ある人が、他の人の歓び、悲しみ、情緒、望みに参入すること」の範囲や程度の違いによって。たとえば、「一時的な気遣いから、継続的な洞察・誠意にいたるまで」(Dewey 2008, lw. 1, EN: 158)。この愛、すなわちコミュニケーションの「完成態」(final)としてのそれは、分立する人びとのコミュニオンである。すなわち、「人が意味を〔他者と〕分かち合うことは、コミュニオンという意味において、［人が］気高く、深く生き、結びつくことである」。いいかえれば「人が、孤立の直接性から引き揚げられ、コミュニオンという意味において［他者と経験を］分かち合うことである」(Dewey 2008, lw. 1, EN: 159)。デューイは、perfectio/perfection/Vollkommenheit（完全性）というキリスト教神学の基本概念、かつ一八世紀から二〇世紀にいたるまでのヨーロッパ・アメリカの教育思想の基本概念を意図的に避けているが、彼が替わりに用いるculmination/consummatory/final という「動態的に到達される究極」を意味する言葉で語る極点は、つまるところ、無条件の愛というパウロ／ヨハネのいう神の完全性（perfectio）である。デューイの試みは、近代教育思想の、さかのぼれば、中世以来、アリストテレスの形而上学に囚われてきた神の完全性（の破壊／再構築（de/re-construction））である、とも考えられる。

ともあれ、人が自然から与るところが無条件の愛であるというのが、ここで私が採る解釈である。次に、こうした自然呼応論を踏まえつつ、デューイの教育思想の基本概念を解釈してみよう。

3　デューイ教育諸概念

経験の再構成

デューイにとって、教育という営みを特徴づける言葉は「再構成」(reconstruction）である。この言葉は、個々の人間の「経験」に関する言葉であると同時に、「社会」に関する言葉でもある。つまり、デューイにおいては、「社会」そのものも、人びとの「経験」が再構成されるように、再構成されるべきである。そして「経験」の再構成は、「哲学の再構成」と同じ営みを含んでいる。「哲学の再構成」は、プラトンのイデア論に由来する理念論（「観念論」）

を可能にしている「自然」をあらためて「前分節の全体性」として了解することである。「自然」を「前分節の全体性」として了解することは、いわゆる「経験」によっては為しえない。いわゆる「経験」は、カテゴリー概念によって分節し、命題化することだからであり、そうした分節化・命題化によって喪われしまうものが、「前分節の全体性」としての「自然」だからである。このように「自然」を了解することもたしかに経験ではあるが、この経験は、いわゆる「経験」が「派生的経験」(secondary experience) であるとすれば、それから区別される「原初的経験」(primary experience) である (Dewey 2008, lw. 1, EN: 16)。つまり、「原初的経験」をしっかりと踏まえつつ「派生的経験」をあらためて構成することが、「経験」の再構成である。

心の豊かさをもたらす想像力のために

したがって、「経験」の再構成は、たんに古い経験が新しくなったり、小さな経験が大きな経験になったりすること、つまり通俗的な知識技能に習熟することではない。通俗的な知識技能をいくら更新し拡大しても、それは「経験」の再構成にはならない。通俗的な「経験」は、基本的に派生的経験だからであり、再構成された経験は、原初的経験に裏打ちされた経験だからである。すなわち、自然科学的な自然から区別される「前分節の全体性」としての「自然」を了解することだからである。「それ［＝経験］は『二種類の樽づめ』である。それは、その原初的統一体のなかで、認識する。そこに行為と材料の区別、主体と客体の区別はなく、それらはともに一つの前分節の全体性のなかで一体化している。『事物』や『思想』は、……それぞれ一種類の樽づめである。それらは、原初的経験から反省によって分断されたものである」(Dewey 2008, lw. 1, EN: 18-19)。原初的に経験される「自然」は、人の「生命」(life) と「歴史」(history) に現れている。どちらも「分断されていない意味の充全性である」。「生命とは一つの働き、すなわち一体的活動であり、そこでは生体と環境は包含されている」。「歴史とは……［人びとが「自然」

を体現しようとして」成し遂げた偉業であり、被り耐えた悲劇である」(Dewey 2008, lw. 1, EN: 19)。

したがって、デューイが『哲学の再構成』において述べている「生命本来の力」(the inherent power of life) は、生体と環境との呼応的な相互活動と不可分である (Dewey 2008, mw. 12, RP: 129)。すなわち、生体と環境との呼応的な相互活動がなければ、生命本来の力も現れない。この生命本来の力の現れは、具体的な環境の「改変」(transformation)、たとえば、品種改良によって甘く大きな苺を栽培したり、学習習慣の改善によって子どもの学力を伸長させたりすることである。しかし、人は、これらの成果が人の働きかけだけで成し遂げられると考えがちである。そして、人は「知は力」と信じて、成果を挙げる知識——方法知——の集積に勤しんでしまう。その結果、原初的経験は軽視され、成果を挙げる知識ばかりが重視されてしまう。〈自然の本態 (自然性) は人と自然 (環境) との呼応可能性である〉という了解が、そこでは見過ごされてしまう。

そして、成果を挙げる知識にばかり目を奪われて、「経験」の再構成が行われないと、やっかいな事態が生じる。科学的事象と原初的経験とが離反し対立し、科学的操作・テクノロジーが「人間的な気遣い」から離れてしまうからである。デューイは次のように述べている。「科学的事象が原初的経験と結びついていることが無視されるとき、その結果として生じることは、事物の世界像が人間的な気遣い (human interests) から無縁なものとなることである。科学的事象が、まるごと経験から隔てられるからである。それは、たんに疎外され孤立するだけではない。それは、対立する立場に置かれる。つまり、それが確定されたもの、最終的なものそれ自体と見なされるとき、それは、心の豊かさを抑圧し、想像力を麻痺させる源泉となる。こうした［原初的経験を看過した］物質的世界の像や物質的事象の哲学は、すべての調整改良の企てやすべての公共の健やかさのための知性豊かな評定と矛盾する」(Dewey 2008, lw. 1, EN: 20; cf. mw. 12, RP: 179)。

デモクラシーの本態としての協同的な生

経験の再構成とともに具現化されるコミュニケーションのとる形態が、デューイのいう「デモクラシー」である。そして教育は、科学の時代を正しく生きるために「デモクラシー」を指向しなければならない。デューイのいう「デモクラシー」は、『デモクラシーと教育』で述べられているように、たんなる「統治の形態を超えるもの」であり、「基本的に協同的な生（associated living）が示す形態であり、結び合わされたコミュニケーションの経験が顕現させる形態である」(Dewey 2008, mw. 9, DE: 93)。いいかえれば、「代表民主制」「直接民主制」と呼ばれるような統治の形態としてのデモクラシーは、この深層のデモクラシーを前提として成り立つものである。

協同的な生としてのデモクラシーは、「社会的・倫理的」また「道徳的・精神的」と形容されている。「デモクラシーは、一言でいえば、社会的概念すなわち一つの倫理的概念であり、この倫理的特徴のうえに統治的営為が成り立つ。デモクラシーが一つの統治の形態でありうるのは、それが道徳的・精神的な協同性（moral and spiritual association）から成っている場合だけである」(Dewey 2008, ew. 1: 240)。協同的な生、つまり協同性が「社会的・倫理的」「道徳的・精神的」と形容されるのは、それが、通俗的な規範・機能を超えているからである。通俗的な規範・機能を超えて「社会的・倫理的」「道徳的・精神的」である「協同的な生」もまた、自然の本態の人間的な現れとしてのコミュニケーションによって成り立っている。一九三九年の「創造的デモクラシー」の言葉を引こう。「デモクラシーは生の様態であり、それは人間的自然性の可能性を発動させる篤信（faith）によって支配されている」(Dewey 2008, lw. 14, CD: 226 傍点引用者)。

関心と生体的一体性

デューイにとって、人びとが協同性を具現化するために必要なことは「一つの関心事（interest 心が関わる事象・

関わり与る事象）に参加する個々人の数が拡大すること」である。そうすれば「各人は、自分の行動を、他の人の行動に関係づけて考えなければならなくなるし、自分の行動の目的・方向を決めるために、他の人の行動を熟慮しなければならなくなる」からである（Dewey 2008, mw. 9, DE: 93）。すなわち、だれもが「一つの関心事」のなかにあるかぎり、自分の行動と他者の行動は協調ないし重なりあうはずである、と。これは、組織の生産性に関するよく知られているモラールの事実ではなく、interesse というラテン語、「なかに在る（いる）」こと。つまり、人が意図するまえにすでに何か・だれかと結びついている事実を意味している。

たとえば、デューイは、『デモクラシーと教育』において、interest と concern（気遣い）を同義とし、次のように述べている。「interest や concern が意味しているのは、自己と世界が結ばれていることであり、それぞれが展開し続ける情況のなかにあるということである」（Dewey 2008, mw. 9, DE: 132, 133, 134）。また、一九一三年の「教育における関心と努力」（Interest and Effort in Education）において、デューイは interest の本来的な意味は「生体的一体性」（organic union）であると述べている。「interest が指し示すことは、人間と事物との隔たりを無化することであり、その人間の活動がもたらすものである。つまり、interest は生体的一体性を意味している」（Dewey 2008, mw. 7, IEE: 160）。生体的一体性は、ある生体に内属する諸器官がそれぞれに自分の役割を果たし、相互に支えあい、その生体全体を存続させること、すなわち生命の基本的様態である。

自然の発現としての協同性

したがって、デューイのいう「関心」は、どんなことでもよいのではなく、「自然」・生体的一体性の現れであるデモクラシー・協同性の確立という前提命題を含んでいる。デューイにとって「ある人が人として存在することは、その人が自由な相互の交わり（intercourse）において他者と協同することである。他者と協同することは、他者に生産物を供給するという［社会的］効率も、自己洗練・自己鍛錬としての［人格的］教養も超えている」(Dewey 2008, mw. 9, DE: 129)。また「すべての個人は、社会的な交わりをつうじて、つまりそれぞれの信念を体現している活動に参加することで、しだいに自分の心（mind）を形成していく。まったく孤立した自己の所有物としての心という概念は、まったく真理に反している」(Dewey 2008, mw. 9, DE: 304)。

したがって、デューイが次のように述べるとき、その「目的」や「活動」は、無条件のものではなく、すでにデモクラシー・協同性、すなわち一人ひとりを本来的に自由にする愛を前提命題としている、と考えるべきである。すなわち「目的をもつ専心的な活動（遊びであれ、仕事であれ）において、物事を処理することによって拡大された関心と鍛えられた知性をもっている人びとこそ、学術的であるが現実離れした知識や、硬直した狭量で単純な実用的な技術のどちらも、もっともよくまぬがれるだろう」。「何かをなすうえで、当人の生まれつきの活動の傾向性が充分に役立てられるように［すなわち充全性に向かうように］、教育を組織することが、社会情況をよりよく変えるためには、何よりも大切なことである」(Dewey 2008, mw. 9, DE: 144)。

コミュニケーションが創る共同体

デューイにとっては、いわゆる「共同体」が、コミュニケーションを構成するのではない。先に地域社会・血縁集団があり、そのなかでコミュニケーションが生じるのではない。デューイにとっては、コミュニケーションが真の共同体を構成する。デューイは、『公衆とその諸問題』(*The Public and its Problems* [1927]) のなかで「コミュニケーション」は、たんなる言葉のやりとりではなく、「経験の分かち合い」を可能にするような「象徴」(＝理念) のやりとりであると。

象徴は、感性（sentiment）と思想（thought）を制御する。この〔二〇世紀という〕新しい時代は、その諸活動にふさわしい象徴をもっていない。公衆を組織するという目的から見れば、情報機器は、その明示的な便さに比べて、充分に便利ではない。行動において人びとを結びつけている絆は、膨大で強靭で複合的である。しかし、それらは不可視であり不可触である。なるほど、私たちは、これまでになかったような、コミュニケーションの物質的手段〔＝電信・電話〕をもっている。しかし、そうした手段に適した思想や願望は、コミュニケートされていない。つまり、分かち合われていない。そうしたコミュニケーションがなければ、公衆は依然として影絵のようなもの、形なきものである。ときにみずから求めても、実体ではなく影絵をつかみとるだけである。この〔アメリカ社会という〕偉大な社会（the Great Society）が、一つの大いなる共同体（a Great Community）に変容するまで、公衆は衰退しつづけるだろう。コミュニケーションだけが、大いなる共同体を創りだしうる。私たちのバベルの塔は、言語のバベルの塔ではない。経験の分かち合い（shared experience）を不可能にする表徴と象徴のバベルの塔である（Dewey 2008, lw. 2, pp: 323-4）。

「経験の分かち合い」を可能にする自然のコミュニケーションが大きく開かれ、それが「人間的な共同体」となるとき、思考は、たんなる機能的思考（問題解決思考）ではなくなり、他者への気遣いを前提とする思考となる。そしてこのことは、すでにすべての人が知っているにもかかわらず、多くの場合、忘れていること――「他者の活動への依存」――を思い出すことである。デューイは、『公衆とその諸問題』において、次のように述べている。

……ここに、了解可能な人間的な協同性（human association）についての問題がある。どうすれば、個人や単独者が結びつくのか、という問題ではなく、どのように、個人は……まさに人間的な共同体（human communities）となるように結びつくのか、という問題である。一つ一つの活動は、それが結びつきであると認識されているかぎり、結びつきという視界のなかに存在する。そうした視界を開きながらでも、個人は、思考し欲望し企図するが、彼らがそこで思考していることは、彼らが他者に対して行うことの結果であり、他者が彼らに対して行うことの結果である。すべての人間存在は、幼い子どもとして生まれる。彼は、未熟で、無力で、他者の活動に依存している（Dewey 2008, lw. 2, PP: 250-1）。

自／他の相互浸透が可能にする没我性

デューイのいう協同性の端的な現れは、「愛他性」（altruism）や「没我性」（unselfishness）と呼ばれるような「献身的活動」である。デューイが愛他性や没我性に見いだすものは、自／他の区別の緩み、すなわち自分と相手とを、また自分と自分の関心（関心事）とを重ねてしまう、相互浸透の状態である。デューイは、医療活動を例に挙げながら、献身的活動について、次のように述べている。「ある医者が、自分の命を避けがたい危険にさらしながら、伝染病患者のために働き続けるとき、その医者は、自分の仕事を確実に遂行することに関心をもっている」。この医者にとっては「自分」と「自分の関心」とは区別されるものではない。それらは重なり合っている。この重なり合いが「没我性」であり、「緩やかな自己」（generous self）である。この没我性は、いいかえれば、「自分の活動にふくまれる［自／他をふくみこむ］関係性の充全な広がりと自分とがひとしいという状態」である。その状態においては「自分と、自分から除外されるような異質なもの・無関係なものとを区別する明確な線が、引かれていない」（Dewey 2008, mw. 9, DE: 362）。

自然呼応論を踏まえていうなら、こうした没我性は、自然の呼応可能性に由来している。それらは、神秘ではなく、自然である。「緩やかな自己」は、本来の自己の様態であり、原初的経験における自己である。すなわち、協同性は、すでに与えられている人の存在様態であり、しばしば科学や個人主義に執着するあまり、忘れられてしまう存在様態であるが、デモクラシーに向かう教育がつちかう「想像力」によって、人がとりもどす存在様態である。それは、現代の社会環境が「後退させている、私たちのより深い思想であり望みである」(Dewey 2008, mw. 12, RP: 201)。

4　自然呼応論とアガペー

精神を支える魂

「自然」が呼応的であるのは、それが神の「愛」(アガペー)を本態とするからである。神の「愛」を本態とする「自然」が、愛他的・没我的なコミュニケーションを可能にする。コミュニケーションは、それが「自然」に根ざしているかぎり、「正常な成長」(normally growing)や「活動的自己」(active self)をもたらす。すなわち、「自分の仕事が生命の危険をともなうものと知っても、その人は、進んでその危険を、自分の活動の肝要な部分として、取り入れる」。「さまざまな関係性を……包含しようとする、より広くより大きな自己［すなわち活動的な自己］は、事前に知らなかった関係性でさえも、自分のうちに取り込み、拡大していく」(Dewey 2008, mw. 9, DE: 362)。パウロのいう神の「愛」は、人においては「隣人への愛」である。

デューイが『経験と自然』のなかで語る「精神」と「魂」は、この「隣人への愛」と無関係ではないだろう。「魂」は、人が「まさしく応答的で豊穣的で協調的に生の諸情況に参入すること」を可能にするもの、つまり協同性の存立条件である。このような「魂」が「自由で動態的で営為的な状態にあるなら、つまり［人の言動の］起点であり終点であるなら、その状態が『精神』である。［魂の］実質は、静態的で基底的で受動的である。［これに対し］精神は［人を］活気づける。それは、ただ生きている（alive）だけでなく、人に生（life）を与える。動物は生気を与えられている（spirited）が、人は生きている精神（living spirit）である。人は自分の仕事のなかで生き、自分の仕事がその人を支える。魂はかたち（form）であるが、精神はかたちづくる（inform）。精神は魂の動態的な機能であり、魂はその精神の基底である」（Dewey 2008, lw. 1, EN: 223-4）。つまり、「魂」の働きが「精神」であり、「精神」の基礎が「魂」である。字義に即していえば、「知見」（information）は、「魂」に支えられた「精神」のかたちづくるという働きと一体である。

デューイの「魂はかたちである」「精神はかたちづくる」という表現は、キリスト教思想における「神のかたち」（imago Dei）という概念を思い出させる。さかのぼっていえば、イエス・キリストを「神のかたち」と呼んだのは、パウロである（Kümmel 1972=2007: 238）。パウロは、聖書の「コロサイの信徒への手紙」において「その子は、見えない神のかたちであり、すべての［神によって］かたちづくられたものに先立ち、生まれた」（qui est imago Dei invisibilis primogenitus omnis creaturae）と述べている（コロサイ 1.15）。デューイは、パウロが「神のかたち」という場合と違い、「魂」が何の「かたち」であるのか、その中身を語っていない。いいかえれば、何が「精神」によって具現化されるのか、語っていない。しかしそれは、これまでの確認から推論すれば、パウロの場合と同じように、「隣人への愛」であろう。

信仰よりも愛（アガペー）

先に引用したように、デューイは、「神は愛であるということは、神は力であるということよりも重要な理念化である」と述べている。「神は愛である」という命題も、「神は力である」という命題も、ともにキリスト教的である。「神は愛である」という命題は、神が人に普遍・受容・自由に向かう「愛」を求めることを含意し、「神は力である」という命題は、神が人に特殊・処罰・排他に向かう「信仰」を求めることを含意している。この「愛」と「信仰」は、キリスト教神学の教義のなかにある最大の矛盾である。デューイは、この矛盾を踏まえながら、「神は愛である」という命題を、「神は力である」という命題よりも、重視している。これは、「信仰」よりも「愛」を重視するという決断であろう。この決断は、キリスト教神学の正統的教義にはそぐわないが、やはりキリスト教的思考の内部にとどまる思考というべきだろう。

デューイは、一八九七年の「私の教育学的信条」のなかで、教育の役目を「真の神の国」への先導であると宣言している。「私は、すべての教師は自分のオキュペーションに尊厳を見いださなければならないと信じているし、完全な社会的秩序を維持し、正義の社会的成長を保証するための、特別な社会的奉仕者でなければならない、と信じている。私は、こうした意味で、教師はいつも、真の神の予言者であり、真の神の国への先導者である、と信じている」(Dewey 2008, ew. 5, MPC: 95)。ヴルガタ聖書（*Biblia Sacra Vulgata*）のラテン語に即していえば、「神の国」と訳されている言葉は regnum Dei であり、「神の国」ではなく「神の支配」を意味している。そして「神の支配は、あ・な・た・た・ち・の・間・に・存・在・す・る」(regnum Dei intra vos est）と記されている（ルカ 17.20-21）。「あなたたちの間に存在する」という箇所を字義どおり捉えて、デューイの自然論に引き寄せて解釈するなら、この「神の支配」は「愛のコミュニケーションの充全化」ということになるだろう。そうであるとすれば、「真の神の国」とは、人びとが愛のコミュニケーションを具現化し充全化することである。そのコミュニケーションは、人びとが他者と「人生と経験を分かちもつという奇跡」であり、「頑なで冷たい現代生活を潤す、どこにもなかった光」である。ただ、「精神の響きが、それが聴かれるところに、届くように、この神の支配は、ただ傍観しているだけでは、到来しない」のである（Dewey 2008, mw. 12, RP: 201)。

こうした解釈が成り立つかぎり、デューイ教育思想を「実験主義」「プラグマティズム」といった言葉だけで把握することは、デューイ教育思想を捉えそこなうことになる。ましてや、アメリカのデューイ研究者、たとえば、ギャリソン（Garrison, Jim）のように、デューイの思想をギリシア的なエロス概念に結びつけることは、アメリカの社会的現実が要求することとはいえ、デューイ教育思想を換骨奪胎することにひとしい。デューイ教育思想の基礎は、自然呼応論である。それは、「自然」が相互活動を本態とすることであり、その「自然」が人間のなかに発現するとき、その相互活動はコミュニケーションとなる。このコミュニケーションは、たんなる言葉のやりとりではなく、人をアガペーとしての「愛」に誘う理念化の営みを含んだ相互活動である。人には、アガペーとしての愛に向かうコミュニケーションを行う力が、だれかから、はじめから贈られている。最晩年のデューイは、「経験」を「文化」へと拡張しようとしていたが、「自然」についての考え方は、変えていない。愛に向かうコミュニケーションとしての人間の「自然」という概念が、デューイ教育思想の基礎である哲学の命題である。「デモクラシー」も、「協同」も、「プロジェクト活動」も、この「自然」の概念、すなわちアガペーへのコミュニケーションを前提として、はじめて成り立つ概念である。

文献

加賀裕郎 2009『デューイ自然主義の生成と構造』晃洋書房

北村三子 2010「一九一九年のデューイと日本」『駒澤大學教育学研究論集』第二六号、五－三二頁

田中智志 2009『社会性概念の構築――アメリカ進歩主義教育の概念史』東信堂

Augustinus, Aurelius S. Aurelii Augustini Opera Omnia: Patrologiae Latinae Elenchus. [www.augustinus.it/latino]

DC＝*De doctrina christiana*, in PL 34.＝アウグスティヌス（加藤武訳）1988「キリスト教の教え」『アウグスティヌス著作集』

第六巻、教文館

Biblia Sacra 2007 *Biblia Sacra: Iuxta Vulgatam Versionem*. Stuttgart: Deutsche Bibelgesellschaft.

Feuerbach, Ludwig 1956 *Das Wesen des Christentums*. Bd. 2. Berlin: Akademie-Verlag. ＝1965 フォイエルバッハ（船山信一訳）『キリスト教の本質』上・下巻、岩波書店

Dewey, John 1916 *Democracy and Education: An Introduction to the Philosophy of Education*. New York: Macmillan Company. ＝デューウィー（帆足理一郎訳）1919『教育哲学概論――民主主義と教育』洛陽堂

Dewey, John 2008 *The Collected Works of John Dewey, 1882-1953*. ed., Jo Ann Boydston. Carbondale, IL: Southern Illinois University Press (Early Works = ew / Middle Works = mw / Later Works = lw).

MPC = "My Pedagogic Creed" (1897 ew. 2)

SS = *The School and Society* (rev. edn. 1915 mw. 1)

CC = *The Child and the Curriculum* (1902 mw. 2)

IEE = "Interest and Effort in Education" (1913 mw. 7)

DE = *Democracy and Education* (1916 mw. 9)

RP = *Reconstruction in Philosophy* (1920 mw. 12)

EN = *Experience and Nature* (1925 lw. 1)

PP = *The Public and its Problems* (1927, lw. 2)

PA = "The Pragmatic Acquiescence" (1927 lw. 3)

QC = *The Quest for Certainty* (1929 lw. 4)

L = *Logic: The Theory of Inquiry* (1938, lw. 12)

CD = "Creative Democracy" (1939, lw. 14)

KK = *Knowing and the Known* (1949, lw. 16)

PM = *Problems of Men* (1946, lw. 15)

Heidegger, Martin 1975- *Martin Heidegger Gesamtausgabe*. Frankfurt am Main: Vittorio Klostermann. ＝1985- ハイデガー（辻村公一／茅野良男／上妻精／大橋良介／門脇俊介ほか訳）『ハイデッガー全集』全一〇二巻（予定）、創文社（ＧＡと略記）

KBDS = *Die Kategorien- und Bedeutungslehre des Duns Scotus*, Bd. 1.

Kümmel, Werner Georg 1972 *Die Theologie des Neuen Testaments nach seienen Hauptzeugen.* Göttingen: Vandenhöck & Ruprecht. = キュンメル（山内眞訳）2007『新約聖書神学――イエス・パウロ・ヨハネ』日本キリスト教団出版局

Smith, Stephen M. 2001 "Perichoresis,"ed., *Walter A. Elwell, Evangelical Dictionary of Theology*. Grand Rapids, MI: Baker Academic.

第２章　ドクロリー教育思想の基礎――全体化と生命

La totalité et la vie: Profondeur of Educational Thought of Decroly

田中　智志

〈概要〉　日本の新教育思想を国際的な視野のなかに思想史的に位置づけるために、ドクロリーの教育に関する言説を概観し、それらの思想的な基礎を示したい。焦点は、「生」の概念である。最終的に、ドクロリーの「生」の概念が「全体性」「協同態」という言葉で形容されることを示すとともに、これら二つの概念の類似性を示す。「全体性」も「協同態」も、それを構成する諸要素（人・物）が支えあい編み合わされる状態である。それは機能的でもあるが、同時に互恵的である。またそれは、実体論的な関係ではなく、存在論的な関係性である。そこには、人がよりよい状態をめざし、情動的かつ知性的に気遣い合うという様態が含まれている。こうしたドクロリーの生の概念は、デューイの「自然」の哲学に通じている。ドクロリーの生の概念を看過するときに、ドクロリーに対する批判、そして新教育に対する批判が生じるのだろう。

1　大正新教育とドクロリー

ドクロリーと大正新教育

フランスやフランス語圏のベルギーにおいては、ベルギーの精神医学者にして教育者であるドクロリー（Decroly, Jean-Ovide 1871-1932）は、デューイ（Dewey, John）、フレネ（Freinet, Célestin 1896-1966）、オーリ（Oury, Fernand 1920–1997）と並んで、「新教育」の主流である「プロジェクト教育」（La pédagogie de projet）の提唱者として位置づけられている。「プロジェクト教育」は、アメリカで使われる「プロジェクト型の学び」“project based learning”にあたり、子どもが具体的な問題を解決するためのプロジェクトを学びの中心に置き、子ども自身の専心的・協同的な活動によって思考力を形成することを重視する教育形態であり、たんに「活動教育」とも呼ばれる（Bordallo/Ginestet 1993; Vassieleff 1995）。こうしたプロジェクト教育の主唱者と見なされているドクロリーの教育思想は、デューイのそれに少なからず依拠している、と言われてきた。

日本においても、すでに大正期に、及川平治、野口援太郎、上沼久之丞などによって、ドクロリーの教育方法が紹介された。「ドクロリー・メソッド」の名前とともに、ドクロリーの教育方法は、「新教育」を志す教育者のあいだで、たびたび言及された（本書の序章を参照）。日本におけるドクロリーの教育思想についての研究は、このころに始まったのだろう。たとえば、大正新教育の後期に位置している一九三二（昭和七）年に、飯田晃三が『デ《ママ》クロリー教育法』（目黒書店）を刊行している。同書は、アマイド（Hamaïde, Amélie 1888-1970）の著した『ドクロリー・メソッド』の抄訳をふくむ、最初のまとまったドクロリー研究であろう。

ドクロリー教育思想の研究について

しかし、日本の西洋教育思想の研究史をふり返るとき、驚かされることだが、ドクロリー教育思想の研究は、飯田晃三の著作以降、ほとんど公表されておらず、まとまりのある研究は、一九七〇（昭和四五）年の手塚武彦の「ドクロリーの理論」（金子孫市監修『現代教育理論のエッセンス』ぺりかん社）を待たなければならない。しかし、これもほとんど飯田晃三の前著に依拠している。その後、一九七七年にドクロリーの著書の翻訳として『ドクロリー・メソッド』が刊行されたが、そこに収められている著作は、ドクロリーとブーン（訳書は「ボーン」）との共著論文「刷新された学校へ――その第一段階」（「学校の改革をめざして」）、ドクロリーの単著「異常児の治療と教育」（「正常でない子ども達の治療と教育」）、「全体化の機能と教育」（「全体化機能と教育」）、そしてアマイドの著書『ドクロリー・メソッド』（「ドクロリー法」）である。

もっとも、フランス語圏についていえば、それほど多くないが、いくつかのドクロリーの教育思想研究が一九六〇年代以降、公表されている。主要なものは、フランスの心理学者ベス（Jean-Marie Besse）の『ドクロリー――心理学者と教育者』（Besse 1982）、フランスの教育学者バッサン（Valdi José Bassan）の『児童に興味をもたせる方法――ドクロリーの興味の中心という概念』（Bassan 1976）であろう。評論としては、ベルギーの教育学者デュブローク（Francine Dubreucq）の「ジャン・オヴィド・ドクロリー」（Dubreucq 1993）、同じくフランスの歴史学者ヴァニオン（Sylvain Wagnon）の『生のための学校のプログラム』（Wagnon 2009）の「序論と書誌」、またヴァニオンとドクロリー学校の教師が著した『ドクロリー教育学』をあげることができる（Wagnon, et al. 2011）。なお、教育史研究としては、ベルギーの教育史学者たちによるドクロリー・メソッドに関する研究がいくつかある（Depaepe/Simon/Gorp 2003; Gorp 2006; Gorp/Simon/Depaepe 2008）。どの研究も、ドクロリー・メソッドが「カノン」（聖典）に祭り上げられた経緯を暴く詳細な内容であるが、残念ながら、ドクロリーの教育思想の研究ではない。

すくなくとも日本においては、「ドクロリー・メソッド」の知名度が高いわりに、ドクロリーの教育思想そのものはほとんど知られていないといえるだろう。本章の課題は、第一に、このドクロリーの教育思想を、「全体化」「興味の中心」「表現」という三つの概念によって特徴づけることである。第二に、ドクロリーの教育思想の基礎を、「生」の概念に見いだし、その含意を確かめることである。とりわけ、この概念が二〇世紀への転換期に登場した生命思想に連なる概念であり、かつ存在論的な様態を指し示していることを示唆したい。

2　ドクロリーの全体化論

協同性＝全体性

ドクロリーの教育思想の特徴を捉えるために、その前提である彼の認知論を確認しよう。ドクロリーの認知論は、彼の「心的発生論」(psychogenesis) に支えられている (Decroly 1932)。ドクロリーは、〇歳から一五／六歳の子どもの精神発達に関する多くの研究を行い、子どもの基本的生存様態を「協同性」(synergie) ないし「全体性」(totalité/globale) と捉えるという考え方に到達した。すなわち、個体／環境の、内在 (l'inné) ／獲得 (l'acquis) の協同性ないし全体性として、子ども (人間) を捉える、という考え方である。この子どもの協同性・全体性は本来的に動態的であり、その具体的な現れがいわゆる「活動」(activité) である。ドクロリーにとって活動とは、環境からの刺激に個体が応答することであり、それは、外から獲得したものが内在するものに変わるための必須条件である。そして、この活動こそが「発達」「成長」「進化」といわれる現象の主たる契機であり、教育とはこの活動をよりよい方向へと導くことである。

ドクロリーは、この「協同的」「全体的」である子ども（人間）の活動を「機能的」(fonctional) と形容する。さしあたりfonctionalは「機能的」と訳すが、それは「機械的」「関数的」というよりも「実効的」「有効的」を意味している。というのも、「活動」が子どもの「要求」を充たすことを意味しているからである。フランスの教育学者デュブロークの考察を参考に、大別するなら、ドクロリーのいう子どもの「要求」は、次の三つにまとめられる。第一に「確認」(identifier)、すなわち自分や環境について知ること、第二に「把握」(approprier)、すなわち自分や環境と戯れたり、それらに抗ったりすること、そして第三に「創出」(produire)、すなわち絵を描いたり物を作ったり空想したりすることである（Dubreucq 1993: 6）。

この「確認」「把握」「創出」という認知のプロセスは、のちに「観察」「連合」「表現」という学習のプロセスとして、いいかえれば、教育の方途として、語られていく。これについては、のちほど立ち返ろう。

全体化

さて、ドクロリーは、本来的に「協同的」「全体的」な活動主体としての子ども（人間）の認知活動の本態を「全体化」(globalisation) と形容している。ドクロリーのいう「全体化」は、単体としてぽつんと実在しているようにみえるものの背後に「全体」すなわち文脈・情況が構成され、そのなかに対象が位置づけられることである。ドクロリーにとって、事物は、それがどのように孤立的にあるように見えても、つねに何らかの「全体」とともに、そこに位置している。

ドクロリーにおいて、全体化の中心は、「想念」(idée) の形成である。ドクロリーは、想念は、時間、空間、推量、言葉などに分けられるが、言葉の想念の形成は、他の諸想念の形成から区別されるという。たとえば、時間の想念は、前後関係、すなわちある知覚に新しい知覚がつながることによって生じるが、言葉の想念は、意味構成

(edification)、すなわちさまざまな知覚が結びついて創出される意味の広がりによって形成されるからである。この意味の広がりが「全体性」である。ドクロリーは、著書『心的発生の研究』において次のように述べている。

「時間の想念について以前に行った研究で私が述べたように、時間の想念は複雑である。あえて一つだけ述べるなら、時間の想念は、さまざまな種類の知覚［perceptions］が一つまた一つと連鎖することによって生じるということである。しかし、精神の全体化活動［activité globale］から生じる認識は、形象（ゲシュタルト）の理論［la théorie de la forme（Gestalt）］が述べているように、時間の想念――同じように空間の想念、数量の想念、その他の想念――の場合とまったく異なり、意味構成を、諸知覚から、また諸知覚の関係から創出する。この意味構成によって、混同され曖昧であった諸知覚がより明確になり、意識がより明瞭になる。そして時間的な前後関係も確実になる」(Decroly 1932: 173)。

この「意味構成」についての、より一般的な表現を、ドクロリーの評論「全体化の機能と教育」から引いておこう。ドクロリーはそこで次のように述べている。「子どもが自発的に行っている課題活動［leçons］は、決して事前に合理的・段階的に系統化されていない。にもかかわらず、子どもは、この混乱のなかで［秩序を］再認し、また［秩序の］把握に到達する。彼の意識はしだいに意味構成する［edifie］のである。彼はあたかも、万物の造物主のように、カオスのなかから、秩序を創りだすのである」(Decroly 2009［1929］: 177)。

ドクロリーが「意味構成」論の基礎においている「形象の理論」は、はっきりとは述べられていないが、ヘルバルトにさかのぼることのできるドイツの「表象理論」だろう。「形象の理論」でいわれている「知覚」は「表象」(Vorstellung) にあたり、「構成」は「統覚［意識的認知］」(Apperzeption) にあたるだろう。なお、二〇〇九年のヴァニオンの「序論と書誌」においては、この「意味構成」は「ドイツ教育学」の知見であると記されているが、それ以上の検討は行われていない。またデュブロークは、ドクロリーの「全体化」を「全体論的表象」(représentation global）と捉えているが、彼女も、それ以上の思想史的な検討を行っていない（Dubreucq 1993: 16)。

全体化の機能

ともあれ、ドクロリーによれば、こうした全体化は、七歳以前の幼年期の子どもの場合、いくらか言葉を伴いながら、自然的かつ活動的に生じる。幼い子どもたちは、自分の存在全部をいつのまにか自分の活動に投入していく。すなわち、夢中になって遊び、一心に課題を遂行する。そのとき、子どもと対象との間を隔てるものは何もない。全体性のなかにいるからである。

「子どもは、事物のなかに自分自身を見いだすのではない。すでに充分に濃密な編成体（ensemble＝全体性）のなかに自分自身を見いだすのである。彼は、孤立した枠組のなかで存立可能になるのではない。というのも、[自分についての知覚をふくめ] 子どもの知覚においては、知覚が [大人のように言葉に連なっているというよりも] 不可避的に編成体と連なって（associé 協同して）いるからである」(Decroly 1929 [Dubreucq 1993: 15から引用])。

こうした子どもの活動だけでなく、さきに述べたように、大人も事物もすべて、全体的（編成的）に存在している。ドクロリーは次のように述べている。

「母親は、子どもにとって細分化されたものとしてではなく、完全な全体性（toute entière）として存在している。同じように、子どもを取り巻く環境も事物も……全体性として存在し、だれもそれら［を細分化し］一定の教示の手順によって提示しようとはしていない。また、彼自身の存在も、いつもまるごとそこにあり、彼が自分を知覚するたびに、たとえば、お腹がすいたり、喉が渇いたりするたびに、また疲れたり痛かったりするたびに、……いつも全体性（totalité）としてそこに存在している。彼の人格（personne）は細分化されないのである」（Decroly 2009［1929］: 176-7=1977: 79-80）。

本能的そして知性的

こうした「全体化」を伴う子どもたちの「活動」すなわち「全体化活動」（activité global）は「興味」を伴い、この「興味」は、人間が本来的にもっているさまざまな「要求」や「情動的性向」（=「情感」sentiments）とつながっている（Decroly 2009［1929］: 211=1977: 111）。ドクロリーのいう「興味」は、「好奇心」から区別される。「好奇心」は、外から触発されて生じる志向性であるが、「興味」は、本来的に人に内在する志向性である。すなわち、intérêt の語源であるラテン語の interesse（本質に関与している）を思い起こさせる、全体性への志向性である。

「私たちは、興味（*intérêt*）を内在的な表徴（signe interne）と呼ぶ。それは、人間がもっているすべての要求（besoins）や情感（sentiments）のなかに見出されるものである（欲求（*desir*）はこの現象が意識されたときの様態である）。これに対し、好奇心（curiosité）は、外在的な表徴（signe externe）である。それは、外在的である観察者にはっきりと見えるが、当人に意識されることもあれば、されないこともある」（Decroly 1927a［Dubreucq 1993: 6から引用、傍点は原文のイタリック］）。

ドクロリーにとって、人間のもつ「興味」のうちの「本能的」なものが、のちに取りあげる「興味の中心」である。そのなかで最も基本的なものが、「共感・連帯の情感」(sentiments de sympathie et de solidarité) である (Decroly/Boon 2009［1921］: 151=1977: 31)。すなわち、ドクロリーにとって「共感・連帯」は、人間に本来的に見いだされる情感である。それは、幼児期においては、まだ充分に知性化(普遍化)されていない。身近な人に対するそれでしかない。それを「共苦」(souffrance avec)、すなわち無条件の愛としての「隣人への愛」の段階に高めることともに、教育が担うべき主要な使命である。

(Decroly 1927b: 18-9)、いいかえれば、「共感・連帯の情感」を真に文化化することが、ほかの「興味」の知性化とともに、教育が担うべき主要な使命である。

たんなる情感としての「共感・連帯」が、隣人への愛としてのそれへと高まるためには、理知的な活動が不可欠である。それは、他の「興味」についてもいえることである。いいかえれば、「本能的」な「要求」や「情感」に派生する諸活動は、分析的であり総合的である「理知的活動」によって、より高く文化化される。「人間は、自分の生にかかわる問題を解決するために知性を活用しようとする。そのとき、人間は、これまでの経験を利用しながら、充たすべき要求 (besoins) を広い視野のもとで見通している」(Decroly 2009［1929］: 211-2=1977: 111)。

興味の中心

この「興味」が「表徴」であるということは、その「本態」があるということである。ドクロリーにとって、それが「生」である。ドクロリーは、一九二四年の「子どもの興味についての省察」という論文において、「興味」が「生」と密接に結びついていると述べている。

「ともあれ、これまでの［子どもの興味の「進化」についての私たちの］観察が明らかにしたことは、子どもたちにあまりにも幾何学的である教材を与えるのではなく、別種の教材を与えるべきであるということである。それは、とても色彩が豊かで、生という事象、存在、そしてその現象を描きだしている教材である。干からびた概念につながるような抽象的な言葉ではなく。つまり、子どもたちの多くが専心したり好奇心をかき立てられたりするものと関係のないものではなく」(Decroly 1924: 160 傍点は引用者)。

ドクロリーにとって、教育の基本は、「生」の現れである「興味」を大切にすることである。一見すると、子どもたちの「興味」の対象は多様であるように見える。たしかにそうだが、ドクロリーは、それでも、すべての子どもたち、もっといえば、すべての人間が分かち合う「興味」の対象がある、という。それは、それぞれの人にとっての「自分」である。いいかえれば、自分の生（自分が生きていること）である。この自分の生を可能にしている基本的な要素が「興味の中心」(centres d'intérêts) である。つまり、「興味の中心」は、人が生きるうえでもっているはずの基本的関心・本質的要求である。

ドクロリーにとって、「興味の中心」は「個人的機能」と「社会的機能」を果たし、「人間的な生の基礎を創出する」。一九〇八年に「生のための学校のプログラム」において、ドクロリーは「興味の中心」を次のように定義している。

「人間は、すべての存在がそうであるように、生きるために本質的要求 (besoins essentiels) をもつ存在である。人間は自分を養わなければならない。悪天候から自分を護らなければならない。敵から身を守らなければならない。人間は、大人になったときに有用な存在であるために準備しなければならない。すなわち、自分自身を充足させなければならない（個人的機能）。また家族を養わなければならないし、社会的義務を果たさなければならない（社会的機能）。ようするに、人間が生長することは、この二つの機能が人間的な生の基礎を創出することである。つまり、個人とその空間とが対話すること（conversation）である」（Decroly 2009［1908］：102）。

「個人的機能」を求める「本能」（興味の中心）は、「自己愛」「所有欲」と呼ばれ、「社会的機能」を求める「本能」（興味の中心）は「社会的性向」「共感・連帯」と呼ばれている。そして、この両方が充足されるとき、その生は「協同的な生」（vivre en commun）と呼ばれている。

「もしも学校が、知性にあふれ、気遣いに満ち、活動的である大人のまなざしのもとに、子どもが集まる場所であるなら、すなわち子どもが、専心活動をしている人を実際に見て、自分たちだけでそれが理解でき、少しずつ協同（associer）しようとするような場所、つまり協同的な生を形成する場所であるなら、いわゆる『教育』［＝言葉だけで教える教授］に使われる時間は、今よりもはるかに少なくなるだろう。このように構成されている学校では、子どもたちの自己愛、所有欲、そして社会的性向に由来する興味を充たすような、はるかに生き生きとした機会を、子どもたちに贈ることができる」（Decroly 2009［1929］：213=1977：112）。

「興味の中心」の中身

ドクロリーの「興味の中心」ないし「基本の想念」（idée pivot）は、次の五つである。すなわち、①自分を養うこと、②外界から自分を護ること、③敵から自分を護ること、④有能性へと準備すること、そして⑤社会的義務を果たすことである。これらは、いいかえれば、個人における摂食、保護、防衛、仕事、生活という一人ひとりの行為である。そしてこれらの個人が生存するための基本要素は、人類における再生産、適応、選抜選良、性向形成、生命存続という種全体の営為につらなっている。

ドクロリーによると、八／九歳から一四／一五歳くらいの間、この「興味の中心」は、活動のなかの言葉とともに、一層の拡大深化を遂げてゆく。それは、それぞれの子どもにおいて、それぞれに固有なかたちで継続される。その活動が、知識技能の獲得を支えていく。すなわち、「連合［協同］した諸想念」(idées associées) という「全体性」(totalité/ensembles) を生みだしていく。この「連合した諸想念」という土台のうえに、科学的・経済的・地理的・歴史的・文学的といった知の諸領域が形成されていく。そして、およそ一五歳をすぎるころから、子どもは、大人に見られるような言語的思考様態に到達し、意味感覚すべてを支えている「全体性」を前提としながらも、選択し理解するという（個人の）「習性」(habitude) を獲得する。

これらの「興味の中心」ないし「基本の理念」は、そのままドクロリーの教育論、いわゆる「ドクロリー・メソッド」の教育内容論の基本的な五区分にあたる。子どもが自分の要求についての抱く知識・技能は、「1　食べること、2　自然環境から自分を護ること、3　社会や他者から自分を護ること、4　連帯［協同］し、働き、楽しみ、進歩すること」という、四つの自分の要求についての知識・技能である（Decroly 2009［1921］: 141=1977: 23）。これに、五つめとして、社会環境・自然環境についての知識・技能が加わる。すなわち「人間にかんする情況、すなわち家庭・学校・社会から、動物・植物にかんする環境、太陽・天体をふくむ無生物的な環境にいたるまで」の知識・技能である（Decroly 2009［1921］: 141=1977: 23）。

観察—連合—表現

ドクロリーの教育論は、先に述べたような「教育内容」でもあれば、次に述べるような「教育方法」でもある。それは、五つの知識・技能に関するものである。「事物や事象は［次の］四つの異なる様態（aspects）で獲得されると考えられる」（Decroly 2009［1921］: 142=1977: 25）。「四つの異なる様態」とは、一「感覚や無媒介の経験を介した直接的な［様態］」、二「個人的な回想を介した非直接的な［様態］」、三「身近なものではない現実的な事物や事象にかんする多様な資料の検討を介した非直接的な［様態］」、四「過去の事物や事象にかんする多様な資料の検討を介した非直接的な［様態］」である。これら四つの獲得の様態は、二つの営為（exercice）にくくられる。一の「観察」という営為、二、三、四の「連合［協同］」という営為である。「観察」は「個人的かつ直接的な獲得」という営為であり、「連合［協同］」は「非直接的な獲得ないし過去に獲得したものの想起」という営為である」（Decroly 2009［1921］: 143=1977: 25）。

ドクロリーは、これら四つの思考様態（二つの思考営為）に、五つめの思考様態（三つめの思考営為）を追加する。それが「表現」（expression）である（Decroly 2009［1921］: 143=1977: 25）。つまり、ドクロリー教育論の教育方法としての基本は、先述の認知のプロセス、すなわち「確認」「把握」「創出」を下地とした、子どもの学びのプロセス、すなわち「観察」（observation）、「連合［協同］」（association）、「表現」（expression）である。

表現

ドクロリーの教育論の大きな特色は、教育の方途として「表現」を重視したことである。これは一九四五年九月二〜四日に開かれた『ドクロリー会議』（Congrès Decroly）において、すでにワロン（Wallon, Henri）が指摘していることである。ワロンは、そこで「ドクロリーの大いなる貢献は、すべての表現活動の諸方法のうちに教育の源泉を見いだしたことである」と述べている（Dubreucq 1993: 6から引用）。ワロンのいう教育の「源泉」とは、動態性である。デュブロークが述べているように、ドクロリーのいうすべての「表現」は、身振り・動作・模倣・舞踏といったかたちで「身体」（corp）を動態化し、試み・描写・模造といったかたちで「手」（main）を動態化し、呼びかけ・

歌う・話すというかたちで「話し言葉」（parole）を動態化し、読む・書く・まとめるというかたちで「書き言葉」（écrit）を動態化し、絵画にする・音楽にする・詩にする・劇にするというかたちで「わざ」（art）を動態化するからである（Dubreucq 1993: 6）。

ドクロリー教育論における「表現」の重視は、彼がデューイの『いかに思考するのか』（*How We Think*）を翻訳したことにつながっている。デューイはそこで、さまざまな手法による「表現」が活動を含み、新たなる思考を喚起する、と論じているからである。デューイは、一九一〇年（一九三三年改訂版）に出版した同書において、教育においては「思考」（thinking）――「反省的思考」（reflective thinking / la pensée réfléchie）――が重要であり、その思考は具体的に活動することを含まなければならない、と論じている（Dewey 2008, lw. 8, HWT）。それは、活動が思考にとってかわられるべきであるという主張ではなく、思考を統合する中心に活動が位置するという主張である。思考は、推論（suggestion）、知性化（intellectualization）、仮説定立（hypothesis）、理由づけ（reasoning）、検証（testing）という五つの局面から構成され、このうちの検証が活動である。

ドクロリーは、『全体化の機能と教育』において、およそ次のように述べている。「心的な学び」（travil mental）は、技法の習得、文法の習得、定理の習得に限定されるべきではない。そのような規則中心の理知的な学びに適合的な知性をもつ子どもの数は少ない。言語の学びについていえば、「就学している子どもの七五％以上」にとって、そうした方法は不適切である。重要なことは、これらの規則中心の学びを支えている「心理学的な法則」である。それは、言語の学びについていえば、「言葉を……格言やことわざ、興味のある短文から始めることである」。そしてそうすれば、子どもたちは「社会的生活における諸経験について、適切な表現を見いだすことができるし、そうした表現と、人間的な経験についての表現とが一致することを確かめることができる」と（Decroly 2009［1929］: 202=1977: 103）。

ドクロリーによれば、学校教育において子どもたちの「表現」を妨げているものは、いわゆる権威である。規則中心の学びは、権威によって正当化されている。そしてそれは、教育学においても同じである。教育学は、権威ではなく事実に即さなければならない。それが教育学が「学問」(la science) にならなければならない理由である。「フレーベルやペスタロッチはこういった。ヘルバルトやコメニウスはこういった。しかし、こうした権威に基礎づけられた主張は、学問においてはもはや充分ではない。獣医学においてすらそうである。教育学においてもそうである。教育学は科学にならなければならない。教育学が充分ではないのは、フレーベルとペスタロッチの主張とヘルバルトとコメニウスの主張とが矛盾するからである。権威に基礎づけられた主張は矛盾するのである。同じことは、杓子定規で数学的な観察によって得られた知見についてもいえるにちがいない」(Decroly 2009 [1907]: 73)。

確認すべきことは、ドクロリーのいう「学問」が、たんなる実証研究ではないということである。それは、「心的発生論」が示す「深層の教養」——これはフレネの用いる言葉でもある(第3章参照)——すなわち自分を取り巻く生き生きとした命に満ちた世界についての直観的・主観的・感覚的な知見、つまるところ、神の恩恵に与る「生」の本態を明らかにする探究である(ちなみに、profondeur の語源 profundum (深み) は、アウグスティヌスにおいては「神の恩恵」を意味する)。

「深層の教養 (la culture en profondeur「神の恩恵に与る文化」) は、表層的なもの、形式的なものの獲得に先行するべきである。したがって、私たちは、時間割において、子どもたちの諸活動に大きな意義を与える。その活動が深層の教養に向かうからである。したがって当然なことに、私たちは表層的なものの獲得にあまり時間を割かない。今日の学校のおいては、その時間のほとんどが［表層的なものである］読み、書き、そして作文の学習にあてられている！」(Decroly 2009 [1921]: 151=1977: 30)。

「もしも簡明で真正な自然環境が、〔子どもたちが興味を抱くような〕生き生きとした設定のもとに存在するなら、……自然現象や動物や植物、そしてさまざまな人間的諸活動についての観察は、知識技能の尽きることなき源泉を与えるはずである。かりにその観察がすでに設えられたものであっても、そうした観察は、〔子どもたちのなかに〕問いを生みだし、諸事象の営みの探索を生みだし、心的な様態として、ないし書き記されたものとしての問題解決をもたらすはずである」(Decroly 1932: 229-230)。

ドクロリーが求めていることは、子どもが読み方・書き方を学ぶことではなく、「興味」が指し示す読むべきもの・書くべきことを学ぶことである。いいかえれば、ドクロリーは、観察・連合〔協同〕・表現の諸活動によって、とりわけ書くことよりもはるかに多く話すことによって、読み・書きをより豊かな文脈に位置づけることを重視している。デュブロークは「ドクロリーは、しばしば（不当なことにも！）読み・書きのいわゆる『全体的』方法の発案者として言及されている。しかし、より正確にいえば、彼は『機能的メソッド』(méthode fonctionnelle) の促進者である」と述べている (Dubreq 1993: 19)。この「機能」は、先に述べたように、「実効的」「有効的」を意味し、たとえば、しばらくのちにマルセル (Marcel, Gabriel) が批判するような「手段的」「営利的」を意味していない。すなわち、「機能的メソッド」とは、言葉をより豊かな文脈（全体）に位置づけ、実効化・有効化するための方法である。

3　ドクロリーの生の教育論

生のための生による教育

「生活のための、生活による」というフレーズは、ドクロリーの教育を形容するときによく使われる。原語の pour la vie, par la vieは、一九〇七年にドクロリーがブリュッセル郊外のイグゼルにあるエルミタージュ通りに設立した学校の名前École pour la vie, par la vieに由来している。この学校は「エルミタージュの学校」と呼ばれ、のちにそれが正式な名称となった。このフレーズがよく知られるようになったのは、おそらく一九二二年に刊行されたアマイドの『ドクロリー・メソッド』にこの言葉が記されていたからであろうが（Hamaïde 1922: 3）、ベルギーの教育学者ゴルプが考察しているように、一九四六－七年にかけてドキュメンタリー映画「生活のための、生活による」（Pour la vie, par la vie）が公開されたからでもあろう（Gorp 2011）。この映画は、白黒で一七分の短いものであるが、「エルミタージュの学校」の授業風景や子どもたちの様子を活写していた。

しかし、この pour la vie, par la vie を「生活のための、生活による」と訳することは、誤解をまねくだろう。というのも、以下に示すように、ドクロリーのいうvieは、いわゆる「生活」すなわち日常生活・日々の暮らしを意味するのではなく、「興味」に導かれる生き生きとした「生存」とともに、無数の命の連綿連鎖を意味する「生命」も意味するからである。以下、とりあえず、vieに「生」という言葉を与えつつ、この二つの意味を確かめてみよう。

連帯する生（命）

いくつか、ドクロリーの生の概念の特徴を確認しよう。まず一つ、ドクロリーの生の概念は、いわゆる進化論のいう「生存競争」「適者生存」から一線を画すものである。一九〇八年の「生のための学校のプログラム」において、ドクロリーは次のように述べている。

「……［子どもたちのなかに］秩序正しく保持されるべき不可欠な知識、それは、個人的かつ社会的な生の大いなる機構にかんする知識である。そしてそれは、つまるところ、宇宙と存在を支配する大いなる法則に満ちた知識である。［それは］進化（évolution）であり、進歩（progrès）と同義であるその法則は、むろん、生存のための戦い（lutte pour la vie）というよりも、生存のための連帯（solidarité pour la vie）を基礎としている」（Decroly 2009［1908］: 100）。

また、ドクロリーは一九二一年の「第一回新教育国際会議」において、vie を「生命」という意味でも用い、「生存のための連帯」が「生命」への畏敬に基礎づけられていると述べている。

「その日すなわち人びとが生命（vie）を尊重することを学び、すべてが生命（vie）であることを学び、すべては生命（vie）が生みだしたことを学ぶ日、争いはもはやなくなるだろう。未来の子どもは理解するだろう。自分がこの宇宙にとって、そして文明化を導いてきた人間性にとって、まさに小さな存在であること、しかしそれらを支えている固有な砂粒の一つであることを」（Decroly 2009［1921］: 160）。

「生存のための連帯」を本態とする生の概念は、ドクロリーのいう教育がただ「動態的」であればよいのではなく、「生存のための連帯」に向かって「動態的」でなければならないことを示している。「これまで続いてきた誤りは、教育という営みのなかで、最終的なもの、不変的なものを創りだそうと意図してきたことである。教育という営みは、他のすべての人間の営み以上に、進化に対して柔軟で、可塑的で、許容的であるべきである」(Decroly 2009［1908］：107)。すなわち、教育は、教育者が「生存のための連帯」に向かい、絶えず軌道修正をつづける営みであるべきである。それはいいかえれば、教育者が「諸想念の動態性」につねに自覚的であることである。ドクロリーにとって「想念」は本来的に生の保全を指向しているからである。

「教育者は人びとのために知性的で道徳的な案内人であるべきであるから、彼はたえず諸想念の動態性(mouvement des idées)に自覚的でなければならない」。「彼［=教育者］にとってそうすることは、この［諸想念の動態性という］深層の傾向性を、損なうことなく維持すること、というよりむしろ、それをふたたび高めることである。そしていわば、私たちすべての存在の固有性を全体のなかに位置づけることである。その固有性を、繊細で生彩な詩人は『種の魂』(l'âme de l'espèce) と呼んできた」(Decroly 2009［1908］：108)。

ドクロリーの生の概念

以上の引用からわかるように、ドクロリーの生の概念は、個人的・社会的な「生存」を意味するだけでなく、存在論的な「生命」、すなわち人が生きることが、単独で生きることではなく、他の命とともに生きるということ、いわば、生命の連綿連関も意味している。たとえば、デュブロークも、ドクロリーの vie の概念は「命あるものの連鎖に属していること」(l'appartenance à la chaîne du vivant) を意味していると述べている (Dubreucq 1993: 11)。

もっとも、この存在論的な生命は、眼に見えない。それは、まさに文明化の進展とともに、自然から大都市へと人びとの環境が変わるとともに、ますます理解しにくくなる。動植物の生態学的な食物連鎖は身近ではなくなり、人が食べる物のほとんどが命あるものであることもわかりにくくなり、助け合って生きるかわりに機能的分業の遂行が求められるからである。しかし、環境がどんなに都市化されようとも、生活が機能的に分化されようとも、人が本来的に生命の連綿連鎖から離れて生きられない「弱きもの」であることに変わりはない。この「弱きもの」こそが「共感と連帯の情感」を呼び覚ます。ドクロリーは一九〇四年に次のように述べている。

「私たちは社会に生きている。私たちの弱さ（faiblesse）が［それを］要請し、私たちの多様性――これは文明化の帰結である――が［それを］要請する。私たちはこの法則を充分に自覚しているか。私たちは充分に私たちが仲間のために存在していることに気づいているか。私たちは充分にあの事実を感受しているか、すなわち、私たちの生と他者の生は緊密に持続的に編み合わされているという事実を」（Decroly 1904 [Dubreucq 1993: 11から引用]）。

ドクロリーのいう「生」は、明示的に語られることはないが、キリスト教的な含意を伴っているといってよいだろう。それを象徴する言葉が、彼の「生きること」（vivre）についての端的な定義である。すなわち「生きることは、贈ることであり受けとることではない。働くこと、それは歓びであり、報酬ではない」と、ドクロリーは定義している（Jadot 1932: 1-2 [Depaepe, et al. 2003: 231から引用]）。この定義から、ドクロリーが「生きること」をキリスト教の「隣人への愛」に重ねていることがわかるのではないだろうか。

4　生命の存在論的了解

ドクロリーとデューイ

こうしたドクロリーの教育思想は、たしかに、これまで指摘されてきたように、デューイのそれとよく似ている。ドクロリーがデューイに強く惹きつけられたことはまちがいないだろう。たとえば、ドクロリーは、一〇年という時間をかけて、デューイの『いかに思考するのか』(*How We Think*) をフランス語に訳し (*Comment nous Pensons*)、一九二五年に出版している (Dewey 1925: 284)。また、ドクロリーは、一九二二年四月にアメリカに渡り、短時間ながら、コロンビア大学ティーチャーズ・カレッジの研究室で、デューイと会っている (De Coster, et al. 2008: 94)。

しかし、こうした事実から「ドクロリーはデューイから影響を受けた」と評言するべきではないだろう。なるほど、たしかに、ドクロリーは、すでに一九〇八年に自分がデューイの思想に「触発された」と述べている (Decroly 2009 [1908]: 106; De Coster, et al. 2008: 95)。また、「生のための、生による」という彼のモットーは、デューイの『学校と社会』の「生きることが第一義である。そして、生きることを通じて、そして生きることに関わって、学ぶのである」という一文を思い出させる (Dewey 2008, mw. 1, SS: 24)。しかし、ドクロリーがデューイに触発されたとすれば、それはすでにドクロリーのなかにデューイと呼応する思考があったからではないだろうか。どのような背景からかわからないが、ドクロリーは、自分と似たような考え方をしているデューイに惹かれた、と述べるにとどめるべきだろう。

協同的な生

ともあれ、デューイの教育思想とドクロリーの教育思想との間では、重要な概念が通底している。まず、ドクロリーが一九二四年の「子どもの興味についての省察」という論文で語った「興味」の概念は、デューイが一九一三年の「教育における興味と努力」で論じた「興味」の概念とよく似ている。また、「学ぶことを学ぶこと」(apprend à apprendre) がそうである。この言葉は、デューイが一九一六年に出版した『デモクラシーと教育』において、ほぼ同じ意味で用いられている。デューイはそこで、生命が自己の固有性を維持しながら周囲（環境）に自分を適応させるという能動性を「学ぶことを学ぶこと」(learning to learn) と表現している (Dewey 2008, mw 9, DE: 50)。

ドクロリーの教育思想にとって核心概念である「協同的な生」(vivre ensemble) もまた、そうである。それは、デューイの「デモクラシー」と同じである。デューイのいう「デモクラシー」は、たんなる政治的意思決定の方法ではなく、人びとが一命として相互依存・相互扶助する「協同体」(association/community) を形容する言葉である。デューイは『デモクラシーと教育』で「デモクラシーは統治形態の一つの形態を超えたものである。それは基本的に協同的な生 (associated living) の一様態である」と述べている (Dewey 2008, mw. 9, DE: 93)。協同する人びとは、それぞれに「一つの固有な潜勢力」(a unique potential) であり、教育の目的は、すべての固有な潜勢力を充分に発揮させること、つまりその成長を支援することである。

生命の存在論的了解

この「協同的な生」という概念は、誤解されやすい概念である。「仲良くする」「助けあう」「支えあう」といった、学校的な標語と混同されやすいからである。こうした学校的な標語は、道徳規範である。すなわち、子どもたちの思考・行動を方向づけようとするルールである。しかしながら、ドクロリーにおいても、デューイにおいても、この「協同的な生」が意味していることは、道徳規範ではなく、存在論的な存在様態である。すなわち、反目し合おうが、無視し合おうが、批判し合おうが、二人が、それでも相手を認め合い、受け容れていることである。この承認・受容は、相手の能力・業績・地位などとは無関係である。この承認・受容は、あくまで生命の存在論的了解のなかでのみ、生じるからである。この生命の存在論的了解をまったくもたない・看過している人は、デューイやドクロリーの「協同」「連帯」を標語として理解し、その意味を勝手に変質させ、その通俗性をあれこれ論難するが、それは自分自身の通俗性の告白でしかない。

生命の存在論的了解とは、「生命」が、たとえば、一人の子どもという一命にすでに顕現している、と了解することである。すなわち、教育において「生命とは何か」という問いが立てられるとき、すでにその生命は、なかば了解されている。もっと拡大していえば、問うということは、それが真摯な探究であるかぎり、真摯に探究される当のものによって、あらかじめ導かれている営みである。したがって、私たちは、すでに何らかの存在論的な生命了解のなかで活動している。こうした生命了解のなかから、生命の意味への問い、その概念化という探究が生まれる。たしかに私たちは、生命の意味を十全に知ってはいない。しかし「生命とは何か」と問うときに、すでに私たちは「生きる」ということの意味を、概念的に確定することなく、心に抱いている。さまざまな感覚的与件は、たしかに概念によって統合され把握されるが、そのような概念的把握は、生の協同性を存在論的に了解することによってはじめて、倫理的な気高さを帯びてゆく。その意味で、存在論的な生命了解は、すでに一つの事実である。

こうした存在論的な生命了解は、人が「生命それ自体」(vita ipsum) を「理解」(understand) することではなく、デューイの言葉を使えば、「感受」(aware) することである。デューイにおいても、ドクロリーにおいても、生命論は生命と人の関係論であり、一人ひとりの一命を全体性としての「生命それ自体」の顕現として感受することである。この感受は、普遍的・偏在的である生命の一端が固有的・局在的であるこの一命にすでに現れている、と気づくことである。これは、有限である一命と無限である生命とがともに位置する地平が、情感のなかにはっきりと立ち現れることである。生命は、「私」と「あなた」といった、あらゆる実体的分離に先行して存在し、あらゆる関係を可能にしている。生命とは、無数の一命の通底性の地平であり、この地平なくしては、分離も関係も考えられない。この通底性は、「生命の本質」といったカテゴリーとしての同一性ではなく、連綿連関する無数の一命というモードとしての通底性である。

世紀転換期の生命思想

おそらく、この時代における存在論的な生命了解は、デューイ、ドクロリーだけでなく、ベルクソン、カッシーラーにおいても、再発見されているのではないだろうか。鈴木（1996, 2008）が示しているように、二〇世紀への転換期にヨーロッパにおいて、生命を世界の根本原理と位置づける思想が広まった。この時代の生命思想は、相対性理論に象徴される自然科学の発達、電信電話に象徴される科学技術の発達、そしてキリスト教の後退のなかで、生命を、自然科学・科学技術を超えるものとして、そしてキリスト教の語る「神意」「聖霊」に替わる価値概念として宣揚する思想である。ベルクソンが『創造的進化』（1907）で提示した「生命の跳躍」（エラン・ヴィタール）は、この時代の生命思想を代表する概念である。ベルクソンは、生体のなかに「生命」という力の源泉を見いだし、その発露が生体の、そして人間の創造的進化として現れる、と考えた。同じように、カッシーラーは、『象徴形態の哲学』（1923-29）において、人間のなかに「生命」という根源性を見いだし、その発露が文化的・芸術的な諸活動である、と考えた。

この時代の生命思想は、なるほど多様に展開されていったが、前章の議論を踏まえていえば、すくなくともデューイ、ドクロリーの生命概念は、キリスト教のアガペー、すなわち神の人への愛、そして人の人への愛に由来するのではないだろうか。というのも、キリスト教のアガペーそのものが、人が連綿連関のつながりのなかに生きていることを示しているからである。アガペーの核心は、ほとんど不可能に思えても、自分のことよりも相手のことを優先し気遣うこと、それぞれの固有性はそのままに、それぞれが相手の分身となり、それぞれが相手の立場に立つことである。一命を根本的に支える営みである。したがって、生命を存在論的に了解していることは、人にとって最も重要な営みである。生命の真理は、認識の基盤の創出にかかわり、人間が自分をいかに理解するか、世界における自分の情況をいかに理解するか、にかかわっているからである。ようするに、生命の存在論的了解は、科学的な認識の実質を支えているのである。

文献

鈴木貞美 1996『生命で読む日本近代――大正生命主義の誕生と展開』ＮＨＫ出版会

鈴木貞美 2008『日本人の生命観』中央公論新社

ドクロリー（斎藤佐和訳）1977『ドクロリー・メソッド』明治図書

＊

Bassan, Valdi José 1976 *Comment intéresser l'enfant à l'ecole: La notion des centres d'intérêt chez Decroly*. Paris: PUF.

Besse, Jean-Marie 1982 *Decroly: psychologue et éducateur*. Toulouse: Éditions Privat.

Bordallo, Isabelle / Ginestet, Jean-Paul 1993 *Pour une pédagogie du projet*. Paris: Éditions Hachette.

De Coster, Tom et al. 2008 "Dewey in Belgium: A Libation for Modernity," in Thomas S. Popkewitz, ed. *Inventing the Modern Self and John Dewey: Modernities and the Traveling of Pragmatism in Education*. New York: Palgrave Macmillan.

Decroly, Ovide 1904 "Plaies sociales et remèdes," *Revue contemporaine*（Molenbeck-Bruxelles）No. 1: 2-6.

Decroly, Ovide 1924 "Quelques considérations à propos de l'intérêt chez l'enfant," *Journal de psychologie normale et pathologique* 21: 145-160.

Decroly, Ovide（1927a）*Questionnaire relatif aux réactions affectives de l'enfant dans les milieux où il vit habituellement*. Bruxelles: Lamertin.

Decroly, Ovide（1927b）*Quelques notions générales sur l'évolution affective chez l'enfant*. Bruxelles: Maurice Lamertin.

Decroly, Ovide 1932 *Études de psychogénèse*. Bruxelles: Maurice Lamertin.

Decroly, Ovide（2009［1907］）“La pédagogie évolutionniste,” in Sylvain Wagnon ed., *Ovide Decroly: Le programme d'une école dans la vie*. Paris: Éditions Fabert.

Decroly, Ovide（2009［1908］）“Programme d'une école dans la vie,” in Sylvain Wagnon ed., *Ovide Decroly: Le programme d'une école dans la vie*. Paris: Éditions Fabert.

Decroly, Ovide（2009［1921］）“Une Expérience de programme primaire avec activité personnelle de l'enfant,” in Sylvain Wagnon ed., *Ovide Decroly: Le programme d'une école dans la vie*. Paris: Éditions Fabert.

Decroly, Ovide / Boon, Gérard（2009［1921］）“Ver l'école rénovée: Une première étape,” in Sylvain Wagnon ed., *Ovide Decroly: Le programme d'une école dans la vie*. Paris: Éditions Fabert. ＝ドクロリー／ボーン（斎藤佐和訳）1977「学校の改革をめざして」『ドクロリー・メソッド』明治図書

Decroly, Ovide（2009［1929］）“La fonction de globalisation et l'enseignement,” in Sylvain Wagnon ed., *Ovide Decroly: Le programme d'une école dans la vie*. Paris: Éditions Fabert. ＝ドクロリー（斎藤佐和訳）1977「全体化機能と教育」『ドクロリー・メソッド』明治図書

Decroly, Ovide / Buyse, R. 1929 *Introduction à la pédagogie quantitative*. Bruxelle: Maurice Lamertin.

Depaepe, Marc / Simon, Frank / Gorp, Angelo Van 2003 “The Canonization of Ovide Decroly as a “Saint” of the New Education,” *History of Education Quarterly* 43（2）: 224-249.

Dewey, John 1925 *Comment nous Pensons*. trans. Ovide Decroly. Paris: Éditions Flammarion.

Dewey, John 2008 *The Collected Works of John Dewey, 1882-1953*. ed., Jo Ann Boydson, Carbondale, IL: Southern Illinois University Press.（Middle Works = mw / Later Works = lw）

SS ＝ *The School and Society*（rev. edn. 1915 mw. 1）

IEE ＝ “Interest and Effort in Education”（1913 mw. 7）

DE ＝ *Democracy and Education*（1916 mw. 9）＝デューイ（松野安男訳）1975『民主主義と教育――教育哲学入門』（上・下）岩波書店

HWT＝*How We Think*（1933 lw. 8）

AE＝*Art as Experience*（1934 lw. 10）＝デューイ（栗田修訳）2010『経験としての芸術』晃洋書房

Dubreucq, Francine 1993 “Jean Ovide Decroly,” *Perspectives: Revue trimestrielle d’éducation comparée* (UNESCO, Bureau international d’éducation) vol. 23（1/2）, pp. 251-276.（引用頁はhttp://www.ibe.unesco.org/fileadminのｐｄｆから）

Hamaïde, Amélie 1922 *La méthode Decroly*. Neuchatel: Delachaux et Niestlé.＝アマイド（斎藤佐和訳）1977「ドクロリー法」『ドクロリー・メソッド』明治図書

Hamaïde, Amélie 1924 *The Decroly Class: A Contribution to Elementary Education, trans., Jean Lee Hunt*. New York: E. P. Dutton & Company.

Van Gorp, Angelo 2005 “From Special to New Education: The Biological, Psychological, and Sociological Foundations of Ovide Decroly’s Educational Work（1871-1932）,” *History of Education* 34（2）: 135-149.

Van Gorp, Angelo 2011 “The Decroly School in Documentaries（1930s-1950s）: Contexualising Propaganda from within,” *Paedagogica Historica* 47 (4): 507-523.

Van Gorp, Angelo 2006 “Ovide Decroly: A Hero of Education,” Paul Smeyers/Marc Depaepe, eds., *Educational Research: Why ‘What Works’ Doesn’t Work ?* New York: Springer Verlag, pp. 37-50.

Van Gorp, Angelo / Simon, Frank / Depaepe, Marc 2008 “Persistenz einer Nischenschule: Hundert Jahre Decroly-Schule in Brüssel, Belgien”, Michael Göhlich/Caroline Hopf/Daniel Tröhler, Hesg, *Persistenz und Verschwinden/Persistence and Disappearance: Pädagogische Organisationen im historischen Kontext/Educational Organizations in their historical Contexts*. Wiesbaden: VS Verlag für Sozialwissenschaften, pp. 159-173.

Vassileff, Jean 1995 *Histoires de vie et pédagogie du projet*, 2e éd. Lyon: Chronique sociale.

Wagnon, Sylvain ed. 2009 *Ovide Decroly: Le programme d’une école dans la vie*. Paris: Éditions Fabert.

Wagnon, Sylvain / Christophe, Nicole/ Watigny, Claudine 2011 *La pédagogie Decroly, une éducation pour la vie par la vie*. Paris: Sipayat Éditions.

第3章　フレネの教育思想——その可能性と射程

Educational Thought of Célestin Freinet: Its Possibility and Perspective

金森　修

〈概要〉　二〇世紀前半に世界的に多様な展開を見せた新教育運動のなかで、フランスの小学校教師フレネ（Célestin Freinet, 1896-1966）が保つ地位は、どのようなものなのだろうか。本章では、彼の多様な教育実践を踏まえながらも、主としてその理論的支柱の特徴を明示することを主要な目的として設定したい。フレネの業績や足跡については、フレネ自身の手になる『手仕事を学校へ』（二〇一〇：原著一九四六、一九五七）や『フランスの現代学校』（一九七九：原著一九六四）、妻エリーズの（一九八五）『フレネ教育の誕生』（一九八九：原著一九四九）、宮ヶ谷徳三の詳細な研究書『仕事の教育』（一九八六）などの基礎文献群を通して、すでにかなり知られている。以下の部分では、まず前提的確認として、補助資料も用いながらほぼ年代順に沿う形でフレネの足跡を辿ることから始めるべきだろう。

1　フレネの生涯と教育実践

年代順の履歴

セレスタン・フレネは一八九六年一〇月一五日、南仏アルプ=マリティーム県のガル（Gars）で生まれる。一九一五年には第一次世界大戦のために従軍。ドイツ軍の毒ガスのために肺をかなり酷く痛め、その後生涯に亘りその疾患から完全に快復することはなかった。一九二〇年の初めから生誕地近くの村落バール・シュル・ルー（Bar-sur-Loup）の小学校の先生として働き始める。一九二三年にはスイスのモントルーで新教育に関する国際会議に出席し、そこでフェリエール（Adolphe Ferrière, 1879-1960）やクラパレード（Edouard Claparède, 1873-1940）に出会う。前者はスイスの有名な教育学者、後者は同じくスイスの神経学者・心理学者だった。この一九二三年という年はフレネにとって重要な年になる。なぜなら、その後、彼の代表的な教育実践として有名になる「学校印刷」（l'imprimerie à l'école）はこの年に模索的に始められるからである。ただ、躊躇《ためら》いがちにその試みを同僚に示しても、彼らからは冷たい反応が返ってくるだけだった。

しかし、いくつかの好意的反応も出始める。一九二四年には、ブルターニュのフィニステール県に住む教師、ルネ・ダニエル（René Daniel, 1897-1993）から、自分もあなたのような印刷機を手に入れて、類似の実践をしたいという連絡をもらい、そこから学校間の文通が始まった。それはちょうど地理的条件や文化が異なる地域間のことだったので、その後、互いの土地を表現するオリーブや海草についての文章をやりとりするという交流に発展していくことになる。一九二五年にはソヴィエト連邦を訪問している。また彼は、それまでの数年間、第一次世界大戦の戦記物で名高い作家バルビュス（Henri Barbusse, 1873-1935）[1]が主催する『クラルテ』に何度も寄稿し、自らの教育思想を開陳し続けた。

一九二六年、エリーズ（Elise Lagier-Bruno, 1898-1981）と結婚。彼女はその後、生涯に亘り彼の仕事のよき理解者かつ協力者になった。一九二七年にはフランスの町トゥールで最初の学校印刷会議が開かれる。それはその後、占領時代を除いて毎年のように開催されることになる。

一九二八年七月、一九二〇年から続いていたバール・シュル・ルー時代は終わりを告げ、フレネは近隣のサン・ポール・ド・ヴァンス（Saint-Paul-de-Vence）に移る。そこで彼は厳しい財政事情のなかでも、いろいろな新しい試みを続ける。また、その移住少し前に彼は「非宗教教育協同組合」（la Coopérative de l'enseignement laïc, CEL）という組織を作っていたが、サン・ポールは、その組織の拠点にもなる。

一九三二年八月には近隣の町ニースで世界新教育連盟[2]の会議が開催されるが、その会議の間中、モンテッソーリ（Maria Montessori, 1870-1952）の輝きが参加者たちを圧倒したといわれる[3]。フレネは、その参加者たちを百人ほども連れて、自分のサン・ポール学校をみせるが、その時の賑やかな喧噪が千人前後の人口しかないその土地の保守派に反感をもたらし、その後のいわゆる「サン・ポール事件」へと発展するきっかけをつくることになる。

このサン・ポール事件はフレネの生涯のなかでもかなり重要な逸話なので、もう少し説明しておかねばなるまい。一九三二年一二月初頭にフレネを中傷するビラが張り出される。そのビラには、或る子どもが書いた「夢で、無料の設備を揃えてくれないサン・ポールの町長に抗議し、突然逆襲してくる彼を自分が殺してしまった」という趣旨の文章と、こんな文章を書かせる教師に国家が給料を払い続けていいのかというもう一つの文章が掲載されていた。驚いたフレネは子どもたちの両親に自分の教育方針について伺いを立てるが、顕著な批判はなかった。しかし右翼系新聞は、フレネのことを、赤旗を振りながら子どもたちの精神的健康を危うくする人殺し、暗殺の擁護者だというような言葉で形容し、非難し続けた。最初は『アクション・フランセーズ』(4)一誌から始まったが、すぐに他の右翼系新聞も同調し、さらにそれを受けて左翼系新聞がフレネ擁護に回るというように、新聞論争が続いた。この対立はフレネ個人を離れて、左右のイデオロギー的対立を一層顕在化させるものになった。他方、サン・ポールではフレネ個人への弾劾は続き、それまで四〇人以上いた生徒たちもどんどん減って、一九三三年春頃には半分以下にまで減ってしまった。その混乱の果てに、結局、彼は一九三三年六月二一日に職務を移動させられる。これが事件の大まかな流れである。

この事件は、やはり彼には不愉快なものだっただろう。しかし他方で、たとえば両親たちへの働きかけなどを通して、フレネの立場への理解は深まり、そのおかげで彼は一九三五年秋には、なんとかフレネ学校を立ち上げることができた。ほぼ同時期、人民戦線の向こうを張って「子ども戦線」(le Front de l'enfance) の構想を提示し、共感と興奮をもたらす。しかしすぐに彼は、その戦線はあまり実態がなく実効性に乏しいものだということに気がつき、失望を味わう。ちなみに、一九三六年初頭にスペインで人民戦線政府が成立していたが、それに対してファシズム系の政治勢力が反乱を起こし、スペインは内戦状態になった。いわゆるスペイン内戦（一九三六〜三九）である。その影響だろう、三七年頃になると、スペインから子どもが何人もフレネの元に逃げてきた。フレネはその子どもたちを快く受け入れ、フレネ学校はその種の子どもたちの避難所のような様相を呈した。

そして、ヨーロッパ全体が不穏な政情下にあるなか、フレネは一九四〇年三月二〇日に逮捕される。当時の政権が、彼が共産主義的な活動をしていると見なしたからである。エリーズも、もうすぐ逮捕されそうだという情報を手に入れたので、彼女は取るものも取りあえずフレネ学校を去る。そしてオート＝アルプ県の母親の元に身を寄せる。一九四一年の六月には、一方のフレネは、逮捕から一年半ほど経過した一九四一年一〇月に、宿痾《しゅくあ》の肺疾患が悪化したことに伴い、制限付きで釈放された。このように政治的激動の渦に巻き込まれ、監獄生活まで体験したフレネだったが、彼はこの監獄生活と軟禁生活を貴重な余暇時間と捉えて、彼の主著となる本を書いた[5]。そして、終戦を迎える。

ところが、戦争が終わってほっとしたのもつかの間、一九四五年の夏頃からフレネ批判のキャンペーンが巻き起こる。その背景にはフランス共産党が控えていた。大戦中、共産主義者として投獄された過去をもつ彼にとっては、実に皮肉なことだった。フレネは一九二七年以来、共産党員だったが、結局、この騒動の最中の四七年には党を抜ける。共産党によるフレネ批判は一九五〇年代前半にはよりあからさまな形をとるようになる。どういう根拠で共産党が彼を批判したのかについては第3節で触れることにする。

ともあれ、彼は一九四五年八月にはヴァンスに戻り、フレネ学校を再開させる。それは文字通り一からの出発だった。ただ、戦後になると、それまでの印刷物や組織を通した長年の活動が国際的にも認められ、フレネ教育学は確立したものとして受容されるようになる。彼はその後も、新しいテーマに特化した雑誌をいくつも立ち上げるなどの精力的な活動を続ける[6]。そして一九六六年一〇月八日にヴァンスで逝去する。妻のエリーズは夫の仕事を保存、維持することに尽力しながら、一九八一年にこの世を去った。

自由テクストと学校印刷

では、フレネといえば必ず言及される「自由テクスト」(le texte libre) と「学校印刷」について、もう少し解説しておこう[7]。

そもそもそれはどのようにして生まれたのだろうか。上記のように戦争から帰還後の彼は肺にハンディキャップを抱えており、長く大きな声で話し続けることはできなかった。しかもあまり経験のない教師として、普通の授業をやろうと試みても、子どもの集中力を維持できない。そこでフレネは、南仏の羊飼いの子どもとして育った記憶を確認するかのように、子どもたちを外に誘い、〈散歩教室〉を実践する。そこで子どもたちが見つけたのは豊かな自然そのものと同時に、そのなかで働く人びとの生活の様子だった。それは美しい川や珍しい石の観察であると同時に鍛冶屋、指物師、機織り工などの組織的労働の観察の機会でもあった。そして教室に戻ると彼は、子どもに見てきたばかりのものについて自由に話させた後、その内容をまとめて黒板に簡単な文章を書いた。これがもともとの「自由テクスト」だ。それは、子どもたちの直前の経験とも、また周囲の生活環境とも連続的なものだったので、自然に子どもたちの興味を惹いた。それがまずは最初の一歩だった。

一九二三年の終わり頃、フレネが教室に入ってみると子どもたちが蝸牛《かたつむり》にレースをさせて夢中になって遊んでいた。それを見て彼は、それを易しく書き言葉で表した文章を黒板に書いた。すると子どもたちはとても喜んで黒板の字を写したり、蝸牛のイラストを自ら描いたりした。その時彼は、このような子どもたちの自発的な活動の所産、しかし瞬間で消え去る活動をなんらかの形で固定化し対象化できないかと考えた。そこで子どもが表現する思想や感情を印刷することを思いついたのである。それから彼は町の印刷屋から簡易型の印刷機を購入し、それで子どもの文章を印刷するようにした。それは印刷機としては粗末なものだったが、子どもたちは一見難しそうな活字組みなどの作業にすぐに夢中になっていった(8)。

最初は教師が書き留めていた「自由テクスト」も、その後は最初から子ども自身に書かせるようにする。自由テクストは、子どもが書きたい時に、自分が思いついたテーマについて自由に書くことが原則だ(9)。それは、文法の基礎知識を習得したことを前提にする普通の作文とは、似て非なるものだった(10)。

では、自由テクストを元にした学校印刷は、より具体的にはどのように行われるのだろうか。宮ヶ谷の論攷(11)などを参考にまとめれば、次のような感じになる。先生と生徒との間の権威的雰囲気を払拭するために、まず教壇を取り除き、広い空間の中央に四、五人が座れるテーブルをいくつか設置する。そしてその周りにはいわば一種の小アトリエのようなものを置くのだ。たとえば印刷室、木工室、鉄工室、実験室、資料室などである。野外には畑や動物飼育場もある。フレネ授業の場合、一斉授業は行われず、単一の教科書もない(12)。月曜日の朝、生徒たちが書いたいくつもの自由作文のなかから皆で一つ、よくできた文章を選ぶ。その際、教師も選ぶメンバーに入るが、教師もあくまでも一票分の投票権しかなく、その間に一切の誘導や指導を行わない。そうやって選ばれた文章は、生徒たちの手で印刷され、新聞や文集を飾る。そして印刷された後、その文章を教材代わりにして皆でフランス語の文法、文章法、正書(13)などを学ぶ(14)。さらに、文章の内容に踏み込んで生徒同士で議論が闘わされる。もちろん、一つの文章には或る特定の主題があるわけだが、人間の文化は広く深く、場合によってはネットワークを形成しているので、その主題からは必ず横溢する別のテーマ群が出てくる。生徒たちも、目の前の文章を検討している間に他の話題に興味をもつようになるので、それぞれが自発的に各自の興味に基づいてその展開的なテーマ群の調査を始めるのだ。その展開的なテーマの調査も分担も、原則的には生徒たちの主体的能動性に基づくというところが肝要である。ただ、もちろんその場合、教師の目から見てテーマ設定が広すぎたり、逸脱していたりなどということが明らかに見て取れる場合、教師は適宜、調整的な誘導をする場合はありうる。しかもフレネ教育が進むにつれて、フレネ自身が、その種の展開的学習を生徒たちがよりし易くなるように、いろいろな工夫を積み重ねていく。たとえば個別の話題を簡単に説明し、それをカード形式に纏めた資料カード（le fichier scolaire coopératif, FSC）、数学的作業を支援する道具（le camescasse）などであり、さらには、その種の学習資料類を冊子形式に纏めた学習文庫（la bibliothèque de travail）なども順次導入されていくことになる(15)。

またフレネ個人からは離れ、集団的な作業の位相への話に移るが、フレネのこの作業はその後継承されて、たとえば資料カードや学習文庫はすでに大量に蓄積されている。それらは、普通いう意味での〈教科書〉ではないにしろ、たとえば或る時点で子どもが興味をもった話題と、その発展形態の可能性がそのまま表現されたものなので、ちょうど自由テクストが一瞬にして飛散してしまう子どもの想念を紙に固定したように、フレネらの教育経験がそのまま対象化、物質化されたものに他ならない。フレネ教育にとって、教材がきわめて重要な地位を占めるのは当然なのだ。

いうまでもないことながら、フレネのこの一連の実践の背後には、新教育運動全体にもかかわる或る総体的な判断がある。子どもの自発的動機（la motivation）こそが、有効な学習の基礎になるものであり、本来子どもは文化への自律的接近（l'autonomie d'accès à la culture）の欲求をもっているという認識である[16]。学校は権威的強制によって昔の文化や教養を無理矢理覚えさせられる権威と恐怖の場所ではない。一斉授業による丸暗記、権威を傘に着た一方的な断定などは、文化や教養に対して、むしろ子どもの反感を惹起するものになり、長じて若者や成人になった時、学校文化やその背景に控えているはずの文化一般に対する無関心、非共感、敵意さえ生みだす可能性があるという判断が、それら一連の試みの背景に控えている。学習が人間の服従本能の助けを借りて成立しているというようなことではいけないのだ[17]。

また、それと相即的なことだが、子どもの周囲環境や子どもを包む生活と直結した知識を身につけることがまずは重要だという考え方がある。たとえば滝沢武久もいうように[18]、算数の学習も、通信相手のいる学校が、自分の学校からどれだけ離れているのかを知りたいとか、旅行についての正確な知識をえたいと感じた時の方が、距離、時間、速度、分数などの概念の学習にとって良好な契機になる。つまり、まずは自分の生活、または周囲の親や成人たちの生活に直結した知識をベースにすることが肝要だという考え方である。これも、フレネだけでなく新教育運動一般に通底する発想だと考えて問題ない。

では次の事例なら、どうか。たとえばアメリカの大きな砂漠で自動車がパンクしたり、エンジンが不調を起こしたりするという場合を考える。タイヤのパンクも自動車のエンジンも、現代の物理学や工学の基準からみるなら最先端の知識とはいえない。しかし、もしその事故に直面した人が、それらについての知識をほとんどもたない場合、下手をすればその人は落命しかねないのだ。逆に、その人が宇宙論や素粒子論を知らなくても、あるいは材料力学の最新知識を知らなくても、タイヤやエンジンについてのそれなりの知識を備えていれば、タイヤを交換したり、エンジンの調子を観察して自分では直せないという洞察をえる場合にはそれに応じた行動パターンを導き出したりするなどという反応によって、なんとかその場を切り抜けることが可能になる。こう考えてみるなら、人間の知識と、生活や日常的な実践を可能なかぎり連結した形で習得させようという発想には、たしかに一理あると見なさざるをえないのである。

〈興味の複合〉：逸話から準系統性へ

では、その展開を可能なかぎり、普通いわれる系統学習的なものに繋げるには、どうしたらいいのだろうか。というのも、或る授業で選ばれる文章は、その時の生徒たちの興味や関心に合致しているから選ばれているわけだが、それはあくまでも偶然性や部分性、逸話性や特殊性の成分を含むので、系統学習で行われてきた学科の教授内容にそのままでは直結しないからである。分かり易く言い換えるなら、たとえば山羊の育て方は話題として重要だが、世界や社会に関する知識には、山羊の育て方とはまったく違う、同様に重要なテーマがいくらでもあるということだ。その問題について考えるためには、フレネの〈興味の複合〉(complexes d'intérêt) という概念が参考になる。

ただ、その前に、実はこの概念には、彼自身にとって前提となったそっくりな概念があるので、それについても触れておく必要がある。それはドクロリーの〈興味の中心〉(centres d'intérêt) という概念だ。ドクロリーの場合、教育の組織化のために挙げられるいくつかの〈興味の中心〉は相当に根源的で、その分抽象性が高いものだ。それは、滋養行為、生殖、逆境に立ち向かうこと、危険から身を守ること、労働し絶えず自分を社会的に創造し直すこと、周囲環境について学ぶこと、などである。そして対象となる子どもの年齢が低いほど、その子どもに近い問題群から出発し、年齢が上がるにつれて徐々に子どもから相対的に遠い問題群へと到達するようにする。たとえば単純から複雑へ、具体から抽象へ、受動性から自発的な能動性へ、主観から客観へ、現在から未来へなどの方向性が念頭に置かれている。それはカリキュラムの編成原理の一種だった。

この文脈でドクロリーの〈興味の中心〉を、たんにカリキュラムの編成という実務的な位相だけに留めずに、若干認識論的な興味と観点から私なりに換言してみるなら、こうなるだろうか。滋養、生殖、自己保存などの根源的な関心を絶えず念頭に置きつつ、たとえば個別事象αが子どもの関心を惹く場合、伝統的にそのαが帰属する上位概念に到達させるためにαと同一のカテゴリーに帰属するβ、γなどに関心を拡大させ、それらの類似性を認識するように誘導して、子どもが自ら上位概念に到達し易くする。この手順を反復すれば、従来の伝統的な教科がもつ体系性に接近できるからである。そして実は私がいま記述したほどの抽象性で事を論じるなら、彼の〈興味の中心〉もフレネの〈興味の複合〉も、本質的にはあまり違いはないといえるだろう。ただ、それではより具体的場面では、両者はどのような考え方の違いとなって現れてくるのだろうか。それを知るためには、ちょうどいい資料があるので[19]、それに依って説明しよう。

たとえば先生と生徒が一緒に散歩をしているとする。その時、生徒が山の麓で奇妙な石ころを見つける。ドクロリーなら、この場合、〈興味の中心〉を山と設定し、第一週目は森林、第二週目は山に生息する動物、第三週目は山の岩石、第四週目は川というような具合に課題を設定し、徐々に山についての知識を深めていく。この場合、〈中心〉を決めるのは教師である。では、フレネならどうするか。まず、当該の石ころについて生徒に自由な議論をさせる。すると子どもａはそれを持ち帰って石の標本に加えようといい、子どもｂはそれを百科辞典や図鑑で調べようといい、子どもｃは、それに似た石をどこかでみたことがあるという。そのそれぞれが、石に対する異なる視点、異なる関心の生成を表している。そして、それぞれの子どもの興味関心に基づいて、各個人が自発的にその関心に基づく調査を始めるのだ。ドクロリーの場合、全体の調査期間の大枠は前もって決められることが多いが、フレネの場合には、子どもの調査への動機がなくなるまで、それは続けられる(20)。ようするに、フレネにとっての〈興味の複合〉とは、先のカテゴリー形成的な抽象化をより緩くとり、分散的方向に拡散しても、それはそれで構わないとする見方なのだ(21)。

私の案出する例によるなら、たとえばこうなる。兎はよく結膜炎で眼を赤くする。それを放置するわけにはいかないと子どもが考えるとき、子どもaはそれを有効に治す薬について考え、なぜその薬はよく効くのか、そもそも動物に使う薬にはどんなものがあるのかを調べ始める。子どもbは、そもそもなぜ兎はしょっちゅう眼を赤くするのか、その原因を調べる。子どもcは、兎はどんな体をしているのか、それは背骨をもっているが、他に背骨をもっているのはどんな生物なのかを調べる。こうして、兎の結膜炎から、将来の薬学、生理学、生物学などに繋がる知識の生成が起こるということだ（たしかにこの事例はかなり高度なものを想定しているが）。子どものちょっとした興味から出発するという逸話性、直接性、個別性は、このようにして、従来の系統学習がもつ系統性や体系性へと一歩踏み出すことが可能になるのだ。

一般にこれは、子どもが周囲環境、あるいはより抽象的に〈生活世界〉との密接な関係をもつことを重視する新教育運動全体にもかかわる問題であり、それに対するそれなりの解答として、興味深いものだといえよう(22)。

理論的背景

ろくに理解もせず興味も惹かない内容をもつ教科書を一斉授業で威圧的に教えられるだけという教育風景からの離脱をめざし、子どもの自主性、活動性、創造性を重視するという新教育運動は、世界的なうねりとなって二〇世紀前半の教育界を揺り動かした。当たり前のことだが、ここで新教育運動の主要なものだけでも通覧するなどというのは論外である。ただ、直接にフレネと接触や影響関係、呼応関係がある人について最低限触れておくことは、フレネを新教育運動のなかで位置づけるためには必要な作業だろう。

一九二一年に設立された世界新教育連盟に参集したナン（Thomas Percy Nunn, 1870-1944）、ニイル（Alexander S.Neil, 1883-1973）、エンソア（Beatrice Ensor, 1885-1974）、ドクロリー、フェリエールなどといった人びとのなかで、ドクロリーとの近縁性はすでにみた。実は、履歴の所で簡単に触れたが、一九二三年のモントルー会議で出会ったフェリエールとクラパレードは、フレネにとって重要な理論的背景となる人たちだった[23]。

フェリエールの『活動学校』（一九二〇）はフレネにとってきわめて重要な文献の一つである[24]。フェリエールがいう〈活動学校〉（école active）とは、子どもが自発的、個人的、生産的な活動をすることを促し、サポートする学校のことだ。そこでは何よりも、子ども一人ひとりの固有な本性から最良のものを引き出すことが優先される[25]。そのために、子どもを絶えず具体物に触れさせながら生活させる。理性を事物と接触させることでゆっくりと目覚めさせることが重要なのだ。手仕事は、子どもに物質の秩序についての知識を与え、同時に基本的産業秩序についての知識も与える。同時にそれは観察力を増大させ、想像力や思考力にとっても重要な契機になる[26]。伝統的な学校は固有な創造的活動から、子どもを疎外させてしまう。学校は時期尚早なスタイルで体系的活動を子どもに付与しようとするが、それは経験に基づく知識によってではなく、機械的学習で模造品文化を発達させることによってである。機械的学習が教育的価値をもつのは、それが自然な資質を育て、内面の創造力を実際に使えるようにする場合のみだ。学校と生活という二つの概念は今日では互いに矛盾するありさまだが、われわれは生活への中心的準拠を再び回復しなければならない[27]。

ここでは、仕事を介した環境への能動的な働きかけこそが子どもにとって枢軸的な経験になるという判断が明示されており、しかもとくにそれは、七歳から一二歳頃にかけての年齢にとっては本質的だという判断が示されている(28)。また第二章冒頭には「子どもの精神上の生の躍動《エラン ヴィタル》」が教育の基礎になるという判断が提示されているが(29)、ここでのélan vitalはベルクソンの『創造的進化』(一九〇七)から採用した概念だということは明らかである。ベルクソンはジンメルやニーチェ共々、当時〈生の哲学〉の代表的存在とみられていたが、それは、ちょうど、個人の内的要求を等閑視し、全体として機械化し唯物化する文化的動向への批判という方向性において、新教育運動とも一定の収斂を果たすと考えられていたのだろう。また、『活動学校』序文の記載(30)から、ここでのécole activeは従来école du travailと訳されていたものの著者なりの変形だということが分かる。école du travail、つまり〈労働学校〉は、ケルシェンシュタイナー(Georg Kerschensteiner, 1854-1932)の〈労作学校〉(Arbeitsschule)論(31)と直結するものなので、この筋道からも、ドイツとフランスの思想的呼応関係が見て取れるのである(32)。

要するに、〈生の哲学〉の実証主義や合理主義への距離設定は、教育界を支配してきた書物中心主義や主知主義への異議申し立てとそれなりの仕方で共鳴作用を起こし、それが所々で新教育運動の具体的主張と重ね合わされることになった。そこには、子どもの自発的活動を起点とする具体的〈生〉の回復を企図する考え方、生活の位相を学校文化のなかに積極的に導入するという生活準備主義の発想があった。

なお石堂常世の説明にもある通り(33)、この生活準備主義は一九三〇年代にいたってクラパレードによって大成される。その『機能主義教育論』(1931)は、生活主体の環境への反応を重視する機能主義的心理学を代表する著作だった(34)。

一九二〇年代から三〇年代にかけてフレネは、自らの教育実践による試行錯誤とともに、この種の理論的源泉からその発想と方向設定のエネルギーをえていたのである。

2　主著『仕事の教育』における自然観と教育観

さて、以上はフレネの教育実践活動やその理論基盤についての、既知事項を多く含むマクロな回顧にすぎなかった。この節では、もう少しミクロに彼の主著『仕事の教育』（Freinet, 1946）[35]の概要について検討してみたい。宮ヶ谷の翻訳は全体の二割未満のものにすぎず、この著作全体のテーマ群がよく知られているとはいえないからである。この本は全体で五一もの断章からなる対話篇である。ロン（Long）という田舎の教師とマチュー（Mathieu）という羊飼いが主な登場人物であり、マチューがフレネの思想を代弁する人物だ。いわばロンが科学を代表し、マチューが科学ではない知恵、深い知識を代弁する。ここでは逐次的な紹介は避け、重要な論点を纏めてみる（以下、マチューはM、ロンはLと表記する）。

科学観と自然観

たとえそれが若干の図式性を伴っているとはいえ、『仕事の教育』の主要テーマの一つが或る種の科学[36]の批判だということは否みがたい。

Mは慨嘆する。もし科学が公平で、確実な経験や完璧な資料に基づき二＋二＝四のように明らかな何かであり、しかも時空間的な限定を受けず、神的な永遠を自分のなかに含んだ真理だとするなら、私もまた、科学が人間の偉大な成果の一つだということを認めるのに吝《やぶさ》かではない。しかし実際にはどうだろうか。医学などは、まるで政治のようなありさまではないか[37]。

とはいえ、医学でも徐々に改善されているではないかと狼狽《うろた》え気味に反論するLに対してMは、確かにその通りだが、科学者、というよりそれほど偉大でもなく深遠な精神ももたない周りの連中は、生命に対する謙虚さをもつこともないのだが、彼らは、まるで農民に教えを垂れるという意気込みで農地にやってくる都会人のような風情をもっている。彼らは、学校や本によって耕作や飼育の知識を得たのだ。彼らはその方法を知っているつもりになっている。しかし実際にその知識を使ってみると、それは、対象の働きの秘密に入り込むことはないまま、メカニズムの断片しか扱っていないことに彼らも気づくのだ。彼らは自然をじろじろ眺めはしたが、それを動かし変化させる神秘的なダイナミズムには馴染むことはなかったのだ[38]。

　それでも科学や知識の進歩に信頼を置こうとするLはこう述べる、そもそも進歩は必ずしも物質的なものだけではなく、思考、社会組織の歩み、道徳的感覚の発達のなかにも進展はある、と。Mはそれに賛同するが、ただし重要な留保が付く。自分の権威に基づいて、自分は、谷を見下ろすために流れを生みだし方向づける山だと宣言する人びと、頂上をみつけたと思い込み、その頂上は天空にそれを引き上げる谷の斜面がなければ、そして傾斜面の荒れ地を価値づける底地がなければ存在しないのにそれを忘れる人びと、世界が自分の足もとにひれ伏さないと驚くような人びとを、私は好まない、と。するとLは、それでも本当の山なら謙虚なものです。或る有名な科学者が書いたものなど、いかなる自惚れからも離れているのですから、と受ける。たしかに、とM、少しの科学は良識と真理から遠ざかるが、偉大な科学はそれに近づく。だがその種の偉大で例外的な科学者の傍らには、どれほど多くの偽りの科学者がいることか。彼らにとって、生命は試験管の地平に限定されている。そして本から離れることができず、自分の発見を性急に一般化しては、普遍的で不可欠な調和を解体する哲学を互いに称え合っている。機械的で官僚的な領域における科学の征服、われわれの時代を偽りの光で照らすこの進歩の幻影は、新たな啓蒙の世紀に生まれたとにんまりする無知な人びととの自己愛に諂《へつら》うのだ[39]。

　注意すべきなのは、ここでのMの科学批判は、科学の理念そのものの否定ではないということだ。むしろその額落形態、つまりそれが権威化、技術化し、自らの限定性を忘れて性急な一般化に走ろうとするような局面をMは否定するのである。Mは他の場面でも何度も、昔の食べるだけで精一杯という社会の状態、寒さ、暗さ、危険性、無知からくるいろいろな圧迫などに触れている(40)。進歩一般を否定するのでないことは明らかである。

だから過去の端的な礼賛や無知への回帰ではない。Mの批判は科学の頽落形態へと向けられる。しかしより問題的なのは、優れた科学とその頽落形態とは、連続的な前提を抱えもつという点にある。それは、科学が、生命の神秘的な計画を、自らの秩序に無理に従わせようとする傾向をもつことだ。たしかに、Lが何度も強調するように、自然が生みだしたものには或る種の不完全性があり、それを人間の技術でより完璧なものに近づけるということには、瞠目すべきものがある。しかし、私なら映画、ラジオ、闇を照らす光などに本当の意味で仰天することはない。というのも私なら、その種の人間的技術の偉業と同様に、あるいはそれ以上に、生命の神秘がもつ豊かな多様性、開花する花、思考や記憶の魔術に感嘆するからだ。こうMは述べる(41)。そこには人工的世界に属する科学的知識と自然とを対比的に捉え、あくまでも後者に安定的な準拠点を見いだすという視点がある。文明は自然を馴致しても問題ないと思い込んだらしい。科学者は自分たちの知識や技術に自信満々だったので、ほんの少しでもいいから自然の声を聞き、自然の要請、反応、教えに耳を澄まそうとはしなかったのだ(42)。

科学と自然との対比がとりわけ際どい帰結をもたらすのは、たとえば技術化された農業や酪農の場合だ。桃を大きく実らせるために樹木に或る種の化学物質を与え、桃の木をいわば渇水状態にして大量に水を吸わせ、それで果実を急激に大きくすること。その場合、実には化学物質の影響が残る可能性がある。自然に飼われる乳牛は自らが好む草を食べ、自然に乳を出す。しかしそれでは脂肪分が充分ではないというので、人工飼料を与え、いわば無理に脂肪分の多い牛乳を出させる。この場合、牛乳は文字通り製作される（le bon lait se fabrique）のだ。それは化学が惹起する半ば異常な分泌物であり、人間にとっても本当に体にいいのかどうか疑問が残る(43)。

Mは明瞭に述べる。私は、いろいろな観念を生命概念と折り合わせるために何度も吟味する。生命こそが正しく豊かなのだ。私は、われわれが歩むべき方向性についての感覚を正確に掴《つか》んでいると思っているが、それは私が歩きながら見つけ出すものでもある。自然と生命から離れようとは思わない、というのも、至高の明るさや決定的な教えは、そこから手に入れることができるからだ(44)。

もう充分だろう。M（フレネ）の発想の根底には、自然や生命への最終的な信頼、一種の自然中心主義(45)がある。生命もまた、われわれにはまだよく分かっていない道程の果てに、自然が生みだした不可思議な現象だからだ。だから、この自然中心主義には曰く言い難い神秘的なものへの憧れと信頼があり、それと相即的に人工的知識や人工的技巧・逸脱への不信感がある。それを象徴するのは『仕事の教育』冒頭近くの「二つの文化の邂逅」と題された断章(46)での逸話だろう。まずは食事中のMに、牝羊が脚を折ったからどうにかしてくれという依頼が入る。スープを飲み込んでから彼は、牝羊の脚を指で丁寧に触り、痛んだ骨片を本来の場所に入れてやる。そして、後は板で固定すれば治るのだ。その後で今度はL夫人が彼の元にやってくる。彼女は最近脚の調子が悪いと訴える。病院に行くと、医師は圧定布をして休んでいれば治ると。しかしなかなか良くならない。夫は医師のいうことを聞いていれば間違いないと請け合うし、ほねつぎ師たちの悪評はよく耳にする。ともあれ彼女はMの元にやってきて苦痛を訴える。するとMは、ちょうど牝羊の時と同じように、夫人の脚を細心の注意を以《もっ》て触り、両手を使って脚を微妙に動かす。すると夫人は、一種の疲労感のようなものはあるが鋭い痛みはなくなったと驚くのだ。Mはそれをみて語り始める、何も医師の知識が悪いというのではない。彼らはメカニズムとしての人体の各部位の名称や機能などを長い時間をかけて学んでいるのだ。しかし、器官の名前や構造などの知識が本質的だとお考えか。私は自分の指であなたの体を触り、あなたの肉と体が生きているのを感じ取る。私はいわばあなたと一緒に苦しみ、あなたの体の機能的調和を回復できたと感じられる時にほっと一息つくのだ。――これがこの断章のテーマである。二つの文化の邂逅、つまり概念的で体系的な知識・科学と、体感的で実践的な知・知恵とが対比的に位置づけられている。それはまた、Mが〈生命のライン〉(les lignes de vie)[47]や〈生命の技術〉(la technique de vie)[48]と呼ぶものを重視するということでもある。そして科学や知識、自然や生命に関する以上のようなM(フレネ)の考え方は、彼の教育論にも繋がることになる。

教育論

上記の科学観、医学観を前提にMは教師であるLに向かっていう、まさに医学が病気や死に対して無力なのと同じ理由から、教育は苦しみよろめいている。そして教育は間違った道を辿りつつあるのだ、と。Mは、われわれの老衰した文明を再生させるだけの力強いダイナミズムを依然内包している生命に役立てるために、より謙虚かつより人間的に、そして最終的にはより合理的に、医学や教育についての新たな概念を練り上げるべきだと主張する[49]。

やや図式的ながらMは、町で育った自分の姪が田舎に来ると退屈して読書ばかりしているということに注意を喚起している。本ばかり読んでいないで、たとえばインゲン豆のはじける音に耳を澄ませなさいなどといっても、ぽかんとしているばかり。これこそが、学校という〈文化の代用品〉が彼女にしたことなのだ。彼女はもはや感受性に富む花でもなく、基礎的な人間性を喪失し、良識さえもっていない[50]。

何も無知を顕揚するわけではない。ただ彼は主知主義(intellectualisme)[51]を否定し、言葉や書物的知識を警戒する[52]。沢山読み、印刷された思考と先生の形式的教示が個人的反省の変わりをしているような、スコラ的に教育された人びと。彼らは、自分たちの文化の優越性を信じ切っているので、自分の周りの人間的恒常性がもつ偉大な美徳をつねに過小評価する。それは科学(学問)が人間に与えた傲慢な逸脱の一部分なのだ[53]。現代の学校がやったのは、子どもたちを家族、環境、伝統、生まれた空気、彼らに滋養を与えた思考や愛、仕事や遊びから引き離すことだった。そして、彼らを合理的、形式的、冷淡な学校という環境に無理に押し込んだのである。子どもたちは根無し草の状態に追いやられ、樹液の最良の部分を奪われた上で、いわば外側から新たに樹液を与えようとする人びとに取り囲まれている[54]。

昔の人は今の人たちよりも教育はなかったが、間違いなく、自分の周りを眺め、自然とその変化のありさまを検討し、何か異常があれば嗅ぎつけるということに、より習熟していた。それは、自分の周囲についての直観的で主観的、感覚的な知識であり、いわば〈深みのある教養〉(la culture en profondeur)[55]なのである。ところがあなたがたは子どもを周囲環境から引き離し、哲学的・抽象的概念を使ってものを教えようとする。だが、子どもの形成はたんに精神によってだけではなく、筋肉や心、それに計り知れない空想によってもなされるものなのだ[56]。

M（フレネ）の科学観や知識観からみるなら、以上のような主知主義批判、生活知の重視などの発想が出てくることは比較的容易に推定できるので、この論点はこのくらいでいいとしよう[57]。ただ教育についてMは、若干異なる視点から次のようにも述べている。二つの世界大戦が終わる頃くらいまで、教育は知識、知性、所有、権力獲得のための門を開く鍵として存在していた。このイニシエーションを成功裏に通過した者が社会の上層部に到達したというのは否定し難い。たんに外面的な理由で地位や出自にその有利さが反映されるだけではなく、知識に内在する卓越性によって、教育を受けた人は高いヒエラルキーに到達できたのである。つまりこの文脈での教育の本質は、社会的上昇の道具だということだ。それは本当の意味で人間を改善することではない。教育はいわば手段でしかないからだ。こうMは断じている[58]。現在のような様式での教育は、人類の実質的な豊穣化には繋がらないという批判が、社会的利益の追求の手段としてそれをみるという形で別様に表現されているとみるべきだろう。

書き言葉の批判

ここでやや特殊で狭い論点ながら、Mが書き言葉の批判をしているという点を取りあげておこう。というのも子どもの教育に「自由テクスト」や「学校印刷」を導入することがフレネ教育の出発点だったことを考えるなら、議論が想定する対象のレベルが違うことは重々承知ながら、やはり或る種の驚きを覚えるからだ。ただその批判の仕方で一番印象的なものは、やや間接的な文脈に現れるそれである。

昔の生活に触れながら、とくにMの思い出は〈語り手〉のことに注がれる。それは何も「親指小僧」や「長靴を履いた猫」などを語る母親のことだけではない。何人もの老人たちは昔聞いた物語を、それに多少色をつけながら巧みに語って聞かせるのだった。彼らはたいてい文字を知らなかったのでノートをとるわけにはいかなかった。しかしその分、彼らは驚くほどの記憶力をもっていた。彼らは相手の反応を見ながら話を盛り上げ、誇張や増幅などをすることで、細部を自在に変えていった。聴衆がどんな気持ちで聴いているのか、何を望んでいるのかを、彼らは巧みに見て取る才覚を備えていたのである。Mがそういうと、Lは、その人たちはおそらく例外的に才能があったのでしょうと疑問を投げかける。するとMは、いいや、その場合驚くべきなのは、普段の彼らはまったく平凡な人びとだったということだ、と受け流す。この話のポイントは、伝統を下敷きにしながら、それらの語り手たちが素晴らしい創造力と記憶力をもっていたということだ。それは前に話した私の姪の場合と真逆なのだ。彼女の場合には、本に書いてあることをそのまま繰り返すだけなのだから[59]。

この話題は当然ながら記憶の問題とも関係していく。Mは続ける、私にいわせるなら、現代人の記憶力を弱めるものは、その力を倍加し、代替し、軽減するために文明が生みだした手段の総体なのである。鉛筆があるなら、それで考えを書き留める。そうすれば紙にあなたは思考を放り投げることになる。読書と書字（écriture）は知的生産を簡単にはしたが、その分、絶えざる集中、絶えざる磨き上げを弱めてしまったということだ[60]。

この考え方を敷衍するようにＭ（フレネ）は農民詩人という、きわめて印象深い事例を挙げている。その人は出会った時にはすでに老人で、大きな仕事場をもつような人でもなかった。でも、その眼には炎が宿り、耳に心地よい方言で話した。彼はもう何十年も前につくったという詩を朗詠してくれた。その様子はとても表情豊かで、まるでもう一度若者に戻って、再びそれを作り直しているかのような雰囲気だった。彼はよく、自分がどんな時に詩をつくるのかも話してくれた。籠を腕に抱えながら朝出かけると、太陽が木々の梢を照らし、谷間の樹木を徐々に明るくしていった。空気は新鮮で湿っており、鳥が鳴いていた。詩人はどうしても彼らのようにしたいという気持ちに囚われた。彼は自分のなかの最良の部分を発散させてくれるこの厚い友情、この親密な帰属関係に声を上げた。そして言葉は、躊躇いがちに、または嵐のように、生まれたばかりの明るい音楽に馴染んでいった。それはまるで、道から立ち上る芳香を含んだ湿り気、牛を動かす労働者の叫び声、燃えた藪のぼんやりとした匂い、目の前の驢馬の揺れ動きなどのそれぞれが、互いに魂のなかで結合し合い、調和し合って、詩という最終的完璧さのなかに形象化されるとでもいうかのようだった。

このような周囲との融合、周囲との感応のなかで詩は生まれ、それは声となって辺りに散らばっていく。だが、今日ではこの種の個性的感応の声は掻き消され、すべてが脱個人化してしまう。燃え上がるような創造の瞬間は、書き言葉ではこぼれ落ちてしまうのだ。一瞬、現れてまたどこかに遠ざかっていく農民詩人の肖像は、フレネにとって、理念化された創造主体の象徴だったのかもしれない。

仕事概念の錬磨

『仕事の教育』全五一断章の内、最後の十章ほどは、実践により直接に絡む、やや技術的な記載が中心を占めており、それまでの理論的筆致とは若干傾向を異にしている。また、実はこの本にはもう一つの屈折点が存在する。

それはちょうど中盤、第二五番目の断章、「一つの仕事教育」と題された章(61)以降、フレネ独特の仕事論が中心的テーマになるということだ。よって、（フレネの業績としては比較的知られているものなので簡単なものに留めるが）その後半部分での仕事概念の分析を行っておきたい。

道端に撓《たわ》わに実るサクランボ。それを奪うようにして食べる子どもたちの歓びをそのまま抑えつけることは難しい。しかし当の子ども自身が、サクランボを味わっている時、その種の行為だけで自分の運命が成就されたとは思っていない。子どもがもつ要請的な性格は実に強烈なものだ。だからわれわれにとって大切なのは、子どもの欲望を抑制することではない。それはむしろ教育の決定的な梃子《てこ》になりうるものなのだ(62)。

教育は服従の強制でも、欲望の圧殺でもあってはならない。なぜなら子どもの欲望をよく分節してみるなら、そこにはたんに享楽的・瞬間的な本能充足以上のもの、社会化の萌芽、仕事への無自覚的な方向設定が、必ず隠れているからだ。だから、欲望を契機にして、その背後の社会性を顕在化させてやればよい。

ここで明確に仕事の重要性が位置づけられる。人間の思考を惹起し方向づけるもの、その個人的かつ社会的な行動を正当化するものは、複雑で社会的に組織化された仕事である。仕事こそが、本質的な動因、進歩と尊厳の要素、平和と友愛の象徴なのである。

この宣言的な言葉の後でMは述べる。ただ注意しよう。私は言葉や本の欺瞞によって学校と仕事を結びつけるだけでは満足しない。とにかく仕事をすべての教育の基礎に位置づけるのだ。その言葉にLは、「手で考える」という言葉もありますよね、と半畳を入れる。Mはそれを受けて続ける、私がこの仕事という言葉に与える含意をあまり労働組合主義（ouvriérisme）的にはとらないでほしい。初歩から、人間的で正常な努力から出発すべきで、その時期尚早な主知主義的解釈から出発すべきではない。またそれは職業訓練（apprentissage）でもない(63)。――これが、これ以降の議論のベースになる。

ここでもう一つ、新たな概念が議論に導入される。それは遊び（jeu）である。普通に考えるなら、仕事には苦痛や苦悩が付きものなのに、遊びはつらい努力を補償するものにみえる。その意味で両者は対立しているのだろうか。そうではない、というのが議論の要諦だ。Mはいう、私は昔子どもの頃、家に子山羊が生まれた時、母が私にそれをくれ、きちんと育てるようにといわれた。それ以降、その一頭のための日常的世話は私がこなし、たまに山に行く時などは少しあえなくなるので、とても悲しい思いがした。山から戻ると真っ先にみにいって、子山羊がどれくらい成長したかを調べた。この一連の作業は、いわば生命活性を煽ってくれるもの、家族や共同体内部での健全な満足の酵母だ。つまりそれは遊びではなく、仕事だったのだ(64)。

そもそも遊びという概念自体のなかに誤解が潜んでいる。数多くの遊びのなかには、子どもや人間の個人的・社会的必要性の方向で遂行される機能的な遊び（jeu fonctionnel）がある。それは人類の祖先のヒト的な生成の最も深い所に根付いた遊び、生命への本質的準備として存在する遊びだ。その種の本質的な遊びを怠惰や冒険に対する病的趣味などと考えるのは、端的に間違いなのだ(65)。もし私の理論が正しいとするなら、とM、遊びとはまだ使われていない活動性の捌《は》け口に他ならない。それはだから、仕事の代用品、矯正薬、補完物である。子どもは、仕事がまだ彼の活動全体を覆い尽くすには到っていない時に遊ぶのである(66)。

もっと簡単にいおう。子どもは仕事ができない時に遊ぶ。仕事の歓びは本質的に生命的なものであり、それは遊びがそうである以上にそうだ。仕事とは、存在にあまりに内的に結びついているので、それを行使すること自体が、それ自身の満足を生みだすような活動のことだ。仮に、その過程で疲労や苦痛があったとしても、本質的には変わらない。第一、疲労と苦痛は幸福にとって有無を言わせぬ敵だとはいえないのだ(67)。

とはいえ、仕事と遊びとは、概念としてまったく重なり合うというわけでもない。その微妙な差異を際立たせるために、M（フレネ）は或る種の系列概念、仕事＝遊び（travail-jeu）と遊び＝仕事（jeu-travail）という二つの概念を導入する[68]。この幾分分かりにくい両概念は、それぞれの場合において、前に置かれたものが主要な性格規定に参与し、後置されたものが、それにニュアンスを付け加えるという体裁になっている。たとえば仕事＝遊びの場合、基本的には仕事なのだが、若干遊び的成分も含む仕事だということになる。

私（＝M）は思い出す、子どもの頃、何人もが一緒になってマッチを盗み、授業のあと山に行ってジャコウソウやラベンダーなどの束を燃やして遊んだことを。マッチに火をつける〈魔術師〉の周りに皆は集まり、小さな炎が束に入ると、すぐに大きな火となって燃え上がるのに立ち会った。いったいこれは遊びだったのだろうか。それにしても奇妙な遊びだ。それは遊びというにはあまりに重大であまりに真面目、そしてあまりに悲劇的なものだった。われわれはその辺りの土地の持ち主の剣幕から逃れなければならなかったし、逃げ出す最中危ない街路は避け、処罰を受けないようにと嘘もつかねばならなかった。それでも、この危険は何度も繰り返された。というのもそれは、われわれに、火を所有し制御するという、曰く言い難い高揚感を与えてくれたからである[69]。

歓びよりも貴重な苦しみがあり、休息よりも必要な疲労があるとするなら、そして、仕事がそのなかに遊びの成分を含むとするなら、どうだろうか。人間性を再び力強く練り上げようとするなら、われわれが仕事＝遊びと呼ぶ理想的な活動を実現すべきだ。それは或る種の環境や条件下では、自発的に出現しているのだから、決して不可能なものではない。仕事と遊びとの間の繋がりを見失ってしまったということこそが、仕事の破局的な劣化の起源である[70]。

子どもは大人の仕事を正当化するのと同じ必要性、同じ傾向によって仕事＝遊びに駆り立てられている。それはなんら強制されたものではなく、農民の仕事のような人間的な仕事に属するものだ。その必要性のなかで中心的なものは、普遍的でもある生命維持である。生命を維持するとは、まずは食べることだが、それだけではない。よじ登る、摘む、狩る、釣る、育てるなどが出てくるし、さらには走る、飛ぶ、闘う、石を使う、棒を使うなども出てくる。飛行機や自動車が動き回る時代にも、子どもはたとえばかくれんぼをして遊ぶ。子どもは、近代科学の系列と自分の機能的必然性との間に、まだ繋がりを実現しえていない。人間性はゆっくりと肥沃になる土壌のようなもので、進歩にもかかわらず、過去はわれわれのなかで頑固に生き続ける。いまやわれわれは、その形式、深さ、意識下的な霊感によって、どんな遊びが、仕事の多少とも遅れた反響でしかないかを知ることができる。それをいま、遊び＝仕事と名付けたい。遊び＝仕事は個人の原初的な必要性を満足させる。それは意識されない目的、つまり生命をできるだけ完全に保障すること、生命を守り存続させることという目的をもっている。またそれは感覚の素晴らしい広がりを提供する。その特性は楽しみというよりも、努力と仕事である。そしてそれには疲労、恐れ、驚き、発見などが付き従うのである(71)。

具体的には、かくれんぼ、追いかけっこ、動物の物まね、戦争ごっこなどが遊び＝仕事に関係すると考えられる。遊び＝仕事は、われわれには分からないが、ちょうど鳥が巣を作る時にそれに導かれるような、目的性にかくも適合した本能の開示なのではないか。遊び＝仕事は、教条的に教えられるようなものではないという意味で、内的である。子どもはそれをいわば自発的に実践する。それを支える本能は教育にはほとんど影響を受けない。それは空間が変わっても、大枠の形式を不変に保つ。子どもが遊び＝仕事に逃れるのは、われわれがその子に、そのレベルに合った本能に対応する機能的仕事を提供できなかったからである(72)。

このようにしてフレネは、仕事、仕事＝遊び、遊び＝仕事、遊びという、対概念とその交錯形を巡る繊細な差異化を試みて、自らの仕事論を構築している。ただ、実はまだ終わってはいない。以上の議論は比較的理念化された言説空間を想定した上でのものだったが、現実世界では、仕事や遊びが堕落した形態が多々見受けられるからだ。たとえば一言で仕事といっても、労働者はいつ病気、解雇、老化の危険があるか分からないという不安のなかで働いているかもしれない。痩せた土地しかもたない農民も、少しでもお金を稼ぐことで頭が一杯になっているかもしれない。嘘、計算高い行い、傲慢などの心象がそこに蔓延するような仕事、それも現実世界では数多くあり、その場合、人間はそれらの暗い現実を忘れるために、何か心的補償のような緊張解除を求めるものなのだ。それをM（フレネ）は心的弛緩の遊び（jeu de détente psychique）と呼んで遊び＝仕事と区別している[73]。

さらに、その心的弛緩の遊びはいくつかに下位分類される。まずは勝つための遊び（jeu à gagner）。いろんなものがあるが、トランプが代表的なものだろう。そこには狡さ、器用さ、心理的直観、欺しなどが関与しており、もはや機能的活動はほとんどなくなっている[74]。

遊びには、さらにそれよりも一層酷い堕落形態、いわばどん底の遊びが存在する。それは遊び＝大麻（jeu-haschich）である。あまりに困難な状況下に置かれた時、人間は、心的補償による緊張解除もままならず、ただ自分の嘆かわしい状況を忘れるため、逃走するために、均衡を欠いた致死的な感覚を人工的に減らす必要に迫られる。その時発動されるのが遊び＝大麻なのだ[75]。たとえばアルコール飲料、たばこ、映画、ラジオのような類いの娯楽がそれに近い。大麻的な解決は、つねに英雄的な生命の要請を前にして、不能、卑怯、放棄の解決であるにすぎない。その擬似的な解決は、われわれを受動的存在に貶めるためにわれわれの眼を塞ぐのだ。

実は、心的弛緩の遊びについての記載は、もっと緻密で量的にも長いものである。それは、M（フレネ）の現代社会への批判的意識が最も直截に表現された部分だといって構わないが、すでにかなりの紙数を使って本書を分析していることもあり、本章ではそのアウトラインの紹介だけに留めておく。

ともあれ、このかなり詳細な仕事論を締めくくるに当たって、M（フレネ）自身がまとめのような言葉を述べているので、それに触れておくべきだろう。彼は断言する、大切なのは子どもの活動の中心に仕事＝遊びを置くこと、純粋に思弁的な思考に対して豊穣な行為を優先させることだ。本質的な教育的配慮は、できれば家族のなかで、あるいは少なくとも学校のなかで、子どもの射程内にある世界を実現すること、子どものリズムに従って展開し、そのニーズに見合い、そのなかで、子どもがその存在の自然で機能的な憧憬に最大限対応できる仕事＝遊びに浸れる世界を実現すること、そこにある。つまり普通の常識的な〈遊びの教育学〉では表面的すぎて駄目だということだ。現代社会は、仕事と受動的な快楽、個人の祖先的な身振りと人工的で魂のない機械によって分断されている。ただ仕事のみが、豊かさや、物質的で精神的な力の創造者であり、個人的かつ社会的な均衡の創造者なのだ。それは、われわれが幸福と呼ぶ複雑な状態の粘り強い追跡のなかで、依然として優勢な要素であり続けている。人がそれに疑念を抱くのは、文明が仕事を呪いにしてしまっているからだ[76]。

これは一種の〈労働快楽説〉なのかもしれない。事実、フレネはフーリエ（Charles Fourier, 1772-1837）の名前を引用している[77]。私ならそこにゾラ（Emile Zola, 1840-1902）の小説『労働』（一九〇一）も加えたい所だ[78]。仕事が従属でも強制でもたんなる苦痛でもないようなものとして実感を以て捉えられ、むしろ仕事の行使のなかに自分の内に眠っていた力の発現を感じること。そんな仕事が可能であるような社会が、フーリエやゾラなどの思想家たちに夢想されていた。フレネの議論も、その思想系列が教育界のなかで結実した事例の一つだと位置づけても、特段の問題はない。

以上がフレネの仕事論・労働論の概要である。そしてこれこそが『仕事の教育』の後半部分の縦糸となるテーマだったのである。

叙情性

本来なら、この本の解説はここで終えるべきなのかもしれない。だが最後に一言だけ付け加えておきたい。南仏の農村地帯で全生涯を過ごした一人の詩人的資質を備えた人間として、フレネは時にきわめて叙情的な筆致で、その情感を吐露することがある。通読中、何度もその印象を強くする節に出会ったが[79]、ここではただ一つを引用しておくに留める。たったそれだけでも、私の印象を共有していただくためのヒントになれば、と願うばかりだ。ここはきちんと翻訳しておこう。断章「一つの仕事教育」の冒頭部分である(80)。

「聖ヨハネ祭(81)が近づいていた。谷間の全体が深い幸福感に満ちた壮麗さで輝いていた。いたる所に淡い緑、濃い緑、明るい黄色、青、川の光の帯が見えていた。川は両脇に牧草地や柳の柔らかなお伴を引き連れては、所々で見えなくなっていた。

豪奢で涼しげで、賑《にぎ》やかな朝。終わりかけた夕べと、早く到来したいと急ぐ夜明けとの間に、あまり緩衝されないままに橋を架ける穏やかな夜。すべてが約束なのだ。ジャガイモとインゲン豆を覆い尽くす葉叢《はむら》が、アメリカ撫子《なでしこ》や金盞花《きんせんか》の淡い縁《ふち》を消し去る肥沃な庭も。所々を刈り取られ、白、金色、緑色の広い空き地に穴を開けられた牧草地も。鬱蒼とした木々に実りかけの果物や、森の見事な枝も」(82)。

私の下手な翻訳でも、充分に美しい一節だとはいえないだろうか。フレネが生活や仕事、自然や生命などという言葉に準拠する時、その背景には純粋な概念的錬磨によって抽出された知的作業が控えているというよりも、一人の生活者として心的機能全体を環境に馴染ませながら育《はぐく》んできた私的経験が控えていると考える方が正確なのだ。フレネには詩人の魂がある。

3　〈乖離的〉な総括

私自身は教育学者ではないので、幾分、教育学者たちが造る共通の言説空間からは乖離し、離脱した視点から、いままでその概要を提示してきたフレネの思想について、私なりの見解を述べておきたい。

フランス共産党からの批判とその含意

第１節冒頭近くでもごく簡単に触れたが、フレネは一九五〇年代前半の数年間に亘り、フランス共産党からかなり執拗な批判を浴びた[83]。佐藤広和は『生活表現と個性化教育』第六章でそのことを取りあげているが、ここでは佐藤の案内をベースにしながら、共産党批判の含意を私なりに敷衍してみよう。それはたんなる政治的闘争ではなく、フレネ教育学の本質に触れる意外に重要な論争だということが分かるはずだ。

たしかに、佐藤も述べる通り、ほぼ純粋に政治的な背景もあるかもしれない。フランス共産党はソヴィエトとの関係が深く、一九三六年のソ連共産党中央委員会決定「教育人民委員部の傾倒における児童学的偏向について」での児童学批判と、党は同じ立場を選択したとみることもできるからだ。しかし、それだけでは話は済みそうもない。フレネ批判の論陣を張ったスニデール（Georges Snyders, 1917-2011）[84]の議論の要点を私なりに換言してみよう。フレネ風の自由作文は、子どもが知っている周辺世界のありさまを直接経験し、その生活に触れる契機になるという利点をもつ。しかしそれは、その子がたまたま或る場所と社会環境のなかに生まれたという事実そのものをメタ的に意識化させるという次元には到達させない。子どもが自然や社会の両方を含めた周辺のことに興味をもち、自分で調べ始めるのはとてもいいことだが、他方で、その子には、自分の周りの様子だけが世界や社会のありさまではないということも教える必要がある。同時に、或る場所のありさまは、それでしかありえず、他の存在の仕方は考えられないというものでもないことも教える必要がある。

スニデールが問題にするのは、いまの後者の論点だろうか。学習文庫を調査して、彼はフレネ教育を受けた子どもたちが書いたカビリア人(85)についての文章を取りあげる。そこには、路地の汚い様子とか、貧民の風俗などが描かれており、子どもたちもそこに際立つ貧富の差を感じ取っている。しかしその状況下でも、たとえば或る子どもは「豊かな者は貧しい者を兄弟として、対等な者として扱っている」と書くだけだ(86)。これをスニデールは、違う社会を観察しても、末梢部分への絵画的興味をもつだけで、子どもは自分の個人的印象や小さな感動の枠内に閉じ込められるだけだ、とみる。それは、そもそも彼らを教える教師が「資本主義の内部に社会主義のオアシスを建てることができる」と思わされているからだ。

佐藤によるなら、フレネ陣営からも、この共産党からの批判に同調する意見が出たという。学習文庫はそれに固有の限界をもち、フレネ教室は子どもに合わせた幼稚な宇宙であるにすぎない、と。フレネ教育で不充分なのは、社会的現実を科学的に捉える教師の目と、それを反映させる教材だ。だからやはり、教育内容こそが問題なのだ、と。

ただ、そうはいってもフレネ教育の利点も無視することはできなかった。それは型に嵌まったルーティンから教師や子どもを解放し、子どもの観察力、研究の精神、自主性、責任感、創造性を活性化させるものだったからだ。しかし共産党の批判はフレネ教育の基盤に触れるものでもあったので、仲間の間でも動揺が走り、それを契機にCELを脱退する教師もいたという。

論争はあまり明確な勝ち負けのないままに収束傾向を辿ったが、その最終局面では、共産党内でその後重要なポストを歴任することになるコニョ（Georges Cogniot, 1901-1978）が、それなりの総合的判断をした。彼は次のように論争を総括したのである。――すべての学校は階級的性格をもつ。そして教育内容の決定は明らかに中心的な問題である。仕事や新しいといわれる教育方法は、もしそれが解放のために闘っている社会的労働と接触するものでなければ、民衆にとっては無意味である。以上の論点からフレネ教育は自覚的な労働者階級にたつものだとはいえず、その意味で科学的社会主義から逸脱したものにすぎない、と。

さて、ではこの論争を現時点から振り返るなら、どのように考えることができるだろうか。先に述べたように、共産党の批判はまったく的外れなものだとはいえず、むしろフレネ教育の根幹が孕む問題点に肉薄している部分もある。だがそれはまた後続の部分であらためて論じ直すとして、ここでは、より共産党に直結した論点だけに絞ることにする。

フレネ教育は基本的には初等教育の位相で力を発揮するものだろう。では、初等教育を前提にしたフレネ教育に対する共産党の批判は、どの程度まで的確なのだろうか。先に私は、子どもが周辺のことを知ることはいいことだが、周辺以外の世界や社会のことを知ることも大切だし、そのあり方はそうある以外にはありえないというものでもないというのを理解させることも大事だといった。これは実は互いに異なる二つの論点なので、ここでは後者に絞る。或る社会がどんな社会体制をとろうとも、たいていの場合、そのなかで無数の大人たちはそれに適宜順応しながら、なんとか生きていくためにそれぞれの活動をしている。では、その社会が資本主義という体制をとる場合、どうだろうか。本質的には、そこでも大人の調整的な行動様式は変わらないはずだ。しかし、それが多様な搾取や非合理性、差別や暴力を内包するということが周到な調査で明らかな場合、あるいは明らかだと思える場合には、どうするか。よりよい社会体制を作ろうと企図し、社会のなかでたとえば共産党という集団的政治行動にまで発展させせて、その一員として活動することで、共産党員は自分の人生を価値的に統合しているはずだ。

そしてたしかに一九五〇年代の時点では、（フランス）共産党の政治的判断には一定の合理性が存在し、党の思想に基づいて行動し判断することにも、相応の妥当性があった。しかし皮肉なことに、とりわけ一九九〇年代以降、ソヴィエト連邦の崩壊などの諸事象を経て、マルクス主義自体の知的権威が減衰したというのは否定しようがない。他方で、それは何も資本主義という社会体制に免罪符が与えられたことを意味するわけではなく、事実、その後の資本主義は一層野蛮な相貌を以て世界を席巻しているとみることも可能だ。その意味でなら、過去の権威的水準からみれば相対的に弱体化したとしても、依然としてマルクス主義は、総体的でメタ的な社会批判としてきわめて重要なものだと判断できる。

では、あらためて問いかけよう。当時の共産党のフレネ教育批判は、どう捉えるべきなのか。

フレネ教育を離れ、初等教育一般の場面で考える時、まず世界の様子と現行の社会体制のあり方をきちんと学ぶということが優先されるのは当然である。それは、周辺環境に対する自発的調査を本質とするフレネ教育においても同じことだ。だからそれを「現状肯定」とか「社会改善の可能性の無視」などと述べて批判する場合、当の批判者が、学習者の発達段階を無視した、ないものねだりを犯していると見なすことができる。現状を肯定するにしろ否定するにしろ、まずは現状がどのようなものなのかをしっかりと認識させ、そのなかで活発に活動するにはどうしたらいいのかをこそ、初等段階では教えるべきだからだ。小学生に〈革命〉のありようを重点的に教えるという風景は歪んだ景色にすぎない。

その意味で、共産党の批判には若干無理がある。しかし、一九五〇年代ではない現代からみている以上、〈後発者の利点〉があるわけで、共産党の批判を現時点で反批判することは、むしろ容易なことだ。だから、共産党の批判がもつ少しでも妥当な部分を積極的に評定するべきなのだ。では、好意的にその批判的意図を汲み取ろうとするなら、最低限何がいえるだろうか。

私としても、実はそれほど独創的な回答を用意しているわけではない。こういっておこうか。たしかに小学生に革命のことばかり教えるのはおかしい。しかし、たとえば昔、当時の社会に満足できずにもっとよくしようと頑張った人々がいたことを教えることはできるし、いまの社会も、何の問題もないというわけではもちろんなく、理不尽なことは山ほどあるのだから、それをもっとよくしようと努力することは尊いのだと教えることはできる。それは革命というより、遙かに穏やかな改善的思考への誘《いざな》いであり、とにかくいまあるものは、つねにそうだったわけでもなく、一番いいわけでもないということに、思いを馳せさせることは可能なのだ(87)。共産党の批判の長所を私なりに換言すれば、そうなるだろう。

ただ、これまでの私の理路を辿ればもう分かるだろうが、これは実はフレネ教育に限らない、初等教育一般に関係する問題構制《プロブレマティーク》なのである。だから、この問題はここまでとして、フレネ教育により特定的に関係する次の論点の検討に入るべきだろう。

直接的経験から超脱する知の扱い

子どもの経験の直接性を多少とも原基的なものとするフレネ教育は、その直接性を越えた位相に存在する知識の経験可能性をどのように保障できるのだろうか。それとも、それもまた、ないものねだりなのだろうか。実はこの問いかけは、従来フレネ教育の問題点として挙げられていた〈知識の系統性〉問題とも絡むものだが、ただそれだけではないということも、以下で明らかにしていきたい。

問題の所在は比較的はっきりしている、と少なくとも第一近似的には直観される。子どもがたとえば山羊の育て方や鍛冶屋の仕事に興味をもって自発的に調べるのはとてもいいことだが、しかし世界と社会には山羊や鍛冶屋以外にも多様な事象が溢れかえっている。その事実をどう考えるか。我が国のフレネ教育実践者として名高い若狭藏之助の表現を借りるなら、生活と教育を結びつけることで文化獲得の回路をどうつけていくのか、という問いである(88)。

また先にも触れた佐藤広和の『生活表現と個性化教育』第四章は、この問題に特化した検討を加えている(89)。第1節で触れた〈興味の複合〉概念を想起してほしい。それは、少なくとも理論的には、子どもの興味発現がどうしても引きずる逸話性や部分性を緩和し、系統学習がもつ利点だった或る分野の体系性や一般性に接近できる可能性を与えるものだった。しかも、この場合、生徒は必ず（小）集団として存在し、それぞれの生徒がまったく同じ視点から同じ対象に興味を抱くことなどはありえないのだから、それぞれが自発的調査を進める過程で、それぞれの成果が公表され、それに立ち会う子どもたちは、知らず知らずにいろいろな観点やいろいろな題材に触れることにもなる。つまり〈興味の複合〉は、個人レベルでも展開の可能性を抱えたものであると同時に、その手法に従う集団にとっても、系統性とまではいかなくとも、系統性に接近し、うまくいけばそれに準ずるような一般性にまで接近しうるものなのだ。事実、フレネ教育では、知識をそれなりに俯瞰する分類表の作成も試みられており、対象領域のあまりに大きな偏向や欠落はないようにするという配慮がなされている。

ただ、そうはいっても、〈興味の複合〉によって展開した個別的学習が集積されていく資料カード群や学習文庫は、フレネの頭のなかではあくまでも教科書の断片ではなかった。だから、私が先に〈興味の複合〉概念を解釈するにあたり、認識論的な観点から一種のカテゴリー形成への自発的契機だと見なしたという把握は、若干主知主義的に過ぎる理解だというべきかもしれない。そもそも、フレネの〈興味の複合〉はドクロリーの〈興味の中心〉よりも分散性が高く、フレネ自身もそれでも構わないと考えていたと見ることもできるからだ。だとするなら、知識の逸話性、個人性、部分性を、従来型の系統性や一般性に繋げるという課題は、少なくともフレネ自身の実践のなかでは、つまり初等教育の段階では、最重要の問題だとは見なされていなかったという可能性が高い。しかも佐藤広和も述べる通り、そもそも、その系統教育なるものを或る時点で根拠づける学習指導要領も、別に完璧かつ完全中立な客観性をもつというわけではなく、産業界や知識界のような背景的権力からの状況拘束性を反映するものである以上、それに唯々諾々と従うだけというよりも、それから若干逸脱しようが、自らの興味や歓びに応じた知的活動をする権利は、生徒にも、教師にも存在するからである。だから、知識や学習の系統性をどうするかという問題は、少なくともフレネ的な世界のなかでは決定的かつ最終的な問題構制ではなかったという判断をすることができるのである。

以上が、フレネ思想に寄り添ってみた時の理路である。それはそれで了解可能で、一理あると私は思う。事実、もしフレネ教育を初等段階で受けた子どもが自発的調査がもつ自由と面白さを記憶したまま大人になるなら、その人は問題解決のための能動的探索や試行錯誤を、その種の経験がまったくない人間よりは巧みに行うことができるだろうからだ。それに、系統学習がもつ体系性や一般性とはいっても、普通の教育を受ける人間全員が、系統学習が提示するすべての題材を咀嚼し自家薬籠中のものとすると想定するのは、あまりに現実離れしたことでもあるからだ。フレネ教育であろうがなかろうが、誰もが多少とも、苦手意識をもって嫌々表面的に囓《かじ》るだけの教科、ほとんど興味を感じずにその場をやり過ごすだけの勉強で、その後ほとんど振り向かない教科などをもっている。それに比べるなら、たとえ俯瞰的性格が若干乏しく、自分、または周囲の子どもたちの興味の赴くままに調査したことが中心の勉強にほぼ留まったとしても、その部分性は生き生きとした部分性であり、実際に身になる比率はそちらの方が遙かに高いと推定できる。だから、実をいうと、〈知識の系統性〉という論点は、従来フレネ教育を批判する際の重要な論点とされてきたが、それほど中核的な論点ではないと見なすこともできるのだ。

ただ、それと似てはいるが、微妙に異なる論点がある。それは、人間の直接的経験からはほぼ原理的に出てこないにもかかわらず、人間の文化にとって重要な知識というものはやはり存在し、それは、フレネ風の子どもの探索からはみえてこない蓋然性の方が高いということだ。いくつもあるだろう、だがここでは一つの事例に則することで、その象徴的例証としたい。それは歴史的な知識である。

よりニュアンスに富んだ言い方をするなら、子どもの自発的な調査によっては歴史認識に一切触れる可能性がない、とまではいえない。たとえば或る子どもが指物師の活動に興味をもち、それを調べている内に、昔の家具や室内装飾の歴史に注目するということはありうるからだ。しかしその際、教師の的確な指導が必須になる。しかも、より一般的な視点から述べるなら、たとえば古代ギリシャのポリスの特性、九世紀の中国の社会状況、一三世紀のフランスの宗教云々という、膨大な歴史的知識は、子どもの周囲環境の直接的観察からはやはり出てこないものなのだ。それをどう考えるか。

先ほどの繰り返しになるが、別に系統学習を通過したからといって、それらすべてに習熟するというようなものではない。しかし系統学習でたとえば地理的・時間的に遠い国の文化や風俗習慣の話を聞き、それが断片的知識となって残る場合、そこにはやはり普通の生活平面からは超脱した異質な知が存在するということが、覚醒的に直観される契機がある。（高校段階の例になるが）セルジューク朝や西夏のことなどろくに知らなくても、かつてそういう国があったということを頭の片隅に置いておく場合、成人後にその種のまったく知らない国や文化に興味が湧いた時、それを知ろうとする気持ちを後押ししてくれる基盤にはなる。

たしかに、〈生活〉を巧みに生き抜くというだけに限定するなら、たとえば日本人がフランソワ一世のことなどまったく知らなくても、生活上別に支障はない。しかしそれを言い出すなら、卑弥呼はどうなるか。もっといえばミッドウェイ海戦は、いまの子どもの生活に直接関係しているのか云々という問いかけが次々に出てきて、歴史認識の存立根拠が揺らぐ。ただ最後の事例について触れるなら、ミッドウェイ海戦のことをまったく知らない日本人は、成人後、政治的判断を重要な局面で間違える確率が高く、そうなると、歴史認識一般をそう簡単に放擲してしまっては、やはり生活上も問題が生じるといわねばならないのである。

だから仮に生活を学校教育と積極的に連関させる生活準備主義を採用したとしても、歴史認識一般を貶下《へんげ》することはできない。では、あらためて問いかけよう。生活準備主義と連続的に繋がるフレネ教育では、歴史認識一般を取りこぼす可能性が高い以上、それはこの教育法にとって大きな瑕疵《かし》にはならないだろうか。率直にいって、まったく対策を講じなければ、なると私は思う(90)。だが、その欠点は少なくとも或る程度までは対処可能なものだ。フレネ教育の原則からは若干外れるが、そこは方法に固執しても意味がないので、欠点は欠点として受け止め、その部分には教師が能動的に介在し、子どもの生活経験からは出てこない過去の人間文化があるということを子どもに気づかせる工夫をするべきだ。しかし、他方で個別的工夫では、それらをいくら散発的に繰り返しても、所詮、非系統的で断片的なものに過ぎなくなるだろう。やはり、これは生活準備主義が抱える固有の限界として意識化され続けるべきだ。フレネ教育もその問題点から免れてはいない、と私は思う(91)。その意味でこれは、フレネ教育内在的にはその破綻の露呈だともいえるのだが、逆にいうなら万能の教育法など、そもそも想定する方がおかしい以上、破綻する部分は従来の伝統的な系統学習で補佐すればいいだけの話だ、ともいえる。

技術的な人工世界とフレネ教育

さらに、フレネ教育を現代社会のなかで位置づけようとする場合、フレネの時代とは異なる問題点が出てくる可能性がある。

第2節冒頭部分で剔抉した『仕事の教育』における科学観や知識観のことを今一度想起してほしい。それは現代社会で優勢な主知的な世界観に、本来、人間存在の根底にある自然との繋がりや生命的な感覚を対峙させ、後者を重視するというものだった(92)。その考え方は教育思想にも連接するというのは、やはり第2節で見た通りだ。それは書物中心主義を忌避し、伝統的で直観的な知恵や実践知を重視するというものだった(93)。それは、フレネの思想が形成された二〇世紀前半から半ばにかけてという時代状況のなかでは、一九世紀終盤の〈生の哲学〉や二〇世紀の実存主義とも共鳴する一つの一貫した思想だった。また、彼は第一次世界大戦の従軍経験のなかで一生その苦しみを味わう肺疾を抱え込むわけだが、〈科学戦〉がどれほど非人間的なものか、その背景をなす科学知がどれほど非情なものになりうるのかを、身を以て実感していたはずだ。彼の思想には、その種の個人的遠景もあったのかもしれない。さらには南仏の豊かな農村地帯で営まれたその生活は、その種の科学知とは別種の生き生きとした充足的体験を彼に与えていたはずで、それもまた、彼の思想を支える土壌だったと考えられる。それを一種の〈農本主義〉とみるのは行き過ぎだとしても、フレネのなかに、大地、自然、生命などという、多少とも人類の古層的経験に触れる基盤的準拠対象があったことは間違いない。そして、それは固有の整合性と価値判断をもち、彼が立ち上げた時点では重要な思想だったのである(94)。

しかし、である。その後の世界文明の流れ、少なくとも〈先進国〉の文明の動向は、フレネ的な価値世界とは大きく異なる方向に邁進しているといわざるをえない。機械化や技術文明化は加速し、フレネなら遊び＝大麻と呼ぶはずのいろいろな人工的娯楽のなかで、一般大衆はそれなりの歓びと満足を味わっている。より重要なのは、技術文明の一般化と精巧化のなかで、人工物環境が自然環境より優先的に与えられる人びとの数が増大しているということだ。その種の人びとの場合、いったい何が〈自然〉なのだろうか。広い水田や鬱然とした森よりも、コンクリートやプラスチックに囲まれて育つ人間には、後者のなかにいる方がリラックスできるかもしれない。鳥の声よりも電子音の方が頻繁に聞こえてくるような世界に生きる子どもたち。現代日本の子どもたちが最初期のフレネ教育の子どものように、家畜の飼育や指物師の作業に触発されるという機会は、きわめて乏しいといわねばなるまい。それに、二〇世紀後半、とくに遺伝子の物質的基体が解明されて以降は、生命でさえ技術的操作の対象になっている。またコンピュータ技術やインターネットの爆発的普及などは、時空間に関する自然的直観さえ蚕食し、直接性と媒介性との間の古典的区別をなし崩しにしている。珍しいものはウェブ上ではかえって人目に付くということになり、遠くの風俗習慣も、自宅にいながらにしてその概要を学べるというようなことが起こる。このような社会状況のなかで、自然や生命を根源的基盤として措定するフレネ的な世界観や知識観は、すでに失効しているというべきなのだろうか[95]。仮に生活準備主義という概念が表面上は残り続けたとしても、その生活なるものの内容も様式も、すでに大幅に変化しているというべきではないのか[96]。

この問いかけをあまり一般的な哲学的課題に繋げるのではなく、あくまでもフレネ論の枠内で捉え直そうとする場合、それには大きく二通りの解答がありうると答えておこう。

Ⅰ　まずは、自然なるものは、人間の活動全体との相関のなかで決まるものであり、〈手つかずの自然〉という概念自体、人間の保護や維持活動との兼ね合いでしか存在しないと見なす考え方。それは、人間の技術活動を、逸話的なものや近代特有の異常なものとみるのではなく、人間が周囲とのやりとりのなかでより生存し易い状況を具現していくためのもの、人間存在にとって本質的なものだと見なす考え方と表裏一体だ。この、いわば技術的な設計主義をとる場合、フレネ風の自然中心主義や、〈生命の神秘〉を基軸に置く世界観・知識観は、そのままでは採用できないということになる。だからその局面ではフレネ思想の失効は明らかだ。

しかし皮肉なことに、もしその種の思想的根源を度外視して、純粋に技法的側面だけに絞ってフレネ教育をみるなら、人工物環境内に生きる子どもにとっても、自由テクストや学校印刷をセットにした自発的調査は可能なのであり、その意味で、フレネの世界観や知識観は、フレネ教育そのものと分けて考えた方が、後者の利点を現在でも生かすことができるという解答を与えることができる。これは、フレネ教育を教育技術に縮減して、その長所を救済しようとするプラグマティックな見方である。思想的には若干深みに欠けるが、それなりの意味があるスタンスだといえよう。

Ⅱ　二つ目の考え方はそれとは違う。自然や生命を基軸にしたフレネの思想をそのまま生かそうとする考え方だ。

つまり、たとえ人工物環境がますます自然環境を席巻し、われわれの行為や経験がますます技術相関的になったとしても、〈人間の根源的条件〉は今後も変わらないとみると、どうなるか。人間の根源的条件、つまり、知らない内にこの世に生まれ、社会のなかで他者と交流をしながら数十年を過ごし、いつかは必ず死ぬと知りながらも、いつ、どのように死ぬのかは分からないままに、確実な死を待つ生という条件。そして、自らその根源を理解しないままに内部から湧いてくる力によって、周囲と調整的なやりとりをしながら仕事をしていく生という条件――それは今後も変わらない。その場合、農業や手工業は、現代技術よりも人間的経験の古層に触れる確率が高いと見なしうるので、それらに準拠する世界観や知識観をとるフレネの思想は、現在でも、〈人間の源基性〉に触れるものとして十全に価値づけうる。その独特の仕事概念も、単純な固陋化の対象からは逃れる、柔軟な機能的したたかさを帯びているのだから、なおさらだ。しかも、フレネの場合には初等教育が問題なので、初等教育はまさに人間の根源部分の基礎的形成のための重要な数年間なのだから、なおさらこの、いい意味での保守性は重要なものなのだ。こう考えて、Ⅰとは反対に、フレネ思想をフレネ教育と密接に関連させながら、その総体を、とくに初等教育の根源性の観点から価値づけるという見方である。

この二つの見方の場合、対象への総合的接近を放棄しようとしない分、やはり思想的にはⅡの方が興味深いといえるはずだ。しかし、依然として、フレネ風の世界観とフレネ教育が、現代の技術化された社会のなかでどの程度までその長所を発揮できるのかは、検討の余地がある問題として残される。しかしそろそろ紙数も尽きたので、それを詳述するための余地はなさそうだ。

本章の一次的な特徴は『仕事の教育』をほぼ全体的に通覧して、フレネ教育の思想的骨格をなす世界観や知識観を明示するというところにあった。もちろん、他の課題はまだいろいろある。たとえば、文章を書かせて印刷するという基盤的設計の枠内で、子どもの自発的な活動性をいったいどのように引き出すのか、またそれを実現し易くするための教育環境の整備のためには何が必要なのか云々という、より実務的で、より教育技術的な問題群は、まだいろいろ検討せねばならない。それにもちろん、純粋に理論的にみただけでも、フレネ思想は『仕事の教育』だけで尽くされるものではない。しかも紙数の関係から、当の『仕事の教育』内部でも、その仕事論の含意や現代的意義についてはほとんど敷衍できなかった。だが、それらの残された課題を掘り下げるためには、また別の機会を待たねばならない。

注

（1）バルビュスの『砲火』（*Le Feu*, 1916）は当時有名な反戦小説。また、雑誌『クラルテ』は一九一九年から二五年まで存在した、社会主義的な論陣を張る雑誌だった。

（2）New Education Fellowship. 一九二一年に創立された。一九六六年にはWorld Education Fellowshipと名前を変えて、現在も存在する新教育運動の重要な団体。

（3）周知のようにモンテッソーリは知的障害児教育の経験を元に、それを普通児の教育にも適用可能だという見通しのなかで、一九〇七年、ローマの貧民街に「子どもの家」（Casa dei Bambini）を設立した。教具の巧みな使用がその重要な特徴の一つである。当初は平均以下の家庭環境にある子どもたちを対象としたが、その後比較的すぐに中流家庭の子女も対象にするようになった。

（4）それは同名の極右団体の機関誌。しかもフレネ批判の記事はモーラス（Charles Maurras, 1868-1952）が書いたらしい。いわずとしれた王党派極右、反近代主義の大物である。

（5）正確には何冊かが書かれたが、なかでも以下の二つが彼の主著である。Célestin Freinet, Essai de Psychologie Sensible, 1943: idem, L'Education du Travail, 1946.

（6）たとえば次のような雑誌群である。*Art enfantin* (1950), *Albums d'enfants* (1953), *L'Educateur culturel* (1953), *Techniques de vie* (1959), *L'Educateur second degré* (1963), *L'Educateur technologique* (1964).

（7）とくに宮ケ谷・フレネ『仕事の教育』第一部を参考にしながら、自由に書き換えている。

（8）エリーズはそのことを次のように表現している、「印刷するということは言葉に対してある尊厳を与える。それは子どもが深く感嘆し、魅惑されるものである。金属のなかに子どもの思想は流れ入り、それは彼がただよっていたものを永続性のある確かなものとして確立した証拠になる。」（エリーズ・フレネ『フレネ教育の誕生』p. 71）

（9）一九二七年からは、子どもの文章を仮綴じの文集にして、それに『麦束』（La Gerbe）という名前をつけて販売するようになった。

（10）また子どもが思いのままに文章を書くということは、古典的規範を遵奉することからの離脱も意味していた。古典に従えば、質は高くなるかもしれないが、ステレオタイプになるという陥穽も伴うからだ。たとえば秋は落ち葉、澄み渡る空、撓《たわ》わに実る果実の季節というよりは、フレネの地方の子どもにとっては何よりも雲雀《ひばり》狩りのための日々だった。

（11）cf.宮ヶ谷徳三「フレネと現代学校運動」フレネ教育研究会編『フレネ教育法に学ぶ』第Ⅰ部第二章：宮ヶ谷・フレネ、前掲書、第一部。

（12）田中仁一郎はフランスでフレネ教育を訪ねた時の教室の様子を次のように語っている。同一教材がなければとても授業などできないと田中は思っていた。しかし彼は次のような事実を目の当たりにした。「しかしフレネ学校では自分の計画にそって一人ひとりがちがう学習をしていた。計算や綴りの練習に取り組んでいる子、その隣りではガイドカードを見ながら豆電球と乾電池を並べて繋いでいる子、少しはなれたコーナーでは、図書を開いてノートに熱心に書き込みをしている子がいた。」（『教室を変える』二六頁）またその田中に影響を与えた若狭藏之助は、「問題は教科書に対する教師の、そして子どもの相対的に自立した立場をどうつくっていくかであり、そのことを可能にするカリキュラムを再構築する必要があるということであろう」（『生活に向かって学校を開く』一二一頁）と述べている。

（13）たとえばJie vu un ouaso. というような文章を書く子もいる。J'ai vu un oiseau.（私は鳥をみた）と書くべきなのだろうが、頭ごなしに叱ったりせず、とにかく自分で能動的に表現することを促すのだ。

（14）一九二六年七月四日には地方紙にこの活動が「グーテンベルク学校」として紹介された。ただ、批判もあった。そんな教育では、子どもは文法を無視する権利があると思い込むだけだ。それにもかかわらず印刷されて不滅性の仲間入りを許されるということになろうものなら、ただ自惚れの若木が植えられるばかりだ、と（cf.エリーズ・フレネ、前掲書、七三頁）。

（15）なお子どもの自発的な作文に基づく教育といえば、われわれは普通、日本の生活綴方運動を連想する。しかし興味深いことに、一九五〇年代以降に我が国にフレネ教育が導入されても、両者が互いに深く交流することはなかったという（cf.佐藤広和「生活綴方とフレネ教育運動の交流」、フレネ教育研究会編、前掲書、一二九－一四九頁）。これは興味深い論点だが、生活綴方についての私の理解はまだ初歩的なものなので、より深い分析は他日の課題としなければならない。

（16）cf. フレネ教育研究会編、前掲書、五九－六九頁。この判断は、一九八〇年代にCELで活動していたミシェル・バレ（Michel Barré）のものである。彼には次のようなフレネ論がある。Michel Barré, *Célestin Freinet, un Educateur pour notre Temps*, 2 tomes, PEMF, 1995 et 1996.

（17）cf. 若狭藏之助『子どものしごと』一〇頁

（18）滝沢武久「ピアジェとフレネ」、フレネ教育研究会編、前掲書、一〇〇－一一五頁

（19）cf. フレネ教育研究会編、前掲書、五四－五五頁

（20）一日で終わってしまうこともあるし、もっと長くかかることもある。ただ基本的に、子どもの関心が持続するのは二週間が限度だということである。

（21）佐藤広和は『生活表現と個性化教育』第三章において、まさに〈興味の中心〉と〈興味の複合〉概念の異同や関係について検討を加えている。そこでの記載からも明らかなように、フレネ自身、自分が〈興味の複合〉概念を使う際、周囲からドクロリーと何が違うのかと問いただされることがあったらしい。その際、フレネは、両概念は本質的には同じだとしながらも、ドクロリーの方式が時としてスコラ的な固定性や形式性をもつのに対して、自分のそれはより柔軟なのだという趣旨の言葉を残している（佐藤、五四頁）。

（22）若狭藏之助は、ここでの私の議論とは微妙に異なる視点から、次のように述べている。「知識は学習主体と無関係に習得され、方向づけられるものではない。知識は個の必要《ニーズ》にそって獲得され、個によって収斂され体系化され、個によってはたらきをもつことで安定する。もし、知識が無方向なものとして存在するなら、それは生きる力としてはたらくことはないであろう。」（『子どものしごと』八九頁）ここで方向づけという言葉で言われていることは、私がいま述べたカテゴリー形成への途上とは若干視点を異にする、より緩やかな統合性への努力のことを指している。

（23）もちろんフェリエールとクラパレードの二人について詳細な検討を加えることは、本章の任務を越える。以下の部分は二人についての最低限の言及、いわば名前を挙げる程度のものにすぎない。

（24）フレネはそれを一九二二年に読んだ。その次の年には二人はモントルーで会うわけだが、その後も二人の間には長い交流が続いたらしい。cf. エリーズ・フレネ、前掲書、第一章。

（25）フェリエール『活動学校』六一頁

（26）同上、一一〇－一一一頁

(27) 同上、一六〇－一六一頁

(28) 同上、六一頁

(29) 同上、一〇三頁

(30) 同上、五二－五四頁

(31) cf. ケルシェンシュタイナー『労作学校の概念』。

(32) なお『クラルテ』に公表した論文（C. Freinet, "L'Ecole du travail", Clarté, no. 62, 1er juillet 1924. 宮ヶ谷・フレネ、前掲書、一〇六－一一五頁）のなかでフレネは、フェリエールがécole activeと言い換えた概念をもう一度école du travailという表現に戻している。ケルシェンシュタイナーの名前も挙げているので、それが意識的なものだというのは明らかだ。そこでフレネは、教育の到達点はたんなる知識の習得や知の発展ではなく、労働者の人間的、社会的形成の発達なのだと述べる。たしかに手仕事だけでは不充分だ。しかし手仕事のなかには、人間の調和的発達に必要な力が潜在的に眠っている。労働学校の最終段階は機械文明のなかでの労働分化への導入に繋がる。それは理論中心では駄目だ。生徒たちには協同社会に役立つ機械造りなどをさせるべきだ。その意味で高等教育の段階でも、学校は労働学校であり続けなければならないと彼は主張している。

(33) 石堂常世「フランス」、長尾十三二編『新教育運動の理論』二八－四五頁

(34) クラパレードは一九一二年にジュネーヴでジャン＝ジャック・ルソー研究所を設立した。また一九一四年にはその研究所内に実験的な「子どもの家」(Maison des Petits) を造った。なお、一九二一年にルソー研究所の主任研究員として赴任したのは、若き日のあのピアジェ (Jean Piaget, 1896-1980) であった。

(35) ただし本章では次の版を用い、文中のページ数もそれに準拠している。Célestin Freinet, Œuvres Pédagogiques, 1, pp. 23-322. この本は以下、ＯＰと略記する。なお本書には一部分翻訳（宮ヶ谷・フレネ、前掲書）があり、適宜参照させていただいた。また以下の引用は逐語的な翻訳ではない。内容の本質を抽出した自由訳に近いものなので、「」等の表記はしない。

(36) 多くの場合、自然科学が念頭に置かれているが、la science は学問の意味もあるので注意が必要だ。

(37) OP, p. 43. と述べたついでにMは、教育学のような疑似科学という表現も使っている。

(38) OP, p. 44.

(39) OP, p. 70.

(40) cf. OP, pp. 66-67.

(41) OP, p. 42.
(42) OP.p. 47.
(43) OP, pp. 48-49. この辺りの人工畜産に関する指摘は、その後とくに一九七〇年代以降、環境倫理や生命倫理、動物解放運動などの文脈でも重要な論点になる。その意味で、フレネの指摘は先駆的だ。
(44) OP, p. 55.
(45) 〈自然主義〉という言葉は避ける。なぜなら現今の哲学や思想界のなかで、naturalism (naturalisme) という言葉は一九世紀的な唯物論に近い、一種の自然科学還元主義、物質還元主義のことを指すからだ。
(46) OP, pp. 29-31.
(47) OP, p. 57.
(48) OP, p. 130.
(49) OP, pp. 56-57.
(50) OP, p. 65.
(51) OP, p. 57.
(52) OP, p. 69, p. 144.
(53) OP, p. 40.
(54) OP, pp. 82-83.
(55) OP, p. 89.
(56) OP, pp. 88-89. その結果、教育を通過した人間はいわば早すぎる老化を迎えるのだ (OP, p. 136)。
(57) なお一方的な議論になることを避けるためか、古典的教師としてのLに、フレネは何度も反論させている。とくにOP, p. 119を参照されたい。
(58) OP, pp. 102-104.
(59) OP, pp. 74-75.
(60) OP, pp. 75-76. これはプラトンの『パイドロス』(274-275) でも見られた古典的判断である。
(61) その原題は Une éducation du travail. なお、かなり後には L'éducation du travail というそっくりの題名をもつ断章があるので注意が必要である。

(62) OP, p. 134. 同時にMはこうもいっている、われわれの学校は子どもが文化と生命に向かう本当の力を過小評価し、見ない振りをしてきた、と（OP, p. 136）。
(63) OP, p. 143.
(64) OP, pp. 145-146.
(65) OP, pp. 149-150.
(66) OP, p. 151.
(67) OP, pp. 156-157.
(68) 宮ヶ谷は、両概念の交錯を前提に、前者は有用性を生みだすもの、後者は有用性を生みださないものとして区別している（cf.宮ヶ谷・フレネ、前掲書、二七〇頁）。
(69) OP, pp. 164-165.
(70) OP, pp. 167-168.
(71) OP, pp. 173-174.
(72) OP, pp. 195-197.
(73) OP, pp. 207-208.
(74) OP, pp. 211-214.
(75) OP, p. 215, pp. 219-220, pp. 221-229.
(76) OP, pp. 231-234.
(77) OP, p. 272.
(78) 仕事、労働、労作のいずれもが、実はほぼ同じ言葉である。研究伝統の違いからことさらに異なる訳語を与えることは、かえって知的収斂を分断し、知的伝統を孤島化することにもなりかねないと私は思う。
(79) 先の農民詩人の一節も、その前後をより詳細にみるなら、その叙情性の横溢に目を奪われるはずだ。
(80) OP, p. 133.
(81) 六月二四日。夜空に無数のスカイランタンを放って、美しく演出する土地もある。
(82) 原文は以下の通りである。
“La Saint-Jean approchait.Toute la vallée éclatait dans la plus euphorique des splendeurs. Partout du vert tendre, du vert

sombre, du jaune clair, du bleu, sans oublier le ruban lumineux de la rivière qui se perdait çà et là dans l, accompagnement moelleux des prés et des saules. /Des matinées délicieuses, fraîches et sonores, des soirées douces qui semblaient faire un pont à peine amorti entre le soir qui meurt et l, aube nouvelle qui se hâte. Tout est promesse: les jardins gras où le feuillage envahissant des pommes de terre et des haricots efface les timides bordures d, œuillets de poètes et de soucis; les prés qu, on fauche de place en place, troués parmi les larges espaces blancs, ors et verts: les fruits naissants sur les arbres feuillus, la ramure majestueuse de la forêt."

(83) また一九五二年、フランス共産党のラ・ロシェル会議では、フレネ教育との関係断絶が正式に表明された。

(84) スニデール（スニーデルとも表記される）は、その後フランス教育学のなかでもかなり重要な地位を占めるようになる。彼は伝統的な教養と、子どもがもちうる一次的教養の二つがあることをしっかりと認め、前者を偏重する古典的教育も、後者に偏り前者を軽視する新教育も共に不充分なプログラムであると見なした。そして両者をいかにして繋ぐかという作業のなかに、教育学の本質的な課題を認めた。たとえば次のような著書がある。Georges Snyders, *Où vont les Pédagogies non-directives?*, Paris: PUF, 1973 ; idem, *J'ai voulu qu'Apprendre soit une Joie*, Paris: Editions Sylepse, 2008.

(85) カビリア人はアルジェリア北部の民族である。この場合、一九五〇年代前半なわけだから、まだ当時はフランスによって植民地支配されている地域にいる人びとだということになる。その政治的背景も重要だ。

(86) 佐藤、前掲書、一三二頁から引用した。以下、引用文は同様に佐藤の該当箇所からのものだ。

(87) この場合、学習指導要領の拘束があるから無理だ云々という、実務的で技術的な回答をして、その種の試みをシニカルに放棄することは適切ではない。ほんの一瞬、ほんの示唆的な言葉や問題設定を与えることは、つねに可能なのである。少なくとも何人かの子どもの心に、その内的反響は残るのだ。

(88) フレネ教育研究会編、前掲書、四二頁

(89) 佐藤はいろいろと興味深い指摘をしている。ただ、フレネ教育が印刷機やカードという物質化され対象化された教材や器具を基盤にするという事実から、フレネのことを「徹底した唯物論者」と呼んでいるのには首肯できない（佐藤、前掲書、八七頁）。たしかに印刷機やカード群が生徒たちの表現欲や調査意識を活性化させるということはあるだろう。だがまさに、事柄の本質を決めるのは表現欲や調査意識の方にこそあると主張することもできるわけだから、ここで精神と物質の優位性、規定性、根源性を巡る議論をしようとしても、あまり生産性はない。いずれにしろ、フレネを唯物論者などと呼んでみても理解は深まらない。

(90) 事実、先には触れなかったが、共産党がフレネを批判した時の論点の一つはそれにあった。

(91) ただそれを内容拘束的に捉えず、精神的方向性の醸成という観点からみるなら、また違った判断が出てくるかもしれない。デューイもいうように、「形成されうる最も重要な態度は、学習を継続していこうと願う態度」なのだから（デューイ『経験と教育』七三頁）、初等教育の段階で全領域をカバーできなくても、自ら学ぶことがもつ楽しさを子どもに実感させることこそが最も大切なのだともいえるからだ。

(92) また、その種の理論的規定からは抜け落ちてしまう次の事実にも注意を払うべきだ。それはフレネが貧しく恵まれない人びとを助けようとするという、素朴な人間的優しさの持ち主だったということである。一九三五年秋にフレネ学校を立ち上げた時にも、自ら見つけた土地を親戚に借金して買い入れ、そこに自分の娘マドレーヌと一緒に、四人の身寄りのない子どもを連れてきて入居した。最初にその学校に集まってきた子どもたちの多くが、貧しい労働者の子どもや、父親が犯罪を犯して家族離散の憂き目に遭った家庭の子どもなどだった。

(93) フレネは一生を小学校教師として過ごしたが、そこには或る階級的な信念のようなものがあったのかもしれない。エリーズは次のような趣旨の言葉を残している。フレネはすべての階級の人びとと関係を持ち続けるために、基礎工事の専門家として留まった。初歩を守るというスタンス、現実から遊離した貴族的主知主義を本能的に拒絶するという理由から、彼はその生涯を通じて、〈平凡な教師〉の段階に自己を位置づけた（cf. エリーズ・フレネ、前掲書、三九頁）。

(94) なおどちらかというと認識論的な観点からフレネの教育思想を検討してきたが、それとはまったく異なる、より政治的な視点からフレネ教育学が生まれる背景についての分析を加えた論攷があるので紹介しておく。それは古沢常雄の「フレネ教育の教育史的位置」（フレネ教育研究会編、前掲書、一一六―一二八頁）である。フェリー（Jules Ferry, 1832-1893）による一連の教育改革の話なども充分に興味深いが、とりわけ私は、ドモラン（Edmond Demolins, 1852-1907）の新教育思想に関心を惹かれた（cf.『新教育：ロッシュの学校』原聡介訳、明治図書、一九七八）。古沢によるなら、ドモランはフランス特有の田園教育舎を造ることをめざし、しかもその目的を、支配者、とくに帝国主義的政策を推進する支配者の再生産に設定していたという。事実、彼の学校に子どもを入学させたのは陸海軍将校、資本家、地主、高級官僚など社会の上層部が多かった。そしてその学校では、冒険心、勇気、質実剛健などの気風をもった人間を育成することに主眼が置かれ、学生たちは、自由で自然な寮生活のなか、競争や体罰による強制によって指導されるのではなく、説得によって指導されるというスタイルに慣れていた。要するに、戦場や植民地経営での自律的で合理的な判断を形成できる管理層の育成という、きわめて政治的色彩の強い指導を行っていたのである。他方で、古沢は、フレネらの新教育を、ドモラン風のエリート主義的教育からは逸脱してしまう大衆層の教育を独自に進めようとしたものだという位置づけをしている。事実、フレネもそのことを気にしていたようで、同じ新教育でも、自分のものはプロレタリア新教育（l'éducation nouvelle prolétarienne）なのだという規定を与えていたほどだ。いずれにしろ、ドモランの新教育思想を政治哲学的に分析することは興味深い作業になるだろう。

(95) 第2節で仕事概念の検討をした時、フレネが、人間性はゆっくりと肥沃になる土壌のようなもので、進歩にもかかわらず、過去は頑固に生き続けるという趣旨の思想を開陳していたことを想起してほしい。だとするなら、もしフレネが現代に蘇ったとしても、そしてインターネットなどで遊ぶ子どもをみたとしても、本質的な基礎的人間性は、その種の表面的変化よりも遙かに緩慢にしか変わらないと考え続けるかもしれない。

(96) 中西新太郎も似たような問題意識のなかで「子どもの自然・生活と社会のアート」を書いている（佐伯・中西・若狭編『生活から学びへ（フレネの教室２）』所収）。中西は、文化環境の外側にある自然を想定することの方が不自然だと捉え、すでに改変された現実から出発することこそが自然なのだと、普通いう意味での自然と人工との位置価を巧みにずらせている。そしてそれを前提に、子どもが環境に働きかけて、それに触発され、あらためてそれを表現しようとする多種多様な作業は、環境の質を問いただし、そのなかにいる自分たちの〈自然〉を探るものなのだとする。ここでの、人工物環境内部での、子どもの探索的な自然という発想は、興味深い論点を沢山含んでいる。ただ、中西はそれを十全には展開しないままに終わっているように思える。

文献

Freinet, Célestin 1943 *Essai de Psychologie Sensible*, 2 tomes: I *Acquisition des Techniques de Vie Constructives*, Neuchâtel: Delachaux & Niestlé, 2e ed.,1968: II *Rééducation des Techniques de Vie Ersatz*, Neuchâtel: Delachaux & Niestlé, 1971.

Freinet, Célestin 1946 *L'Education du Travail*, Neuchâtel: Delachaux & Niestlé: 2e ed., 1960.

Freinet, Célestin 1994 *Œuvres Pédagogiques*, 1, Paris: Seuil.

クラパレード，E．（原聡介・森田伸子訳）1987：原著1931『機能主義教育論』明治図書

ケルシェンシュタイナー，G．（東岸克好訳）1965：原著1912『労作学校の概念』玉川大学出版部

佐伯胖・田中仁一郎 1999『コンピュータのある教室』青木書店

佐伯胖・中西新太郎・若狭蔵之助編 1996a『学びの共同体（フレネの教室1）』青木書店
佐伯胖・中西新太郎・若狭蔵之助編 1996b『生活から学びへ（フレネの教室2）』青木書店
坂元忠芳・若狭蔵之助・西口敏治編 2000『表現する教室』青木書店
佐藤広和 1995『生活表現と個性化教育』青木書店
田中仁一郎 1993『教室を変える』青木書店
デューイ，J．（市村尚久訳）2004：原著1938『経験と教育』講談社
長尾十三二編 1988a『新教育運動の理論』明治図書
長尾十三二編 1988b『新教育運動の歴史的考察』明治図書
フェリエール，A．（古沢常雄・小林亜子訳）1989：原著1920『活動学校』明治図書
フレネ，C．（石川慶子・若狭蔵之助訳）1979：原著1964『フランスの現代学校』明治図書
フレネ，C．（宮ヶ谷徳三訳）2010：原著1946, 1957『手仕事を学校へ』新装版，黎明書房
フレネ，E．1985：原著1949『フレネ教育の誕生』名和道子訳，現代書館
フレネ学校の子供たち（武者小路実昭訳）2000：原著1982『「愛」について』あすなろ書房
フレネ教育研究会編 1986『フレネ教育法に学ぶ』黎明書房
ベルクソン，H．（合田正人訳）2010：原著1907『創造的進化』筑摩書房
宮ヶ谷徳三・フレネ，C．1986『仕事の教育』明治図書
村田栄一・里見実 1986『もうひとつの学校へ向けて』筑摩書房
村田栄一 1994『授業からの解放』雲母書房
山下恒男 1993『子どもという不安』現代書館
若狭蔵之助 1977『生活のある学校』中央公論社
若狭蔵之助 1988『子どものしごと』青木書店
若狭蔵之助 1994『生活に向かって学校を開く』青木書店

第4章　モンテッソーリの教育思想——フレーベルとの決別がもたらしたもの

Educational Thought of Maria Montessori: After Farewell to Floebel

山内　紀幸

〈概要〉　モンテッソーリはいつ教育思想家になるのか。そしてどのようにして彼女の教育思想は形作られていくのか。本論は、モンテッソーリ教育の英米への受容過程や、彼女自身のテクストに注目しながら、その経緯を明らかにしていく。端的にいえば、子どもの「想像性」を重視するフレーベル主義との決別が、『小学校における自動教育』に象徴されるような、彼女の教育思想が体系化する契機となった。その中心は、子どもの自己表現としての芸術活動や想像遊びではなく、子どもの「自然な精神」すなわち規律や秩序や静粛さへの傾きである。その傾向性に基づき考案されたのが「精神のプログラム」である。すなわち、正確な事実認識や秩序を欲する子どもの精神が望むものを与えることである。子どもに与えられる「自由」は、あくまでこの「精神のプログラム」の範囲で与えられるものであった。

1　問題設定

そもそも、「子どもの家」(casa dei bambini 1907-1909) の教育実践を行っていたモンテッソーリ (Montessori, Maria 1870-1952) に、教育思想なるものはあったのか。「子どもの家」の実践をまとめた『子どもの家の幼児教育に適用された科学的教育学の方法』(Montessori 1909)、通称『モンテッソーリ・メソッド』(以下、『メソッド』) と呼ばれる第一著書には、「集中現象」「精神的自由」「環境」「敏感期」「精神的胎児」という重要なモンテッソーリの教育概念はまったく登場しない。今日の私たちが知るようなモンテッソーリの教育概念は、少なくともこの時点では形成されていなかったのである。

それだけではない。『メソッド』の英語翻訳本 (Montessori 1912＝1974) は、話題作であると同時に問題作でもあった。一九一〇年代前半には、大衆雑誌の熱狂的なモンテッソーリ紹介を先導役として (Tozier 1911a: 1911b)、英米を中心に評論家、科学者、教育学者、教師、ジャーナリストなど多種多様な人びとを巻き込んだ広範囲の議論が堰を切ったようにわき起こった[1]。この本が議論を呼んだのは、この書物における教育思想の不明瞭さであった。一九一〇年代の初めにおいて、モンテッソーリの教育思想は突っ込みどころがありすぎる、「未完のシステム」(Ward 1913) であったのである。

彼女の教育思想のなかで、とくに攻撃されたのが「自由論」と「想像性」の問題であった。「子どもの自由で自然な表示を許さなければならない」(Montessori 1909:15) というときの「自由」とは何か。そこには公共性や民主主義がどのように関係するのか。フレーベル主義が重視する「想像性」を、モンテッソーリがどのように考えているのか。フレーベルの恩物とモンテッソーリの教具は共存できるのか。この当時の批判の多くが、共通してこの二点を問題にしていた。キルパトリック（Kilpatrick 1914=1991）はいうに及ばず、『メソッド』を日本に紹介した河野清丸（河野 1914）の批判の対象もまた、「自由論」と「想像性」であった。

いい方を変えれば、当時の彼女は医者ではあったが、まだ教育思想家ではなかった。では、彼女はいつ教育思想家になるのか。そしてどのようにして彼女の教育思想は形作られていくのか。本論は、モンテッソーリ教育の英米への受容過程や、彼女自身のテクストに注目しながら、その経緯を明らかにしていくものである。

2　期待されたフレーベル主義との融合論

1　ヘンリー・ホームズの提案

ローマのスラム街に開設したモンテッソーリの「子どもの家」の教育成果は、「ローマの奇跡」として瞬く間に世界の注目を集めるようになった。集団を乱し、無秩序を好んだはずの「あの」スラム街の子どもたちが、まるで「小さな大人たち」「熟考している裁判官」のように、他人に迷惑をかけることなく、話一つせずに整然と「作業」をこなしているのである。噂を聞きつけてここに見学にきた多くの訪問者たちは、その光景に感動してしばしば涙を流し、目の前に繰り広げられている奇跡が現実であることを確信した。

一九一一年にローマの「子どもの家」を視察したイギリスの主任勅任視学官のエドモンド・ホームズ（Holmes, Edmond G. A. 1850-1939）もその一人だった。モンテッソーリの「子どもの家」は「自己教育」という原理に支えられた教育史上でも類を見ない成果を収めた教育実験のように感じられたし（Holmes, E. 1913a）、ラディカルな子どもも中心主義を唱えつつも、まさにそこは「自由」と「責任」の双方が機能する「ユートピア」として映った

(Holmes, E. 1913b)。

しかし、一九一二年四月の『メソッド』の英語訳発刊後には、このユートピア的な憧れやモンテッソーリ教育万能主義の議論は人びとの興味をひくものではなくなっていた。英米においては、モンテッソーリ教育の全面的な肯定論から、各国にモンテッソーリ教育を導入する際の利点と問題点についての生産的な議論が展開されていた。

この議論展開の枠組みを提供したのは、ハーバード大学のヘンリー・ホームズ（Holmes, William Henry 1846-1933）である。彼は、『メソッド』(1912) の巻頭のイントロダクションの執筆を担当したが、それはモンテッソーリを議論しようとする人びとの共通認識となっていった。彼は、「このシステムが幼児教育におけるあらゆる問題を解決すると考えれば、必ずや失敗するだろう。このシステムのなかには部分的にあるいは完全に間違ったところがあるし、イギリスやアメリカの学校にとっては受け入れることができない部分もある」(Holmes, H 1912: xix) として、モンテッソーリ教育万能主義を批判する。

ヘンリー・ホームズにとって、モンテッソーリ教育の意義は、「子どものためのラディカルな自由概念を基礎としていること、分離された感覚・運動・精神能力を高度に体系化して訓練していること、読み書き計算の第一段階の要素を早く簡単に効果的に習得させていること」(Holmes, H 1912: xviii) である。そこから3R'sの基礎訓練や「事実」を基にした感覚教育は英米の幼稚園に導入可能であることを示唆した。だが彼にとっての不満は、モンテッソーリのシステムが「想像的な教育」を重視していない点であった。フレーベル（Fröbel, Friedrich 1782-1852）が、創造的遊具や想像的な集団遊戯など「想像性」を強調しすぎるのに対して、モンテッソーリは感覚器官の識別訓練を重視しすぎているというのである。

そしてヘンリー・ホームズは、長いイントロダクションの終わりで、この二つを折衷したプログラムを提唱する。幼稚園の最初の学年では規則的なフレーベル教具よりもモンテッソーリ教具を優先させ、同時にその期間中は時々物語の読み聞かせやお絵かきを行っていく。第二学年以降では、まったくモンテッソーリ教育を排除せずに、フレーベルの恩物を徐々に優先させ、第二学年の後半からはモンテッソーリの読み書きの基礎的な訓練を導入する。さらに、第二学年ではその期間中ずっと、物語の読み聞かせやお絵かきを毎日行い、両学年とも朝のお集まりとゲームは行うべきであると述べる。彼は、自らの提案を絶対視せずに、英米のそれぞれの幼稚園の事情に合わせてフレーベルのシステムとモンテッソーリのそれとを融合させればよいと提案した（Holmes, H 1912: xxxv）。

「想像性」の問題は、それまでの英米の幼児教育界においてもすでに重要なトピックであった。このヘンリー・ホームズの提案は、それまでのフレーベル主義のロマン主義的な「想像性」の教育を現代的に改良しようとする人びとにとっても魅力的であった。また「モンテッソーリ・メソッド」を実際に英米に根付かせるために活動していた人びとにとっても、「想像性」問題は無視することのできない重要な事項であったのである。

2　英米での融合論の議論

こうしたヘンリー・ホームズの提案は、明らかに一九一二～一九一四年の英米の幼児教育界の議論を活性化させた。アメリカでは一九一三年二月にフィラデルフィアで開催された国際幼稚園連盟（International Kindergarten Union）の学会のセッションに「モンテッソーリとフレーベル」というテーマが組まれた。そして、その後もしばらく機関誌『Kindergarten Review』上で「モンテッソーリとフレーベル」のテーマが組まれ、両者の融合論が議論された。「モンテッソーリとフレーベル主義の教具とは同じようには思えないが、それらは互いに補足しあっているように思われる」（Palmer 1913:134-135）。モンテッソーリは教具を通じて感覚の正確さをもとめ、フレーベルは教具を通じて解釈を重んじたのであり、「二人の教育家がねらいの違いを基礎としてその教具の選択が行われるべきである。……こうした問題が、活発に議論されることが重要である」（Palmer 1913:139-140）ということが強調された。

イギリスにおいても議論の方向は、「ヘンリー・ホームズがモンテッソーリ博士の本の英米版のイントロダクションで、フレーベル・システムとモンテッソーリ・システムとの融合論を提案し、彼のスキームのアウトラインを示したが、これはとても価値あるものである」（Wood 1913: 213-214）というものであった。一九一四年七月、イギリス・モンテッソーリ協会によって第一回モンテッソーリ会議がイースト・ラントンで開催されたが、ここでも「想像性」問題が大きなテーマとなった。「フレーベルとモンテッソーリの二つのシステムの大部分は、本質的に同じである。しかし少なくとも一つの決定的な違いがあるとすれば、それは想像的活動と創造的活動の問題だ」（Montessori Conference 1914: 41）という指摘がなされた。あるオートラリアの幼稚園教論はそれを受け、モンテッソーリが述べていた「事実」に基づく感覚教育と自らが考える「想像性」の問題とを並行的に考え教育を行うことを提唱する。「想像力は二つの部分からなるプロセスなのである。一つはあらゆる種類や程度の感覚的印象を集めること、それらを精神のなかで分類することである。もう一つは、そうして集められた印象を利用し、再整理したり、再統合したりして新しいオリジナルな状態や段階へと発展させていくことである。一つ目については、モンテッソーリはうまく準備しているし、たしかに子どもにあらゆる種類の素材を集めるための豊かな能力を与えている。しかし、二つ目については、彼女は全く何も準備していない」（Montessori Conference 1914: 71-72）。だから、子どものオリジナルな自己表現を認める教育方法が同時に付け加えられなければならないだろう。

注目すべきことは、モンテッソーリ信奉者たちの多くが、モンテッソーリ教育の「想像性」軽視の側面を認識しつつも、それは今後十分に修正されうるものであろうと期待していた点である。「モンテッソーリはまだ素晴らしい仕事をやり始めたばかりであるし、もっとも大事な部分はまだ研究していないだけである。……彼女はフレーベルの生涯や著作と対決しようとは望んでいない」（Montessori Conference 1914: 40）と彼らは考えた。さらに、イギリスにおけるモンテッソーリ運動の主導者であったクレアモント（Claremont, Claude Albert）もまた、モンテッソーリが「想像性」を軽視しているという考えはまったくの誤解であると力説した。彼は、「想像性」の問題について以前モンテッソーリと話をしたとき、彼女はもし子どもたちが望むのであれば、想像的なゲームを行うことを妨げてはいけないと述べたというエピソードを人びとに紹介した（Montessori Conference 1914: 74-75）。英米へのモンテッソーリ教育紹介の先導役の一人であったダブリン大学教授のカヴァーウェル（Culverwell, Edward. P.）も、「モンテッソーリは精神的な表現やその発達の手段としてのメソッドの重要性をとても強調している」（Culverwell 1913: 12）と述べた。クレアモント、カヴァーウェルといった忠実なモンテッソーリアンですら、問題になっている「想像性」についてモンテッソーリはまだ見解を述べていないだけであり、やがては子どもの想像的な自己表現の必要性を訴えるであろうと考えていたのである。

3　モンテッソーリの沈黙

1　教育成果の強調

だが、こうした「想像性」をめぐる議論が盛んに行われている間、モンテッソーリはそれについて何も公にコメントしなかった。彼女が何もいわない以上、論者たちには、「学校は子どもの自由で自然な表示を許さなければならない」（Montessori 1909: 15）という『メソッド』の言葉を文字通り受け止め、モンテッソーリ教育に子どもの想像的な表現活動を加えることは許されると考えていた。ヘンリー・ホームズは、モンテッソーリが沈黙していてもさまざまな工夫をモンテッソーリ教育に付け加えることを彼女は望んでいるのだと主張した。「モンテッソーリのスキームは柔軟であり、……彼女のシステムの精神に貢献するものならば、彼女はモンテッソーリ学校の源流にいろいろな工夫や活動を付け加えることを喜んでいるのである」(Holmes H. 1913: 483）と彼女の意志を代弁するかのように述べている。

教育関係者のなかには「想像性」や「自由」という重要な問題をモンテッソーリがどのように考え、実践しているのかをローマに行って確かめようとするものも少なくなかった。だが、彼らは実際彼女がどのように「想像性」や「自由」の問題を扱っているのかを目にすることはできなかった。彼らが訪れたローマにはもはやモンテッソーリが直接的に監督・指導する「子どもの家」がなかったのである。彼女は最初の有名なローマの「子どもの家」からは少なくとも一九一一年には完全に手を引いていたし、津波のように人が訪れた一九一二年ごろには、相次いで設立されたローマやミラノの「子どもの家」にもほとんどかかわっていなかったからである。訪れた人たちは、なんとかモンテッソーリと直接話をしようとしたが、それもなかなか適わなかった。彼女はその理由を「私はここに真実をもとめてやってくる人に喜んで会いたいと思っている。しかし多くの人は好奇心であるいは新しいものや珍しいものを求めてやってくる。私はこうした時間の盗人には会うことはできない」(Ward 1913: xii）と説明した。

「想像性」問題についての原理的な説明について沈黙する代わりに彼女がとった戦略は、「モンテッソーリ・メソッド」の成果を強調することであった。一九一三年一二月、モンテッソーリは初めてアメリカを訪れニューヨークを中心に講演を行った。当時、全米幼稚園協会（National Kindergarten Association）会長でもあったデューイ（Dewey, John 1859-1952）が司会を務めたカーネギーホールでの講演では、彼女は自らの「ローマの奇跡」を訴えることに終始した。「もし子どもが健全に育つのならば、自由の中で育たなければならない。子どもの自然な発達が生じるためにはその方法しかないのである」(The New York Times editor 1913: 3）という従来の思想を繰り返し、多くの論者たちが知りたがっていた「想像性」の問題については何も言及しなかった。

一九一四年一月にアメリカから帰ると彼女はすぐに『モンテッソーリ博士のハンドブック』（以下『ハンドブック』）（Montessori 1914=1989）を執筆した。この本は、さまざまに批評されてきたモンテッソーリ教育を他人に任せるのではなく自らの手で体系的に説明することを目的としていたが、しかしここでも彼女は問題にされていた「想像性」について一言も言及しなかった。「私のメソッドで重要なことはその体系そのものにあるのではなく、それが子どもにもたらす効果にある。子どもこそが、その自発的活動によってこのメソッドの価値を証明するのである」（強調：モンテッソーリ）（Montessori 1914:129=1989: 104）と原理よりも成果にこそモンテッソーリ教育の価値があると訴えかけた。

2　上手くいかないフレーベル主義との融合

モンテッソーリ教育とフレーベル的な遊びの要素を重んじた「想像性の教育」との融合の試みは、アメリカの多くの幼稚園で、モンテッソーリ教育の講習を受けた者たちによってなされていった。一九一四年～一九一五年頃にはその結果が報告されはじめてきたのである。だが、そこでは、遊びの要素を重んじた「想像性」の教育と静粛さのなかで進行する教具を使用したモンテッソーリ教育とが上手く噛み合わないことが指摘された。

アメリカのある教師は、モンテッソーリ教育の教えをいつも心にとめながら、教具に関心を示さない子どもたちに対して、何日もかけて子どもたちが理解しやすいように小さなことまで丁寧に提示し、子どもたちが自発的に「作業」に取り組むように努力してみた。しかし「五歳半のレベッカは、玩具として教具を選ぶことすらしなかったし、彼女の前に置かれたどんな教具にも触れようとすらしなかった。ただ、彼女は不幸せそうに不機嫌な様子で、周りで遊んでいる子どもたちを見ながら座っていた。私はこのかわいそうな子どもは遊びたがっているのだと感じた」（Bushnell 1914: 457）。五歳半の「ウィリアムが遊びに行きたがっていたとき、私は微笑みながら思いやりのある言葉で『あなたの作業が終わってからにしましょう。あなたならすぐにできると思うわ』と言った。しかし彼はいつまでたってもそれが終わらなかった。次の日もその繰り返しだった。……そうして彼は『作業は楽しくなんかない！』といいだした」(Bushnell 1914: 458)。

一九一三年夏にローマを訪れたイギリス幼稚園教員養成大学のホワイト（White, Jessie）は、彼女の教えを受けた者たちが開設していたイタリアの各所にあった「子どもの家」の実践を報告し、教師たちが、「作業」に興味を示さず遊びたがる子どもによって悩まされていた様子を紹介した（White 1914）。そのなかには、「作業」に興味を示さず遊びたがる子どもたちを、教室から出して傍のストリートで遊ばせていた「子どもの家」もあった。

グラスゴー大学のボイド（Boyd, William 1874-1962）は、モンテッソーリが「想像性」問題について正面から言及しないのは、「想像性」の排除こそが「ローマの奇跡」を支えていたからだという辛辣な批判を述べた。彼は、モンテッソーリの「教育成果」は、想像的遊びや自己表現が排除された厳格で秩序的な雰囲気によって支えられていたのであり、子どもの自由といってもそれはモンテッソーリそのものが持つ勤勉で道徳的な子どもへのイメージのなかでの自由でしかないというのである。

「伝統を少しも考慮せず一つの精神からつくられたあらゆる教育原理と同様に、モンテッソーリのシステムもまたその作者のパーソナリティの限界を反映している。……彼女は間違いなく子どもたちを愛しており、そのことが彼女の教育的努力の原動力であるのだが、その中には厳しさと厳格さの要素が隠れている。子どもの楽しい遊びは、彼女になんらアピールするものではない。子どもの玩具は『馬鹿らしくて堕落したもの』であり、子どものゲームは『無意味』で『思考の役に立たない』し、子どもたちによく語り聞かせる物語は、『愚か』である。モンテッソーリの考える理想的な子どもは、彼女のゲーム以外にはいっさい遊ばず、熱心に知識を求め、『何世紀にもわたって科学の進歩と市民社会の進歩の創造者であった人類の真の子ども』とならなければならない」(Boyd 1914: 246-247=1979: 168-169)。

そして、ボイドは当時隆盛していた、モンテッソーリのシステムとフレーベルのシステムとを融合しようとする議論に対し次のように結論づける。「事実、人文主義的な教科を評価する際のモンテッソーリの失敗は、……彼女のシステムを拡大することによって修正できるような単なる付随的なものではない。それは、彼女の気質と彼女の心理学の両方に深く根ざしたものであり、彼女が自らを信頼し、他の人の意見によって方向性を変えるということがないかぎり、メソッドはなんら注目すべき変化もなしにつづいていくだろう」(Boyd 1914: 246=1979: 168)。「想像性」の教育と「作業」とは上手く融合しない、あるいは「想像性」の排除によってこそ「ローマの奇跡」は支えられていたのではないかという数々の報告や指摘。もはやモンテッソーリは、「想像性」問題について沈黙し、モンテッソーリ教育の輝かしい教育成果をアピールすることに終始することはできなくなっていったのである。

4　フレーベルとの決別

一九一五年七月モンテッソーリは、全米教育協会（National Education Association）と国際幼稚園連盟から要請され、二回目の渡米を果たし一連の講演を行った。ここで、モンテッソーリは、「メソッドへの批判の一つは、メソッドが教具に子どもを任せるばかりで、想像性が養われていないというものである」(Montessori 1997 (1915): 50）として、それまでの沈黙を破り、公式の場ではじめて「想像性」の問題に言及する。しかし、そこで示した「想像性」の解釈は、聴衆が期待していたそれとはまったく異なるものであった。

彼女は子どものファンタジーや「想像性」は、子どもの物事をすぐに信じ込んでしまう軽信性に大人の考えを押しつけたものであり、子どもはそれを喜んではいないし、彼らは現実とファンタジーとの区別もつかなくさせられ混乱しているだけであると主張する。「子どもが父親の杖にまたがって本当の馬に乗っているかのように引っ張り回すことが子どもの想像性を証明するものなのか！　子どもは何が楽しくてイスを押して素晴らしい馬車に見立てるというのだろうか」(Montessori 1915a: 662)。さらに彼女は、こう述べてフレーベル主義を痛烈に批判した。「フレーベルは子どもに積み木を与えて、『これは馬だよ』という。それから彼は他の積み木を違うように並べて『これは馬小屋だよ』という。彼はまた違うようにブロックを並べて、『これは塔だよ』といい、また並びかえて『これは村の教会だよ』という……。こうした訓練における教具は、馬として使った杖の場合よりもさらに想像性をだめにさせる。そのとき、少なくとも子どもは、その馬にのり、動き回り、鞭を打とうとする。さらに、最初は馬であった積み木から塔や教会をつくることは、凄まじい精神的な混乱を生じさせる」(Montessori 1915a: 665)。

逆に、彼女がここで提示した「想像性」豊かな子どもとは、ダンテやラファエロのような事実認識をしっかりとできる人物像によって説明された。彼らの偉大な作品には、必ず事実の鋭い観察があるし、その正しい事実認識があるからこそ素晴らしいのだというのである。

「私たちが偉大な芸術作品で学んできたように、想像力によって創造されたそうした作品は、それらが偉大で素晴らしいものであるとするならば、それらが現実性と緊密な関係にあるからである。……例えばダンテの想像的なアイデアは、彼がそれを自然のものと比較して書いたからこそとても称賛に値するものなのだし、美しいものなのである」(Montessori 1997 (1915): 56-57)。「ラファエロは、マドンナを描きたいと思ったとき、ローマでもっとも美しい女性が見つかるであろうトラステーベレを歩き回った。彼はそこでモデルを見つけ、自らの魂に記憶したイメージを再生することでマドンナを描いたのである」(Montessori 1915a: 665)。

それまで英米で隆盛していた議論のなかでの「想像性」とは、このような事実認識には還元できない幼児の多様な自己表現や想像力であり、モンテッソーリ信奉者も含め英米の教育関係者たちは、ここでそうした「想像性」へのモンテッソーリの肯定的な見解が表明されることを期待していたのである。しかし、彼女はそのような「想像性」を認めない。ここにおいて、英米の教育関係者たちが議論していた自己表現としての「想像性」は、彼女によって却下され、融合論の可能性はきっぱりと否定されたのである。

一九一五年にはっきりと公に示されたこの彼女の「想像性」解釈が、どれほど多くの教育関係者の失望をかったのか計り知れない。その年の末には、その内容はイギリスにも伝えられた(Maria Montessori 1915b: 127-128)。それを読んだカヴァーウェルは、「モンテッソーリの限界」という投稿を『Times』の編集者に送った。「子どもの自由な芸術教育は彼女のいうように事物を再生するためにあるのではない。彼女は想像性の全てのことがデザインとしてあるとでもいうのだろうか。……私はモンテッソーリ博士が、芸術教育の問題を理解していると思ってきたし、彼女の見解が徐々に修正されると思ってきた。しかしとくに今回の記事によって彼女の思想は強固に整理されてしまった。もし彼女が最近表明した想像性の考えを放棄しないとするならば、私たちは彼女が実際に彼女の見解を修正すると期待してはいけないだろう」(Culverwell 1916: 21)。

アメリカ最大の教育団体の援助のもとに一九一五年にあれだけ盛り上がりをみせたモンテッソーリ運動が、なぜ翌年には「ほとんど死んでいた」(Cohen 1964 :370) のか。いうまでもなく、モンテッソーリのこの決別宣言があったからである。彼女は英米で盛んであった融合論を拒絶し、多くの教育者がイメージする子どもの自己表現や想像遊びといった「想像性」を正確な事実認識の再生としてのそれへと完全に組み替えてしまった。翌年の一九一六年一〇月から一九一七年の初頭にかけて、ニューヨークで二回目の国際教師養成コースが開設されたが、モンテッソーリ信奉者からも、モンテッソーリ教育の一定の功績を評価していたデューイやキルパトリックからも、ほとんど注目されることはなくなっていた。モンテッソーリは、一九一七年にアメリカを去った後、二度とアメリカの地に足を踏み入れることはなかった。ここにおいて、アメリカの第一次モンテッソーリ運動は、終止符を打つことになったのである。

5　モンテッソーリ教育思想の形成

1　「子どもの発見」の物語

フレーベルとの決別は、英米でのモンテッソーリ運動の衰退を招いたが、他方で彼女の教育思想は体系化を加速させた。一九一五年の一連の講演に加筆した一九一六年『小学校における自動教育』(Montessori 1916)（以下『自動教育』）は、モンテッソーリの教育思想形成を語る上で、『メソッド』以上に重要な書物となっていく。彼女は、この書物に突然、重要な物語を挿入する。「子どもの発見」である。

「私は、障害児教育に用いた原理と教具の一部をローマのサンロレンツォ地区の健常児に適用するという最初の試みを行っていた。そこで私は偶然にも三歳の女の子が一組の差し込み教具にとても熱中している姿を目撃した。彼女は木製の円柱をそれぞれの穴から取り出しては再び元に戻していた。顔の表情は、これが特別な現象だと思うほど集中していた。その時まで誰一人として教具に注意を集中するのを見たことはなかった。……この忘れがたい感動の経験が一つの発見につながった。しだいに同じ現象が子どもたちの間でも当たり前に見られるようになっていった」(Montessori 1916: 61-62)。

これは、「集中現象」と呼ばれるモンテッソーリ教育思想の鍵概念である。『自動教育』において、はじめてこの「集中現象」が文献上で表明され、この「子どもの発見」の物語は、それ以降のほとんどの著作で取りあげられる (Montessori 1939; 1958; 1961; 1966; 1967; 1968)。これ以降の難解な精神概念の多くが、この「発見」によって説明されていく。「私の直感」と「私のインスピレーション」によって、「子どもが本当に望んでいること」が明らかにされるのである (Fynne, 1924)。

もしこの「発見」が本当に教育思想の成立にとって重要であったならば、またその「発見」によってこそ彼女の教育方法が生まれたならば、なぜ彼女は『メソッド』や『ハンドブック』でそれを記さなかったのか。モンテッソーリがここで行ったことの重要性は、「集中現象」の発見ではなく、モンテッソーリ教育思想を基礎づける「発見」を発見したことである。

フレーベルとの融合論の拒絶の姿勢は、英語版『メソッド』の一九一九年改訂にも表れる (Montessori 1919)。この改訂で英米で盛り上がった融合論の端緒をつくったヘンリー・ホームズのイントロダクションは完全に削除されるのである。

モンテッソーリが亡くなる四年前、一九四八年インドのマドラスでの『メソッド』の第三版の大幅改訂の際には、その本タイトル自体が『子どもの発見』(Montessori 1958 (1948)) という名称に変更された。内容も彼女の当初の一九〇九年の『メソッド』の原型をほとんど残さない「子どもの発見」を強調した形へと大幅に書き改められていった。

2　身体の衛生学から精神の衛生学へ

フレーベルとの決別、そして「子どもの発見」の物語以降、モンテッソーリの教育の対象は子どもの身体から精神へと移っていった。つまり、「子どもの家」当初に行っていた優生学的な関心に基づく「身体の衛生学」（山内1998a）を放棄し、感覚訓練を含む教育実践によって精神そのものを正常化しようとする「精神の衛生学」を提唱するようになる。

たしかに、「身体」でなく「精神」の方向性は、『自動教育』から突然現れた考え方ではない。身体の計測、そしてその衛生学的な処置というものがほとんど子どもの道徳性の育成に影響を及ぼさないということが明らかになり始めたときから、テクストに現れている彼女の構想であった。『メソッド』の英米版では「私たちは子どもたちの自然な教育は、純粋に身体的でなければならないと考えて誤りを犯してきた。魂もまたその自然をもっていて、それを精神生活において完成するように予定されているのである」（Montessori 1912: 349）と述べている。また、さらに進んで『ハンドブック』では、「私のメソッドは、……もう物質や身体的なことではない。メソッドは、衛生学が身体的な面にのみ限定してきたコースを、精神的な面でも完成させようという試みなのだ」（Montessori 1914: 8-9）という記述がある。

だが、ここではまだ、彼女はその「精神の衛生学」が何なのか、子どもの「精神の自然」はどういうものであるのかを明らかにしてこなかった。

「精神の衛生学」は、一九一六年の『自動教育』によって一挙に体系化される。「発見」という名の下に「精神のプログラム」が明確化されるのである。

彼女がここで主張した「精神のプログラム」とは、「幼児が本来持っていないと見なされている非常に重要な特性、すなわち、作業における忍耐と不屈の努力、道徳的秩序における従順と優しさ、愛情、礼儀、落ち着きである」(Montessori 1916: 54)。彼女は、子どもの「精神の自然」が欲しているのは、規律や秩序や静粛さであるというのである。「精神のプログラム」が望む健康状態は、「規律」や「服従」であり、だからこそ「子どもは静粛さを心から楽しむ」のであり「服従は子どもにおいて潜在的な本能として現れる」のだとする。逆に、子どもの空想、内気さ、粗暴さは子ども本来の精神性ではない。彼女は、ここで通常私たちがイメージする子どもらしさの代名詞である「粗暴さ」「遊び好き」「わがまま」「うるささ」といったものを、すべて「道徳的な疾病」と見なした(Montessori 1916: 187)。一九一五年のアメリカにおける一連講演会で聴衆の失望をかった「想像性」についての見解も、この「精神のプログラム」によって、モンテッソーリ教育のなかで整合性を獲得する。彼女の見解に従えば、「子どもは表現する前に秩序化された内的生命を創造しなければならない」(Montessori 1916: 202)し、子どもはそれを望んでいるのである。彼女によれば、ファンタジーや想像遊びは、彼らの精神の混乱を示しているだけである。子どもがファンタジーを望まないのは、彼らの精神が感覚訓練を欲しているためである。彼らは「作業」を望んでいるのであり、さらには道徳化されることを望んでいる。モンテッソーリはこのように子どもの「精神の自然」を定式化するのである。

彼女の自由論も、この「発見」によって組み替えられる。「私たちは今こそ子どもの精神的自由を尊重すべきである」(Montessori 1916: 243)として、新たに「精神的自由」の概念を提示する。「幼児教育への私の貢献は、実験によって内的発達における自由を解明したことである……エネルギー(内在する力を展開させようとする力)を展開しようとする性向や内的発達に必要な手段を獲得できないならば、子どもの発達の自由はあり得ないのである」(Montessori 1916: 53)と述べる。

『自動教育』で述べられるこの自由論は、かつての「生物学的自由」や「子どもの自由で自然な表示を許す」という漠然とした概念ではない。「精神のプログラム」すなわち、正確な事実認識や秩序を欲する子どもの精神が望むものを与えるという範囲で「精神的自由」が概念化されるのである。いうまでもなくそれは、かなり縮減された特異な自由論の主張である。

6　結語――フレーベルとの決別がもたらしたもの

モンテッソーリ教育は、英米に紹介されて間もなくから、教育関係者たちによってその原理的な問題点が整理され、それらを前提としながら当地への適用を考慮した議論が展開されていた。フレーベル主義を絶対化するのでもなく、モンテッソーリの科学主義を絶対化するのでもない、モンテッソーリ教育とフレーベルの「想像性」の教育とを融合させることが盛大に議論されていたのである。英米の教育者たちにとってもモンテッソーリ信奉者にとっても、モンテッソーリ教育の原理からして「想像性」の教育をモンテッソーリ教育に付加することはまったく問題がないと解釈されたし、沈黙していた彼女もやがてはそれを肯定する見解を述べるであろうと期待されていた。

一九一五年、彼女はそれまでの沈黙を破り、「想像性」の解釈をはじめて公に示した。それは、正確な事実認識こそが「想像性」の基礎であり、子どもの自己表現としての芸術活動や想像遊びを認めないというものであった。こうした見解の表明は、当時の多くの教育関係者たちを失望させ、第一次モンテッソーリ運動の衰退の引き金となっていった。フレーベルとの決別がもたらしたものの一つが、世界的に盛り上がりを見せた第一次モンテッソーリ運動の衰退であった。

だが、同時に、フレーベルとの決別は、彼女の教育思想が体系化する契機となった。翌年の『自動教育』において、彼女は「発見」という言説を使用しながら、想像よりも秩序や静粛さを望む子どもの「精神のプログラム」を

表1　フレーベルとの決別（1915年）前後の教育概念の比較

フレーベル決別前	フレーベル決別後
身体計測	–
医学的な処置	–
–	精神のプログラム ※想像性の否定、心の秩序志向
–	子どもの発見
–	集中現象
–	吸収する心
–	敏感期
–	精神的胎児
–	環境
身体の衛生学	精神の衛生学
ロンブローゾの影響 ※形態学的人類学の学校への応用	セガンの影響 ※障害児教育学の一般の子どもへの応用
正常化 ※平均的な身体を指す	正常化 ※秩序的を志向する心を指す
感覚訓練 ※静粛のための訓練として	感覚訓練 ※心の正常化のための訓練として
生物学的自由 ※身体の正常化によって心の規律を生む	精神的自由 ※秩序を志向する本来の心の解放

書き上げていく。この「精神のプログラム」によって、モンテッソーリ教育思想を形成する「集中現象」「吸収する心」「精神的胎児」「環境」が生みだされていったのである(2)。

紙面の都合で記述できなかったが、フレーベルとの決別の前後において、この他さまざまな概念の変更が行われている。それを一覧にすれば、表1のようになる。それまで記述されていた「身体計測」「医学的な処置」は姿を消し、彼女の科学的教育が影響を受けた人物としていたロンブローゾ（Lombroso, Cesare 1836-1909）という名は姿を消し、セガン（Édouard Onesimus Séguin 1812-80）が強調されてくる（山内 1998b）。「正常化」「感覚訓練」という概念はその意味が修正される。先に見たように「生物学的自由」の概念も「精神的自由」へと縮減されていく。

もし、モンテッソーリがフレーベルとの決別を回避して、遊戯を取り入れ、子どもの想像性を全面肯定したとするならば、こうした教育概念は生まれてこなかったに違いない。もしかすれば、彼女の教育は二〇世紀初頭のたんなる感覚訓練の教育でしかなかったかもしれない。このフレーベルとの決別があったからこそ、モンテッソーリの教育思想は厚みを増し、こうした独自の教育概念が生まれたのである。フレーベルとの決別がもたらしたものは、なにより彼女の教育思想そのものであったともいえるかもしれない。

注

（1）Rambusch および Appelbaum の文献一覧から算出すれば、一九一〇年代アメリカにおいてはモンテッソーリ教育に関する論考は三五〇件を超える。一九一二–一五年までの三年間にその約八割が集中している。

（2）「精神的胎児」と「環境」については、山内（1999）に詳しい。

文献

Appelbaum, Phyllis 1971 *The Growth of the Montessori Movement in the United States, 1909-1970* (Doctoral Dissertation), New York University

Baines, M., and Snortum, 1973 J. A Time-Sampling Analysis of Montessori Versus Traditional Classroom Interaction, in: *Journal of Educational Research*, Vol. 66.

Baldwin, W. A. 1913 The Conflicting Pedagogy of Madame Montessori, *Journal of Education*, Vol. 77, February 6, pp. 147-149.

Boyd, William 1914 *From Locke to Montessori: A Critical Account of the Montessori Point of Vieu*, London: Gorge G.Harrap & Company [New York: Henry Holt]＝（中野善達・藤井聡尚・茂木俊彦訳）1979『感覚教育の系譜――ロックからモンテッソーリへ』日本文化科学社

Bushnell, Ethel 1914 Montessori and the American Peted Darling, in: Kindergarten review, vol. 24, pp. 455-458.

Campbell, D avid Norbert 1970 *A critical analysis of William Heard Kilpatrick's the Montessori system examined*, Ann Arbor: U・M・I,

Clarement, Claude A. 1928 The Montessori Movement in England, *New Era*, vol. 9, pp. 75-76

Cohen, S. 1964 Montessori comes to America, 1911-1917, *Notre Dame journal of education*, vol. 2. pp. 358-372.

Cubberley, Ellwood Patterson 1919 *Public education in The United States: a study and interpretation of American educational history: an introductory textbook dealing with the larger problems of present-day education in the light of their historical development.* Boston: Houghton Mifflin.

Culverwell, E.P. 1913 The Montessori Method, in: *The Times educational supplement*, January 7, pp. 11-12.

Culverwell, Edward 1916 The Limitation of Dr. Montessori, *The Times educational supplement*, February 1, p. 21.

Fynne, Robert John 1924 *Montessori and Her Inspirers*, London

Hainstock, Elizabeth G. 1978 *The Essential Montessori: An Introduction to the Woman, the Writings, the Method, and the Movemant*, New York: New American Library＝（平野智美監訳・中山幸夫・佐野真一郎訳）1988『モンテッソーリ教育のすべて――人、著作、方法、運動』東信堂

Holmes, Edmond 1913a The Montessori Systems: Mr. Holmes's Official Report, in: *The Times educational supplement.*-March 4, p. 41

Holmes, Edmond G. 1913b A., Introduction, Fisher, Dorothy Canfield, *A Montessori Mother with an introduction by Edmond Holmes*, London: Constable, pp. xvii-xlviii.

Holmes, Henry W. 1912 Intoroduction, Montessori, Maria *The Montessori Method: Scientific pedagogy as applied to child education in "The Children House"*, tr. by Anne E. George, New York: Fredrick A.Stokes Company . pp. i-xxxv.

Holmes, Henry W. 1913 Promising Pointing in the Montessori System, *Kindergarten review*, vol. 23, April, pp. 481-486.

Kilpatrick, William Heard 1914 *The Montessori System Examined*, New York:Houghtom Mifflin Co.＝（平野智美監訳・鈴木弘美訳）1991『モンテッソーリ法の検討』東信堂

Kramer, Rita 1976 *Maria Montessori :A Biography*, The University of Chicago Press＝（平井久監訳・三谷嘉明・佐藤敬子・村瀬亜里訳）1981『マリア・モンテッソーリ：子どもへの愛と生涯』新曜社

MacMunigle, Mary G. 1912 Why Columbia University Rejects the Montessori Method, *Pittsburgh School Bulletin*, Vol. 6, October, pp. 1437-1440.

Montessori Conference 1914 *Report of the Montessori Conference at East Runton*, July 25th-28th, 1914, London: Women's Printing Society

Montessori, Maria 1909 *Il metodo della pedagogia scientifica applica to all'educazione infantile nelle case dei bambini*, Roma: Max bretschneider.

Montessori, Maria 1912 *The Montessori Method:Scientific pedagogy as applied to childeducation in "The Children House"*, tr.by Anne E.George,

New York: Fredrick A.Stokes Company [London: William Heinemann]＝（阿部真美子・白川蓉子訳）1974『モンテッソーリ・メソッド』明治図書

Montessori, Maria 1914 *Dr. Montessori's Own Handbook*, New York: Frederick A. Stokes Company [London: William Heinemann＝（平野智美・渡辺起世子訳）1989『私のハンドブック』エンデルレ書店

Montessori, Maria 1997（1915）Imagination, Robert G. Buckenmeyer (ed.), *The California Lectures of Maria Montessori, 1915: Collected Speeches and Writings*, Oxford: Clio Press, pp. 50-62.

Montessori, Maria 1915a Education in Relation to the Imagination of the Little Child *Journal of Proceedings and Addresses*, vol. 53, p. 662.

Montessori, Maria 1915b The Imagination in Childhood, *The Times educational supplement*, November 2, pp. 127-128.

Montessori, Maria 1916 *L'autoeducazione nelle scuole elementari*, Rome: Ermanno Loescher & C. P. Maglione & C.Strini＝1971（1917）*The Montessori Elementary Material*, Robert Bentley, Inc.＝（阿部真美子訳）1990『自発的活動の原理：続モンテッソーリ・メソッド』明治図書

Montessori, Maria 1919 *The Montessori Method:Scientific pedagogy as applied to child education in "The Children House"*, tr. by Anne E.George, London: William Heinemann.

Montessori, Maria 1968（1926）*Grundlagen Meiner Pädagogik: Und Weitere Aufsätze Anthropologie und Didaktik*, Quelle & MezerVerlag＝（クラウス・ルーメル、江島正子訳）1983『モンテッソーリの教育法――基礎理論』エンデルレ書店

Montessori, Maria 1939（1936）*The Secret of Childhood*, Longmans, Green and Co＝（鼓常良訳）1968『幼児の秘密』国土社

Montessori, Maria 1963（1946）*Education for A New World*, Klakshetra Publication＝（吉本二郎・林信二郎訳）1970『モンテッソーリの教育――０歳～６歳まで』あすなろ書房

Montessori, Maria 1958（1948）*The discovery of the child*, tr.by Mary A. Johnstone, Madras: Kalakshetra Publications＝（鼓常良訳）1992『子どもの発見』国土社

Montessori, Maria 1961（1948）*To Educate the Human Potential*, Klakshetra Publication＝（吉本二郎・林信二郎訳）1971『モンテッソーリの教育――六歳～十二歳まで』あすなろ書房、

Montessori, Maria 1966（1948）*What You Should Know About Your Child*, Klakshetra Publication＝（林信二郎・石井仁訳）1980『モンテッソーリの教育――子どもの発達と可能性　子どもの何を知るべきか』あすなろ書房

Montessori, Maria 1967（1949）*The Absorvent Mind*, tr., by C.A.Claremont, New York, Chicago, San Francisco: Henry Holt and

Company＝（鼓常良）1971『子どもの心：吸収する心』国土社

Palmer, Luella A. 1913 Montessori Froebelian Materials and Methods, in: *Kindergarten review*, vol. 24, November, pp. 129-140

Rambusch, Nancy McCormick 1962 *Learning how to learn: An American Approach to Montessori*, Maryland: Baltimore.

Rambusch, Nancy Mc Cormick 1992 Montessori in America: A History, Loeffler, Margaret Howard (edit), *Montessori in Contemporary American Culture*, Portsmauth: Heinemann, pp. 7-16.

The New York Times editor 1913 Give Child Liberty, Says Dr. Montessori, *The New York Times*, December 16, p. 3.

Tozier, Josephine 1911a An Educatoral Wonder-Worker: Maria Montessori's Methods, *McClure's magazine*, May, vol. 37, pp. 3-19.

Tozier, Josephine 1911b Montessori Schools in Rome, Vol. 38 No. 2, *McClure's magazine*, December, pp. 123-137

Ward, Florence Elizabeth 1913 *The Montessori method and the American school*, New York: Macmillan, p.xii.

Wills, Mary Lorene Kerley 1966 *Conditions Associated with the Rise and Decline of the Montessori Method of Kindergarten Nursery Education in the U.S. from 1911-1921* (Doctoral Dissertation), Southern Illinois University.

White, Jessie 1914 *Montessori Schools: As Seen in the Early Summer of 1913*, London: Oxford University Press.

Wood, Walter 1913 *Children's play and its place in education: with an appendix on the Montessori*, London: K. Paul, Trench, Trübner & Co., Ltd.

河野清丸 1914『モンテッソリ教育法と其応用』有明書房

山内紀幸 1998a「モンテッソーリにおける『子ども』――一九―二〇世紀転換期の優生学的な知の中で」教育哲学会編『教育哲学研究』七七号、七八―九一頁

山内紀幸 1998b「モンテッソーリ初期教育思想に関する考察（Ⅲ）――セガンの生理学的教育との比較から」中国四国教育学会編『教育学研究紀要』第四四巻　第一部、七六―八一頁

山内紀幸 1999「モンテッソーリによる『新しい女性』の創造――拡大された母胎イメージと教育概念」教育哲学会編『教育哲学研究』第八〇号、一―一七頁

※本論は次の拙稿を大幅加筆修正したものである。

山内紀幸 2002「第一次モンテッソーリ運動に関する思想史的考察――キルパトリック批判が衰退の主要因なのか」日本幼児教育学会『幼児教育学研究』第九号、一―九頁

第2部　八大教育主張

第５章　八大教育主張の教育理念──愛に連なる生命

Educational Ideals in Hachidai-Kyoiku-Shucho: Inner Life for Agapē

橋本　美保・田中　智志

〈概要〉　本章の課題は、八大教育主張が展開された八大教育主張講演会についての歴史的事実を明らかにするとともに、論者八人の主張の本質を把握し、彼らの思想に通底している理念を明らかにすることであり、そうすることで、大正新教育運動の思想史的意義を示すことである。そのために、本章では、まず大正新教育運動の象徴としてその熱狂ぶりが強調されてきたこの講習会の実態をできるだけ明らかにし、教育史上における位置づけを行う。そののちに、各論者の思想を概観し、その思想史的位置づけ、またその思想的可能性についてふれる。端的にいえば、八大教育主張講演会は、形骸化しつつあった教員研修の刷新を意図した「革命的講習会」であり、まさに大正新教育を象徴する講演会である。また、そこで展開された八大教育主張にほぼ通底する基礎概念は、よくいわれるような「自由」というよりも、「生命」である。しかも、その「生命」は、生物学的な概念ではなく、存在論的な概念であり、キリスト教的な愛（アガペー）の概念に連なるものであり、同時代の賀川豊彦のキリスト教思想にも通じている。

1　八大教育主張について

八大教育主張講演会とは

一九二一（大正一〇）年に開かれた八大教育主張講演会は、「大正新教育運動」（「大正自由教育運動」）を象徴する歴史的出来事として、日本教育史のテキストに必ず出てくる有名な大講演会である。この講演会には、八人の著名な教育者が呼ばれ、それぞれ自説を展開した。講演順に挙げるなら、及川平治の「動的教育論」、稲毛金七の「創造教育論」、樋口長市の「自学教育論」、手塚岸衛の「自由教育論」、片上伸の「文芸教育論」、千葉命吉の「一切衝動皆満足論」、河野清丸の「自動教育論」、小原國芳の「全人教育論」である。彼らの講演内容は、翌年、『八大教育主張』にまとめられ、公刊された。

ところが、この八大教育主張、そして八大教育主張講演会についての研究はほとんどない。たしかに八人の講演者の名前や講演題目はよく知られているが、従来、彼らの教育思想に関する研究は少なく、講演会そのものの実態についても明らかにされてこなかった[(1)]。第2部では、論者八人の主張の本質を把握し、彼らの思想に通底している理念を明らかにすることで、大正新教育運動の思想史的意義を考察したい。そのために、本章では、まず大正新教育運動の象徴としてその熱狂ぶりが強調されてきたこの講習会の実態をできるだけ明らかにし、教育史上における位置づけを確認することから始めよう。そののちに、講演会で示された各論者の思想を概観し、基本的な視角を定めてみよう。

「革命的講習会」

まず最初に確認すべきことは、いわゆる八大教育主張講演会は、開催時の正式名称ではないということである。「八大教育主張」が発表された講演会として、のちにそう呼ばれるようになったのである。この講演会は、一九二一（大正一〇）年八月に大日本学術協会が主催した「教育学術研究大会」であり、八月一日から八月八日まで、毎日一人ずつ講演者が交替して八日間行われた。場所は東京小石川大塚窪町の東京高等師範学校講堂で、夕刻六時より始まり一一時頃まで、連日二〇〇〇人以上の聴衆を集めたといわれている。後述するように、実際には会場の都合で、別の場所で別の時間に開催された日もあった。講演者は、登壇順に、及川平治、稲毛金七（詛風）、樋口長市、手塚岸衛、片上伸、千葉命吉、河野清丸、小原國芳（旧姓鰺坂）である。主催者によれば、この八人は「教育教授改造主張の八新人」と紹介されているが（尼子 1921: 1）、どうしてこの八人が選ばれたのかは明らかでない。

不思議なことに、この研究大会を主催した大日本学術協会が発行した雑誌、『教育学術界』以外の雑誌を調べると、当時この講演会のことを報じた記事がほとんどない。たしかに講演者として当時の大正新教育の代表的な担い手が全員登壇しているわけではなく、奈良女子高等師範学校の木下竹次や東京女子高等師範学校の北澤種一、帝国小学校の西山哲治や成蹊小学校の中村春二など有名な人物の名が見られない。そうは言っても八人のなかには、自由教育を唱道した手塚岸衛や分団式教育法の及川平治、モンテッソーリ教育法の河野清丸、独創主義教育論の千葉命吉、全人教育論の小原國芳など、当時各教育雑誌に寄稿し、種々の講演会に引っ張りだこであった新進気鋭の論者が名を連ねており、新教育に関心がある者にとって非常に魅力的な講演会であったことは間違いない。にもかかわらず、『教育学術界』以外の雑誌では、個別の論者の主張を批評した記事は散見されるが、この講演会自体について評した記事はほとんど見当たらないのである。それは、この講演会が従来の「官製の講習会」に対抗して企画された「革命的講習会」であったことと無関係ではなかろう。つまり、当時の教育ジャーナリズムは、この「革命的講習会」に驚嘆しつつも、あえてそれに触れないようにしていたのだろう。

ともあれ、続いて、この「革命的講習会」がどのように企画され、運営されたのか、可能なかぎり、その史実を明らかにしてみよう。

2　八大教育主張講演会の企画と運営

大日本学術協会による研究大会の企画

大日本学術協会が発刊する雑誌『教育学術界』の主幹尼子止《とどむ》によれば、この催しの企画に着手したのは一九二一（大正一〇）年の三月ごろであったという（風塵子 1921: 217）。編集主任の真行寺朗人の記録によると、同年四月の第二回編集会議の席上、七月号の編集を議論するなかで、「斬新にして而かも奇抜、わが教育学界を通じて最も問題とするに足る底のものを作つて天下に見へやうといふ意気込で」、特集の内容を考え始めた。当初、尼子主幹は、真行寺が提案した「目下我が教育思潮界を唸りを立てゝ流れてゐる新思潮の色彩を天下に紹介」するという「新人号」を構想していたが、ただ原稿を集めて載せる特集ではなく、それを何かの「事業を為す題案」にできないかと考え始めた。そして、尼子は、夏期休暇中の八月に「教育学術研究大会」と銘打って、たんなる講演会ではなく会員が講演者に質問や批判をし、討論できる「研究集会」の開催を発案した（真朗子 1921: 201-202）。

大日本学術協会の代表尼子止について一言しておく。尼子は一八八〇（明治一三）年大分県生まれ（教育週報社 1926: 6）、号を鶴山、筆名を止水《しすい》と称した。大分県師範学校を中退し検定試験を受けて郷里の小学校教員になり、小学校長を経験した後上京して、日本体育会体操学校で高島平三郎に学んだ。一九〇五（明治三八）年に同校を卒業、下関の商業学校で約三年教鞭を執った後、再び上京した。神田の小川小学校で訓導として働きながら、明治の末葉から『教育学術界』の編集にかかわった（尼子1928b: 5）。大正の初めに同誌の編集主任となり、次いで主幹となって一九一六（大正五）年に大日本学術協会を興した（尼子ほか 1935: 53-56）。その後、出版社モナスを設立して教育関係書の出版企業を中心に、教育ジャーナリスト、教育評論家としても活躍した。その論説は、体育や遊戯の教授実践から教育制度や教育政策、政治・外交問題など多方面に及び、辛辣な筆致が特徴的である。帝国教育会、教育評論家協会、日本体育会に広い人脈を持ち、「豪毅の気象《ママ》と論議風発と抱容性をもつて活動」したが、一九三五（昭和一〇）年三月に事故のため負傷、一九三七年四月に五九歳で死去した（岡田 1937: 1）。

　教育企業家としての尼子の名を高めたのは、いうまでもなく「八大教育主張講演会」である[2]。主幹尼子の発案を受けて、真行寺を中心とする大日本学術協会幹部は、きわめて短期間で未曾有の大研究大会の開催を実現した。準備は、まず講演者の日程調整から始まった。八人の講演者は尼子が選定したという。当時、「所謂教育界の新人」で「人気者」の論者たちは、夏期休暇中に各地で開催される講習会の講師として招聘されており、頗る多忙であった。尼子の招聘に対して、千葉と稲毛は即座に賛意を示して応じたが（尼子 1928a: 99）、その他の論者との交渉は難航した[3]。なかには十数回の面会と電報の応酬でようやく約束をとりつけた場合もあったという（真朗子 1921: 203）。それというのも、尼子にとって「八人の中たつた一人欠けても、この講習の意義をなさない」ほどに、自分が「会つて直接に聞いて見たい」主義主張であったからだった（尼子 1928a: 98-99）。編集者たちは手分けして粘り強く論者と交渉し、再三の日程変更に閉口しながらも、五月中旬までには八人の内諾をとりつけたとみられる。真行寺はこの時の苦労を、「主演者諸君の日時変更申込の事件については、其の都度〳〵主幹を初め僕等に至るまで実に心痛したのである。憂慮したのである」と記している（真朗子 1921: 203）。

　講演者と日程が決定した後は、会場が問題となった。東京高等師範学校の教授等の口添えを得て、その講堂を借用することに決し、早速大会役員と準備係を組織した。この研究大会では、「凡ての方面に於て異常なるレコードを作ること」が目標とされており、会場係には三〇名以上、見学係には一五名を配置して、周到な用意が進められた（真朗子 1921: 204）。

会員の募集

五月一日発行の『教育学術界』誌上には、「教育学術研究大会開催」の予告記事が掲載された。それによると、「従来の講習会は、喋言放し、聴流しで、何れも真の研究的目的を達することが出来なかつた。之を改造せんがために、本会は今夏八月上旬を期し、約十日間の予定を以て、東京に於て」教育学術研究大会を開催する予定である、と報じられ、八人の講演者の氏名と仮の演題が示されている（『教育学術界』43-2: 261）。翌月、六月一日に発行された同誌には、研究大会開催の決定と会員募集開始の広告が掲載されると同時に、募集の詳細が記された折り込み広告が挿まれた。その折り込み広告には、「革命的講習会教育学術研究大会」の概要が記されており、講演については演題と論者が以下のように紹介されている（『教育学術界』43-3）。

「講演（自己の主張に就き論述）（講演の順）
一　動的教育の要点……兵庫県明石女子師範学校　主事　及川平治君
二　真実の創造教育……創造社経営『創造』　主筆　稲毛詛風君
三　自学教育の根抵《ママ》……東京高等師範学校　教授　樋口長市君
四　自由教育の真髄……千葉県師範学校　主事　手塚岸衛君
五　芸術教育の提唱……早稲田大学　教授　片上　伸君

六　衝動満足と創造教育……広島県師範学校　　主事　千葉命吉君
七　自動主義の教育……女子大学校　　主事　河野清丸君
八　文化教育の主張……成城小学校　　主事　鰺坂國芳君」

入会希望者への注意書きによれば、会費は一人三円で（大正九年の小学校教員初任給は四五円であった）、申し込み順に前列から座席指定、地方からの参加者には宿泊所を斡旋し、五割引の汽車割引券送付の特典があった。また、会期中の午前中には、「見学隊」を組織して、「明治神宮、宮城、新宿御苑、芝浜離宮、後楽園、文部省、帝国大学、博物館、動物園、印刷局、電話局、戸山学校、新聞社」などを参観する予定であること、毎夜講演と討論の後、約三〇分間「教育講談、お伽琵琶」などの余興を演ずることが予告されている。

同日、東京で発行されている主要教育雑誌には、この研究大会の広告が掲載された。広告の内容は雑誌によって違っており、記事の余白に囲みで付せられた数行程度の簡単なものから、先の折り込み広告が挿まれたものまでさまざまであった。広告を掲載した教育雑誌（発行者）は、この研究大会の「後援」に位置づけられている(4)。

広告が掲載された翌日から、大日本学術協会には入会の申し込みが毎日五〇～六〇通、多いときには一〇〇通以上も寄せられた。六月二〇日には入会申し込みが予定の定員一二〇〇名を超えたが、全国から寄せられる参加希望に応えるためにさらに「番外会員」を受け入れ、階上の五〇〇席を定席とせずに解放することとした。しかし、五〇〇席もすぐに満席となり、七月一日発行の『教育学術界』誌上には、「急告」として「満員入会謝絶」が告知された（『教育学術界』43-4: 525）。さらに、七月二〇日を過ぎても入会申し込みは後を絶たず、結局、「三千有余百通」の申し込みに対して、一〇〇〇通以上を謝絶しなければならず、事務局は連日謝絶の封書書きに追われたという（真朗子 1921: 205）。

写真　教育学術研究大会記念絵葉書「会場の光景」(円内は尼子主幹の開会の辞)
1921（大正10）年　9.1×14.1cm　玉川大学教育博物館蔵

準備と開会

七月二二日に幹部の総会が大日本学術協会編集部で開かれ、「凡ての方面について聊かの遺漏なからんことを期し」て、当日までの準備スケジュールが検討された。それからの準備は、猛暑のなか多忙を極めた。この頃の準備の状況を、真行寺は「幹部は毎日〳〵汗みどろに大車輪に活動してゐる間に、愈々時日は接迫して目睫の間に肉迫し、炎熱は愈々高上して汗は滝の流るゝが如く、……［中略］……実際流汗淋漓だつた。仕事をしては風呂に飛び込み、果ては氷を噛んで炎熱と戦」ったと回顧している（真朗子 1921: 205-206）。さらに直前になって、七月二八日から三一日の午後五時までは会場の東京高師の講堂が他の催しで使用中であることがわかり、教育学術研究大会の一切の準備は七月三一日の午後五時半頃から徹夜で行わなければならなかった。七月三一日の夜、幹部全員と東京高師の使丁等総員六〇人余りが、机や椅子の運搬、番号札や注意書きの貼付、湯呑所の設営などの会場作りに携わった（真朗子 1921: 206）。

研究大会初日である八月一日、大日本学術協会にある本部には、早朝から入会申し込みの電話や来客が殺到した。会場の東京高等師範学校の講堂前は立錐の余地がないほど「雲霞の如く」人であふれ、高等師範学校前の電車停留所から延々と長蛇の列を作っていたという。開会前の入場者はすでに二〇〇〇人を超え、会場はまさに寿司詰め状態であった[5]。六時の点鐘と同時に尼子主幹が登壇して開会の辞を述べ、灼熱の暑さのなか、八日間の研究大会は幕を開けた（真朗子 1921: 206）。

尼子主幹による開会の辞に続いて、司会者側から大瀬甚太郎と吉田熊次が挨拶をした。実は、この研究大会が多くの聴衆を集め、盛況を呈した理由は、八人の講演者が魅力的であっただけではなく、司会者に八人の著名人（学者や教育関係者）を揃えたことにもよる。その顔ぶれは、東京高等師範学校教授で文学博士の大瀬甚太郎、東京帝国大学教授で文学博士の吉田熊次、同じく東京帝国大学教授で文学博士の春山作樹、慶応義塾大学教授の小林澄兄、東京帝国大学助教授の入沢宗寿、同じく東京帝国大学助教授の阿部重孝、東京府視学の松原一彦、そして『教育学術界』主幹の尼子止の八名である。八名の司会者は、研究大会に毎日出席したわけではなく、それぞれが出席できる時に参加した。一日に一人ないしは二人が出席したようである。先述したように、『教育学術界』をはじめ、主要な教育雑誌にはこの研究大会の広告が掲載されていたが、なかには司会者の顔ぶれを紹介したものもあり、盛会への期待を掻き立てていた[6]。

大会の概要（スケジュール）と参加者

連日夕方六時から始まる研究大会では、まず登壇者が講演し、その後質疑とそれに対する答弁が行われた。ただし、五日目は講演者の片上伸と会場の都合で、午前八時から慶応義塾大学の講堂で行われた。また、八日目は小原國芳の都合で午前中に開催された。司会は、先述の八名のうちの一〜二名が務めている。講演は、どの論者もおおよそ二時間から二時間半ほどであったが、片上による三時間以上の長講もあった。質問者は少ないときは七日目の河野清丸に対しての三名、多いときは六日目の千葉命吉に対しての一五名であった。討論は、一時間程度行われ、その後は、毎日違う余興が用意されていた。初日は、「支那人李彩」の奇術、二日目は「錦心流琵琶」で「本能寺」が演じられた。その他に神楽や楽器の演奏、活動写真や講演など、会員が愉しめるように工夫されており、連日一一時頃に閉会した。また、主催者は広告通り、会期中の日中に希望者を三組に分けて市内見学の引率をした。学校、官庁街、工場、新聞社、公園などを毎日案内するという至れり尽くせりの対応であった（風塵子 1921: 207-217）。

なお、主催者が発表した「教育学術研究大会々員」二〇六〇名の府県別一覧（真朗子 1921: 207）を見ると、会員数が多い上位五県は、「神奈川県一五八人、三重県九一人、兵庫県九一人、福岡県八五人、北海道庁八〇人」であり、少ない県は「徳島県七人、石川県六人、樺太庁四人、沖縄県一人、浦塩斯徳一人」となっている。東京府の会員数は六五人で、意外に少なく、いわゆる「内地」のすべての府県から広く会員を得ている(7)。注目されるのは「朝鮮三一人、台湾二〇人、支那一二人、樺太庁四人、浦塩斯徳一人」と植民地、海外からの参加者が少なからず見られたことであり、各地における新教育への関心の高まりが看取される。

3　教育学術研究大会が終わって

研究大会の評価

この研究大会を評して、吉田熊次は「実に古来未曾有の「革新的講習会」であつた。而して其の間に講述せられたる八種の新教育主義は実に現時に於ける教育思潮を代表するものであつて、此等の新論を一堂に集め得たるは斯界［の］幸福である」（吉田 1921: 4）と讃えている。他の司会者たちも、同様に、八人の論者が唱道した教育論の内容の新奇さや共通の傾向を認めると同時に、それを集めて講演させ、「質疑と答弁」という討論の形式を採り入れたことに、その意義を認めている。八人の主張の共通性とその思想史的意義については後述することとし、ここでは研究大会そのものに対する評価について論じておこう。

はじめに触れたように、『教育学術界』以外のほとんどの雑誌は、この大会の論評をせず、無視するという対応をとったが、それは、この研究大会が既存の講習会を痛烈に批判し、それを改革する目的で開催されたものであり、当時の常識をはるかに越えた風変わりな催しであったことによる。この大会自体を直接批判した記事はほとんどみられないが、広島高等師範学校教育研究会の機関誌『学校教育』には、この大会で尼子が巨利を得たことを示唆する風刺漫画が載せられている（『学校教育』9-1: 22）。また、『教育思想学説人物史』を著した教育評論家藤原喜代蔵は、「出版企業家の尼子止」によって、八大教育主張は「大正教界界《ママ》に於ける最高権威の指導原理の如く妄想せらるゝに至つた」（藤原 1943: 472）と記しており、当時尼子は教育ジャーナリズムの世界では必ずしも評判が良くなかった。

一方、研究大会後、司会者として参加した教育学者たちは、一様にこの大会の斬新さを語っている。それは、大瀬甚太郎の言によれば、「現今本邦の教育界に於て言論上及び実際上一種の思想、見識を以て立つて居る人士を網羅して講師としたことに於て、又質疑応答の時間を設けた点に於て、普通の講習会と異なつて居たから」（大瀬 1921: 3）であり、阿部重孝も「所謂夏期講習会といふものの従来の形式を破つた新しい試みであつて、その意味で、教育界に貢献した所も決して少くはなからう」（阿部 1921: 13）と評している。また、聴講者の多さと彼らの真剣さ、会場の熱気に触れ、入沢宗寿は、「如何に同会が教育界の必要を感ずる所に合致したかを感得した」（入沢 1921: 10）

と感想を記し、春山作樹も、「尼子止氏の計劃的天才に敬服した」(春山 1921: 5) と述べている。

教員研修の普及と形骸化

さて、この大会の盛況は、小林澄兄が、「従来の天降り的、無生気の講習会に飽き果ててゐた一般の風潮にも基因した」(小林 1921: 8) と指摘しているように、その背景には、「講習会」と呼ばれていた教員研修の普及と形骸化があった。その主流である夏期講習会は、一八九〇 (明治二三) 年頃に始まり一九〇〇年代に盛行した。一九一九 (大正八) 年度の文部省の調査によれば、その年に開催された夏期講習会数は一二四八 (公設三七〇、私設八七八)、参加教員数は約一五万三二四五人 (公設四三三二七人、私設一〇九九二八人) であった (官報 1920: 20-21)。講習会には、文部省主催の講習会のほか、県単位、郡単位で自治体や教育会が主催するものや、各種教育関係協会、大学、師範学校などが開催するものがあった。大正期に入るといずれも文部省や県の政策を徹底させる趣旨で行われるものが増え、教員は参加することが当然であるかのように、半強制的に参加を求められていたという (佐藤 1999: 323-332)。当時の講習会の弊風を、真行寺は風刺をまじえて次のように語っている。

「県郡あたりで講習会をやると所謂其の筋の役人様のご機嫌迎合、其の癖自宅を出発するときには有らゆる愚痴を零しながらも、首――パン等の問題を考へてお勤めに出席して名簿の捺印を終れば便所へ行くなんて宜い加減に何時か失敬してしまふ。それが五日か若しくは一週間か過ぎれば講習証書は貰へる。履歴書へも書ける、首も安全だ。……［中略］……そして幹部も講師も講習員も亦共に不快不満の裡に会を閉ぢるといふのが在来の講習であつた」(真朗子 1921: 202)。

現代の教員研修の原型が垣間見られる、というと言い過ぎだろうか。教育学術研究大会は、こうした講習会に対抗するため、当時全国的に人気のあった夏期講習会の会期に重ねて開催されていた。この年、民間の講習会で最も権威があった帝国教育会は八月一日から八月一八日まで、茗渓会は八月一日から八月六日まで、東京女子高等師範学校の児童教育研究会は八月一日から八月六日まで夏期講習会を開催している（『帝国教育』467：広告）。地方の教育会が主催する多くの講習会も同時期に開催されたものが多く、こうした夏期講習会のラッシュ期に全国から二〇〇〇人以上の会員を集め、盛会を得たことは、上意下達式が常態化していた講習会のあり方に一石を投じることとなった。

八大教育主張の共通点

研究大会の後、八人の講演者に対する批判は多くの雑誌に掲載され、盛んに議論された。講演者によって批判記事の多少精粗があり、批判の記事を寄稿した者は帝国大学の教授から地方の一介の訓導までさまざまであった。それは、論者八人が「左程有名でもなし、肩書きも亦貧弱」（大塚 1921: 152）な講師であり、その主張が「平民的の講演」（湯原 1921: 616）であったため、現職の教員たちも率直な意見を発しやすかったからだと思われる。現職教員を広く教育論議に主体的に参加させたという点から見て、教員の批判的な思考や態度形成に果たしたこの研究大会の役割は注目されるべきであろう。

一方、当時、八人の教育主張の共通点はどのように捉えられていたのだろうか。吉田熊次は八つの教育主張に「貫流する共通性」は「活動的見地」であると述べている。「活動的見地」は、当時の時代思潮である「リベラリズム」や「デモクラシー」とその源泉を同じくするもので、その根底は「自我の主張」であるという。それ故、八大教育主張の共通性は、「人間及び人生を動的方面より評価せんとする点」にあると述べている（吉田 1921: 4）。いいかえれば、吉田は、八つの教育主張においては、子ども一人ひとりの個性（差異）が重視されており、この差異としての子どもたちが自分の意見をもちつつも、他者と交流・協働するところに生じる動態性を教育実践に活かそうとしている、と捉えている。吉田は、八人が発見した「真理」を見落とすことがないように、それらが「抱く所の貴き宝」を取り崩すことがないように、と聴衆・読者に注意を促している。しかし、こうした見方は、実体的な「活動」理解であり、後述することであるが、「活動」の源泉である「生命」を洞察しているとはいいがたい。

これに対し、南満州在住の訓導大塚常太郎は、この研究大会に参加した感想のなかで、八人の主張は児童に「思ふ存分の活動」をさせようとする「学習方法」を探究した点で一致していると記している（大塚 1921: 155-158）。ただ、八人は、「存分の活動」を解釈する上で重要な「教育現象を解決する第一原理」を違う言葉で語っていたのだという。大塚は、その第一原理は「生命」であり、「生命の本質に向かつて全力」で取り組むことこそ「学習」であると捉えている。彼は、この研究大会を通して、自分の思想の第一原理としての「生命」概念、そして「全力主義」という方法概念を得たと述べている。大塚のように、教師の多くは当時、哲学、文学、芸術の世界で高唱されていた、いわゆる「生命主義」にある種の憧憬を抱いていたとみられる。そのような教師たちに、八大教育主張はそれぞれの語り方で「生命」と「教育」とのかかわりを説き、それらは自らの実践課題と向かい合う多くの教師の「生命」と響き合い、彼らに自身の実践思想を形成させる契機となった。

『八大教育批判』について

尼子自身も研究大会の講演内容について評価をしている。尼子は、『八大教育主張』を出版した翌年の一九二三（大正一二）年に、四名連名の編書『八大教育批判』を出版している。同書は、『八大教育主張』に掲載されていた各講演の要旨を載せるとともに、各講演に対する論評をまとめたものである。その要旨は、講演内容の抜き書きのようなものであり、その論評は、肯定的なものもあれば、否定的なものもあるが、否定的なものは、その論拠も論理もまったく示さないものがほとんどで、講演内容を理解していないまま、ただ論者を非難しているように思われる。たとえば、千葉命吉に対する渡邊政盛による「一夜の思付き的状態」という評は、「排理想」という誤った論拠以外、何の論拠も述べられていない（尼子ほか 1923: 338）。

しかし、「結論」の末尾に示されている議論は、ここで確認しておくべきだろう。その著者（氏名は記載されていない）は、教育の「学究法」の第一は、「一定の人生観から教育の理想原理を求め」ることであり、第二に、その「理想原理」に照らして実際の教育の「根本基調」を構想し、第三に、その「根本基調」を「目的」とし、それを達成する「方法」を考案するべきであるという（尼子ほか 1923: 531）。しかし、著者は、「八大教育主張」の各講演者は「方法」を「目的」として語っているという。すなわち、各論者は共通して、「方法」を「原理」と定めていると。著者は、八人の考え方をまとめていえば、おそらく「衝動」を教育の基本概念とし、「衝動の理想化」を教育の方法原理としている、という（尼子ほか 1923: 533）。著者は、各講演者の「目的論」は「全人格から止むに止まれず迸り出たものであるか」と怪しみ、彼らは海外の学説から得た「教育の形式的原理の高調と樹立」にばかり努力し、生身の人生観という「実質的原理にはおかまひなし」であると断じている。なるほど、彼らは教育の「理想」を語っているが、それらは「哲学」「聖域」のなかにあり、「形而上的」「治外法権［的］」である、つまり「科学的」ではないし、普通の人には近づけない、と難じている（尼子ほか 1923: 532）。

こうした匿名著者が記した結論は、事実を誤認しているうえに、著者自身の見識不足を証しているといわざるをえない。たとえば、及川の講演内容は、なるほど「方法」中心である。しかしそれは、聴衆にとって講演内容がわかりやすいものとなるように、と考えてのことであり、後の章で明らかになるように、彼の教育思想は、彼の切実な「人生観」に裏打ちされている。他の講演者についても同じことがいえるだろう。さらに、彼らの語る「理想」

が「哲学」「聖域」のなかにあることは、なんら否定されるべきことではない。科学的ではない、通俗的ではないというのは、彼らの教育思想を批判する論拠にはならないからである。

ともあれ、以下、『八大教育批判』に記された批判を念頭に置きつつも、前述のように、大きな意義と魅力を湛えた教育学術研究大会において八人の講演者が展開した教育論の内容を端的にまとめてみよう。そして、その基底にあったと思われる思想的基礎を析出してみよう。順序は、尼子編版（一九二二年）の順序ではなく、講演の順序、すなわち玉川版（一九七六年）の順序である（各論者の単行本からの引用を除き、記されている引用頁は、著者名と玉川版の頁である）。

4　八大教育主張の概要

及川平治の「動的教育論」

及川の「動的教育論」の「動的教育」は、設えられた表象知を覚えさせる「静的教育」にかかわるべき教育形態であり、その大原則は、教育の当事者である子どものなかに存在する「事実」を重視し、子どもを「真理の探究法」に誘うことである。子どものなかに存在する「事実」とは、子ども一人ひとりの固有な能力・興味・境遇などであり、「真理の探究法」とは、この「事実」すなわち「地位」（よりよい状態を生みだそうとする必要性を生みだす情況）のなかで、子ども自身が「学習」（必要性を充たすための活動を構成すること）を深化させていけるような学習法である。「真理そのもの」は、表象知、すなわち命題・言明としての知識であるが、「真理の探究」は、表象知を使いながらも、子どもたち自身が自らの自発的な「活動」のなかで、「題材」（問題を解決する方途）を把握し、新たに表象知をつかみ取っていくことである。及川がこうした教育形態を「動的」と形容するのは、こうした教育形態における「真理の探究」が活動的だからであり、その「よりよき」に向かう「進歩」が「無限不断」だからであり（及川 28）、知識を踏まえつつも、生き生きとした「情意」「身体」「生活」と一体だからである。

この「進歩」の源泉は「人間の本性」としての「生命」である。及川にとって生命は「理想」に向かう力を蔵している。この生命は、生物学的な生命というよりも、自分の置かれた環境をよりよいものへと変革しようとし、真摯に生きる力である。知についていえば、この生命の力が、事物に「機能」「職能」（有益さ）を見いだす。たとえば「九九の職能は同数を早く容易（たや）すく加へたいといふ要求」を満足させるという「職能」である（及川 32）。情についていえば、この生命の力が「感情の移転性」、すなわち対象への「切実なる感情」（共感）を生みだす（及川 37, 35-36）。目的合理的である、共感的であることは、生命に由来する現象であり、子どもの学習の動機、つまり「自学」の契機である。「学習動機を起すには子供の生命に触れなければいかぬのである」（及川 38）。こうした及川の動的教育論は、千葉が評していうような「プラグマチックの思想で一貫してゐる」というよりも（尼子ほか1923: 433）、ベルクソンの生命思想を踏まえているというべきである。ベルクソンへの言及は、つづく稲毛金七の議論にも見いだせる。

稲毛金七の「創造教育論」

稲毛の「創造教育論」は、教育という営みを「創造」を根本原理として説明しようとする試みである（稲毛 57）。「創造」とは「自己超越」という意味で「自由」であり、その「自由」はベルクソンのいう「生命の躍動」が生みだすものである。人において生命が躍動しているとき、人は、なかば意識的、なかば衝迫的に、何らかの活動に専心している。その専心活動は、固有な営みであると同時に当人を普遍的に高める営みである。いいかえれば、人は、それぞれ「唯一者」すなわち代替不可能な存在であるが、同時に「全体普遍の何ものかを分ち持つ」存在である（稲毛 78, 61, 66, 69）。稲毛にとって、人生とは、ベルクソンの言葉を用いていえば「創造的進化」である（稲毛 61）。すなわち、不断に専心し、独自的（唯一的）かつ優秀なもの（全体普遍に貢献するもの）を新しく創出し続けることである。「教育」と呼びうる営みは、その営みにおいて生命が躍動している営みである。したがって、教育者は、子どもの「自由」すなわち「生命の躍動」を尊重しなければならない。それは、教育者の働きかけを否定することではなく、教育者が子どもの「創造」の営みを支援することである。したがってまたこの創造支援としての教育は、文化創造をもたらす教育である。

重要なことは、稲毛においては、人生を創造的に進化させる原動力が他者への無条件の「愛」である、ということである。すなわち、無条件に人を助け支え、その「生命の躍動」を高める営みとしての愛である、ということである。この愛が新たな命を生みだし、この生まれ出た命を慈しみ、その生育を無条件に助けるからである。この愛は、他者に向かっているにもかかわらず（向かっているからこそ）、自分を倫理的に高める。稲毛にとってこうした愛は、自分とともに、他者を本当の意味で「生かす力」である（稲毛 1915: 4）。つまり創造教育の唯一最高な原動力は、無条件の愛である。こうした稲毛の愛の思想は、『道徳と宗教の二源泉』におけるベルクソンの愛の思想を思い出させるだろう（ベルクソンの愛については、終章を参照されたい）。つづく樋口長市の講演においても、ベルクソンは言及されている。

樋口長市の「自学教育論」

樋口のいう自学教育は、知識教授としての教育に対する、子どもの「自学」によってその諸能力を十二分に発達させる教育である。「自学」は、自ら学ぶことであり、それは、子ども自身が学び方を身に付けつつ学ぶことである。樋口にとって、知識教授としての教育は、ヘルバルト主義の教育方法であり、知識によって情意が生ずるという「主智説」であるが、自学としての教育は、意志によって知識が増大するという「主意説」である（樋口 94）。樋口の主意説は、ショーペンハウアー（Schopenhauer, Arthur 1788-1860）の思想に由来する。樋口のいう意志は本能・衝動に含まれている。とりわけ重要なそれは、子どもの自ら発展伸長する力としての「学習本能」（「学習衝動」）である。この学習本能のなかに「作業本能」（「構成本能」）があり、これが目的を定め、それを達成しようとする目的合理的活動を生みだす。学習本能は意図ではないため、自学は偶発的に生じるが、自分の学びをふり返り、自分の学ぶ力を活性化させ、自分が「拡大」すると感じるとき、すなわち「自我の発展拡張」という「自我の自覚」が生じるとき、自学は意図的に生じるようになる。この「自我の自覚」、いいかえれば、自己認識活動は、私が私自身にとどまらず、他者へ、社会へと、拡がることを含意している（樋口 97, 100, 102-103）。

樋口は、こうした「自我の自覚」「自学」が私から他者、社会へと拡がるとき、社会はよりよくなるという。「自我の自覚」「自学」の源泉が「生命」に由来するからであり、いわば、自分と他者・自然との支えあい（共生）をその本態としているからである。樋口のこうした生命論は、ベルクソンやニーチェのそれである。それは、「自学教育論」以降の著作、『意的生命論に立脚せる余の自学主義の教育』（1925）、『生活教育学』（1935）に示されている。樋口の生命論は、「生命」を所与の存在と位置づけ、「生活」をそれが顕現するところと位置づけている。生命の本質は、よりよい状態に向かうことであるから、生命の力が顕現すればするほど、人の生活、社会の状態はよりよいものとなる。学校における「生活指導」も、生活準備のための指導ではなく、よりよい状態への動態・力動である生命を顕現させるための指導である。ただし、ここにアポリアが生じる。生活は、本来的に「自発的」であるから、指導されることになじまない。指導された生活は、指導を超えて「自発的」とならなければならない。「生命的であれ」「自発的であれ」という指導それ自体が、その内容に違背することである。

さて、つづく手塚岸衛の講演でも自発性が重視されているが、そこではベルクソンへの言及は見られない。

手塚岸衛の「自由教育論」

手塚のいう「自由教育」とは、徹底した「自学主義」に基づく教育である。手塚のいう「自学」は、樋口のいう「自学」とはいささか異なり、教科、教科外、そして自治活動のそれぞれの分野で、子どもたちが、「真・善・美」の体現・表現に向かい、独自の実践を活動的に展開することである。この「真・善・美」の体現・表現に向かう自己活動が、手塚のいう「自由」である。いいかえれば、真理に向かう努力、道徳に対する義務感、芸術に感動する感性に彩られた活動が、彼のいう「自由」である。手塚は、こうした「自由」を享受しつつ、「真・善・美」という規範によって外的自然（自然環境）・内的自然（内面性）を「統整」することを、ナトルプ（Natorp, Paul）の「新カント派理想主義」（実質的にはプラトンのイデア論）に依拠する篠原助市の言葉を用いて「自然の理性化」と呼ぶ。すなわち、外的自然から、論理規範によって概念世界が創造され、また美的規範によって美の世界を構成され、内的自然から、道徳規範によって善の世界が創造されることである。つまり、自由教育は「自然の理性化」を助け、自由の拡大を図ること、自由を享受しつつ、自然生活から文化生活を創造する営みである。

手塚によれば、こうした自由教育の原理である真・善・美という規範は、「理性」の現れである。理性は、人の心に内在するが、はじめから完全ではない。理性は、具体的な活動のなかで、真・善・美が洗練されるなかで、しだいに確立されてゆく。こうした、理性確立の過程、真・善・美という規範洗練の過程、そして概念世界・善の世界・美の世界の創造過程に、自然のなかで生きている子どもたちを導くことが、教師の仕事である。神にも動物にも味わうことのできないこの自由を体験することが、人の特権である。もっとも、手塚のいう理性は、かならずしも自然と対立するものではない。理性とは、自然のなかに含まれている神意だからである。しかし、手塚は、「絶片上伸において、文芸が語る「真理」の一端として、再びベルクソン的な論調で語られてゆく。ともあれ、この子どもへの無条件の信頼は、子どもへの無条件の信頼を思想的に敷衍する契機になったかもしれない。彼の議論はその道を辿らなかった。もしもその道を辿ったならば、手塚の議論は、手塚の実践が示している、子どもへの無条件の信頼を思想的に敷衍する契機になったかもしれない。

片上伸の「文芸教育論」

片上の「文芸教育論」は、当時の「修身」が語る倫理に対して、「文芸」が語る倫理を対置し、文芸が語る倫理が、人間が人間として生きることそれ自体であると語っている。つまり、文芸教育論は「人間の本性」から思考し「人間の本性を生かそうとする」教育である（片上 151）。片上にとって、人間の生活は、一人ひとりの人間が抱く複雑微妙な「生活意慾」が編み合わされることで生じる「一大交響楽」である（片上 157）。真の文芸作品は、この一大交響楽としての生の全体性（「オーガニズム」）、生き生きと伸長する「生命の力」を表現したものである。生の全体性を感受するためには、生活のあらゆる部分について「包全的に集中的に綜合的に観察批判」することが必要である。このような観察の態度が「文芸の精神」である（片上 1973: 25）。

片上の議論は、存在論的な「真理」を志向している。彼にとって「真理」とは、たとえば、教育学者のような何らかの「部局」（＝領域）の専門家があれこれと語る特殊で実用的な知識技能ではなく、いわば「素人」の人間としての「全体的な生活」のなかに、たとえば「余念なく花を見たり、空を見たり」することに潜んでいる。すなわち、実利的な問題解決の諸行為のなかにあるのではなく、「無事無為の時に於ける生活」のなかにある。それは「自ら全くし、自ら癒やす力」であり、「生々伸長して止まない生命の力」である（片上158, 157）。この生命の力は、人間をふくむ生命すべてに通底する真理であり、それはまた、この世界を貫く真理の一つである。こうした真理の存在を示すものが、子どもにすら見いだされる、真理を愛し真理を擁護する真理への勇気である。こうした、片上のいう生命の力は、彼自身は明示的に言及していないが、及川、稲毛、樋口に見られたような、ベルクソンの生命概念に大きく重なっている。このベルクソン的な生命概念は、続く千葉命吉の講演においても言及されている。

千葉命吉の「一切衝動皆満足論」

千葉のいう「一切衝動皆満足論」は、「創造教育」の原理として、「衝動」という肯定性を充足することを掲げている。「衝動」の「満足」(＝充足)が「善」を可能にするからである。千葉のいう「衝動」は、定型的で習慣的である「本能」でも、既知的で意図的である「欲望」でもなく、子どもの「どうしてもやりたい」という、根本的で動態的な、自然的で独自的な意欲であり、「満足」は、徹底的に完全に行うこと、すなわちだれもが肯定するように行うこと、生命の求めるところが達成され、その力が伸長することである。そこで達成されたものが、道徳的な「善」、科学的な「真」、芸術的な「美」、経済的な「利」、保健的な「健」である。それは、授業においては、子どもたちが、自らやると決めた問題について、資料を受けとり、問題を発見し、構成し、解決し、独創的に表現することである。したがって、千葉の議論は、既定の理想に向けて子どもを方向づける「理想主義」でもなければ、子どもの恣意を放置する「自然主義」でもない。それは、あくまで子どもの「衝動」を責任をもって「善」、完全性へと導くことである。

千葉にとって「善」は、「真」「美」「利」「健」よりも重要な価値概念であるが、それは客観的・規範的・趨勢的な価値概念ではない。その内容が「千差万別の個性的のもので内面的には絶対のもの」、すなわち「独創」だからである(千葉 209)。重要なことは、「善」――また「真」「美」「利」「健」――という価値ではなく、これらの価値が

「生命」から顕現することである。これらの価値は、実際の行為の徹底性の有無（大小）によって、つまり「生命」の顕現の有無（大小）に決まる。優れた発明家や芸術家に見られるその徹底性、その顕現は「生々した生命の溌剌たる発現」であり、その生命の力は子ども一人ひとりのなかにみなぎっている。教育において重要なことは、その力を「陶冶」の名の下に「囚へ」たり、「自由」の名の下に「浪費し」たりせず、その力と「相談」しながら、その完全な発現を励起することである（千葉 212-213）。こうした固有的で絶対的な「善」の具現に向かう「衝動」は、千葉自身も言及しているベルクソンの「生命」、また千葉は言及していないが、ハイデガーの「存在」を思い起こさせるだろう。ベルクソンの生命思想を自分の自学教育論の基礎にすえる樋口は、千葉の「衝動」を「人生の根源」であり、「すべてのものを燎き尽さんが如き強烈なる動力」と評している（尼子ほか 1923: 343）。続く河野清丸の講演は、モンテッソーリの影響下にあるといわれてきたが、その根底に見いだされるのは、ハイデガーの存在論に連なる「手」の思想である。

河野清丸の「自動教育論」

河野のいう「自動教育論」は、真・善・美を内容とする「人類の文化」の発揚を教育目的としてかかげ、その「人類の文化」の発揚を「自動」とする主張である。この「人類の文化」の発揚が「自動」であるのは、「人類の文化」の創造者が、他ならない自ら動く人類自身だからである。この「人類の文化」の創造者である人は、たんなる個人ではなく、超個人としての「全体」に支えられている。この「全体」は、個人を超える存在でありながら、個人に「理念」として内在している。この「理念」としての「全体」は、キリスト教の神のように造物主として人の外に据えられているのではなく、人の内に宿り、充分な働きかけとともに発芽する。したがって、「自動教育」は、子どもを放任する教育ではなく、子どもに自分の力を正しく働かせるために大人が指導する教育である。こうした河野の自動教育論は、成瀬仁蔵の「自学自動主義」をその土壌とし、モンテッソーリの教育思想をその養分として形成された、河野独自の教育思想である。

河野の自動教育論を支えているのは、「手」（いわば「マニエール」）の思想である。『手と人格』（1911）ではっきり語られているように、河野にとって、「手」は、頭が考える目的のために使用・規定されるたんなる手段ではなく、頭が考える目的を超えて「自然・宇宙の本質」に向かう無限の力である。頭が考えることは、実用的次元に位置しているが、「手」が向かうところは、実用的次元を超えている。それは「自然」とも、「真理」とも、「生命」とも、呼ぶことができる。手は、そうした超越性にふれるのである。したがって、真の教育目的を開き伝えるのは、頭ではなく、「手」である。頭が考える活動においては、すべては理論／実践という対立図式に収まるが、「手」が誘う活動においては、すべてが理論／実践という対立図式を超越する。こうした「手」の思想は、ヨーロッパの伝統的な「手仕事」の思想に連なり、またハイデガーの存在論にも連なる。さて、最後に登場した小原の講演は、これまでの及川、稲毛、樋口、片上、千葉、河野に見られたベルクソン的な生命思想への傾きをまったく欠いている。

小原國芳の「全人教育論」

小原の「全人教育論」は「一元的な教育理想」としての「人間」を核とする教育を説く。それは、樋口が求めるところ――「もつともつと色々の説が起らねばならぬ」――とは真反対であり（樋口 104）、すべての主義主張が収斂する価値規範である。小原は、この全人教育の主題をフレーベルの「人間教育」（Menschenerziehung）に見いだし、その「根本問題」（＝必須事項）は「哲学」であるというが、その「哲学」は「真善美聖」という「絶対価値」規範の宣揚に帰着している。すなわち、全人教育は、それらを理解させる「真育、善育、美育、聖育」を足したもの、さらにこれに「経済、制度、軍事」などの「実際の教育」を加えたものである（小原 282）。

こうした全人教育論は、二項対立を自明化し、その一元化を正当化するために、さまざまな思想を一言で表象し文脈を無視し接合するという恣意的概念操作を行う。小原は「二元の対立」が「人間の本質」であり、それゆえに人は「苦悶」するが、それにもかかわらず、「一元」の教育理想を説かなければならないという。そして、この二元から一元への転態を語るために、小原は「反対の合一」という概念をもちだす。これはcoincidentia oppositorum（コインシデンティア・オポジトルム）というラテン語の訳語である。しかしこれは、小原が理解しているような「ブルーノー」がいったことではなく、ニコラウス・クザーヌス（Nicolaus Cusanus 1401-1464）が用いた言葉であり、また矛盾対立する二項が合一することではなく、有限者の人の観点からは、たとえば「悪」と見えるが、無限者の神においては「善」である、という「対極の一致」である。人と神は同一の地平に位置していないので、coincidentia oppositorumは、小原がいうような「対立」「矛盾」ではない。また、小原が求める二元の一元化は、つきつめていえば、人が神になることを求めることであるから、古代ギリシア的に考えるならありうるが、キリスト教的に考えるならありえない。それは、神をまったく畏れない涜神行為である。小原は「対極の一致」をまったく理解していない。たとえば、神学者ブルンナー（Brunner, Emil 1889-1966）は、イエスという「媒介」(Mittler) のみが人と神を隔てられたままにつなぐと考え、二元の一元化のような考え方を「神秘主義」として退けている（Brunner 1927）。同じような疑問が他の多くの思想家への言及についても生じる。たとえば、「知情意」の「三分説」は「カントによって襲用され」ているのか、スピノザは「意慾はすべて善である」といっているのか、ラッセルは「衝動生活を高調」しているのか、などである（小原 259, 281, 286）。

ともあれ、確認したいことは、全人教育論には、固有な情況における固有な個人のうちの固有な言葉を聴きとるという、繊細な文脈内認識が見いだせないことであり、ベルクソン的な生命思想が語っている無条件の愛も見いださせないことである。なるほど、小原は「フレーベル」に言及し「神」に言及するが、彼はフレーベルの思想を彩るキリスト教的な敬虔さを体現しているのだろうか。小原の思考は「「人間」を人間らしく作る為に!!」という言葉に象徴されているように（小原 290）、「神」を利用し、価値規範を掲げ、その実現を迫る作為中心の思考に見える。たしかに、彼が挙げる教育方法は、他の講演者たちが語るところと似ているが、そこで重視される「その人自身の「人」」は、個人の憤りや喜びのような「真情」であり（小原 295）、ベルクソンが語ろうとしているような、論理的遡及によって了解される「生命」ではない。全人教育論は、そこに書かれていることから判断するかぎり、「八大教育主張」のなかでは最もベルクソン的な生命思想から、したがって真にキリスト教的な愛の思想から遠い言説、といえるだろう。

5　アガペーとしての愛の出現

「大正自由教育」か？

以上のような八大教育主張講演会の内容は、むろん講演者の教育思想全体の要約とはいえないだろうが、それでもその魅力を伝えている。その魅力は、私たちの見るところでは、一般的に理解されている「大正新教育の本質」とはずれている。これまでのところ、大正新教育の本質は基本的に「自由」に見いだされてきた、といえるだろう。中野光の『大正自由教育の研究』という書名が、端的なその例証である。当時の証言をあげよう。佐々木秀一は一九二三（大正一二）年に「……自由を教育上の大方針とすべきことは、現時の世界思想界教育界の大勢で［ある］」と述べている（尼子ほか 1923: 519）。彼のいう「自由」は「特異性の発揚」「自然の発達」と同義である。槙山栄次は同じく一九二三年に「最近著しく目立つて来た現象は、特異性の発揚に力瘤を入れることである。各人の与へられた天性は、其の伸び得る所まで支障なく伸ばしてやらなければならない。余計な干渉をしたり世話を焼いたりするのは、反つて自然の発達を害ふものであるとは、革新的気分の充ちてをる所に必ず聞かされる声である」と述べている（尼子ほか 1923: 508）。

この子どもの自由を尊重する教育論が、新カント派理想主義と結びつくのは、その「特異性」や「自然」のなかに「理性」が内蔵されているからである。たとえば、手塚がかかわった千葉県師範学校附属小学校の教員が立ち上げた「白楊会」（1919-1926）は、「自由教育」を掲げ、子どもの「自由意志」だけでなく「教育者の自由意志」を尊重し、「自律的、人格的自由主義」を教育の理想・原理としていた。そして、よく知られているように、その手塚たちが頼ったところは、デューイの「実用主義」を退け、リッケルト、コーエン、ナトルプの「新カント派理想主義」に依拠し「批判教育学」を説いた教育学者の篠原助市であった（中内 1973: 312-313, 322）。中内は、その事実を踏まえつつ、「新カント派理想主義」に依拠するこの自由教育論は、反官立と同時に反民衆という傾きをもっていた、という。「反官と同時に反「衆愚」の立場をとるのが、一九二〇年代の教育改造運動、なかんずくそのなかの新理想主義系統のリーダーに共通にみられたところである」と（中内 1973: 350）。中内は、なぜ「反「衆愚」の立場」をとるのか説明していないが、これもまた子どものなかに「理性」を見いだすからではないだろうか。

中内はまた、八大教育主張も「新カント派理想主義」に彩られていた、と述べている。「この立会講演会は、……その教育意識では、同時期、すでに批判的理想主義的なものの考え方が教員による教育改造運動の主流になっていたことを伝えている事実」であり、「この講演会で、理想主義的な、ないしは人格主義的な「自由」概念を批判ししりぞけたのは、八人中唯一人の非教員層からの代表者片上伸だけであった」と述べている（中内 1973: 334）。はたしてそうだろうか。批判し退けていないから賛同者であるとはいえない。「理性」と「理想」を重ね、

「自由とは自然の理想化ではない」と断言した千葉命吉の言葉を引いておこう。「児童の自然性を教師の理想で化して行つたら之は純乎たる非自由主義だ」(尼子ほか 1923: 178)。また、永野芳夫も同様の理由から「私はわざ〳〵かうした哲学〔＝新カント派理想主義〕をかりて来て自己の主張する主義の根もとにおくことをその主張者のために悲しむ」と嘆いている(尼子ほか 1923: 182)。そもそも、「八大教育主張」だけでなく、大正期の教育改革運動全体は、「自由教育」という概念でくくられるものではないのではないか。大正期の教育改革運動のなかで「自由教育」がどのくらいの勢力であったのか、わからないが、すくなくとも八大教育主張のなかで、「新カント派理想主義」に依拠し「自由」を掲げている講演者は、永野が「悲しむ」手塚だけである。

愛を伏在させる大正新教育

しかも、その手塚にしても、その実践を支えていたのは、「新カント派理想主義」に由来する「自由」(＝理性に向かう意志の自由)すなわち「自然の理性化」ではなかったのではないか。その実践を根底的に支えていたのは、子どもへの無条件の信頼ではなかっただろうか(第9章参照)。手塚のみならず、実際に「八大教育主張」の論者の教育思想を吟味するとき、私たちは、小原以外には、「新カント派理想主義」を文脈とする自律性・人格性に結びつく「自由」に還元できない、むしろ、そうした「自由」を超える教育の理念を見いだすことができる。それは、「自学」「自動」「動的」「生活」そして「生命」といった言葉が前提にしている「愛」という理念である。それは、及川の言葉を引くなら――「愛」とは呼ばれていないが――「彼の苦しみは我れの苦しみ、彼の喜〔び〕は我れの喜び」という共感情であり、「根本価値」としての「生命夫れ自身」の顕現であり、「自他共に生きやうとする」人の基礎である(及川 23, 31)。片上の言葉を引くなら、それは「一切の生活意慾」に通底する、当の「生命を照らし温め、生き伸ばしめる」働きであり、「教育」「教化」「感化」「陶冶」「薫陶」を存立可能にする力である(片上 161)。

その愛は、「郷土愛」や「愛国心」のような、対象を特定された、徳目（規範）としての愛ではなく、人が人として生き生きと生きているかぎり、その生がすでに日常的に前提としている営みである。それは、見返りや対価を求めず、意図や思惑を伴わない、自然的で無条件の、気遣いである。それはまず他者に対する働きかけであり、その他者に対する愛が自分自身を大切にするという自己に対する愛を生みだす。この無条件の愛を語るために論者たちが用いた言葉のほとんどすべては、キリスト教的なニュアンスを伴っているように思われる。少なくとも、彼らが用いている「愛」という言葉は——キリスト教的なニュアンスだけで意味づけられてはいないが——最も深いところでキリスト教的なニュアンスで意味づけられているように思われる。

その愛は、ある一つの命が、何らかの意図や意味とは無縁のまま、別の一つの命に引き寄せられ、ともに在ろうとしてしまう衝迫である。その衝迫は、通俗的な価値、いわゆる「善」「美」による価値づけを結果として伴おうとも、それらに還元することはできない。この衝迫としての愛こそが、手塚、小原を除く六人、すなわち及川、稲毛、樋口、片上、千葉、河野の思想に共通して見られる「生命の力」である。教育の場面についていえば、この愛を喚起する生命の力としての愛は、たとえば、子どもが花の絵を書くときに、その子どもの心が惹きつけられている、その花の生き生きとした輝きである。再び片上の言葉を引くなら、子どもの心を惹きつけるものは「形は畸形であつても不自然であつても、小供の感じのそのままに平気で大胆に強く出てゐるもの」である。それは「さういふ形のいびつなところなどに文句を言はせないで、観るものに快い自然な微笑を惜しませない力」である。片上は、そうした心を惹きつける力が「本当の力、本当の自然、本当の生命」ではないか、と述べている（片上 1973: 191）。ある子どもが眼前の一つの花にただ惹きつけられることが、子どもの花への愛である。それは、教師の子どもへの愛と同型的であり、またそれは、キリスト教の神の人への愛と類比的である。キリスト教の「隣人への愛」は、この神の人への愛を、人があずかり、まねぶところに生じる。

キリスト教的な愛

簡単に確かめておくなら、手塚、小原以外の八大教育主張の論者が言及暗示するベルクソン、そしてニーチェの思想は、ともにキリスト教的な愛を提唱している。こう述べるなら、ベルクソンはともかく、ニーチェについては奇異に感じられるだろう。ニーチェといえば「アンチ・クリスト」を唱えた人だからであり、「愛」よりも「力」を説いた人だからである。この時代においても「ニーチェ主義」といえば、キリスト教的な一夫一婦制を支える愛〈恋愛〉を唱導する「ヴィクトリアン・モラル」すなわちいわゆる「道徳」に対立する、「衝動充足」を是とする「力」の思想を指していた。図式的に表現するなら、ニーチェ主義は、欲望肯定の自己重視の態度であり、キリスト教的な欲望否定の利他主義の態度の対極にある、と語られていた。

しかし、ニーチェの思想の核にあるのは、愛に生きる命への賛歌である。あらためて論じるべきことであるが、さしあたり端的にいえば、その愛は、キリスト者を批判し続けたニーチェが倣おうとしたイエス・キリストが体現した生き方である。ニーチェにとって、最終的に魂が求めるところは、自分を超えて他者を愛し、そして消え去ることであり、それが美しさであり、「神的な望み」である。「美しさはどこにあるのか。……私が愛しそして消え去ることに。それによって、一つの形姿は、たんなる形姿のままにとどまらなくなる。愛することと消え去ることは、永遠の昔から結びついている。愛を意志すること、それは、喜んで死ぬことである」と（Nietzsche 1999, Bd. 4, AsZ: 157）。この言葉は、人を愛し、そして十字架に架けられて死んだイエスを思い起こさせる。そして、次の一節は、マタイ伝の有名な一節――「自分の命を惜しむ者は、それを失い、私のために命を失う者は、それを見いだす」――を思い起こさせる。ニーチェは「……私はあなたたちを愛する。命を惜しもうとしないあなたたちを。消え去るあなたたちを、私は、愛のすべてをかけて愛する」と述べている（Nietzsche 1999, Bd. 4, AsZ: 251）。

八大教育主張の愛とは何か──賀川豊彦の生命思想にふれつつ

八大教育主張の論者が語ったキリスト教的な愛を浮き彫りにするために、大正・昭和期のキリスト教（プロテスタント）社会運動家である牧師の賀川豊彦（1888-1960）の生命思想を参照項としよう。鵜沼裕子が明確に纏めているように、賀川の思想は、キリスト教的な「愛」を社会の基礎とすることを論じるものである（鵜沼 2011: 232）。賀川にとって、このキリスト教的な愛が社会を人びとの内側から結びつける力である。賀川は、パウロに親しみ、イエスのように生きようとしたキリスト者である。彼にとって、信仰のないところに愛はなく、愛は信仰を必須とする。しかし、賀川にとっての信仰は、いわゆる「信仰告白」の「信仰」ではない。それは、イエスの死がすべての人の罪を贖うという贖罪論の教義を前提に、自分を罪人として位置づけ、その罪を引き受けてくれたイエス、イエスを使わした神に感謝し、その言葉にしたがって生きることである。つまり、贖罪論の教義によって自分の生を方向づけることである。これに対し、賀川にとっての信仰は、前述の贖罪論を踏まえつつも、贖罪論の教義によってというよりも、自分に内在する「生命」によって、自分の生を方向づけることである（全集 4: 51; 1: 315）。

賀川のいう「内在的生命」は、古くからあるキリスト教の概念「内在神性／内在恩寵」(inner Divinity/inner Grace) のコロラリーである。内在神性論は、たとえば、ルソーにも、ペスタロッチにも、フレーベルにも見いだされるが、さかのぼれば、ルターにも、アウグスティヌスにも見いだされる。その起源は、論者によれば、新約聖書のパウロの書簡にあるといわれる（たとえば、Cary 2008 を参照）。ともあれ、たとえば、フレーベルは『人間教育』で「すべてのもののなかに宿り、働き、満ちるのは、神的なもの、神である」と述べている。フレーベルにとってこの「神的なもの」は「生命」であり、教育の目的はこの「神聖な生命を顕現させる」ことである（Fröbel 1982, Bd. 2, M: 7-8）。アウグスティヌスは、初期の著作である『真の宗教』において、この内在する神性／恩寵をすでに「真理」と位置づけている。彼はそこで、真理を探究する者は「外に出て行くな。あなた自身のなかに帰れ。真理は内在する人間に住んでいる」と述べている（Augstinus, VR: Caput 39. 72）。また後年の『キリストの教え』においては、この内在する神性／恩寵は「肉となって人のなかに宿る」「変わることのない神」の言葉である。その言葉が人に命じることは「互いに愛し合うこと」であり、その愛は、人を「その人以外の理由から」ではなく、すなわちその人の能力を使うためではなく、「その人自身として」、すなわちその人の命に与るために、愛することである（Augstinus, DC=1988: 41［第1巻 第13章］, 49［第1巻 第22章］）。

この内在神性としての生命は、自己を肯定するが、自己を絶対化せず、また他者を肯定するが、自他を全体化しない。よりよく生きる原理を自己のうちにただ見いだすだけなら、それは、他者の固有性を無視看過する個人主義的な自己の絶対化の契機となるが、その原理が自己を超える神の愛に与るところであるなら、そのような慢心傲慢には陥らない。〈私〉は神の愛に救われて在る一命だからである。また、他者とともに生きることを集団・民族・国民・国とともに生きることとして範疇化してしまうなら、それは、一人ひとりの固有性を無視看過する集団主義・民族主義・国家主義的な全体化の契機となるが、そのともに生きる力が人を超える神の愛に与るところであるなら、そのような錯認誤謬には陥らない。人は愛の神に向かうべく共に生きる一命だからである。賀川にとって、そのような自己絶対化の慢心傲慢、自他全体化の錯認誤謬から無縁に、アガペーとしての愛を体現した人が、イエスであった。賀川は、神の愛の具現とは「ナザレの大工イエスに於いて、宇宙の底にあった不思議な愛の霊力が、露はに表面に出て来て、最も尊い人間の結実を示してくれたことである」と述べている（全集 3: 191; 鵜沼 2011: 233）。

賀川のように、神という、人から隔てられつつ人を愛する存在を前提に生命を語る場合、生命は愛の源泉であり、すべての価値を基礎づける倫理であるが、八大教育主張の論者たちは、賀川ほど明確にキリスト教的な神を前提に語っていない。とりわけ、真・善・美などの価値が生命／愛を前提にしてはじめて成り立つことが、説得的に語られていない。そのため、八大教育主張の生命論は、多義的な解釈にさらされ、説明不足を指摘されることになったのではないだろうか。

6　アガペーとしての愛の思想史的位置

自由・平等・同胞愛——近代的理念

拙速ながら、端的な思想史的位置づけを試みるなら、大正新教育の理念としてのキリスト教的な愛は、明治以来、日本に導入されてきた「自由」「平等」という近代的理念から区別される理念であり、それは大正期にはじめて明示的に語られるようになった近代的理念である、といえないだろうか。この愛は、フランス革命を導いた理念、すなわち「自由・平等・同胞愛」(Liberté, Égalité, Fraternité) といわれるときの「同胞愛」である。Fraternité は、一般に「博愛」「友愛」と訳されているが、本来のそれは charité（シャリテ）、ラテン語に遡っていえば、caritas（カリタス）であり、さらにギリシア語に遡っていえば、agape（アガペー）である。それらは「隣人への愛」を意味する。この隣人は、近隣住民、同じ血族、同じ民族、同じ国民のことではなく、偶有的に〈私〉に助け・救いを求める他者すべてであり、人が無条件に愛する相手が隣人である。

そうであるとすれば、大正新教育の語るアガペーとしての愛は、いわゆる「日本的「教育愛」」とは相容れない。中内は、大正新教育のなかにアガペーとしての愛を見いだそうとしていないが、彼は、私と公の区別がなくなるような、いいかえれば、家庭生活のような私事に国家権力が介入し、また国家権力を構成する私事が醸成されるような日本的「教育愛」は、アガペーとしての愛ではない、と述べている（中内 1973: 170-171）。このアガペーとしての愛は、賀川の社会運動に体現されているように、私と公の区別、個人と国家の区別といった二項対立とは無縁の、人間性それ自体の、すなわち本来的な意味の社会性それ自体の基底である。本来的な人間性も社会性も、神意に連なるという意味で、世俗に満ちている私欲・価値を超えている。アガペーとしての愛は、私のなかに固有性を見いだす自己への愛などではなく、私と他者との関係性のなかに自・他の固有性を見いだす自他への愛である。

このアガペーとしての愛は、多様性の許容、不断の自己反省の台座（存立条件）である、といえるだろう。いいかえれば、一元性僭称、自己正当化は、アガペーとしての愛と相容れない、といえるだろう。『ルカの福音書』（18.9-14）のイエスの言葉に示されているように、神の愛を贈られる者、すなわち神の愛を人に贈る者は「自分を高くする者」ではなく「自分を卑しくする者」である。「自分を卑しく」すれば、他者の考えも受け容れやすくなる。たとえば、樋口は「一説が起るとそれだけが流布して、何でもかでもそれでなければならぬやうに考へられるのは実に我教育学術界の恥辱である」と述べている。もっと多様な教育学説が登場すべきであると。そして人は「すべての人の説は聞いて参考するに留め、都合のよい点は取つて以て自らの説の材料にするといふ位の考［え］」をもつべきだ、と続けている（樋口 104）。また、千葉は「主義相容れざるも敢て斥けず　一人一主義だ　反対矛盾を許さずんば　独創生れず……［中略］……汝行くな　拒むものに／然れども求めよ　必ず与へらる」と述べている（千葉 1923: 序4-5）。自説以外はすべて酷評し自説を声高に正当化することは、教育学者が「教育学者」として、つまるところ、人が「人」としてとるべき態度ではない。樋口や千葉が推奨する多様な学説の許容、自説の不断の反省更新という態度は、他者の存在を根底から肯定する態度を前提としつつ、他者とともに在ることに自己の固有性の土台を見いだすという態度である、といえるだろう。

アガペーとしての愛のアポリア

ふり返ってみれば、明治以来、日本の社会は「自由」「平等」を積極的に摂取し制度化していった。明治期に形成された公教育制度は、教育による「自由」(自律性の形成）と教育への「平等」(成功の機会の均等）を具現化しようとする制度である。しかし、このアガペーとしての愛は、制度化されなかった。おそらく、アガペーとしての愛は、制度として取り入れられるものではなく、具体的な社会的活動のなかに見いだされるものだからだろう。いいかえれば、それは「言行に明確に表現することの出来ない、沈黙の裡に蔵するところ」「言説を絶して人間の内心生活を暗黙のうちに支配しもしくは支配する」ところに見いだされるからであろう。賀川の社会運動は、まさに言説を超えるアガペーとしての愛の現れとして理解することができよう。

ともあれ、この第三の近代的理念であるアガペーとしての愛は、大正新教育において、はじめてではないにせよ、日本の教育界に導入された、といえるのではないだろうか。そして、そうであるすれば、それはまた、大正新教育の試みが被る困難もまた暗示しているといえるだろう。というのも、アガペーとしての愛は、いわば「代用不可能であつて他の何物とも代へること」ができない「個性価値」(及川 43）を浮かびあがらせるという意味で、制度化にも、規範化にも、方法化にもなじまないが、実際の教育活動は、存在論的思考から縁遠い実践者たちによって、絶えず制度化、規範化、方法化の圧力に晒されているからである。後代の人から見れば、この制度化、規範化、方法化された大正新教育が、大正新教育の本態に見えるだろうが、それは、アガペーとしての愛を捨象しているという意味で、大正新教育の思想的本態ではない。ようするに、八大教育主張講演会は、魅力的な講演者を集め、教員の思考力を高める、形骸化していた教員研修とは比べものにならない、まさに「革命的講習会」であったが、その講演内容も、たんに自由・自動・活動を重視する教育方法を提示したという意味においてではなく、アガペーとしての愛に連なる生命思想を教育の基礎として語ったという意味において、まさに画期的内容であった。

注

（1）八大教育主張講演会に関する本格的な研究がなく、その教育史的な評価が定まっていないことについては、堀松武一が指摘していたが（堀松 2012: 17）、最近の橋本美保の研究は、講演会の実態や盛会の背景およびその教育史的意義について詳述している（橋本 2015）。

（2）研究大会の速記録を元に出版された『八大教育主張』（一九二二年）は、一二版を重ねて一万二〇〇〇部を、『八大教育批判』（一九二三年）は七〜八〇〇〇部を売り上げたという（尼子 1928a: 101）。両書は、新教育運動の全国的な普及と展開に重要な役割を果たしたといえよう。なお、出版社モナスは、『八大教育主張』の売り上げ純利益一万円（現在の価格に換算すると、およそ六〇〇〇万円）を資本にして設立されたという。

（3）後述のように、この大会は既存の夏期講習会の会期に重ねて開催された。すでにこの年の夏期講習会の講師や責任者となることが決定していた人物については、当初から尼子は八人に選定できなかった可能性がある。木下竹次、北澤種一、藤井利誉らはこの大会の「参与」とされている（『教育学術界』四三―一）。

（4）「後援」には、以下の団体の名が挙がっている。帝国教育会、茗渓会、初等教育研究会、児童教育研究会、東京府教育会、家事研究会、教育研究会、内外教育評論、小学校、教育時論、教育界、国語教育、創造、教育論叢、教育問題研究、明日の教育、理科教育、現代教育、農業教育、啓明、日本学校衛生（『教育学術界』四三―三）。

（5）後年小原國芳は、この時の様子を「集るもの恐らく四千名を超えたろう。大講堂ミッシリ。廊下もぴっしり。窓も鈴なり。熱狂そのものだった。ホントに湧き立った」と述べている（小原ほか 1976: 4）。

（6）『教育学術会』の会員募集広告では、「開会中座長の任に当る」司会者として、大瀬甚太郎、春山作樹、吉田熊次が予定されていた（『教育学術界』四三―三）。『教育研究』の誌上広告でも、この三人が司会の予定とされている（『教育研究』224: 74）。

（7）各種教育雑誌の広告によれば、このころには、宿泊を伴う夏期大学や温泉地での学会などが盛んに行われていた。その背景には、一九一七（大正六）年に大戦景気が最高潮に達したことや、大正時代に国鉄の路線がほぼ全国的な鉄道網を完成したことによる「観光」（＝ツーリズム）の大衆化があったとみられる（澤／瀬沼 1968: 154-155）。

文献

『学校教育』第九巻第一号（第一〇三号）、広島高等師範学校教育研究会
『官報』（一九二〇）第二三二九号、大蔵省印刷局、日本マイクロ写真
『教育学術界』第四三・四四・七〇・七五巻、大日本学術協会
『教育研究』第二二四号、東京高等師範学校初等教育研究会
『帝国教育』第四六七号、帝国教育会

＊

阿部重孝 1921「教育学術研究大会列席感想」第四四巻第一号、大日本学術協会
尼子止水 1921「巻頭之辞」『教育学術界』第四四巻第一号、大日本学術協会
尼子止 1928a「八大教育主張の講習会」『教育の世紀』第六巻第一号、教育の世紀社
尼子止 1928b「恋愛、坐禅、自殺――高島平三郎先生の教訓」『教育週報』第一八六号、教育週報社
尼子止ほか 1935「教育学術界三五周年記念創刊当時の思ひ出を語る会」『教育学術界』第七〇巻第五号、大日本学術協会
尼子止水ほか共編 1923『八大教育批判』大日本学術協会
稲毛詛風 1915『教育の悲劇』内外教育評論社
入沢宗寿 1921「教育学術研究大会列席所感」『教育学術界』第四四巻第一号、大日本学術協会
鵜沼裕子 2011「賀川豊彦試論」『日本キリスト教史における賀川豊彦――その思想と実践』新教出版社
大瀬甚太郎 1921「教育学術研究大会に就いて」『教育学術界』第四四巻第一号、大日本学術協会
大塚常太郎 1921「教育学術研究大会所感」『教育学術界』第四四巻第一号、大日本学術協会
岡田怡川 1937「尼子主幹の逝去を悼む」『教育学術界』第七五巻第二号、大日本学術協会
小原國芳ほか 1976『八大教育主張』玉川大学出版部（原著一九二二年 ただし、尼子止編）
賀川豊彦 1962-4『賀川豊彦全集』全二八巻 キリスト教新聞社（「全集」と表記）
片上伸 1973『文芸教育論』玉川大学出版部（原著一九二二年）
教育週報社 1926「全国教育家名簿」（尼子止の項）『教育週報』第四四号、教育週報社

小林澄兄 1921「教育学術研究大会に就いて」『教育学術界』第四四巻第一号、大日本学術協会
佐藤幹男 1999『近代日本教員現職研修史研究』風間書房
澤壽次／瀬沼茂樹 1968『旅行一〇〇年』日本交通公社
真朗子 1921「教育学術研究大会前後記」『教育学術界』第四四巻第一号、大日本学術協会
千葉命吉 1923『独創主義教育価値論』同文館
中内敏夫 1973『近代日本教育思想史』国土社
春山作樹 1921「研究大会列席其夜の印象」『教育学術界』第四四巻第一号、大日本学術協会
風塵子 1921「教育学術研究大会奇録」『教育学術界』第四四巻第一号、大日本学術協会
藤原喜代蔵 1943『明治大正昭和教育思想学説人物史』東亜政経社
橋本美保 2015「八大教育主張の教育史的意義」『東京学芸大学紀要』総合教育科学系Ⅰ、第六六集
堀松武一 2012『大正自由教育と千葉命吉』私家版
湯原元一 1921「教育学術研究大会に序す」『教育学術界』第四三巻第四号、大日本学術協会
吉田熊次 1921「八種の教育主張に就いて」『教育学術界』第四四巻第一号、大日本学術協会

＊

Augustinus, Aurelius S. *Aurelii Augustini Opera Omnia: Patrologiae Latinae Elenchus*［www.augustinus.it/latino］.
　DC＝*De doctrina christiana*, in PL 34.＝アウグスティヌス（加藤武訳）1988「キリスト教の教え」『アウグスティヌス著作集』第６巻、教文館
　VR＝*De Vera Religione*, in PL 34.＝アウグスティヌス（茂泉昭男訳）1979「真の宗教」『アウグスティヌス著作集』第２巻、教文館
Brunner, Emil 1927 *Der Mittler: Zur Besinnung über den Christusglauben*. Tübingen: J. C. B. Mohr.
Cary, Philip 2008 *Inner Grace: Augustine in the Traditions of Plato and Paul*. Oxford: Oxford University Press.
Fröbel, Friedrich 1982 *Friedrich Fröbel Ausgewählte Schriften,* hrsg., Erika Hoffmann, 5 Bds. Stuttgart: Ernst Klett.
　M＝ Die Menschenerziehung（Bd. 2).
Nietzsche, Friedrich 1999 *Friedrich Nietzsche sämtliche Werk: Kritische Studienausgabe*. 15 Bdn. Berlin and New York: Walter de Gruyter.＝

ニーチェ（浅井真男・薗田宗人ほか訳）1979-87『ニーチェ全集』第Ⅰ期12巻、第Ⅱ期12巻 白水社.
ASZ = *Also sprach Zarathustra* 1-4 (Bd. 4). =1982「ツァラトゥストラはこう語った」（Ⅱ・1）

第6章　及川平治の動的教育論――生命と生活

Oikawa Heiji's Theory of Dynamic Education: Seimei (Life Force) and Seikatsu (Livelihood)

橋本　美保

〈概要〉　本章では、及川平治の著書『分団式動的教育法』『分団式各科動的教育法』、とりわけ後者で展開されている動的教育論が、主にデューイやベルクソンの影響を受けながら、及川独自の思想を形成していったことが示される。及川の動的教育論は、第一に、すべての事象を「動的」すなわち変化・関係の「過程」とみて、人は理想・価値を志向しつつその「過程」を「統御」しようとすると捉え、第二に、人の活動を目的達成の営み、すなわち固有の「地位」（＝情況）のなかで「知識」を体得しつつその「地位」をよりよく改善する営為と捉え、第三に、この活動を「生命」が求めるものを達成しようとする営み、すなわち「需要」を満たし「興味」を深め「問題」を解決する営みと捉える。及川にとって、「生活」の本質はこうした「活動」であり、「生命」は、試行錯誤を伴いながらも、基本的に何らかの「理想」に向かう「活力」に溢れる根源的な力であって、教育は「生命」に即した「生活」そのものでなければならなかった。

1　はじめに――及川の経歴と実践課題

及川平治という人物

及川平治（1875-1939）は、「大正新教育」（「大正自由教育」）と呼ばれる大正期の教育運動を象徴する人物の一人であるが、高等教育を受けて教育学者となったいわゆる知的エリートではない。彼の最終学歴は宮城県尋常師範学校卒業である。しかし、一九三九（昭和一四）年、六三歳で逝去するまでのその生涯は、教育実践への篤い想いに溢れ、また教育研究への堅忍不抜の努力で貫かれていた。彼は、苦学独学の教育思想家にして教育実践家であった(1)。及川平治の胸像には「新教育ノ幕ヲ開カン、凡テノ人ノタメニ」「凡テノ子供等ノ為ニ私ノ凡テヲ捨テゝ」と刻まれている。これは、彼の生き方を端的に表した言葉である。彼がその人生を懸けて実現しようとした教育の理想、それは「大正新教育」という教育運動の一脈を形成し、当時の教師や学校を変えていった。以下、及川の略歴を踏まえつつ、及川の思想の基底にあって、彼の生涯を貫く活動の原動力であった「動的教育論」の形成とその特質について論じたい。

遊学と立身出世の夢

及川平治は一八七五（明治八）年、宮城県旧栗原郡で農家の次男として誕生した(2)。小学校を卒業し、代用教員などを勤めた後、一八歳で宮城県尋常師範学校に入学した。同校を卒業すると、母校の附属小学校の訓導として勤務した。このとき、及川が担当した「単級部（第二部）」の児童の家庭の経済状態や学力の程度は、中流家庭の児童が多かった「第一部」に比べて著しく低かった。及川はこの単級部の授業を工夫して「全県単級学級の模範」と評されるほどに注目された。そしてその業績が認められ、尋常高等小学校長に抜擢されたが、一九〇二（明治三五）年、二七歳の時に東京遊学を志し、その職を辞して上京した。

上京してからの及川は、東京市の小学校に勤務する傍ら、正則英語学校に入学して英語力をつけつつ、政治経済、英語、ドイツ語、哲学、教育学などを独学で学んだ。及川が上京した目的は、働きながら勉強して高等文官試験に合格することであった。東北の農村に生まれ、早くに父を亡くして小学校教員として働かざるをえなかった及川は、尋常師範学校卒という自分の学歴にコンプレックスを抱いており、高学歴の者に負けまいと人一倍努力した。学歴は低くとも試験に合格して高級官僚になろうとした彼の夢は、病気のために断念せざるをえなかったが、教育界で立身出世を果たすため、文部省師範学校中学校高等女学校教員検定試験、いわゆる「文検」の合格をめざした。文検とは、一八八五（明治一八）～一九四三（昭和一八）年に施行された中等学校教員の国家資格検定試験で、旧制度最大の資格試験である。合格には刻苦勉励を要求される難関であり、及川のように現職の訓導が受験する場合も多く、向上心旺盛な小学校教員の自己修養の契機となっていた。一九〇五（明治三八）年、及川はこの文検の「教育科」に合格し、二年後の一九〇七年に明石女子師範学校の教諭兼附属小学校主事となった。

児童一人ひとりの差異への応答

学年の違う子どもが一つのクラスで学ぶ「単級学級」を担任した宮城での訓導時代、自習を強いられる子どもたちから「学校はいやな場所ぢゃ」という言葉を聞いた及川は、児童に自発的な学習活動をさせることが重要であると認識した。東京で公立と私立両方の小学校に勤務した及川は、能力や家庭環境の差による児童の個人差に学校教育はいかに対応すべきかという問題意識を持つようになった。そして、一九〇七（明治四〇）年に明石女子師範学校附属小学校（以下、明石附小と略記）主事に就任すると、不就学児童のための出張教育「天幕子守教育」に取り組んだ。学校に来ることができない子どもの教育に携わった及川は、子どもが背負っている「境遇」の差をも直視しなければならなかった。さらに、進級できなかった貧困家庭の児童が修業年限を延長できずに退学する現実に直面した及川は、「劣等児」救済を急務として全校的な取り組みを始めた。

及川が最も力を入れたのは、授業方法（教授法）の改革であった。当初、「劣等児」救済のために考案された教授法は、「一斉教授法」に替わる「個人式教授法」（個別教授）であったが、及川はその方法に限界を感じ、新たに学級内における「分団式教育法」を考案した。それは、いわゆる「習熟度別学級編成」とは異なり、またたんなる「分団教育」（グループ学習）でもなく、学級を基本的単位としながらも、そのなかで児童一人ひとりの必要・情況に応じて「一斉教育」と「個別教育」と「分団教育」を組み合わせるという教授法である。及川は、このような教授形態と指導法を総称して「分団式教育法」と呼んでいた（橋本 2006）。

こうした授業改革や学校改革は、及川が訓導たちと協力し、児童一人ひとりの現実に向き合うなかで生みだされた。彼らの教育的努力は、同校の教育方針の三綱領、すなわち「為さしむる主義の教育、実験室制度、分団式教育」へと結実していった。「為さしむる主義」は、子どもが自ら学ぶように支援することを重視するという意味であり、「実験室制度」とは、アメリカ・コロラド州で実施されていたプエブロ・プランの「実験室メソッド」（laboratory method）に見られるような、子どもが自ら探求試行し続けることを重視するという方法である。したがって、明石附小の教育方針は、子どもが自ら学び続け、新たに試み続けるための、子どもたち一人ひとりの違いに応答する教育、つまり自学的・探究的・応答的教育であった。

方法意識の形成と主著の刊行

及川は明石附小の「分団式教育法」を一般化することができると考え、『分団式動的教育法』を執筆した。そのために、及川は彼らの実践知を理論化しなければならないと考え、アメリカの教育書を広く渉猟し、分団式教育法を理論的に基礎づける考え方を抽出していった。及川が同書で「参考文献」として挙げている洋書は二三冊あり、このなかで、『分団式動的教育法』の本文に直接用いられたものは、ジョーンズ（Jones, Olive M.）の *Teaching Children to Study*（1909）、チャーターズ（Charters, Werrett W.）の *Methods of Teaching*（1909）、エアハート（Earhart, Lida B.）の *Systematic Study in the Elementary Schools*（1908）の三冊である。とくにチャーターズの著作は重用されている。これらのアメリカの教育書は、明石附小の教育実践の理論的根拠、すなわち及川の「動的教育論」を形成する契機となった。この時点における及川の動的教育論の中心は、教師のための学習過程論と学習指導法である。教師は子どもの学習過程の原理を理解した上でそれに沿った指導をすべきだ、という及川の考え方は、当時の教育界にとって斬新なものであった（橋本 2005）。

及川のもう一冊の主著『分団式各科動的教育法』は、『分団式動的教育法』の出版から三年後の一九一五（大正四）年に出版された。内容は、表題に示されているように、『分団式動的教育法』を各教科について具体的に論じたものである。基礎論である「動的教育論」の部分は、前著を詳しく解説するという体裁をとっており、チャーターズやエアハートの著作に加えて、多数の洋書を用いながら種々の概念をより説得的に説明することを試みている(3)。とりわけ、デューイ（Dewey, John）のカリキュラム論とベルクソン（Bergson, Henri-Louis）の創造的進化論は動的教育論の中核となっており、その思想は前著よりも深められ、及川独自の見解が形成されている。たとえば、そこで用いられている概念、「地位」（集団内部の立場・位置ではなく、人が置かれている情況）、「構造」（要素と要素の関係ではなく、手順を作り出すこと）、「職能」（職務遂行上の能力ではなく、作用・働き）、「題材」（中心的な材料ではなく、子どもが構成する目的達成の方途・過程）、「教材」（教育用の手段ではなく、教師が構成する目的達成の方途・過程）などは、及川独特の意味内容をもっている（以下、及川の用語は「　」付で示す）。さらに、及川は、社会・教育・人間の根底に

「生命」という動態を見いだし、その「生命」に「理想」や「興味」の源泉を見いだしている。こうした生命論は、ベルクソンの影響を受けつつ及川が自分の教育思想の基盤にしたものであり、アメリカ・ヨーロッパ教育視察後（一九二六年以降）の彼のカリキュラム論、すなわち「生活単元論」を生みだす基礎論となった(4)。

また、『分団式各科動的教育法』では、動的教育論をより実践的に各教科の内容や教授法と結びつけて論じるために、バグリー（Bagley, William C.）の教育価値論とマクマリー（McMurry, Frank M.）の学習法論（*How to Study and Teaching How to Study*, 1909）が援用されている。とくに、「理想」を形成するために重視された「評価課業」（appreciation lesson）については、バグリーの『教育的価値』（*Educational Values*, 1911）に拠るところが多く、及川は『分団式動的教育法』の読者から寄せられた質問に応答するために、これらの実践的な書を博捜したものとみられる(5)。

この及川の主著二冊は、当時の教育者たちにとって読みやすいものではなかったはずであるが、多くの教育者から高く評価された。『分団式動的教育法』は、一九一二（大正元）年に刊行されるとたちまち二五版を重ね、二万五千部を売り尽くした。続く『分団式各科動的教育法』も二三版以上を重ねた。それとともに、明石附小は広く注目されるようになり、年間一万人を超える参観者が訪れる「新教育」の中心的存在となった。以下に、この主著二冊で展開されている動的教育論の概要を紹介し、その特質を指摘したい(6)。

2　『分団式動的教育法』に見る「教育の動的見地」

分団式教育法の基本原理

及川の動的教育論は、彼の分団式教育法を理論的に支えていた思想である。その要点は、及川が『分団式動的教育法』(以下、『動的』と表記する)において、サーチ(Search, Preston W.)の『理想の学校』(*An Ideal School*, 1901)を踏まえつつ強調している次の三点にまとめられる。①「静的教育を改めて動的(機能的)教育となすべきこと」、②「教育の当体(児童)に存する事実を重んずべきこと」、③「真理そのものを与ふるよりも真理の探究法を授くべきこと」である(及川 1912: 1-17)。当時の一般的な授業方法は、「静的」すなわち受動的・画一的・表象的な一斉教授であったが、及川は「どう考へても、一斉教育は正式の学級教育法ではない」といい(及川 1912: 序10)、児童全員に受動性・画一性・表象性を強いる現行の「一斉教育」(一斉教授)のかわりに、児童一人ひとりの自発的な学習活動、とりわけ「真理の探究」としての学習活動を促す教育を提唱した。

及川は、この児童一人ひとりが自発的に学習する「動的教育」の方途として、前記の②、すなわち、個々の児童の能力や興味の違いを重視すること、前記の③、すなわち、児童自身が学習を深化させていけるような学習法(「真理の探究法」「研究法」)を身につけること、を説いている。及川は「教育の動的見地は分団式教育の立脚点にして能力不同の事実的教育及び研究法[=学習法]の訓練的教育は分団式教育の方法である」と述べている(及川 1912: 17、以下、[ ]内は引用者)。つまり、動的教育論に支えられた教育方法が分団式教育法であり、その基本原理が児童の差異への留意と児童の学習法の学習であった(田中/橋本 2012: 59-60)。

オーシアのdynamicとlife

及川は「動的教育」という言葉を、サーチの『理想の学校』からではなく、直接的にはオーシア(O'shea, Michael V.)の『教育の動的要因』(*The Dynamic Factors in Education*, 1906)から得ており、その原語はdynamic educationである。ただし、オーシアにとってこのdynamicという言葉は、当時のmotorという言葉と似ており、進歩主義教育者のいう「自発的」「自動的」と同義であった。オーシアは、この言葉がジェームズ、ホール、デューイなどに由来する言葉であると述べている（O'shea 1906: 26-27）。しかし、及川が『動的』において「動的教育」を一〇〇頁以上にわたり詳細に定義しているのに対して、オーシアはdynamic educationを概念的に定義していない。

オーシアはまた、同書において、子どもの「動的本質」が何に由来するのか、理論的に述べていない。オーシアにおいては「動的」なことは、子どもの「本質」として位置づけられており、子どもは夜に寝ているときも動き回るといった、卑近な例示で説明されているだけである。同書が基本的に教師向けの啓蒙書に近いことが、その理由の一つかもしれない。こうしたオーシアの「動的」についての実例的語りに対して、後述するように、及川のいう「動的」についての語りは理論的である。それは「需要」「興味」「問題」と一体であり、どれも個人の「意思」の現れというよりも、根源的な力としての「生命」の現れであると論じられる。

オーシアはまた、同書において、lifeという言葉を「生活」という意味でのみ用いている。それは、たとえば、daily life（日常生活）、real life（現実生活）、moral life（道徳的生活）、social life（社会的生活）、motor life（自発的生活）といった連語で用いられている。すなわち、オーシアは、lifeという言葉を「生命」という意味で用いていない。しかし、これから確認するように、及川にとって、lifeは生物学的な意味を超えた根源的な力としての、いわば、形而上学的な意味としての「生命」でもあった。

以上のことから、及川の動的教育論がオーシアの著作の引き写しではないことは容易に推測される。先述のように、『動的』の大部分はチャーターズなどのアメリカのヘルバルト主義教育書の翻訳で構成されていたが、一見そのモザイク的に見える構成の仕方にこそ及川の独創的な方法意識の形成過程をみることができる（橋本 2005）。また、『分団式各科動的教育法』（以下、『各科動的』と表記する）の動的教育論の部分、すなわち原理論的部分を敷衍した箇所には、デューイやベルクソンの影響が色濃く見られるものの、及川独自の議論といえる部分も少なくない。及川は、『動的』刊行後に読んだとみられるデューイの『子どもとカリキュラム』（*The Child and the Curriculum,*

1902=2008a)、『思考の方法』(*How We Think*, 1910) や『教育における興味と努力』(*Interest and Effort in Education*, 1913)、ベルクソンの『創造的進化』(*Creative Evolution*, 1911) などによって分団式教育法の理論的根拠を得るとともに、動的教育論の妥当性を確信したとみられる。以下、『動的』に加えて、主として『各科動的』を参照しつつ、及川の動的教育論について、その前提となる動的世界観の基礎概念、動的教育論の特徴、そしてその基底にある彼の「生命・生活」概念の特質、の三点を論じていこう。

3　動的世界観の基礎概念

「変化」と「過程」

及川のいう「動的教育論」(ないし「教育の動的見地」) は、彼の「動的世界観」(ないし「動的見解」) を前提にしている。及川は、『各科動的』で、動的世界観について、「世界は時々刻々に変化する。吾人の精神は絶えず流れて生長発展する。吾々の属する社会は常に進化して止む時はない。是に於て、世界、精神、社会の動的概念を生む必要が起つた」と述べている (及川 1915: 6、以下、本章における引用文中の傍点は原文のまま、句読点は適宜引用者が追加)。つまり、「世界」の推移、「精神」の生成、「社会」の進化が、「動的世界」の基本概念である。

動的世界観は、推移する「世界」、生成する「精神」、進化する「社会」のなかに、「性質の同一」なるもの (たとえば、ある時点の事象A1が別の時点の事象A2になるときの、Aという同一性) を見いだす (及川 1915: 7)。変化した事象に「同一」なるものを見るとき、その事象の「動的」であることがわかるからである。たとえば、ある一人の子どもの成長はまさに「動的」である。また動的世界観は、「凡ゆる出来事は孤立せるもので偶発の結果」とは考えず、すべての事象は他の事象と複雑な「関係」をもっていると考える。その「関係」は、因果関係、主従関係、機能的関係などである。いいかえれば、「動的世界」においては、あらゆる事象は他の何らかの結果をもたらす事象であり、また他の何らかの結果として現れた事象である（及川 1915: 14-15）。たとえば、ある人の生存はその人がただ生きているという事態でなく、誰かに、社会全体に、自然全体に支えられている、ということである。

こうした同一のものの「変化」、異なるものの「関係」のうち、「変化」の系列を、及川は「過程」と呼ぶ。すなわち「変化の系列が結果の統一［＝確実に一つの結果］を来す場合」にその「系列」に「過程といふ名辞」があてられるのであり、「過程とは、統一せる又は有効なる結果を生ずる方面に趨向する複雑なる変化系列をいふ」（及川 1915: 7）のである。

「職能」と「構造」

「動的世界」を構成する諸「過程」を理解するうえで基本となる一対の概念が、「職能」と「構造」である。及川のいう「職能」と「構造」の意味は、現在一般に使用されている言葉の意味とは異なる。及川にとって「職能」は、職務遂行上の能力ではなく、ある要素の別の要素への作用である。それは今でいう「機能」に近く、実際に『動的』では「機能」と表記され、『各科動的』でも「職能」と「機能」は同義に用いられている。及川は次のように述べている。「題材［において］は「何故に必要なるか」に答ふるは職能で「どうして職能を全ふするか」の問に答ふるは構造である」（及川 1915: 41）。たとえば、茶碗の作り方という方法はなぜ必要かと問い、茶碗が湯茶を容れるという価値をもつからと答えるとき、この価値が「機能」である。そして、この価値を実現するための茶碗の作り方の工程が「構造」である（及川 1915: 41-42）。「構造」は、『動的』では、現代の構造の使い方が意味するような、異質なものに共通する要素間の結びつき方を意味することもあるが、『各科動的』では、「構造する」という表現に示されているように、複数の要素の作用を連結することであり、また連結された諸要素である。

「成長」は、「過程」の一つであり、始点と終点との間に、さまざまな「職能」といくつかの「構造」がある。稲の成長を例に取れば、稲の種蒔きが始点であり、稲穂の実りが終点である。稲の種を蒔くことと稲穂が実ることの間には、多くの「職能」がある。稲の種を蒔くためには、まず苗代を作り、また田を耕起しなければならない。そして種を蒔き、苗床ができたら、田の代掻きをし、田植えを行う。田の草取りを行う。水の管理を行う。さらにいくつもの工程を経て、ようやく稲穂が実る。この稲穂が実るという終点にいたる秩序正しい工程が「構造」であり、この「構造」を構成する諸要素、たとえば、苗代作り、田の耕起、苗床作りなどが「職能」である。

「理想」と「観念」

『各科動的』では、「動的世界」を構成する諸「過程」を理解するうえで重要な概念として「理想」が新たに論じられている。「過程」を理解することは、たんに「変化」や「関係」を理解することではなく、諸「過程」からなる「生活」を質的に高める「理想」を理解することでもある。すべての「過程」に「理想」が含まれているわけではないが、多くの場合、人の「生活」を構成する諸「過程」は「理想」を含み、それが「要求」を生みだす。及川は「人類の生活は、より新に、より善く、より大にならんとする要求の表現したる変化の系列である。単言すれば、[それは]要求実現の活動過程である。要求実現のための選択努力の過程である」と述べ、この「過程」で実現されるべき最も根本的な「要求」が「理想」であると述べている（及川 1915: 7-8)。

及川のいう「理想」は「観念」から区別される[7]。「観念」は「心像」と「意味」であり、「理想」は「心像」と「意味」と「強き情的色彩」である（及川 1915: 65)。また「理想」は「行為の原本的、基礎的統御」(=行為の統御の原本・基礎）であり、「観念」は「理想」に従属するものである。いいかえれば、「理想」は目的を決定するもの、「観念」は「理想」の実現を導くものである。そして「理想」の「能率」（＝効力）を決定するものは、それを背後から支えている「情力」の強弱、いいかえれば「需要」の強弱であり、「観念」の「能率」（＝効力）を決定するものは、それが世界を「忠実に表明する」度合い、いいかえれば、世界を正確に表象している度合いである（及川 1915: 65-66）。

及川は、人が「理想」による「統御」を始めるのは、これまでの経験によって得た「資料」（＝知見）では「生活の目的」を達成できないと感じたときであるという。つまり、「理想」は、人が既存の知見では対応できないと感じ考えたときに、自分の抱いている「観念」から生じるものである。たとえば、「道徳的理想」の場合、「愛国奉公」という「観念」を抱いている人が、「国家の危急」に直面し、「個人としても、国民としても、生存の目的を遂げることが出来ない」と考えるとき、その「観念」は「情化されて理想となり、愛国奉公の実地活動」を行うようになる（及川 1915: 69-70）。

「人格発展」（人格陶冶）

そして、及川にとって「人格発展」は、何らかの「理想」を心に抱きつつ、それを具現化する「活動」によって生みだされる出来事である。この「理想」を具現化する「活動」は、つねに自分自身の振り返りを伴っている。「理想」に向かう「活動」のなかでこそ、人は自分を反省し、自分をより高めることができるからである。及川にとって「人格」は、道徳規範を内在させている内面性ではなく、「理想」の実現に向かって、出来事の「真理」を探究する存在、いいかえれば、真摯に「活動」する存在であり、かつその「活動」とともに更新される思考である。及川は「次第次第に順応し行くこと、一歩一歩に価値を創造すること、現地位［＝現在の情況］に満足せず新なる要求を実現して自己の世界を拡張することに因て人格発展ができるのである」と述べている（及川 1915: 13）。

動的世界観を抱く及川にとって「理想」は、不変的なもの・客観的なものではない。及川のいう「理想」は、絶えず再構築され続けるもの・主観的なものである。この考え方は、及川が親しんでいたデューイやベルクソンの考え方に近しい。及川は、大人であれ、子どもであれ、人が抱く「理想」が再構築され続けるもの・主観的な情熱・意志だからこそ、人は経験を通じて自ら学び、自ら新しい世界像を構築することができる、と考えていた。

4　動的教育論の特徴

「動的教育」の概要

以上のような「過程」と「理想」を重視する動的世界観に基づく「動的教育」を、及川自身は一二項目に整理しているが、ここでは、筆者なりの整理を行い、大きく次の三つの主張に集約させてみたい。第一に、子どもの活動は、「知識」を踏まえつつも、主観的「情意」に彩られ、具体的な「身体」を伴い、気高い「理想」に向かう営みである、ということ。第二に、子どもの活動は、子ども本人の「学習動機」に裏打ちされたものであり、また子ども自身の「題材」(＝問題解決の道程)である、ということ。第三に、子どもの活動は、子ども自身の「生活」のなかに「問題」を発見し、その問題が生起している「情況」をよく考えながらその問題を解決することである。

筆者の考えるところでは、及川の動的教育論は「児童」中心主義ではなく、「活動」中心主義である。次節で確認するように、『各科動的』において、「活動」の源泉が「生命」であるとされることを考えるならば、「生命」中心主義ということができよう。この「活動―生命」を、教育の中心に位置づけることが動的教育論の基本方針である。以下、理想を含む活動、活動を構成する題材、情況に内属する問題、の三つの考え方について、その内容を確認しよう。

理想を伴う活動

及川にとって、子どもの「活動」は、「知識」を踏まえつつも主観的「情意」に彩られている。知識は、多くの場合「符号」（文字）で記されているし、「分解的」すなわち命題に分節されているという意味で表象的である。しかし、子どもの学習は「分解的」であるよりも、「総合的」（文脈的）すなわち「経験的」であるべきである。「経験」は本来的に「知情意」を含んでいるが、「符号」は「情意」を伴わないからであり、「情意」が伴わなければ、どんな「知識」も問題解決の方法にはならないからである。彼は次のように言う。

> 「言へば知識は静で情意は動である」（及川 1915: 18）。
>
> 「経験といふ中には、知情意の発動を含むが、之を符号にするときは、情意は観念となるから、題材の生命が滅びて居るのである」（及川 1915: 114）。

したがって、重要なことは、教師からの知識の伝達ではなく、子どもの問題解決を中心とする活動である。子どもの「活動」は、具体的な身体活動を伴い、また「理想」を有している。及川は「知識は構造案を立つるけれども、実地の構造は筋肉活動に依らねばならぬ」と述べている（及川 1915: 5）。具体的に手や足を用い、行動することで初めて、何が不足しているか、何が問題か、どのように行動を変更すべきかがわかるからである。「意識は行動を管理する職能を有つて居るのであるから、行動を変更する必要がなければ随て、意識の働らく必要がない」（及川 1915: 5）のである。また、及川にとって、子どもの「情意」「経験」に満ちた「活動」は、必ず「理想」を伴う営みである。「動的教育」においては、この「理想」を伴う営みこそが「真理」への道を開くとされる。

「動的教育は主観的要求を理想とし、現要求を実現し行く間に、理想は歩々に向上し、自ら自己の世界を開拓し行くものと見るから、児童は自力によつて自己の世界を創造するのである。然るに静的教育は理想を客観的存在となし、たとへ、客観的存在とせざるも既成のものとなし、甚しきは他人の造つた理想や法則の下に自己を規定させやうとするから、他人の世界に安住せんとする人間を養成する弊が［静的教育には］ともなふのである。……［中略］……動的教育は児童をして自ら経験せしめ、自己経験によつて真理を発見し真理の確信を生ましめやうとする。……［中略］……静的教育では［児童に］経験をさせることよりも経験を文字文章といふ符号にしたものをそのまゝ［児童に］伝へようとするのである」（及川 1915: 18-19）。

「理想」を伴う「活動」は、「自力」の「自学」と呼ばれる。「自力」は「自分の力」を意味するだけでなく「自ずから湧き出る力」も意味し、その力が「題材」のなかで発揮されることが「自学」、すなわち「自ら学ぶ」とともに「自ずから生じる学び」であろう。及川は「題材を自力で構造することを自学といふ」と述べ、「自学とは、自力によつて自己の要求を実現する過程」であり、「自力によつて生活の価値を創造統御する過程である」と説いている（及川 1915: 111, 118）。

活動を構成する題材

及川のいう「題材」は、「材料とする物」ではなく、「考え方、感じ方、為す仕方」としての「働きの仕方」、すなわち人が「需要」を満たす、「興味」を深める、「問題」を解くという「過程」である（及川 1912: 86; 1915: 38-39）。

それは何らかの目的達成の道程（目的合理的な工程）である。及川は、「材」に「題」を与えるという意味で「題材」という言葉を用いているのであろう。

このような及川の題材概念は、デューイの「方法」(method) に類似した概念である。たとえば、デューイは『デモクラシーと教育』(*Democracy and Education*, 1916) の第一三章「方法の本質」において、「行動の仕方」は「実際には、「材料の処理の仕方」としてのみ、存在する」と述べるとともに、「方法は、対象に対立するものではなく、求められている結果に向けて、対象を効果的に方向付けることである」と述べている (Dewey 1916=2008b: 172)。この「方法」は、及川のいう「題材」に等しい。

及川のいう「教材」も、いわゆる「教材」すなわち「何らかの教育課題に関する材料」という意味ではない。「教材」も「働きの仕方」である。それは教育上の「題材」である。及川は、おそらく「題材を教える」という意味で、この「教材」という言葉を用いているのであろう。したがって、たとえば、国語の教科書は、「教材」ではなく「教材」の一部である。国語の「教材」は、たとえば「文章を読解する仕方」「文章に対しての考え方、感じ方」である。算数の「教材」は、たとえば「問題を解決する仕方」である。教科書に書かれている文章そのもの、問題そのものは、「教材」ではない（及川 1915: 39）。及川にとっては、子どもが学ぶことは、つねに子どもが「題材」を会得することであり、その「過程」が教師にとっての「教材」である（及川 1915: 105）。

「題材」の区別は、取りあげられている対象の区別ではなく、その対象への働きかけ方の区別である。いいかえれば、何らかの「価値」(=目的) を「統御」(=実現) するための思考様態の区別である。たとえば、数個の蜜柑があるとき、その形態・色彩を描こうとすれば、それは「図画」であり、それを数えようとすれば、それは「算術」である。またその起源や生態を究めようとすれば、それは「理科」であり、またそれら関する事柄を言語で表現しようとすれば、それは「国語」である（及川 1915: 108-109）。こうした題材概念を踏まえて、及川は「題材の成長とは働きの仕方（習慣知能理想等）＝価値統御の仕方の新善になり行くことであつて、修身国語算術地理歴史などは題材を構造する資料に過ぎないのである。個人の発展といふことは其の個人の題材の成長を意味するのである。換言すれば、経験の改造されることである」と述べている（及川 1915: 110-111）。

情況に内属する問題

こうした「題材」（＝目的達成・問題解決の道程）は、子どもが位置づけられている一定の「地位」（＝情況）と不可分である。「地位とは生活体が順応を要する境遇の意である」と説明されるように（及川 1915: 3）、及川のいう「地位」は situation の訳語であり、「情況」を意味している。及川にとっては、子ども一人ひとりが生きて生活している「地位」から無縁の「価値ある知識」など、存在しない。なぜなら「地位」は、子どもにとって切実な「問題」とともに構成されるからである。子どもにとって何らかの「問題」が生じ、従来の「働きの仕方」（＝問題解決の仕方）が機能しなくなったときに、「地位」が現れる。及川によれば、「旧き働きの仕方を変更し、新しき仕方を創作せねばならぬ事実を意識した時に、意識の攪乱が起る。此の攪乱が起こつたときには、常に問題がある。［このように］問題に逢着した場合を新地位に立つたといふのである」（及川 1915: 3）。

「動的教育」がめざすところは、「問題」をはらんでいる「地位」を変える力を、子ども自身につけさせることである。しかし、すべての「問題」が解決されることは決してないであろう。先行する「問題」が解決されても、また新しい「問題」が生じるからである。この絶えざる「問題」の出現、そして「問題」解決の過程が「真の人格陶冶」を可能にする。不断の「問題」解決の営みにおいては「意識全体」がフル稼働し、子どもが専心するからである。

「動的教育は児童の地位［＝情況］に変更を与へ、一地位［＝現在の情況］の統御に意識全体を働かしめ、次に他の地位［＝後続の情況］にも同じく全意識を働かせるから、真の人格陶冶が出来る。要するに静的教育は、主知的で分解的活動に傾き、動的教育は主情意的で総合的活動に傾くのである」（及川 1915: 17）。

このように、動的教育論は、教育を、子ども自身の「活動」を通じて子どもが「知識」を体得しつつ「地位」をよりよく改善する方途と見なしている。

5　及川の生命概念と生活概念

生命が求める需要・興味・問題

次に、及川の「生命」と「生活」の関係について見ていこう。第一に、及川にとって「生活」は、当人が置かれている「地位」への応答である。人がその「地位」において「生命」が求めるものを達成しようとする営み、すなわち「需要」「興味」「問題」をもち、それを実現しようとする営みを、及川は「生活」と呼んでいる。「需要」は「理想」を実現できないときに感じる何かであり、「興味」は「需要」を感じるときに注視される何かであり、「問題」は「需要」を満足させる方法、「興味」を充実させる方法が求められているときに生じる「需要」「興味」の対象である。及川は「問題は需要興味の認識的方面である」と表現している（及川 1915: 8）。つまり、「生活」は、情況への応答、すなわち「需要」「興味」が「問題」として意味づけられる、日々の営みである。

及川は、このような生活概念に基づいて、子どもは本来的に「需要」を満たそうとし、「興味」を充実させようとし、「問題」を解決しようとする存在である、と考える。これは動的教育論の基本命題である。そして、これらのうちで最も「根本的」なものが「需要」である。それが「問題」の、そして「興味」の起源だからである。「問題」や「興味」の質を高さは、「需要」の質の高さに連動している。また、及川にとってこの「需要」は、子どもが生きている環境によって異なるものである。したがって「需要」の質を高める方途は、子どもの「生活」を善くすることである。それは、子ども自身が自分の「活動」を通じて達成するべきことである。及川は「価値あるものを需要するに至らしむるには善き生活をなさしむることが緊要である」と述べている（及川 1915: 37）。そして、この「善き生活」の指標は、子どもが「理想」を抱いていることである。

「生命」と「本能」

第二に、「理想」の起源は「生命」のなかに見いだされる。及川は、「理想の淵源は本能である。本能は生命要求の発現である。故に理想の心核には常に本能が存する」（及川 1915: 69）とし、有機体の「本能」は、有機体の「生命」の現れであり、人間の善き生への求めは、人間の「生命」の現れであると説く。及川は、「生命」という言葉を生物学的な意味でも用いているが、その場合の「生命」は「観念」としての「生命」である。これに対して、「本能は生命要求の発現である」というときの「生命」は「理想」としての「生命」である。及川は「吾人の活動の根元は本能である（哲学的にいへば本能も生命の要求を充す職能を有するものである）。本能は生得的統御の職能をもつて居るので、知識習慣理想は習得的の統御力である。統御は［生命の］要求の顕現である」と述べている（及川 1915: 36）。こうした理想と本能の関係についての説明は、バグリーの二著（『教育の過程』と『教育的価値』）に拠っているが、バグリーの書では「生命」との関係は論じられていない。したがって、本能を「生命要求の発現」、あるいは「生命の要求を充す職能」と捉えたことには、及川の生命観が反映されているということができる。

上記のような及川の「理想」の起源としての「生命」の考え方は、一九〇七年にフランス語で、そして一九一一年に英語で出版されたベルクソンの『創造的進化』（*L'évolution créatrice*, 1907/ *Creative Evolution*, 1911）で用いられている「生命の飛躍」（élan vital）という概念を想起させる。ベルクソンは、同書において「知性はすべてを機械的に扱い、本能はいわば有機的にかかわる。……［中略］……本能は生命の最も深い秘密を私たちに教えてくるにちがいない」（Bergson 2009: 166=2010: 212［訳文変更］）、「本能は、およそ有機体の組織化という働きそのものの延長である。もっと適切にいえば、その完全性なのである」、そうした「充全の本能は、有機的な道具を利用したり組み立てたりする能力であり、充全の知性は、無機的な道具を製作したり使用したりする能力である」と述べている（Bergson 2009: 141=2010: 180［訳文変更］）。

及川自身は一九一四（大正三）年一月に発表した別の論攷で、ベルクソンの『創造的進化』およびベルクソン著・錦田義富訳『ベルグソンの哲学』（一九一三年）を参考にしたと述べており（及川 1914: 170）、『各科動的』を執筆した時点ですでに両者を読んでいたと考えられる[8]。また、『各科動的』のなかでは、第八章第一節「評価活動及、解釈活動の意義」において、「本節は主に野村隈畔氏著ベルグソンと現代思潮を参考とした」と記している。この節の基本的な主張は、「生命［の］要求」に従い、「学習」が諸事例から共通要素を取り出すという「一般化」という営みではなく、一つの一つの事例に固有な意義を捉えるという「個性化」という営みを重視すること、知識による「概念化」という営みではなく、情意による「価値化」という営みを重視すること、「理想」を離れて「自然を支配する原理」を立てることではなく、「理想」をもって「至上価値」となすこと、つまり、「理知的」にではなく、「直覚的」に評価することである（及川 1915: 249）。このように、及川はベルクソン哲学の影響を受けて自らの生命概念を形成しつつ、アメリカヘルバルト主義やデューイの教育論と接合させて、分団式教育法を根拠づける動的教育論を理論化しようとした[9]。

「活動」の生成性

第三に、「生命」が有する「理想」は、「活動」の「生成」、つまり「生活」の「活力」を生みだす。すなわち、人びとの「活動」が生き生きとして歓びに満ち、たんなる模倣や追随の連続ではなく、絶えず新たに生成し続け、より善いものをめざしていく営みであるのは、「生命」が「理想」を有しているからである。人間の「活動」が、たんに「生存」を維持するための「活動」ではなく、「理想」を具現するための「活動」であるからこそ、人間は、生き生きとした、より新たなより善い「生活」を送ることができる。及川は次のように述べている。

「有機体は生命を有し、生命は要求を意味し、活動を意味する。生活とは生命の要求を実現する過程である。……［中略］……有機体の中でも、特に人類は、絶えず飽かざる要求を実現せんとし、単に生きんとするのみならず、より新に、より善く生きんとするが故に、新善なる活動拡張は人類の本性である」（及川 1915：2）。

ここにも、不断の成長を強調するデューイの教育思想に加えて、生命の動態性を主張したベルクソンの生命思想がその基底にあることが看取されよう。ベルクソンが重視したものは、よりよい状態へと向かおうとする生命の動態性であり、それが人類文明の原動力なのである。

また、及川にとって「生」は、生物学的な生命というよりも、デューイの場合と同じく、自分の環境をよりよいものへと変革しようとして生きることを意味している。デューイは固有な生命の十分な発揮を成長とみて、教育はこの絶えざる成長を支援することであると捉えていたが、及川も、「環境と有機体（特に人類）との関係」について以下のように論じている。

「自然界人事界は、時々刻々に変化し、進化する流動の世界である。環象［＝環境］の変化は絶えず新しい刺激を生活体に与へる。意識は此の刺激に対して、よく順応せしむる役目を有つて出現した者である。本能や、習慣や、是迄の行動では、完全に順応ができない場合に、もつと安全に、有効に、自由に順応する必要上、環象［＝環境］を如何に変更すべきかといふ事が生活体の目的となるのである」（及川 1915: 3）。

及川は、「生命は純粋な創造的行動性である」（Bergson 2009: 246=2010: 313）と説いたベルクソンの創造的進化論とデューイの生活教育論を重ねて理解していた。

6　おわりに――自由に向かう生命の躍動

自由に向かう生命の力

別のところで述べたように（橋本 2013）、及川は、カリキュラムを「学びの道程」と把握した先駆者であるが、その教育思想は、以上にみてきたように、デューイの進歩主義教育論を踏まえつつ、ベルクソンの生命哲学に基礎づけられている。及川の「学びの道程」は、一人ひとりの子どもが、自分自身の人生に備えることであるが、そのために習得される知識技能は、子どもの生活世界と地続きである。そして、子どもが自分の置かれている情況を拡大し深化すればするほど、子どもが習得する知識技能は拡大し深化していく。そしてついには、情況は「調和統一」している「世界」として把握されるにいたり、この「世界」を生きる自分は「生命」の力の現れとして把握されるにいたる。

及川にとって「生命」の力は、自由につながっている。動態的・持続的・倫理的という超越的な生命活動が拓くものは、自由な人間であり、自由な世界である。その自由は、個人主義的な自由、とりわけ自己利益を得るための自由ではない。その自由は、他者の自由とともにある自由であり、過去と未来とともにある自由である。そのような自由は「高遠な自由」と呼ばれる。及川は、規範的な哲学を、「自ら型をつくり自ら型にはまるが自由なりとは、何と浅い狭い自由かな。ベルクソンの語を借用すれば、［それは］栄螺《さざえ》の生活である」（及川 1923b: 55）と批判し、そうした「浅薄な自由を捨てゝ生命の自由といふ高遠な自由に突進して教育するがよい」（及川 1923b: 8）と主張する。つまり、及川においては、「生命」は「高遠な自由」に向かう動態的・持続的・倫理的に生成する諸力全体に与えられた名前である。こうした及川の「生命」の力は、ベルクソンが「生命の躍動」と呼んだ動態に等しい。

及川の「生の実験哲学」

この後、及川はアメリカ・ヨーロッパ教育視察を経て、日本に本格的なカリキュラム研究を導入して school based curriculumとしての「生活単位のカリキュラム」開発を進めていく。及川は、アメリカの進歩主義教育思想とヨーロッパの発生心理学を切り結びながら、独自の生活教育論を形成した上で、それを明石附小のカリキュラム実践へと収斂させていったのである（橋本 2009, 2014）。従来の研究では、海外教育視察以前の及川の教育方法意識は「分団式動的教育法」という教授法として、視察以降のカリキュラム研究は「生活単位」のカリキュラム論として別の視点から論じられてきたが、彼の「実際教育家」としての人生を貫いていた思想は動的教育論であった。それはデューイの教育論を踏まえたものであり、さらにその基底にあったものはベルクソンの「生命の哲学」であった。

及川は、教職を離れた晩年、学級経営に必要な教師の「テクニック」について論じるなかで、いかなる問題であろうとその「根本的解決」には「哲学すること」と「科学を利用すること」の二つが必要であると説いている。これはデューイの考え方と同質である。そして、及川は、教師が学級経営のテクニックを習得するために必要な「学問」として、カリキュラム構成学、教育測定学、教育的リサーチ、発生心理学、教育的社会学と並んで「生命哲学」を挙げている。教師が「哲学することができなければ人生の帰趨、教育的価値を論ずることはできない」からであり、「ベルグソンの哲学などは是非学ぶがよい」と紹介している（及川 1937: 3-5）。彼は、生涯、教育実践を向上させる理論を求め続け、同時に教育実践（知）を理論化する努力を惜しまなかった。及川にもまた、つねに目の前に解決しなければならない問題があったからである。彼は「元来哲学といふものは自分に内心から切つて来る問題があつて之を解決せずに置けないところから徹底的に解決した企てである」と考えていた（及川 1923a: 334）。及川が、自らの実践課題に引きつけてデューイやベルクソンの著作を理解し、具現化しようとしたときにこそ、彼らの言葉は「哲学」になって教育者としての及川の生を支えていった。及川は動的教育論の基礎にある自身の哲学について以下のように語っている。

「私は、人間性を素直に育てる哲学に基きたい。自然の理性のと喧嘩の哲学を欲しない。生き〳〵した生活をより善くする哲学を欲する。説明の便宜だけを考へた干からびた夢の哲学を望まない。人類が共同して価値をつくる哲学を望む。階級思想から生れた哲学は好まない。過去が支配の標準となる哲学は嫌ひだ。将来が現代を拡大する哲学を喜ぶものだ」（及川 1923a: 341）。

及川は、このような哲学が「教育学の基礎」であり、「将来の哲学は「生の実験哲学」に統一されるものと思ふ」（及川 1923a: 341）として、動的教育論を支えた自身の実践哲学を「生の実験哲学」と表現している。

及川の果たした役割

及川は、一九三六（昭和一一）年三月に三〇年間務めた明石附小を退職後、同年四月に仙台市教育研究所長となるが、わずか三年後に死去する。若い頃に立身出世の野心に突き動かされていた及川は、しだいにそれを望まなくなっていた。「大都市の学務課長、視学長、中等学校長」など何度もあった栄転の話を断り、あえて「万年主事」の生き方を選んだという。及川はその時の心境を、「世評はどうでもよい。私には私でなければできぬ教育事業がある。之に没頭するだけである」と回顧している（及川 1936: 5）。彼の眼前に、立身出世よりも輝かしい教育の世界が広がっていたからであろう。及川は、たしかに自らの学歴にコンプレックスを持ち、それをバネにしつつ努力したが、そうした努力に生きるよりも、教育実践の課題解決のための研究に「凡てを捨てゝ」取り組む「歓び」に生きるようになっていった。

前述のように、及川の主著『分団式動的教育法』『分団式各科動的教育法』は、教育書のベストセラーとなり、現場の教師から絶大な支持を得た。しかし、その文言はしばしば及川独自の用語法によっており、その内容も最新の哲学思想を導入したものであったため、これを充分に理解できた教師はほとんどいなかったであろう。それにもかかわらず、及川は、全国の教師たちが慕い憧れる存在であった。この歴史的事実をどう解釈すべきであろうか。農家の出身で尋常師範学校しか卒業していない及川が独学で文検に合格し、ヨーロッパ・アメリカの教育情報に通じ、新しい教育実践・教育思想を主張した「実際教育家」としてのその生き方が、現場の教師たちの心を揺さぶったのではないだろうか。及川が、教育の「事実的見地」に立って考案した教授法やカリキュラムを教育現場で実験したことは、教師自身が学習者もしくは研究者であるべきこと、指導には教師の力量と裁量が不可欠であることを明示しており、これが当時の教育界に教師の立場や役割に対する覚醒を引き起こしたといえよう。

注

（1）及川自身は、一貫して自らを「実際教育家」もしくは「実際家」と称している。八大教育主張講演会においても「私は固より学者ではありません」と述べつつ、自身の動的教育論が、関係する各学問、とくに哲学に根拠をもつものであることを強調している（樋口ほか 1922: 263）。

（2）以下、及川の経歴および彼の実践課題については、拙稿（2012a, 2012bなど）を参照。

（3）添田晴雄によれば、『分団式動的教育法』と『分団式各科動的教育法』のなかで及川が名前を挙げて引用・参照している欧米の思想家は約一一〇名に上る。添田は、及川に関する先行研究を整理して、及川がデューイの影響を強く受け、かなり早い時期にそれを試行的に実践していたことを指摘した（添田 1988）。しかし、添田を含む従来の研究は、デューイの影響を受けたという事実を確認するに留まっており、及川がいつ、何を通じて、どのような影響を受けたのかという受容のプロセスを明らかにし、及川教育思想の構造的把握にいたったものはほとんどない。

（4）欧米視察後の及川は、アメリカの進歩主義教育思想やカリキュラム実践のみならずヨーロッパの発生心理学の影響を受けて自らのカリキュラム論を形成し、明石附小の「生活単位」のカリキュラム開発を主導した（橋本 2009）。さらに、帰国後の及川がドクロリーの教育思想を受容する過程において、それがデューイの教育思想に重ねて理解されていたこと、また、及川は両者に共通する新教育の本質を「動的教育観」と捉えており、その基底にはベルクソンの「生命の哲学」があったことについては拙稿で詳述した（橋本 2014）。

（5）及川は、「拙著分団式動的教育法は、主として題材の価値統御の職能を論じ、評価の標準を高むる事、即ち根本的価値発展については、あまり論じて居らぬ為めに、評価的職能を有する修身歴史文学の教育法につき質問せらる方が多い」と述べている（及川 1915: 38）。

（6）欧米教育視察以前の及川の「動的教育論」は、一九二三年に刊行された『動的教育論』において哲学的に完成されたとみることができる。本章では、八大教育主張講演会以前の及川の動的教育論の特徴を論じるために『動的』と『各科動的』の分析を中心に行った。

（7）「理想の職能構造」や「理想の起源及び発展」については、『各科動的』の第一章第一・二節において、バグリーの『教育の過程』（*The Educative Process*, 1905）第一二章からの抄訳によって論じられている。さらに、第八章第二・五節の教育的価値と理想に関する記述は、バグリーの『教育的価値』（*Educational Values*, 1911）に拠っている。バグリーは、「進化論的ヘルバルト主義者」に位置づけられるエッセンシャリストとして有名であるが、彼の教育的価値の価値判断の基準は「社会的能率」（social efficiency）である。バグリーの「社会的能率」は教育の倫理的目的でもあり、この社会的能率を学校教育のあらゆる側面に適用しようとする彼の考え方は、デューイやオーシアの影響を受けていた。さらに、バグリーの見解とそれを批判したルディガー（Ruediger, William C. R.）との論争は、後のデューイの教育的価値論の体系化に刺激を与えたと言われている（斉藤 1980）。『各科動的』では、バグリーの価値基準を用いて各教科の教育的価値が論じられているが、のちに及川もデューイと同様に教科の目標を超えた教育的価値の実現について論究することとなる。

（8）及川は、フランス語を読めなかったことから、英語版の *Creative Evolution*（1911）を読んでいたと考えられる。及川が、和訳された『創造的進化』（金子馬治／桂井當之助共訳、早稲田大学出版部、一九一三年一〇月）を読んでいた可能性も否定できないが、『動的教育論』で用いている訳語のなかには、それとは異なるものが散見される。

（9）及川が、ベルクソンの『創造的進化』によって「動的教育論」の基礎となる生命概念を形成し、デューイの『試行的論理の試論』（*Essays in Experimental Logic*, 1916）を用いて思想の融合を図っていたことについては、拙稿（2013）を参照されたい。

文献

及川平治 1912『分団式動的教育法』弘学館書店
及川平治 1914「自動教育の根本原理」『普通教育』第五巻第一号、一六八―一七〇頁
及川平治 1915『分団式各科動的教育法』弘学館書店
及川平治 1923a「動観哲学と動的教育との関係」『教育研究』二五一号、三三四―三四五頁
及川平治 1923b『動的教育論』内外出版
及川平治 1936「主事時代の回顧」『教育週報』第五八三号、五頁
及川平治 1937「学級経営の指針」『宮城教育』第四五四号、一―一〇頁
斉藤勉 1980『デューイの教育的価値論』福村出版
添田晴雄 1988「及川平治におけるデューイ教育学の受容と展開に関する研究序論」『人文論叢』第一七号、大阪市立大学大学院文学研究科、一―一八頁

田中智志／橋本美保 2012『プロジェクト活動――知と生を結ぶ学び』東京大学出版会
橋本美保 2005「及川平治「分団式動的教育法」の系譜――近代日本におけるアメリカ・ヘルバルト主義の受容と新教育」『教育学研究』日本教育学会、第七二巻第二号、二二〇―二三二頁
橋本美保 2006「及川平治による個別化教授プランの受容とその実践」『東京学芸大学紀要』第五七集、二九―三七頁
橋本美保 2009「及川平治における生活単元論の形成――欧米新教育情報の影響を中心に」『教育学研究』日本教育学会、第七六巻第三号、三〇九―三二二頁
橋本美保 2012a「及川平治」沖田行司編著『人物で見る日本の教育』ミネルヴァ書房、二〇五―二二二頁
橋本美保 2012b「及川平治の生涯と著作」『及川平治著作集』第五巻、学術出版会、解説一―一三頁
橋本美保 2013「カリキュラム――及川平治教育思想の生命概念」森田尚人／森田伸子編著『教育思想史で読む現代教育』勁草書房、二〇二―二二四頁
橋本美保 2014「明石女子師範学校附属小学校におけるドクロリー教育法の受容――及川平治によるドクロリー理解とカリキュラム開発」『カリキュラム研究』日本カリキュラム学会、第二三号、一―一三頁
樋口長市ほか著／尼子止編 1922『八大教育主張』大日本学術協会

＊

Bagley, William C. 1905 *The Educative Process*. New York: The Macmillan Company.
Bagley, William C. 1911 *Educational Values*. New York: The Macmillan Company.
Bergson, Henri-Louis 1911 *Creative Evolution*（Translated by Arthur Mitchell）. New York: Henry Holt and Company.
Bergson, Henri-Louis 2009［1907］*L'évolution créatrice*. Paris: Presses Universitaire de France. ＝アンリ・ベルクソン（合田正人／松井久訳）2010『創造的進化』筑摩書房.
Dewey, John 1910 *How We Think*. Boston, D.C.: Heath & Co.
Dewey, John 1913 *Interest and Effort in Education*. Boston, D.C.: Houghton Mifflin Co.
Dewey, John 2008a *The Child and the Curriculum, in The Collected Works of John Dewey, 1882-1953, The Middle Works, 1899-1924*, vol. 2: 1902. Jo Ann Boydston, ed. Carbondale, IL: Southern Illinois University Press.
Dewey, John 2008b *Democracy and Education, in The Collected Works of John Dewey, 1882-1953, The Middle Works, 1899-1924*, vol. 9: 1916. Jo

Ann Boydston, ed. Carbondale, IL: Southern Illinois University Press.

McMurry, Frank M. 1909 *How to Study and Teaching How to Study*. Boston, D.C.: Houghton Mifflin Co.

O'shea, Michael V. 1906 *The Dynamic Factors in Education*. New York: Macmillan Co.

第7章　稲毛金七の教育思想

The Educational Thought of Inage Kinshichi

安部　高太朗

〈概要〉　稲毛金七の創造教育論は、創造（及び創造性）を根本原理として教育を説明するものである。それは独自で優秀な者を育てることと文化の創造とに結びついていた。この創造教育論を支えたのは、人生を創造的進化として捉える人生観と、人間の本性は創造性だという人間観とである。従来、稲毛の創造教育論はその方法論の手薄さが批判され、それゆえに実践に結実しなかったと言われてきた。しかし、稲毛はまったく方法論を語らなかったわけではない。さらに言えば、むしろ原理論に固執した点にこそ稲毛の問題意識を見てとるべきである。稲毛は、教育者に被教育者たる子どもの本性を理解し尊重することを求めており、子どもの自由を認めるように反省を促している。方法論を積極的に語らなかったのは、個々の状況に合わせて教育者自身が考える必要性を稲毛が感じていたからである。以上のような稲毛の教育思想は、大正新教育の新しさがたんなる技法論の転換によるものではなく、そのおおもとの教育観の転換によるものだったことを例証するものとして捉えられよう。

1　はじめに

本章では、稲毛《いなげ》金七《きんしち》(1)（1887-1946）の教育思想がどのようなものか示し、その内容について論じる。それは、大正新教育の新しさとは何だったかという問いに対して稲毛の教育思想に即して答える試みにもなるだろう。稲毛は、いわゆる八大教育主張（教育学術研究大会）の講演者の一人として知られている。それゆえに、この八大教育主張で提唱された「創造教育論」を中心的に扱うことにする。

ところで、まずは稲毛金七について論じる前に、彼の時代感覚について見てみたい。それは大正新教育の新しさとは何だったかという問いと密接にかかわるはずだからである。

稲毛は「日本の今日を、甚だ不謹慎な言方かも知れませぬが、歴史あつて此方ないやうな危急存亡の時であ」るという（稲毛 1976: 85）。それというのも、「個人の存在は受ける部分よりも与へる部分が多い時に於て始めて価値ある存在となる」のと同様に（稲毛 1976: 85）、国家もそれ独自の文化を構築し、世界とのかかわりのなかでその価値が認められるようになるにもかかわらず、そのような文化が日本にはまだないからだという。そのうえで、彼は次のように述べている。

…［前略］…我々は独特の文化を創造する外には途がない。茲に於て我々現代教育者の使命が頓に重且大になつて来るのであります。何故ならば此国家的難関を切り抜ける為には、我が国独特の国家的文化を創造しなくてはならないのに、その原動力を提供するものは教育だからであります（稲毛 1976: 87 傍点は引用者）。

以上のような、今こそ独自の文化を創造するときだ、という時代感覚は稲毛に限らず、ある程度は広がりを持った時代感覚として捉えてよいように思われる。ここでは、稲毛同様に八大教育主張の講演者の一人であった樋口長市の言葉を引いておこう（なお、樋口長市については本書第8章「樋口長市の自学主義教育論」を参照されたい）。

樋口長市は明治の教育について、模倣主義、注入主義、教師中心主義といった特徴があり、それが明治聖代の一大汚辱であったというものもいるが、樋口自身はこうした教育は「明治の教育としては適当であつたと信じ」るという（樋口 1976: 91）。それというのも、黒船の来航以来、欧米諸国に目を向けた時に「第一に映じたのは我文化が著しく彼に劣つてゐるといふことであり」、当時のダーウィンの進化論の提唱などの影響もあって「適者生存弱肉強食と云ふことを教へ」られて、明治の教育が成立したという時代背景を踏まえれば仕方がない、というのだ（樋口 1976: 91-92）。しかし、樋口はこれに続けて次のように時代の変化を指摘する。

> 併し乍ら時代は推移致しまして、大正の今日に於ては我国家及び国民の要求する所は明治時代のそれに比して著しく違つて来たと思ひます。即ち現時に於ては我が国はこれを外にしては我特有の文化を世界に誇らなければならぬ時代に際会して居る。何時までも彼等［＝欧米諸国］の糟粕を嘗めて居つて、何一つ世界に貢献したやうなことがない。日本人の頭から出たことで世界万人の等しくその恩恵に浴して居ることがない。と云ふやうでは文明国として真に肩身の狭い感じに堪へませぬ。またこれを内に致しましては所謂学術の独立と云ふことが必要になつて居る。模倣を只これことと致して居ては何時まで経つても彼等の先に出づることが出来ぬ。…［中略］…かやうに国家としては外に対し内に対し新人を要する。新国民を要する時代になつて居る（樋口 1976: 92 傍点は引用者）。

このような、大正という新時代に即した教育が必要だという樋口の時代感覚は稲毛とも通底しており、さらに言えば、大正新教育の担い手たちにも共有されたものだったように思われるのである。

以上のように、稲毛にしても、樋口にしても、新時代としての大正という時代性を強く意識しており、その時代に即して教育のあり方を論じていたことは明らかである。それゆえに、大正新教育の新しさを問う場合、こうした時代感覚のもとで彼らの教育論が構築されたことを見落としてはなるまい。彼らの教育論は、新時代としての大正という時代感覚のもとで構築されており、また、それはこの新時代との真摯な格闘の産物だと言えるだろう。大正新教育の新しさとは何だったのかという問いについては、本章の最終節でまた触れることにしよう。

まず、次節では稲毛金七の略歴を記すとともに、彼が教育についてどのような問題意識を持っていたのかを初期の著作から明らかにする（第2節）。次に、稲毛の教育思想の代名詞とも言える「創造教育論」の概要を、八大教育主張での講演内容に即してまとめる（第3節）。そして、最後に、大正新教育の新しさとは何だったのかという問いに対して、稲毛の主張を踏まえた上で答えてみたい（第4節）。

それでは、いよいよ本章の主役である稲毛について論じることにしよう。

2　稲毛金七と教育

本節では、稲毛金七の略歴を記すとともに、そもそも彼にとって教育の何が問題として捉えられていたのかを小著ながら重要な著作『教育の悲劇』に即して明らかにする。

（1）稲毛金七について

まずは稲毛の略歴を簡単に記しておく(2)。稲毛金七は、一八八七（明治二〇）年六月五日、山形県東置賜郡《ひがしおいたまぐん》漆山《うるしやま》村（現在の山形県南陽市《なんようし》）に小農稲毛金作の次男として生まれた。小学校卒業後代用教員をしながら、独学で教員免許状を取得。その後、中学校教育を受けずに苦学の末、一九〇六（明治三九）年、早稲田大学予科に入学する。一九一二（明治四五）年、同大学文学科哲学科を卒業。この間、二カ年の兵役にもついている。大学卒業後は、中央公論社に入って雑誌記者となる。その後、中央公論社を退社し、雑誌『教育実験界』の主筆として活動する。一九一三（大正二）年には雑誌『創造』を創刊し主宰し、その後も盛んな執筆活動を続ける。一九二一（大正一〇）年、大日本学術協会主催の教育学術研究大会（いわゆる八大教育主張）で自説の「創造教育論」を講演する。一九二四（大正一三）年、ドイツに留学し、ベルリン大学やフライブルク大学で哲学、教育学などを研究。一九二六（大正一五）年に帰国し、一九二七（昭和二）年早稲田大学講師となり、一九三一（昭和六）年には教授となる。一九四一（昭和一六）年に学位論文「教育哲学」を提出して文学博士となる。一九四六（昭和二一）年三月一四日、戦争の衝撃および心労が重なり、病を得て帰らぬ人となる(3)。享年五八歳。

著書としては、『若き教育者の自覚と告白』（一九一二年）、『教育の悲劇』（一九一五年）、『ベルグソン哲学の真髄』（一九一四年）、『創造本位の教育観』（一九二二年）、『教育学概論』（一九三〇年）など多数ある。

（2）稲毛金七にとって教育の何が問題だったか

次に、稲毛金七にとって教育の何が問題だったのか――この点を初期の著作『教育の悲劇』に即して明らかにしよう。

稲毛はこの小著の「序」において、「真に知ることなくしては真に愛し得ない」あるいは「真に愛することなくして真に知り得ない」ということが真理ならば、自己を愛することも自己を知ることも「難事中の難事である」としている（稲毛 1915: 序2）。さらに、ここから自己以上に他人を知り愛することはより困難だろうとも述べる。なぜならば「蓋し真に他人を愛することは、真に自己を愛する至情を根底としてのみ出来ることであると共に、愛の対象たるその他人を真に理解してのみ出来ることだから」である（稲毛 1915: 序2-3）。そのうえで、稲毛は「教育の悲劇」を次のように語る。

自己一身にとつての最大不幸は、真の自己を知らず、真に自己を愛するの実に徹し得ないことにあると同様に、教育の悲劇は被教育者の本性を知らず、随つて其れに対する愛情乃至あらゆる営みが、彼等を十分に成長発達せしむる動力とはならないで、却つてこれを損傷するに至ることに存するものである（稲毛 1915: 序4-5）。

稲毛にとっては、教育者が被教育者の本性を理解していないことが「教育の悲劇」の原因というわけである。彼は「教育者が自己の人間に対する浅薄皮相な独断的偏見を以て被教育者の個性と人格とを蹂躙し、其の自由と幸福とを阻害することは人道上の大罪悪である」とも述べている（稲毛 1915: 序6）。しかし、教育者のこうした態度は意図的なものではないとも稲毛は言う。教育者たちは「（被教育者たる子どもを）『愛せんとする意志』に於て欠ける所はないけれども、其の愛の内容乃至其の表現法に於て欠ける所があるのであ」って、この意味では「教育の悲劇」は「愛し得ざる悲哀」だというのだ（稲毛 1915: 3-4）。

ところで、稲毛によれば「愛」とは「生みの力」だとされる。そして、彼はこの「愛」を教育の原動力として捉えているようである。

愛は「生みの力」である。自己をも他人をも本当に生かすことの出来る生命力である。そして又この意味に於てのみ、愛は創造を核心とする教育の唯一最高な原動力となることが出来るのである。従つて教育乃至教育者に向つて要望する「愛」は、あらゆる意味に於て生命の創造と成長とを阻害するやうな破壊的要素を含んで居てはならない（稲毛 1915: 4 傍点は引用者）。

それゆえに、稲毛は教育者にまずは被教育者たる子どもたちを理解することを求める。すなわち、「本当に他人——殊に自己より一層幼弱なもの——を愛し得るためには、他人を理解し尊重しなければならない」、と（稲毛 1915: 5）。しかし、それは被教育者を放任し、好き勝手にさせることでは決してない。彼は次のように注意を促す。

但し茲に注意すべきは、被教育者を理解し尊重せよといふことは、決して被教育者を自恣放縦ならしめよといふ意味ではないといふことである。換言すれば、被教育者の個性を理解し尊重し、且つ其の自らな成長伸展を希ふといふ意味に於て彼等の自由を尚べといふ事を意味するけれども、その成長伸展を阻害する様な低劣な本能の自由に彼等を一任せよといふ意味ではないということである（稲毛 1915: 6-7）。

しかし、「現在の教育者の多くは、偏へに被教育者の個性に阿ねるのでなければ、彼等の個性を没却して偏へに自己の好む所に執するもの」であるとして、稲毛は教育者に反省を促している（稲毛 1915: 9）。

ところで、稲毛はこの『教育の悲劇』のなかで「教師の真任務」として一五個ものこと(4)を列記している（稲毛 1915: 154-158）。その内容としては、たとえば「八、児童自身が自ら為さんと計画せることに対して、教師は断じて干渉せざること」といったように、基本的に被教育者である子どもの自由を尊重することが軸にされているように思われる。こうした要求が高度なものであることを稲毛自身も自覚している。それでも、彼が教育者へ反省を促し、変革を迫る理由は「教育の根本的革新は、単に表面上の主義の改革に依つて出来ることではなくて、只教育の事業に鞅掌する教育者其の人の自覚と奮起とに俟つべきものだから」だという（稲毛 1915: 166-167）。

しかし、稲毛は具体的な教授技法のアドバイスをするといったことは決してしない。それというのも、「若しも理想が或る程度に於て読者に提供せられるならば、読者はそれを理論的にも、乃至実行的にも自己独自の個人的方法に依つて解決すべきもの」だからであり、「仮令如何ばかり価値あることにせよ、予［＝稲毛］が読者自身のなすべき一切をなすは、個性の独立と自由とを尊重する予自身の大主義に裏切りするもの」だからである（稲毛1915: 158-159）。

本節では、稲毛金七の略歴を見たうえで、彼の著書『教育の悲劇』に即して、稲毛にとって教育の何が問題だったかを捉えた。稲毛においては、教育者が被教育者の本性を尊重して理解しようとはせずに、独断的偏見で被教育者たる子どもの個性と人格とを蹂躙し、その自由と幸福とを阻害しているということが「教育の悲劇」として問題視されていた。稲毛は教育者に被教育者の自由を認めるように反省を促したが、それは被教育者の恣にすること、放任することの容認では決してない。稲毛は被教育者の成長伸展に資するように、成長伸展に資するかぎりで、被教育者の自由を認めたのである。稲毛は「教育者の真任務」として教育者が被教育者たる子どもの自由を認め、その本性を捉えて、彼ら／彼女らの成長の手助けをすることを求めたが、その具体的な技法までは語っていない。その理由は「個性の独立と自由を尊重する」稲毛自身の信条に反するからであり、また、個々の状況に即して、教育者自身が考えることを稲毛が望んだからである。

こうした教育への問題意識を持っていた稲毛は、『教育の悲劇』刊行から六年後の一九二一年に八大教育主張の講演者として「創造教育論」を提唱する。その内容とはいかなるものだったのか、次節で確認するとしよう。

3　創造教育論について

一九二一（大正一〇）年八月一日から八日間にわたって東京高等師範学校附属小学校講堂を会場に、大日本学術協会[5]主催の教育学術研究大会が行われた。ここでの主張およびこの講演会が一般的に「八大教育主張」と呼ばれるものである。この講演会は、会場の収容定員が二〇〇〇名だったのに対して、全国から五五〇〇名の申し込みがあったほどの盛況ぶりだったという。

この八大教育主張において、稲毛金七は自説の「創造教育論」について講演した。以下では、この講演での彼の言葉を引きながら、その内容を捉えたい。そのうえで、この「創造教育論」がどのように評価されたかを捉えよう。

(1)「創造」とは何か

まずは、創造教育についての彼の言葉を引いておこう。

> 創造教育は創造と云ふ原理を以て教育の全体を説明し規制しようとするものであります。…〔中略〕…即ち「創造」と云ふ只一つの原理を以て、創造一点張りで、修身教授であらうが、体育であらうが、裁縫であらうが、教育者の営む如何なる作用であらうが、教育者の生活であらうが、総てを創造の一義に依《よ》って説明しようとするのであります（稲毛 1976: 57 傍点は引用者）

それでは、原理となる「創造」[6]とはいかなるものだろうか。彼は「創造といふ言葉の意義を説明するに最も都合の良いものは自由性といふことである」と「自由性」を持ち出す（稲毛 1976: 60）。稲毛は「自由」とは定義することができない状態だとしながらも次のように述べている。

> 諸君が卓越した文章、或は優秀な芸術作品、或は雄弁、或は技芸、等各種の方面に於て創造といふに価するやうな行ひをされた時の感じ、状態、それが若しも私の言葉を以て現すことができれば自由ではないか。…［中略］…自由は定義することの出来ない状態でありますが、若し之を言葉を借りて申すならば今述べた通り我々の全生命、乃至生命の中心、ベルグソンの所謂エラン・ヴーイタル［＝élan vital：生命の躍動］である、心理学的言葉で申せば超自覚的と申しませうか、私共の言葉で申せば全我的活動とでも言ひませうか、言ふに言はれない、自分の身体でありながら自分のものでない、自分の心でありながらも自分のものぢやないやうな内的の力が湧いて出て知らず識らず踊り出してやつた結果が《ママ》偉大なる仕事が出来るのであります（稲毛 1976: 61 傍点は引用者）

稲毛はこうした自由の現れを示す「卑近な例」として、普段は寡黙な人が職員会議で馬鹿げた話が出て思わず憤慨して熱弁を振るい、後になってなぜあんなに熱弁が振るえたのかと自ら驚いている状態を出している（稲毛 1976: 61）。そのうえで、彼は次のように創造および自由について語る。

> 必然さうせねばならぬ、どうともすることが出来ない、けれどもそれに従うことが自分に取つて無上の幸福であるといふのが所謂創造の内的意義すなわち自由性ではないか。併しながら是は創造といふものを一個の段階に仮定して説明したのであります。我々の生命は創造的進化である。我々の生命は、絶えず河水が高き所よ

り低き所に流れて行くが如き状態である〔。〕創造と言はれる限り、それは永続的流続的のものであるから一段の創造が済んでやれ一服喫むといふ状態は真の創造ではない。創造それ自身の力で不断に自己超越をやる、それが自由の本義である。創造の自由性と申すのはそれ自身の力で其中に持つて居る力で創造をし、そして創造の結果が更に又自己を超越する性能である。…〔中略〕…不断の創造的進化〔、〕不断の自己超越の状態が私は創造だと思ふ（稲毛 1976: 61-62 傍点は引用者、〔 〕内句読点は引用者）。

彼は、この箇所の後に「創造の属性」として「永しへに新しい」ことを挙げ（稲毛 1976: 62）、さらに創造とは「価値的現象(7)」――私なりに言葉を補えば、たんにオリジナルというだけでなく、それが意味のある新しさであること――であると述べる（稲毛 1976: 63）。彼の創造概念は、最終的には次の箇所に集約的に示されているだろう。

…〔前略〕…創造とは内面的に見れば不断に永遠に自由の道を歩くもの、之をもう少し精しく説明を致しますれば、独自にして優秀なものを新しく造り出すこと、若くは新しく造り出された、独自にして優秀なもの、之が私の意味する創造であります（稲毛 1976: 65 傍点は引用者）。

このような創造を原理とする創造教育論はどのような前提によって支えられているのだろうか。この点についても稲毛は述べている。端的に言えば、それは稲毛の人生観、人間観ということになるが、それがいかなるものかを見てみよう。

（２）創造教育論を支える人生観、人間観

稲毛においては「教育なるものは人生の一つの部分であ」って（稲毛 1976: 65）、人生というものを抜きには語れないものである(8)。人生の目的に関する箇所を引用しておこう。

人生の目的は独自な存在になることに止まらずして独自にして優秀なるもの、社会の単なる一員であるばかりでなく、社会の一員として自分が受ける部分よりも、他人に与へる部分が多いものでなくては真に価値ある人間と云ふことは出来ない。罪人や悪人やが人間として価値の少い所以もこれがためであります。…［中略］…人生の目的は独自にして優秀な者になることである、そして個人が独自にして優秀なもの［に］なることは、取りも直さず文化の進歩に貢献することである。さうして私の解釈に依りますれば…［中略］…人格と文化とは一の具体的存在の離るべからざる両面である（稲毛 1976: 69 傍点は引用者）。

従つて、一方から見ますれば、人生の目的は人格の創造であるが［、］間接的客観的永遠的方面から申せば人生の目的は即ち文化の創造である。斯やうにして人生の目的の中心精髄を形造つて居る所のものは「創造」であると言はなくてはならない（稲毛 1976: 70）。

このように稲毛においては人生の目的は「人格」の創造であり、それは同時に文化の創造をも意味するようなものなのである。こうした人生観は彼の人間観ともかかわりが深い。

稲毛は人間の本性を創造性だと捉えた上で、次のように述べている。

私は人間の本性を創造性だと思ふものであります。但し謂ふ所の創造性は一つの能力ではない［。］箪笥の中に納めて置いて余所行きにちよつとひとつ掛けて行かうといふ羽織に類するものではない。一切の人が創造性の所有者である。何人と雖も独自にして優秀な創造のできない人間は一人もない。…〔中略〕…人は生まれると直ぐに死んで仕舞ふのではない限りは大抵なものは其人でなければ為し得ないことを為し得る力、即ち創造性を有つて居る。…〔中略〕…世の中の最大罪悪は自己を詰まらぬ人間だと思ふことである。…〔中略〕…我々が自己の創造性を理解し、自己の独自にして優秀な価値を理解し、それを絶えず尊重して行く。人生は唯一度である。諸君我々は此目に見えない形容の出来ない此刹那刹那を外にして人生も生活もない（稲毛 1976: 77 傍点、〔 〕内句読点は引用者）。

以上に示したことから、稲毛のいう独自で優秀な者になれるのは特権的な能力を有したものに限られてはいないことがわかるだろう。あくまでも、人間に創造性が備わっているからこそ、独自で優秀な者になることが可能なのである。

こうした人間観と人生観とを抱いていた稲毛は、つまるところ教育をどのように捉えたのか――これを次に見てみたい。

（3）「教生」――生きることと教育という営み

八大教育主張のなかで、稲毛は「私は教育は人を教へることでなくして教育者は《ママ》被教育者と共に創造的生活を営むことである、斯様に思ふ」と述べている（稲毛 1976: 85）。この言葉に表わされるように、八大教育主張のなかで稲毛が語ろうとしたことの骨子をひとことでまとめるならば、〈教育という営みは、生きるということそのものと密接不可分のものであり、それゆえに生きることそのものについて考えることが必要である〉と言うことができる。

稲毛は、このことを「教生」という独特の概念を用いて、次のように述べている。

教育は人生と一緒に生れたと言つても宜い［。］人生のある所に教育があると言つても宜い。けれどももう少し精密に考へれば、教育は人生と文字通に一緒に生れるのでなくて、人生より一歩遅れて生れるものである、何故ならば前に申す通り教育は全体としての人生の自覚的営為だからである。我々が生れた時は厳密な意味の人格ではない。其後自覚して始めて教育を行ふ。茲に於て私は…［中略］…一切の人類は一方から見れば教師であり、他方から見れば生徒である。私は人間は「教生」である、と常に申して居るのは此為であります（稲毛 1976: 74 傍点は引用者）。

ここからもわかるように、稲毛にとって教育とは生きることと不可分の営みなのである。それゆえに、彼は「教育の目的はやがて人生の目的である所のもの［＝創造］であり、その「究極の目的は取りも直さず人生の目的たる創造を可能ならしめる」という意味で、「教育の目的は創造の創造である」というのである（稲毛 1976: 71）。彼が「創造」という概念を用いたのも、つまるところは、この人生――生きるということそのもの――へと迫ろうとしたからなのだろう。

（4）創造教育論への反応

講演記録集『八大教育主張』が出版された翌年、『八大教育批判』（尼子編 1923）という本が出されている。この本は、『八大教育主張』の要旨を載せるとともに、その内容の長所・短所を論じたものを掲載している。稲毛については、長所として「創造の創造をもつて教育の理想となし職能としたことは、模倣追随これ教育の使命なりとし、文化の伝達これ教育の能事なりとしてゐた教育に新性を附与したこと」などが挙げられる一方で（尼子編 1923: 406）、短所としては「方法観に於て、指導原理としての氏の主張は、新性もなく、評論もなく、あまりに一般的で、実際的価値が貧弱である」と方法論の手薄さが指摘されている（尼子編 1923: 407）。

この『八大教育批判』以降も、稲毛の主張に対して方法論の欠如を指摘する評価はあまり変わっていないように思う。たとえば、時代は大幅に下るが、柏木公子は「稲毛の主張した『創造教育論』に基づく教育が学校教育の中で実践されたという記実はまったくといってみあたらない」と指摘し（柏木 2002: 15）、「稲毛の理論は、教育目的の理想を掲げるのみで、確固とした方法論を提示しないために、実践されずに終わったのではないか」と述べている（柏木 2002: 15）。

このように、稲毛の理論の限界としては、方法論を明確に打ち出すことができておらず、それゆえに、実践に移せないということが指摘されてきた。たしかに、八大教育主張講演会の場でも稲毛自身は方法論を積極的に展開してはいない。また率直に言って、稲毛の方法論の記述が概して手薄であるのは否めない。たとえば、時代が昭和になってから書かれた『教育学概論』（一九三〇年）においても、教育の方法論については次のように書かれている。

…［前略］…教育の方法は寧ろ教育方途の実質的方面即ち素材と形式的方面即ち制度及び設備機関とを統一してこれを具象化生命化するものであると見るべきであり、自らはそれは教育者がそれぞれの条件に即して工夫しかつようすべきものであるが、而もこの意味の方法は学問の対象外であるから、茲にはこれを割愛し、単に抽象的考察のみに止めておく（稲毛 1930: 435）。

しかし、だからといって、創造教育論は机上の空論であり、実践的価値を持たないとするのは早計である。そもそも稲毛自身はあまり積極的に方法論を確立できるとは思っていなかったふしがあるのだ。八大教育主張のなかでは次のように述べている。

然らば如何にすれば之（生徒の個性の陶冶）を為しうるか。是は一個の方法上の問題ではなくて教育者の力量の問題である。…［中略］…子供其のものを正確に理解しさへすれば、創造教育の本統の有様は教育者被教育者の本質、及教育者の本質の発動、即ち時と場合、或は教師生徒の本性に依つて千差万別であるべきであるから、それを詳細に描くことは出来ない。手を取つて教へられなければ分からぬやうな人は、是は百年河清を待つやうなものではないかと考へるのであります（稲毛 1976: 83 傍点は引用者）。

こうした記述は、『教育の悲劇』での「仮令如何ばかり価値あることにせよ、予［＝稲毛］が読者自身のなすべき一切をなす［＝個別具体的な教授方法などを考案するといったこと］は、個性の独立と自由とを尊重する予自身の大主義に裏切りするもの」だとの言葉を思い起こさせる（稲毛 1915: 158-159）。

以上のことを踏まえて、あらためて稲毛の「創造教育論」を見てみるならば、その方法論の手薄さを批判するのは筋違いと言わざるをえない。彼は方法論――個別具体的な教授方法など――について語れなかったのではなく、語らなかったのである。その理由は、先述しているように、彼自身の信条――個性の独立と自由とを尊重するというもの――によるところが大きいように思うが、また彼自身の個人的な経験によるところもあるように思われる。稲毛の処女作『若き教育者の自覚と告白』には六〇頁ほどの「予が半生の回顧」という自伝が載せられている。そこには代用教員として務めた小学校の校長について次のように記されている。「『附属小学校では……』といふ事を唯一のオーソリチーとして雑誌一冊購読して居ない校長は時々教授法でも読む様にと戒めたが私は腹で冷笑し乍ら不乱に此種の書〔＝哲学書など〕をあれからこれへと読み耽った」（稲毛 1912: 18）。

稲毛にとっては、当時の多くの教育者はこの「雑誌一冊購読していない校長」のように見えたのかもしれない。そして、その校長が「教授法」の書（方法論）を読むように戒めたことに稲毛自身は内心反発していたわけである。そうだとすれば、下手に方法論を説くよりかは、あくまで原理論に固執しようとした稲毛の真意も見えてくることだろう。おそらく、彼は、自身の理論を教育者が方法レベルまで模倣してしまうこと――さらに言葉を足せば、たんに方法をまねることで肝心の理論へと目が向かなくなること――を恐れたのだろう。代用教員として、実際に教師として活動していた稲毛だからこそ理解することができた教育者の心理なのかもしれない。

以上、本節では、稲毛の「創造教育論」の内容とその評価（批判）について見た。稲毛の「創造教育論」は創造（及び創造性）を根本原理として教育を説明するものである。それは独自で優秀な者を育てることと文化の創造とに結びついていた。この創造教育論を支えたのは、人生を創造的進化として捉える人生観と、人間の本性は創造性だという人間観とである。稲毛の創造教育論はそれが提唱された直後から方法論の手薄さが理想論であって現実味がなく、具体的な技法を読みとれない、といったふうに批判されてきた。また、こうした方法論の手薄さから実践に結実しなかったとも言われてきた。しかし、こうした批判は筋違いだと言わざるをえない。むしろ、原理論に固執した点にこそ稲毛の問題意識を見てとるべきである。稲毛は教育者に被教育者たる子どもの本性を理解し尊重することが必要であり、子どもの自由を認めるように反省を促している。方法論を積極的に語らなかったのは、個々の状況に合わせて教育者自身が考える必要性を稲毛自身が感じていたからでもあるだろう。

4　おわりに

最終節である本節では、大正新教育の新しさとは何だったのか、という問いに私なりに（ただし、稲毛の教育思想に即して）答えてみたい。

結論から述べるならば、大正新教育の新しさとは、たんなる教育技法レベルでの革新――教師本位主義、注入主義的な技法から、子ども中心主義、自由主義的な技法への転換――などではないだろう（もちろん、こうした転換があったこと自体は否定できないし、その意義も認めるが）。そうではなくて、大正新教育の新しさとして認めるべきは、その教育観の転換に伴う教育対象である人間（子ども）への注目という点であるように思う。換言すれば、知識伝達モデルの教育観のもとでは充分に考慮され得なかった教育対象の子どもが、知識創造モデルの教育観への転換に伴い、注目されるようになった、ということが大正新教育の新しさである、このように言うことできるのではないだろうか。

以下では、稲毛の「創造教育論」の新しさの源泉とも言うべき、人間観（人生観）について振り返りつつ、私なりの答えを補足することにしたい。

（1）「創造教育論」の新しさ

おそらく稲毛自身は不服に感じる物言いかもしれないが、稲毛の「創造教育論」の新しさとも言うべき創造の原理を下支えしている、彼の人間観および人生観はベルクソンによるところが大きいように思われる。たとえば、八大教育主張の翌年に刊行された『創造本位の教育観』では次のように記されている。

凡そ人生は価値であり、生きることは価値を創造することである。単に人生の目的が価値の創造であるばかりでなく、生きてゐること其のことが価値創造の過程である。吾々は転瞬［＝またたきすること］利那毎に新らしい価値を創造してゐるのである。この意味に於て、人生の真髄はベルグソンがいしくも［＝美しくも：見事に］形容したやうに「創造的進化」の過程である（稲毛 1922: 4）。

ちなみに、ベルクソンは『創造的進化』でこう述べている。

われわれの状態はそれぞれ、われわれがみずからにちょうど与えたばかりの新しい形式であって、われわれから生じると同時に、われわれの人格を変える。それゆえ、われわれがすることは、われわれが何であるのかに依存している、と言うのは正しい。しかし、われわれとはある程度われわれが為していることなのであって、われわれは連続的にみずからを創造しているのだ、と付け加えなければならない。しかも、この自己の自己による創造は、自分がしていることを正しく考えれば考えるほど、より完全になる（ベルクソン 2010: 24-25）。

稲毛はベルクソンの思想の紹介者の一人でもあるし（稲毛／市川 1914）、そこから影響を受けたことは充分に考えられよう。この意味では、稲毛の人生観および人間観は彼独自のものと言うには慎重にならざるをえない。ともあれ重要なのは、こうした人生観および人間観を稲毛が教育という営みと結びつけて考えたことである。前節でも引用したが、八大教育主張のなかで、稲毛は「私は教育は人を教へることでなくして教育者は《ママ》被教育者と共に創造的生活を営むことである」と述べている（稲毛 1976: 85）。この点には稲毛の独自さを認めてよいだろう。

本章の第1節で、樋口と稲毛から大正新教育の担い手の時代感覚を例示した。そこで言われていたのは、旧時代である明治には通用した知識伝達モデルの教育が、新時代である大正では通用しなくなりつつあり（諸外国のまねをしているだけではダメだ！）、「新国民」を創出するための教育には変化が必要である、といったものだった。そうした状況で、教師の経験のあった稲毛が、教育の新しい技法論をこれこれの教え方が新時代の教育には有効であるといったように論じなかったのは実に象徴的であるように思われる。おそらく、技法論を論じただけであったらたんなる反転図形教師中心から子ども中心の技法といったようになってしまっていただろうことを稲毛自身が強く感じ取っていたからではあるまいか。教師でもあった稲毛が問おうとしたのは、そのような技法論ではなく、そのおおもとの教育という営みそのものだったのであり、その成果が「創造教育論」という教育モデルの転換だったわけである。それゆえに、こう言ってよいだろう。すなわち、「創造教育論」の新しさは、教育の見方の転換そのものにあるのだ、と。そして、こうした事態を象徴するのが彼のいう「教生」という教育と生きることとがともにあるような様態を指す言葉である（稲毛 1976: 74）。

（2）およそ一〇〇年後に稲毛を読むこと

稲毛は、八大教育主張のなかで、おそらくは当時の学説の氾濫状況を踏まえて「二年三年位で消えて仕舞ふやうな新学説は本質的に価値のないことは私よりも諸君は夙にご承知のことであらうと思ふ」と述べている（稲毛 1976: 63）。稲毛の「創造教育論」の提唱から「二年三年」どころではなく、およそ一世紀が経とうとしているが、それでも現代日本において彼の思想、さらに言えば大正新教育の思想家たちから学ぶところは少なくないだろう。

本章の冒頭で見たように、大正時代を新時代として捉える向きは決して稲毛に限定されるものではない。稲毛の教育思想からは、大正新教育の新しさがたんなる技法論の転換によるものではなく、そのおおもとの教育観の転換によるものだったことが窺える。教育という営みの内実が自明であるとは言い難い現代日本において、われわれは彼らの教育思想にヒントを探りつつ、今ある現実の教育についても想いをめぐらせることができるだろう。稲毛が（ベルクソンに依拠しつつ）創造性に満ちた人生観・人間観から「創造教育論」を練り上げたように、われわれも教育という営みを見る新たな視点を探らねばなるまい。

注

（1）稲毛は詛風《そふう》という雅号でも知られており、著書でもこの雅号を用いることが多い。しかし、本章では、本名の稲毛金七という表記で統一した。なお、名前の読み方は「キンシチ」のようである（cf.稲富編1962: 48, 中村／武田監修 1982: 53）。

（2）稲毛の略歴については、『教育人名辞典』（稲富 1962）、『近代日本哲学思想家辞典』（中村／武田 1982）、『図説 教育人物事典』（唐澤 1984）、日本教育学会の学会誌『教育学研究』第14巻第1号における追悼文（原田 1946, 小林 1946）、山形県立図書館のウェブサイトなどを参照した。なお、山形県立図書館のウェブサイトでは、稲毛自身の著書や論文だけでなく、稲毛に言及した図書や論文などについても一覧表でまとめてあり、情報を整理した形で得ることができる。

（3）宍戸一郎による追悼記事「稲毛詛風博士の生涯と業績」によれば、稲毛は戦災で「生涯を通じて文字通り血と涙を以て蒐集し愛読された蔵書を烏有に帰し」てしまい、さらには「腹部疾患におかされ、国を念う一片耿々の且心も遂に十分に吐露する機会を得ず」に亡くなったようである（宍戸 1949: 30）。

（4）「教師の真任務」として稲毛が語るのは次の通りである。

一、教師は出来るだけ自分自身を表はさぬこと。

二、学校生活のドラマに於ける立役者は教師にあらずして、児童であるといふことを実現すること。

三、児童はその幼年期に於ては薄弱であり、且浅薄であり、尚其の他に幾多の欠点を有するとするも、若し教師がその性質に無限の信仰を置き、それをして自由に伸長することを許したならば、相当の時期に達せば彼等の高等なる傾向は漸次劣等なる傾向を支配し、統御するに至るべきことを確く信ずること。

四、児童を外的訓練の重き圧迫より救ひ出し、彼等をして克己自制の訓育に従はしむるやうに導くこと。

五、児童の健全なる活動の総べてに対してその出口を供給し、出来得る限りそれを児童自身の溝渠たらしめ、既成の溝渠に注がしめざるやう注意すること。
六、児童に給与した精神的並に身体的食物を児童自身の適宜に処理せしめ、且其の身体的並に精神的才能の練習に最善の機会を与ふること。
七、児童の向上的性質が要求すると思はれる指導を彼等に与へ、而してそれを児童の本能的傾向に基く同情ある研究の成果たらしめ、出来得る限り児童の自由選択に干渉せざること。
八、児童自身が自ら為さんと計劃せることに対して教師は断じて干渉せざること。
九、独断的精神が為さんとする傾向を有する過度のアラ探しを慎むこと、蓋しこれは児童の高等なる本能を麻痺せしめ、彼をして自疑の人間たらしむるからである。
一〇、児童をして諸々の困難に打勝たんことに全力を尽さしめ、他人の賞賛を博し、若くは表面的結果を得ることに努力せんよりは、寧ろ進んで善事をなさんとの考を起さしめ、以て児童の真摯の情を助成すること。蓋し、これは彼等をして偽善自欺、詐欺的の名声より遠ざからしむるものだからである。
一一、児童の個性を研究し、且それを尊重し、成長せしめ、而して遂には児童自身の特別なる方法、即ち自然が彼等に対して最善なりと指示せる方法に依り、その個人を超越せしむること。
一二、児童の向上的本能の一切を発達せしめ、其の成長をして多方面ならしめ、以てその発達をして健全にして調和的ならしむるやうに努むること。
一三、児童をして自己の健全にして且調和的なる成長は、彼等自身の自然的賜なることを自覚せしむるやうに導き、且彼等をして外的賞罰の誤れる不道徳的刺激より救済せしむること。
一四、児童間に競争心を奨励せざること、蓋し競争心は彼等に虚栄心と利己心とを与ふるものだからである。
一五、児童をして社交的本能、友情の精神、同情と愛との隠微なる才能を得しむること。

（稲毛 1915: 154-158）

（5）この大日本学術協会で出していた雑誌が『教育学術界』であり、その主幹は尼子止である（cf.中野 2008: 127）。翌年の一九二二（大正一一）年に尼子は講演の内容を『八大教育主張』として刊行している。

（6）『創造本位の教育観』でも次のように、創造を原理とすることが述べられる。「（創造本位の教育観が教育学説として価値を有するかどうかについては）私自身は勿論相当の価値を具備すると思ふものである。蓋し、私の見る所にして誤りがないならば、私の「創造」を以て根本原理とする創造本位の教育観は、少くとも其の傾向に於ては教育の全体乃至全体としての教育を説明し規制することが出来、教育の普遍的原理たることが出来ると共に其の特殊的原理たることも出来るからである」（稲毛 1922: 序7）。

（7）稲毛は「創造と言はれる限り必ずそれは個性的なものでありオリヂナルなものでなくてはならぬ」としつつも（稲毛 1976: 63）、たんにそれだけでよしとしているわけではない。必要とされる性質について彼は「優秀性」という言葉を用いているが、その内実は、学問のあり方に即して述べた次の箇所に明らかだろう。「思想学問に於ても単に珍しいとか、単に変つて居るとかいふだけでは創造といふことは出来ない。その他に、在来乃至今日ある所の思想学説と比較して没すべからざる特色があり、長所が備はつて居る時に於て始めてそれは創造されたもの、乃至は創造といふに値ひすると思ふのでありますす」（稲毛 1976: 64-65）。すなわち、稲毛の言う「創造」とはたんなる珍奇さを生むものなどではなく、意義ある新しさを生むようなものなのである。

（8）稲毛は、在来の教育学説による教育の捉え方を次のように批判している。「事実在来の教育学者の見解にはよい加減な部分が甚だ多い。たとへば、教育とは国家に有用な人物、社会に有用な人物を造るにあるとか何とかと色々と申しますけれども、それ等は殆ど曖昧な言葉に過ぎない。我々が真に教育の目的乃至理想を明にする為には、それらは我々の生活の根柢でありあります所の実在少なくとも人生といふものの本義、窮極の目的、言葉を換へて言へば人生の目的理想から演繹さるべきものだと私は考へるのであります。創造教育の目的の設定方法は此意味に於て哲学的であり、此意味に於て演繹的であることを先づ以て御承知を願いたい」（稲毛 1976: 66 傍点は引用者）。

文献

尼子止編 1922『八大教育主張』大日本学術協会
尼子止編 1923『八大教育批判』大日本学術協会
稲毛金七 1912『若き教育者の自覚と告白』内外教育評論社
稲毛金七／市川虚山 1914『ベルグソン哲学の真髄』大同館書店
稲毛金七 1915『教育の悲劇』内外教育評論社
稲毛金七 1922『創造本位の教育観』大同館書店

稲毛金七 1930『教育学概論』早稲田大学出版部
稲毛金七 1976「創造教育論」小原國芳他『八大教育主張』玉川大学出版部、五三―八七頁 ※復刻版。初版は一九二二年刊行
稲富栄次郎 1962『教育人名辞典』理想社
小原國芳 他 1976『八大教育主張』玉川大学出版部
柏木公子 2002「明治期における「創造性」教育の萌芽に関する一考察」『日本創造学会論文誌』七―一七頁
唐澤富太郎 1984『図説 教育人物事典――日本教育史のなかの教育者群像』(上) ぎょうせい
小林澄兄 1946「稲毛教授の逝去を悼む」『教育学研究』第一四巻第一号、五八―五九頁
宍戸一郎 1949「稲毛詛風博士の生涯と業績」『新教育』(山形県教育研修所) 第四巻一六号、二八―三〇頁
原田實 1946「稲毛博士の追憶」『教育学研究』第一四巻第一号、五九―六二頁
樋口長市 1976「自学教育論」小原國芳 他『八大教育主張』玉川大学出版部、九一―一〇七頁 ※復刻版。初版は一九二二年刊行
ベルクソン，H. 2010『創造的進化』合田正人・松井久訳、筑摩書房（ちくま学芸文庫）
中野光 2008『学校改革の史的原像――「大正自由教育」の系譜をたどって』黎明書房
中村元／武田清子監修 1982『近代日本哲学思想家辞典』東京書籍

第8章　樋口長市の自学主義教育論

Educational Thought of Higuchi Choichi: Jigaku-shugi-kyoikuron (Auto-learning theory)

永井　優美／近藤　めぐみ

〈概要〉　本章では、これまで大正新教育運動の「後退」に一役買ったと見なされていた樋口長市の教育実践と教育思想を考察する。樋口の自学主義教育論は主意主義に立つ教育論であり、「生の哲学」の提唱者たちの唱えた「生きんとする意志」に基礎づけられていた。その集大成といえる『生活教育学』で樋口は、生命の源泉を「生活意慾」に見いだし、それに基づいてより善く生きることを主張している。それは、いわゆる「大正生命主義」としての教育論といえよう。これまで、樋口は、新教育を推進していたにもかかわらず、川井訓導事件などによって、新教育を弾圧する側にまわったと見なされてきたが、史実に即して客観的に見れば、むしろ樋口は一貫して真の新教育のあり方を模索し続けていたと考えられる。当時、「新教育」の名のもとに不適当な実践が行われていたことを彼は批判したのであり、決して新教育を弾圧したのではなく、むしろ正しい方向に導こうとしたといえるだろう。

1　はじめに

本章では、一九二一（大正一〇）年に「八大教育主張」という新教育への関心の高まりに伴って開かれた講演会において、「自学主義教育の根底」と題して演説を行った樋口長市（1871-1945）を取りあげ、彼の教育思想の特質を明らかにすることを目的とする。

樋口は、東京高等師範学校において「教育学」や「特殊教育学」などを講義し、同校教授と兼務して東京聾唖学校の校長となった人物である。樋口は、数多くの特殊教育に関する著書や論文も発表しており、わが国の特殊教育の発展に寄与したとされ、障害児教育史分野において研究が重ねられてきた[1]。しかし、教育思想史の立場に立って、彼の教育思想を考察した研究はない。当時、新教育実践の精鋭の一人と認識されていた樋口の教育思想を解明する作業は今日まで残されている。そこで、本研究では、これまでほとんど注目されてこなかった樋口の生涯の研究活動について整理した上で、彼の唱えた自学主義教育がどのような特徴を有していたかを検討し、その背景となる思想についても言及することを試みる。

また、樋口は当初、新教育の推進者に位置づけられていたが、一九二四年に起こった川井訓導事件を機に、新教育の弾圧側に回ったとされている[2]。中野光によれば、「自由教育およびその運動は、一九二四（大正一三）年をピークに、退潮の方向をたどるが、その大きな理由は、権力による干渉と弾圧にあった」（中野 1968: 239）と述べ、川井訓導事件は「大正自由教育に対する権力の弾圧の方法を典型的に示したもの」であったという（中野 1968: 229）。川井訓導事件の張本人であった樋口自身が大正新教育に歯止めをかけたかのような印象さえ受ける。

しかし、このような樋口への評価の正当性は立証されておらず、その真相は謎につつまれている。本章において、樋口の教育思想の一端を読み解くことで、彼の新教育への考え方や態度の変化あるいは不変についても垣間見ることになるであろう（なお、本章の作成にあたり、調査は近藤と永井が行い、論文執筆は永井が担当した）。

2　樋口長市の経歴

樋口長市は一八七一（明治四）年に長野県南安曇郡梓村に生まれた。一八八七年に梓小学校高等科を卒業すると、臨時教員として分教場（分校）に勤務した。一八九〇年には長野県師範学校に入学し、小学校本科正教員の免許を取得している。樋口は卒業と同時に南安曇郡明盛慍組合高等小学校の訓導に任じられた。一八九五年には高等師範学校文科に入学し、一八九九年に卒業した後、大阪府師範学校教諭として赴任することとなり、一九〇二年に同校附属小学校の主事となった。一九〇三年には東京府師範学校教諭兼附属小学校主事となり、一九〇六年には東京高等師範学校教諭兼附属小学校第三部長（特別学級）に就任している。

一九一九年から二年間は、教育学と教授法の研究のためアメリカ、イギリス、フランスに留学している。留学中の同年四月には、樋口の主著となる『自学主義の教育法』が刊行されている。そして、一九二一年五月に帰国した樋口は、同年八月には大日本学術協会が東京高等師範学校の講堂で開催した「八大教育主張」において「自学主義教育の根底」という題で演説を行っている。

東京高等師範学校附属小学校の特別学級を担当し、すでに多くの特殊教育に関する論文を執筆していた樋口が、欧米留学において着目したのは特殊教育実践であった。帰国後、樋口は一九二四年には『欧米の特殊教育』（目黒書店）と『特殊児童ノ教育保護』（児童保護研究会）を刊行し、一九二五年に東京高等師範学校教授と兼ねて、東京聾唖学校長となったのであった。

そして、時を同じくして川井訓導事件が勃発した。この件については後述するが、その後も樋口は精力的に自学主義教育研究を展開し、成果を公表している。一九二五年には『自学主義の教育法』を発展させた『意的生命論に立脚せる余の自学主義の教育』（目黒書店）を出版している。さらに一九三五年に刊行された『生活教育学』（目黒書店）は樋口がこれまで取り組んできた自学主義教育理論及び方法研究の集大成である。

このような樋口の研究活動の経過を見ると、単純に樋口のことを大正新教育を裏切った人物として見なすことはできないのではないだろうか。

3　樋口の自学主義教育論の特徴

樋口は、一九一六（大正五）年から一九一八年にかけて、「自学主義の教育（一）〜（一九）」というタイトルで『現代教育』（第三八号〜六五号）誌上に論文を連載し、それを『自学主義の教育法』（金港堂、一九一九年）として出版している。「八大教育主張」での演説はこれらの著述がもとになっている。以下では、その演説の内容と、それを支えた理論的背景を検討していこう。

（１）「八大教育主張」において樋口が唱えた自学主義

樋口は、自身の自学主義教育の特質として、第一に「従前の教育が智識万能主義であるのに対して児童内部の諸能力を十二分に発揮せしめようとする教育」であると述べている（樋口 1922: 1-26）。明治期の教師中心の知識注入的教授に対し、新しい教育は、知識よりもそれを生みだす心の作用の発達を重視しようとするものであるという。第二の特質について、樋口は、「教授法万能主義に反対して児童の自主的学習を重んずる教育」すなわち「先づ児童の学習法を研究しこれを彼等に授けこれによつて彼等から進んで学習せしめ」るという、子ども自らが学習法を身に付ける学習の必要性を挙げている。第三に、「在来の心理学の主智説」に立つのではなく「主意説」の立場を採った点であるとしている。ヘルバルト主義による主智説では、情意は智に伴って生じるものと捉えられていたが、樋口はそれを批判し、「意志を以て心の根基」とする心理学を教育学に用いる必要があると論じた。

樋口のいう「自学」の「自」は「自主的、自憤的、自発的、自動的」の略語であり、「学」は「学習」の略であるという。そして、これまで多くの者が、児童自ら学ぶ力について語ってきたが、その根拠があいまいであったことを指摘している。そこで、樋口は、主意説に立脚して、自学についての説明を試みている。

樋口によれば、「児童の心意発達の始めは本能、反射運動自発運動、或は衝動と云ふ様な意的の傾向をもつたもの」であり、この本能の内に学習本能（学習衝動）が備わっており、教育者はこれを利用すべきであると説明している。そして、学習本能のうち、これまでは、好奇心、模倣心、遊戯本能が注目されてきたが、遊戯本能のなかに混在していたことから、作業本能（構成本能）は看過されていたという。樋口は遊戯と作業の違いを次のように捉えている。

遊戯と云ふものは動作それ自身が目的でそれ以外に何等の目的もないものである。作業は本能的動作以外に或物を作り上げると云ふ目的を持つて居る。勿論本能でありますからその目的を明瞭に意識して居ると云ふことは云へませぬがその動作が何時も或る物を結果すると云ふことに帰着するのであります。……［中略］……近時の心理学で本能の方面を研究する学者は遊戯と云ふ本能の中からこの作業と云ふ本能を取り出しました

（樋口 1922: 10-11）。

樋口は、遊戯は行動それ自体が目的であるが、作業は目的的活動であると論じた上で、作業本能を重視するとしている。樋口は、子どもが自ら発展する力、学習する力である学習本能という堅固な土台の上に彼の自学主義教育を築こうとしていた。しかし、ここに一つの問題がある。本能というのは、無意識的半無意識的のもので、つねに発動しているものではないため、これのみに依拠した場合、偶然的な教育に期待するしかないという。そこで学習本能以外にも児童の自主性を引き出すものとして学習動機論が挙げられている。その分類と樋口による説明をまとめると以下の通りである。

功利説：「名誉利害と云ふものを賭物にして児童の勉強心を唆らう」。
努力説：「極めて醇乎たる意志の発動によつて」学習させる。「本務なるが故になせ」。
興味説：「興味を以て学習の動機」とする（樋口 1922: 13-14）。

しかし、樋口はこれらの学習動機論には賛成していない。たとえば、興味説について、樋口は、興味という言葉が多様な意味で用いられていることを断りつつ、教師が手品師のように児童を釣るといったような教育方法を疑問視している。また、各教科でそれぞれ異なる興味を学習の動機として喚起させることは時間の無駄であると考えている。そこで、樋口は、「其場其場で起さねばならぬやうな特殊的の動機を避けて何時でも何所でも直に起し得る普遍的な動機」、すなわち「自我の自覚」が必要であると主張している。この「自我の自覚」こそ、樋口の自学主義を特徴づけるものであるといえよう。

私はさきに学習本能といふことを申しましたがこれは自我発達の最初のものである。児童は無意識半意識的ながらもこの天賦の能力の発動によつてその結果として意識が明瞭になり漸次に分化して今日の我々が持て居るやうな明瞭な自我になるのであります。言葉をかへて申して見ますれば、学習本能も亦自我の一部分である。それが自ら発動して——最初は先ず衝動的に発動しませうがその後漸次分化致しまして発達しまするとと明瞭なものになつて意識的に発動する。発動した結果として自我自身内部の力の強さを感じ、また色々な知識が増殖致しまして外部に増大を感ずる。これを仮に自我の自識或は自覚と申します。重ねて申します自我が自分の力を揮つて或仕事をなしその結果として自分の力を感じ、またその拡大を知る。これを自我の自識又は自覚と申します。而して児童の学習はその各過程に於いてこの自覚を起すといふことがやがて動機となると私は思ふのであります（樋口 1922: 16）。

樋口は、子ども自身が自らの力を試し、自分の成長のために学習に取り組むようになることを何より強調している。学習の要因を外にではなく、内に求める姿勢は、教育史上新しいものではない。これまでいわれてきた「自己活動」がそれにあたるが、樋口の言葉でいえば、それは「自我の充実発展を自ら企図する活動」と表現される。また、樋口は自身の経験から、自学主義によって立つ社会について次のように論じている。

これは自分が小学校で永い間経験した処でありますが、自学的に子供を躾けましてから感ずることは子供の間の空気が誠に清明であるといふことです。他人の長所を知つて居つてそれに対しては敬意を表し、自分の長所を知つて居つて卑屈に陥らぬ。自分の短所を知つて、これを補はんとして努力し、力足らざれば人に聞くことを恥かしからぬ。人に教ふるにも威張つた風をせず、人が見るからと云うて、隠し合ふこともない。実にさつぱりしたものである。教師に対しても亦然りで教師の前ににつこりせずして来るものはない。先生はよく我れの長短を知つて居つて呉れると信じて居ますから、実際万事をあけつぱなしにして対します。私は社会と云ふものが斯うならねばならぬと思ひます（樋口 1922: 19）。

自学的態度が身についている子どもは、自我はもちろん「他我」についても明瞭な認識を持つこととなり、したがって、互いのありのままの姿を認め合う関係を築くことができるという。それは教師との関係においてもいえることで、学校内だけではなく、社会がそのような状態になることが理想とされていた。樋口の自学主義教育においては、知識の獲得以上に、子どもが己を知り、自ら判断して生きていくことが重視されていたといえよう。

（2）自学主義教育学の理論的背景

東京高等師範学校での教え子である由良哲次は、樋口の教育思想の根本的な特質は、①主意主義、②生命主義、③自学主義にあると述べている。由良は、このうち、最も根本的なものは主意主義であるとし、「恐らく若き折に精根こめて研究されたヴントの心理学の最も秘奥に横たはれるものを体得せられた」と、樋口が実験心理学の祖であるヴントの心理学を研究していたことを語っている（由良 1937: 14）。樋口は、谷本富の講義においてヘルバルト主義教育論について学び、その後、自身でヘルバルト及びヘルバルト主義者のリントナー、ラインの著作を研究した。しかし、それらが「吾々の精神には、生来何等の力もない。心意現象は、表象の機械的の関係に過ぎぬ」という考えを持っていた点にはどうしても納得できなかったという。また、ヘルバルト主義の教育学において、「身体の価値を余りに軽く評価したこと」、すなわち、精神の発達さえ考えれば人生の目的は達せられるとした点にも疑問を持っていた。さらに、最も受け入れがたかったのは、ヘルバルト主義者たちが、「陶冶 Bilden といふ語を用ひ、児童青年の教育を宛も粘土や陶土の造形技術、鉛や鉄の鋳造術の如く」考えていたことであった。

新教育はヘルバルト主義教育を批判する形で始まったが、樋口においてもその経緯は同様である。樋口は、ヘルバルトおよびヘルバルト主義教育の研究をした上で、その教育学に非常に強い問題関心を抱き、それに代わる教育学の根拠を求める形で「その後は専らヘルバルト派と趣の異つた心理学、即ちジエームス氏やヴント氏やミユンステルベルヒ氏等の心理学」を研究の対象としていったのであった。そして、樋口は晩年、「余の教員生活と教育上の些細な仕事」のなかで以下のように述懐している。

余は当時流行したジェームスの心理学や、ヴントの心理学を耽読し、遂にショペンハウエルの意志哲学にまで進んで、彼の謂ふ所の生んとする意志（ウイルレ・ツーム・レーベン）を掴みこれを精神の根基と定めた。それより以後読んだ書籍は種々雑多ではあるが、それらは孰れも余の教育論の一部の資料となつたには相違ないが、併し教育のこの根本的な原理を置き替へる程余を動かすものはなかつた（丸山 1937: 32）。

樋口は、「八大教育主張」以前の一九一九年において、教育法の根拠として、すでに「哲学上に於ては余はショーペンハウエルの意思哲学を根拠として居る」と述べている。樋口は、ショーペンハウアーは心理学者ではないが、その哲学は非常に心理学的なものであると見なしていた。樋口によると、ショーペンハウアーは、「心意の元は意」であるとし、ヘルバルトによる観念をもととする説と対照的であると捉えており、「意」を主人公、「智」を忠僕に例え、「意」が「智」を導くとしている。また、発生心理学や比較心理学の知見によれば、「我々の心の一番初めのものは意」であり、これは「従前の心理学の語で言ひ現はすならば本能とか衝動」であると述べている。そして「此意に基本性なる活動をさせて学習させたいといふのが即の余の自学主義の主張である」と述べていることから、前述した「八大教育主張」の論点と合致することが見て取れるのである（樋口 1919b: 11-12）。

由良の指摘した自学主義の特質の①と③については、これまで見てきたとおりである。では②の生命主義とはいかなるものであろうか。これは一九二五年に出版された『意的生命論に立脚せる余の自学主義の教育』に表れていると考えられる。由良によれば、同書において、「先生の教育的信念と、教育観、人生観は大体確立した」という。そして、樋口が晩年に執筆した『生活教育学』は、『意的生命論に立脚せる余の自学主義の教育』の発展・収熟したものであり、樋口の教育思想の特色が最もよく表れているとして、以下の文を紹介している。以下の引用は、同書の序において樋口自身が摘要した生活教育学の特質である。

生活教育学は「生命」を自明の所与として、それより出発してその顕現である生活……生命本具の動向たるより善い地位に向つての活動……を指導する教育の理論及び方法を論究する学である。学校の教育は勿論、家庭の教育も社会の教育も、皆この生活指導の仕事である。而して生活は、その本質に於て自発的《オートマチック》な活動であるが故に、指導せられる生活は、亦常に自発的な活動であらねばならぬ。学校の学習は言ふまでもなく、家庭の手伝ひも家業の実習も、亦皆自発的の活動でなければならぬ。勿論生活は幼年時代児童時代少年時代、と人生の時代によりそれ〴〵特質を有し、各時代の生活はそれ自らが目的で、次の時代のそれの準備手段方便と見るべきではないが、各時代の生活内容には、時空を通じてそれ〴〵統一がなければならぬ。学校の仕事の為に家庭の生活が妨害せられ、家庭の生活の為に社会の生活が犠牲にせられるやうなことがあつてはならぬ。斯く生活内容に統一あらしめて、人をして生命の根本動力たる「生活意慾」によつて、「より善き生活」を開拓せしめ、その結果として翻つて根本動力に培はしめるやう指導するが教育である。生活教育学は、生活の一部面を研究する科学とは異り、生活を一全体として眺めるが故に哲学である。而してこの学は、生活といふ人間の存する所必ず存する恒久の事実の上に立脚して居るが故に、普遍恒久性を有する学で、時により所によつて制限せられる時様教育学とは、その選を異にするものである（樋口 1935: 自序4-5）。

これによると、樋口の唱えた生活教育学とは、これまで見てきた自学主義により一層生命主義の視点を強調したものであるといえよう。一人の人間の「生活意慾」を根本的な原動力と見なし、その人間の全生活が統一的に、「より善い」状態を志向して展開することを重視するこの考えの根底には、生の哲学の影響が看取され、当時、隆盛を極めた「大正生命主義」と同調するものであったといえよう。樋口は実際、ベルクソンやニーチェの著書を読み、ショーペンハウアー以外にも彼らの思想を自らの教育論の基盤としていた。ベルクソンについては以下のように述べている。

当時我国では、オイツケン氏の哲学とベルグソン氏の哲学とが流行の哲学であつたが、オイツケン氏のそれは意志心理学とは膚の合はぬ哲学であるに反して、ベルグソンのそれは、意志心理学を肯定し、更に教育の基礎哲学として光明ある前途を照らす哲学であつたので、余は英訳 Creative Evolution を読んで、少からず力を得たような感を懐いた。余はそれより尚も進んで哲学史上に新教育論の足場を探した（樋口 1925: 7）。

樋口は、ベルクソンについても早い時期から注目していた。前掲した一九一九年の論文のなかでも、ベルクソンの人格論に触れ、「意に、創造的の働き」があることを説明している。なお、オイケンについては、この頃はまだ批判的には捉えておらず、「意を以て人格自我の主人公とし、之に生活を営ませようといふのであるが、その生活の形式に付いては余はオイケンの所謂精神生活観を採りたい」と記している（樋口 1919b: 12-13）。これは樋口の思想の変化によるのか、あるいは、オイケンの思想を部分的に肯定しているのかは定かではなく、今後の課題としたいが、いずれにしても、ベルクソンに関しては、若い頃から一貫して樋口の教育思想に影響を与えていたことは確かである。また、ニーチェについては以下のように語っている。

ショペンハウエル氏の著を読んで見れば、更にその徒の研究が望ましくなり、終にニーチェ氏の著に眼を曝すに至つた。ニーチェ氏の著を読んで見れば、さきにベルグソン氏の著中にあつた思想、余が取りて以て新教育論建設の基礎としようと思うた思想が、少くともその萌芽の形で既に存在して居つたので、基礎学としての意志哲学は、ニーチェ氏で既に十分であるやうな感じもした（樋口 1925: 8）。

ここに、長年樋口が取り組んできた意志教育の研究経緯を見ることができよう。ヘルバルト主義の観念心理学に疑問を持ち、その代わりとなるものを探し求めた樋口は、心理学から入って「終に意志哲学にまで進み、意志をもつて精神活動の根底とする教育法」を見いだしていったのであった（由良 1937: 15）。

4　川井訓導事件の真相

（1）国定教科書使用についての樋口の見解

わが国では、一九〇三（明治三六）年に国定教科書制度が成立し、国家の教育内容への関与が強化されることとなった。しかし、教育現場ではその後も副教材や参考書が用いられ、とりわけ、新教育を行った新学校においてその傾向が強かった。樋口は国定教科書の使用について「賛成し難い自学法」のなかで言及している（樋口 1919a: 40-45）。このなかで、たとえば、当時の日本の国定教科書は自学に不適当であり、とくに地理や歴史においては、自学に適したその他の書籍を児童に与えるべきであるという考えに対し、樋口は「現在の教科書が、自学用として、最適のものだとは思はぬが、同時に、また、これでは、自学が全然出来ないものとも思はぬ、使用法を教へさへすれば、これによつて、十分に軽易に、自学せしめることが出来る、現に、余輩は、現行の地理歴史教科書を用ひて、自学さして、その可能であることを確認して居る」と述べている。次項で示すように、日本においては、しだいに、国定教科書を使用しない実践に対する弾圧が行われるようになっていった。樋口は国定教科書至上主義者とされ、彼の自学主義教育法は教科書のなかだけのものであると一般には見なされているが、この評価は短絡的ではないだろうか。樋口自身は次のように述べている。

余が方法上の考は、現行の教科書を用ひ、児童銘々に、学校に於て、教師の指示する学習法によつてすべての学科について、自主的自発的に学習する、常に己の自我が先に立つて働き、働いた結果として自力の感を起し、自我の増大充実を自覚するやう、教師の教授法と調節するやうにしたいといふのである（樋口 1919a: 44-45）。

たしかに、樋口は国定教科書を使用することを勧めていたし、自らもそのような実践を行っていた。しかし、ここからいえるのは、樋口がどのような教授の方法、教材を使用したとしても、子どもが自ら考え学ぶという自発的な態度こそが自学主義教育の最重要点であるとしていることである。樋口は「自学に於ては、教師より教へ込むことの必要は認めるが、その教へ込まれる際に於ける児童の心の態度が、在来の如く、受動なるを許さぬ」と訴えている。また、「自学か他学かは、児童内心の態度によつて決すべき問題で、外形上から児童が自分で学習して居るから自学で、他から教へられて居るから他学であると断ずべきものではない」とも述べている。子どもが自学をしているかどうかは、子どもの内面の心の状態によって判断されるのであって、決して外から見ることのできるものによって惑わされてはいけないと樋口は考えていたのであった。

（２）樋口による川井訓導への批判

一九二四年九月五日、長野県松本女子師範学校附属小学校において新教育に対する弾圧事件として有名な川井訓導事件が起こった。当時、東京高等師範学校教授であった樋口長市は臨時視学委員として、学務課長である畑山余四男らとともに同校を訪れ、第四時に行われた川井清一郎訓導の修身の授業を視察した。同年五月に文部省は「近年小学校ニ於テ教科書ノ解説書若クハ教科書類似ノ図書ヲ副教科書又ハ参考書ト称シテ使用セシムル向有之ヤノ趣右ハ教育上尠カラザル弊害ヲ来スモノト存ゼラルルニ付厳重ニ御取締相成度依命此段通牒ス」とし、国定教科書以外の教材を規制する通牒を発していた。これを受けた各府県はこの内容を各学校に布達していたが（塩見 1980: 71-84）、川井は国定教科書を使用せずに、森鷗外の「護持院ヶ原の敵討」（『天保物語』鳳鳴社、一九一四年）のみを教材として使用していたことが問題となったのである。川井はその後、休職処分となり、退職している。川井訓導事件に関しては、これまで国定教科書使用の有無が強調されてきたが、川井の授業実践への批判はこの点に限ったことではなかった。その点に触れつつ川井訓導事件の真相に迫っていこう。

長野県学務課は、県下の各学校の視察を大々的に実施した。川井訓導事件以前に起こった飯田小学校事件（一九二四年九月三日）は、川井訓導事件の誘因となったものである。樋口は、飯田小学校事件の際にも臨時視学委員として飯田小学校を視察し、痛烈な批判を加えている。和崎光太郎によれば、その批判の第一点は、国定教科書を使用しなかった点であり、第二点は、教授法に関する点であるという。樋口は、飯田小学校教員による教授は、「教材の資料を研究」をせず、「その場主義のゴマカシ」であるとし、「三十年前の教授方針」、「的確でない曖昧な教授方法」を用いていると糾弾している（和崎 2007: 5-6）。

このような流れのなかで川井訓導事件が勃発したのであった。以下に、事件当日の様子を速記した記事を引用しつつ、樋口の発言に着目して事件の概要を見てみよう。この記録は、川井の上司であった主席訓導傳田精爾が記したものであるが、彼は川井の退職後、この事件の責任をとって辞任した人物である。

川井の授業直後、畑山学務課長が児童三九名に修身教科書の保有状況を確認し、五名の者しかそれを持っていないことを確認した。それに続いて樋口は「これを教へましたか」と川井に尋ねた。川井は「いえ、まだ教へませんｊ」と答えている。畑山は「どうして修身書をやらぬか？」と問い、この議論は批評会に持ちこされた。当日は川井の授業実践以外にも、高二算術、尋五読方、尋六読方、尋六歴史の授業が視察の対象となっていた。批評会において樋口は視察の順に講評を行っている。それぞれの実践に対し、その内容や方法、授業準備の程度や教科の目的等相当に細かな指摘をしている。そして全体総括としては、「一、材料の調べが不足である。二、児童の調査が不充分である、三、各教科の目的を調べて貰ひ度い」と評し、次のように述べている。

殊に附属に於ては代用教員や準教員ならばいさ知らず、本科正教員を養成する所である以上、県下教育界研究の中心とならねばならない。自分は附属参観については多大の希望をもつて居たにも拘らず、全然裏切られた。かかる有様では附属の職員たる価値がない（傳田 1924: 27）。

樋口の視察における評価については、これまで川井の修身の授業のみが注目されてきたが、ここに見るかぎり、樋口は川井のみを非難したのではなく、附属全体の教育研究活動について痛烈に批判したのであった。さて、問題の川井の修身については、傳田も項をあらためて他の授業より詳細に筆記しているため、ここに一部を引用しよう。「視学委員」とは樋口のことである。

視学委員。一体今日の授業は僕が聞いて居ても耐へられなかつたが子供は従順なもので罪がないからああして居た僕は視察といふ名で来なければ直ぐにでも途中で出たが紳士の体面を保つて見てゐた、幸に十分早く出して呉れたので助かつた。さうして一体この材料は——国定教科書を使はないであゝいふ材料をどうして使つたか。

川井。自分は自信の持てるだけの準備がついて居ないからです。

視。何うして一学期扱はなかつたか。

（川井君はその時まだ答へませんでした）

視。自分の自信か。

川。さうであります。

視。二学期になれば調べがつくか。一体どこまで調べたか。

川。さういふ調べ方を申すのではありません、徳目の心持を通して……

視。詭弁はよしたまへ、やらぬならやらぬと正直に言ひ給へ

視。どういふものに就て調べたか。

川。十訓抄などについて……

視。その外?。あれは一体何時間でやるつもりか。

川。三時間位でやるつもりです。

視。そのあとどうどう《ママ》する。

川。子供の感想を聞いたり……

視。君は国定教科書とこれと（天保物語を指しつつ）どちらを重く見て居るか。

川。それはどつちを重く見ると言ふ様な事ではありません
視。それは君詭弁だ。君は一体何分前に調べたか。君はあの席で本をまくりまくり話して居たが、一体君は何時もああして下を向いて授業をやつてゐるかね、始めて教生でもやるものが教壇に立つたやうに。一体目と目と見合つて話さないといふ失礼な事があるものか。もつとも女の師範の四年生位の大きな生徒なら、ぢつと見て居ると、あの先生思召があるなと思ふが、尋常四年位の子供では、子供の方をちやんと見て居なくてはならない。一体会話をするには三十人なり四十人なり一とまとめに睨めてやらなくてはだめです。まつたく先生はふらふらして居たではないか。

視。あの教材に就て取捨選択したか。

川。しました。

視。然しああいふ風に話されたでは面白くない、子供はただ「大目附、小目附」のところで笑つただけではなかつたか。君は全く下手だね、姫路から九郎右エ門が飛んで来た所を、かういふ風に（ゼスチユアを示されつつ）すればいいではないか。君は一寸も技巧がない。

視。君のその調べは充分かね。

川。自分としては相当に調べたつもりです。

視。君はそれでは責任を持つかね。

傳田。勿論教授者は自分の仕事に就いては責任を持たなくてはならぬと思ひます。
川。責任を持ちます（傳田 1924: 27-28）。

以上の答弁の内容を見ると、樋口が川井を一方的に叱責しているのではなく、川井に発言を求めている状況が窺える。また、引用直後の箇所には、樋口が参観人にも「何か感想があつたら言つて下さい」と述べており、川井の同僚も川井を弁護し、議論に加わっている様子が見受けられる。樋口の指摘を整理すると、第一に、国定教科書不使用の理由と教材選択について、第二に、教授方法が挙げられる。前者について、川井は文部省の通牒を知りながら、これまで続けてきた自身のありのままの実践を行っており、「責任をもちます」といいながらも「護持院ヶ原の敵討」という教材を選択した理由さえほとんど答えられない状態であった。後者に関しては、とくに前項で見てきたような樋口の自学主義の思想に基づく教育方法と相容れないものであったことや、「一体細目があるか。この材料に就ての細目があるか」と問うているように、授業計画の不十分さを批判したといえよう。

樋口による批評は、ジャーナリズムの煽りもあって、上からの一方的な攻撃ととられ、当時多くの人びとの反感を招いた。樋口の立場についてば明らかでないにもかかわらず、高等師範の教授として、一連の新教育批判に回ったという認識が一般的である。たしかに、歴史的には、この事件は国家の意図する教育の規律を乱す新教育に対する権力の介入であったであろう。しかし、以上のことから推察するに、樋口はたんに新教育を弾圧したのではなく、川井の無計画・無目的な授業計画や子どもに真摯に向き合わない態度で授業に臨んでいたことを批判したのであった。樋口のこれまでの自身の新教育研究とは馴染まないこのような実践に対して、彼は専門家として意見を述べたのであろう。

樋口は「信州へ来るに就ては喧嘩をする積で来た」とこの席のなかで発言している。喧嘩とは、一方的に相手を陥れることではなく、互いにぶつかることである。樋口はそれを期待して故郷の教育振興のために臨時視察を引き受けたのではないだろうか。しかし「今日で五日目だが誰も蘊蓄を傾けてくれるものがない」と嘆いている。樋口は、白樺派教師弾圧の戸倉事件（一九一九年）なども知っていたであろう。そのような状況から附属の教師たちが「何か言へない煩悶を持つて居るのだらう」と教師たちの立場に理解を示しつつも、それでもあえて「何か文芸上の信仰でもあるのだらう。それを訊きたい、社会観とか人生観とか哲学観とか文芸観」について話してみないかと提案するが、それに答える者は誰もいなかった。

この事件以降、新教育運動は後退したといわれる。しかし、ここまで見てきたように、この後の樋口の自学主義教育理論および方法はさらに洗練されたものとなっていったことが明らかである。新教育の広がりを阻止しようとする勢力があったことは事実であり、樋口もそのような動きのなかで視察委員としての役割を果たした。県当局の思惑はどうであれ、樋口は自身の信念に立ち、信州の教育のために尽力したのであった。樋口はその口から直接、「県庁その他の傀儡」ではないとはっきりと述べている。また「県庁では何物かを私に期待してゐるかも知れず色々言ったこともあるけれども、私はそれを閑流したに止ま」ったともいう（川井 1925: 27）[(3)]。樋口はその後、六七歳で公職を退き、一九三九年に最後の著述『特殊教育学』を出版し引退するまで、教育学研究を行い、聾唖教育現場にかかわり続けている。川井訓導事件に関与し、新教育を圧制したと見なされた樋口であったが、それによって樋口自身の新教育の理論的研究並びに実践が終焉したとはいえない。その教育思想は、「八大教育主張」以後もいわゆる新教育としての特質を持ち続けていったのである。

5　おわりに

本章では、これまで新教育運動の後退に一役買ったと見なされていた樋口長市の経歴とその教育思想の特徴とを考察してきた。自学主義については、及川平治や河野清丸など多くの教育学者が言及しているが、樋口の自学主義は次のような特徴があった。

樋口の自学主義教育論は主意主義に立つ教育学であり、生の哲学者たちの唱えた「生きんとする意志」に着目したものであった。樋口はショーペンハウアーをはじめ、ベルクソンやニーチェなどの著作から学び、自身の求める教育論を追及していった。樋口は、大人が客観的に判断するのではなく、子ども自身が自分の「増大」すなわち成長を感じることを重視し、つねに子どもの心の動きから目を離さなかった。晩年にまとめた自学主義教育論の集大成といえる『生活教育学』では、生命の源泉を「生活意慾」に置き、それによってより善く生きることを主張した、いわゆる大正生命主義としての教育論を展開したのであった。

これまで、樋口は、新教育を推進していたにもかかわらず、川井訓導事件などによって、新教育を弾圧する側にまわったと見なされてきた。これは、川井を擁護する立場の者の声が大きかったことも要因であろう。たとえば、川井自身が事件後に著した「修身の取扱ひについて」や「経過と感想」という釈明文ともいうべき論文を掲載した『信濃教育』の編集長である西尾実は、傳田と長野県師範学校の同窓生および友人であり、自身も川井を擁護する論文等を執筆し、『信濃教育』誌上に載せている（山崎 1995: 75）。また、昨今の川井訓導事件に関する多くの先行研究も、樋口を新教育の批判者に転向したと位置付けるものが多い。

しかし、本章で明らかにしたように史実に即して客観的に見れば、むしろ樋口は一貫して真の新教育のあり方を模索し続けていたと考えられる。当時、新教育の名のもとに不適当な実践が行われていたことを彼は批判したのであり、決して新教育を弾圧したのではなく、むしろ正しい方向に導こうとしたのであったといえるのではないだろうか。

注

（1）障害児教育史における主な先行研究には以下のものがある。
平田勝政「樋口長市文献目録」『長崎大学教育学部教育科学研究報告』五二、一九九七年、二五－三九頁
平田勝政「戦前の教育学分野における「精神薄弱」概念の歴史的研究――教育学者の乙竹岩造と樋口長市の検討を中心に」『長崎大学教育学部教育科学研究報告』四四、一九九三年、五九－七八頁
小川克正「樋口長市氏における特殊教育学と比較教育学との関連」『教育学心理学研究紀要』Vol. II（岐阜大学教育学部教育研究室）一九七〇年、七三－八三頁
小川克正「「特殊教育」概念の変遷――わが国心身障害者教育研究史における樋口長市の位置について」『世界教育史大系三三　障害児教育史』講談社、一九七四年
（2）川井訓導事件については、以下のような先行研究がある。
中野光『大正自由教育の研究』黎明書房、一九六八年
山崎一穎「信濃教育界に於ける森鴎外――〈川井訓導事件〉の波紋」『跡見学園女子大学紀要』第二八号、一九九五年、五三－八三頁
渡辺弘「川井訓導事件の真相（一）－（三）」『宇都宮大学教育学部教育実践総合センター紀要』第二二－二四号、一九九九－二〇〇一年
岩本努「抵抗がつづいた松本女子師範附属小学校――川井訓導事件の後にきたもの」『教育学論集』中央大学教育学研究会、四二号、二〇〇〇年、二二〇－二五二頁
清野茂「梓渓生・樋口長市の人物像と教育に関する一考察――一九二〇～一九三〇年代のいくつかの事柄をとりあげて」『ろう教育科学』四二（二）二〇〇五年、三一－四四頁

和崎光太郎「大正自由教育と「赤化思想」——川井訓導事件とその周辺」『信濃』第五九巻第一〇号、二〇〇七年、一―一八頁

（3）なお、渡辺（1999: 138）は同文章を筆者とは異なった意味で捉えていると考えられる。

＊付記　本章は「樋口長市の生活教育論——生命思想の影響に着目して」（『東京学芸大学紀要』総合教育科学系Ⅰ、第六六集、二〇一五）に加筆したものである。

文献

川井清一郎 1925「経過と感想」『信濃教育』第四六三号、二四―三六頁

塩見昇 1980「大正一三年の次官通牒と図書館教育」『大阪教育大学紀要』第Ⅳ部門、第二九巻、第二・三号、七一―八四頁

傳田精爾 1924「視学委員視察当日を顧みて」『信濃教育』第四五六号、一四―三三頁

中野光 1968『大正自由教育の研究』黎明書房

樋口長市 1919a「賛成し難い自学法」『教育界』第一八巻三号、四〇―四五頁

樋口長市 1919b「自学主義教育の根本義」『教育学術界』三九（一）、七一―一三頁

樋口長市 1919c『自学主義の教育法』金港堂

樋口長市他 1922『八大教育主張』大日本学術協会

樋口長市 1925『意的生命論に立脚せる余の自学主義の教育』目黒書店

樋口長市 1935『生活教育学』目黒書店

丸山良二 1937「先生の児童観」『聾唖教育』第四二巻、二八―四二頁

山崎一穎 1995「信濃教育界に於ける森鷗外——〈川井訓導事件〉の波紋」『跡見学園女子大学紀要』第二八号

由良哲次 1937「先生の思想と人格」『聾唖教育』第四二巻、一三―一九頁

和崎光太郎 2007「大正自由教育と「赤化思想」——川井訓導事件とその周辺」『信濃』第五九巻第一〇号、一―一八頁

渡辺弘 1999,2001「川井訓導事件の真相（一）―（三）」『宇都宮大学教育学部教育実践総合センター紀要』第二二―二四号

第9章　手塚岸衛の「自由」概念
——千葉師範附小における「自由教育」の実践を通じて

The Concept of Freedom in Tezuka Kishie's Educational Thought: From the "Freedom-education" in Chiba-Shihan Elementary School

田中　智輝

〈概要〉　本章では、「自由教育」の指導者であった手塚岸衛（1880-1936）が「自由」の概念をどのように捉えていたのかを、手塚の自由教育論と千葉師範学校附属小学校での実践を手がかりに検討する。通説に反し、手塚の自由概念には、ドイツ観念論的な自由概念に収まりきらない含意があるものと思われる。手塚の自由教育は子どもの自発性を重んじ、一人ひとりの子どもに合った学習を保証することをめざすものであるが、教師による教授を否定するのではなく、むしろ教師の「教え」に新たな意義を見いだしている。手塚は、教師は子どもを「理性化」する者ではなく、真の自由の体現者と見なし、教師の「自治と自学」が、子どもたちの「自治と自学」を喚起するという。本章では、こうした手塚の自由教育が、すでにあるものといまだないものとの出会いにおける、新たな共同性の創造への試みを含むものであったことを明らかにしたい。

1　はじめに

本章の目的は、「自由教育」の指導者であった手塚岸衛（1880-1936）が「自由」の概念をどのように捉えていたのかを、手塚の自由教育論および千葉師範学校附属小学校での実践を手がかりに明らかにすることである。

千葉師範附小での自由教育の実践は、一九一九年（大正八年）に手塚の着任と同時に始まった。「千葉の自由教育」は全国的に高い関心を集め、一九二九年頃までのおよそ一〇年にわたって展開されたものの、手塚が同校から転出したのをきっかけに運動としての勢いを急速に失うこととなった。手塚は「自由教育」の実践に際して徹底した自学主義を掲げ、「自学室」の設置や「共通扱」「分別扱」の二つの形態を用いる教科指導、学級自治に代表される児童による自治活動など、先進的な実践を次々に試みた。先行研究においても、こうした自由教育実践の先駆性、さらに同時代の実践家や今日の学校文化への影響力の大きさが指摘され、評価されてきた。しかしながら、手塚の実践の先駆性が高く評価されてきた一方で、彼の教育論に関してはもっぱら篠原助市に多くを負うものとされ、手塚の理論と実践の有機的連関は看過される傾向にあった。このため、実践とのかかわりのなかで醸成された「自由教育」をめぐる手塚の理論およびその基底をなす教育思想は未だ十分に描き出されていない。

ここで手塚の自由教育論とその実践において特筆すべきことは、彼が掲げる「自由」の概念が独特の意味合いを含んでいる点である。詳しい検討は本論で行うが、手塚における「自由」は、ルソーの自然主義的な自由の概念に対して否定的な立場をとるものであるだけでなく、先行研究において指摘されてきた篠原を通して摂取されたドイツ観念論的な自由の概念にも収まらないものであると思われる。手塚はいかなる教育思想を抱いて自由教育の実践に身を賭したのか。本章では、彼の「自由」概念を明らかにすることを通してこの問いに迫りたい。

2　手塚の「自由教育」における理論と実践

手塚が教育実践に従事することとなったのは一六歳の時、一八九六年に彼が大宮尋常高等小学校を卒業した年のことである。その後一八九八年には栃木県師範学校へ入学し、一九〇二年に再び同県の尋常高等小学校訓導として三年間を過ごしている。さらに一九〇八年には東京高等師範学校国語漢文選科に入学し、一九〇八年同校を卒業したのを期に教諭として福井師範学校に赴任する。手塚の自由教育の実践に理論的な影響を与えた篠原助市との出会いはここでのことであった。さらに、群馬県第一師範学校教諭と同附属小学校主事を兼任した後に、一九一七年、京都女子高等師範学校教諭兼京都府地方視学として京都に赴く。なお、手塚の京都赴任の少し後に篠原も京都に住居を移しており、手塚の斡旋で彼らは同じ長屋の隣同士で住まう非常に親しい間柄であったという。篠原は『自由教育真義』に寄せた序文において当時のことに触れ、「京都にいる間は殊に日夕往来し、教育上の問題について語り合った」と述べている。さらに偶然は重なり、一九一九年、手塚が千葉師範学校教諭兼同小学校主事に任ぜられると、同時期に篠原も東京高等師範学校教育学教授に迎えられており、篠原は千葉師範附小での自由教育の実践に直接間接にかかわることとなったのである。

手塚は千葉師範附小への着任と同時に自由教育をただちに実践へと移した。先述したように、千葉の自由教育の隆盛はおおよそ手塚の千葉師範附小の在任期間と一致しており、一九二六年に手塚が千葉県立大多喜中学校校長に任じられ異動を余儀なくされると、運動は急速にその推進力を失ってしまう(1)。その後、千葉師範附小を離れても手塚の自由教育への熱意は失われることなく、大多喜中学校校長に着任後も直ちに自由教育の導入を試みるが、その試みは手塚校長排斥を求める同盟休校というかたちで拒絶される。さらに、一九二七年六月に手塚は同校を依願退職し、翌年四月に自由ヶ丘学園を創設し園長となるが、これも経営難のため一九三四年に手放している。そしてその二年後の一九三六年、病床にて失意のうちに亡くなるのである。

千葉師範附小における手塚の自由教育運動の展開やその実践の概要については、本章では紙幅の都合により彼の「自由」概念とのかかわりにおいてとくに重要と思われるものしか取り扱うことができない。ただし、手塚の自由教育の概要については先行研究においてすでに十分に整理されたかたちで示されている。とりわけ、手塚が千葉師範附小において主導した「自由教育」に関する一次資料および二次資料をまとめた先行研究として、永井輝による研究が挙げられる。さらに、千葉師範附小における手塚の自由教育運動の展開を追った研究としては、本間道雄（本間 1982）、三上文一（三上 1951）などがある。

さらに、前述の千葉師範附小の自由教育運動の展開と、そこでの手塚の立ち位置についての研究に加え、大正自由教育の系譜における手塚の自由教育の位置づけを明らかにしたものとして中野光の研究が挙げられる(2)。中野は手塚の自由教育の特徴として、全学年を対象とする徹底した自学と自治の実践、および子どもに教科や学習の場所を自由に選択させる「自由学習」の時間の特設を挙げている。こうした試みは、画一主義や注入教授を排し、子どもの「内的動機」を尊重しようとする手塚の教育観を反映したものであるとして、その革新性が高く評価されている。しかしながら一方で、中野は、「当時急進的かつ戦闘的にした「千葉の自由教育」はその社会観・国家観においては決して反体制的ではなかった」（中野 1968: 171）として、手塚が国家権力の教育内容統制政策に対して根本的な批判をし得なかったことを問題視する。このことから、総じて手塚の理論と実践においては内容論が脱落しているために、子どもの発言や質問をどのような方向に向けて発展させ組織させていくかが不明確であったことが、自由教育の一つの限界であるという見方が示される（中野 1968: 173-174）。

加えて、自由教育をめぐる論争を白楊会(3)における自由教育実践の展開とともに明らかにしたものとして中内敏夫の研究が挙げられる。中内による研究では、自由教育に対して「理論と実践にずれがある」との批判に手塚が強く対抗したために、かえって理論による実践のつみとりを進めてしまったとの解釈が示されている（中内 1973: 309-357）。中内が述べているように、自由教育に対する批判の多くは「理論と実践のずれ」に向けられたものであった。この点については井上弘も同様の見解を示している（井上 1975a, 1975b）。これらの研究が指摘している手塚における理論と実践のずれは、手塚が理論的な基盤を求めた篠原助市の理論と手塚の自由教育実践のずれであるともされる。

ただしこうした見解については異論も提出されている。宮坂義彦は「批判的教育学の理論が自由教育の方法形成に何らかの影響を及ぼしていたという事実はない」（宮坂 1967: 35）とし、そもそも自由教育の教授方法のレベルにおいては篠原を介した批判的教育学を理論的基盤としていないという。また、松井春満は千葉師範附小における自由教育の理論の中心をなしたのはやはり篠原の批判的教育学であるとしながら、「千葉の実践内容を検討すれば、批判哲学の影響のほかに、むしろまったく起源の異にする児童中心主義的な新教育の諸形態からの示唆もあったことが明らかに見てとれる」（松井 1978: 285）と述べている。このように、理論と実践のずれといってもそこで指摘されている「ずれ」の内実はさまざまであり、それが一貫性の欠如としてのみ捉えられるものではないだろう。

以上で確認したように、先行研究において手塚の自由教育は徹底した自学主義をめざし、教科、教科外、そして自治活動のそれぞれの分野で独自の実践を展開したものとして一定の評価がなされる一方で、理論と実践とのずれや、批判的教育学についての理解の不十分さなど、手塚の理論的基盤の脆弱さも指摘されている。こうした先行研究を概観した際、主な論点は次の二点に存するものと思われる。すなわち、第一に、自学自治を中心とした教育実践がどのように展開され、その実践を通じて看取される手塚の教育論の独自性とはいかなるものかという点である。そして第二に、手塚が依拠した理論と、千葉師範附小で行われた実践のあいだの「ずれ」とされていたものの基底になんらかの一貫性を指摘しうるのかという点である。

以上で挙げた二つの論点について考察する際に看過できないことは、手塚は元来実践家としての教育に携わった人物であるという点である[(4)]。手塚が、「革命児」[(5)]と呼ばれるほどに実践家としての資質に富み、事実強力に自由教育の実践を牽引したことに鑑みれば、手塚の実践を支えていながら同時に彼の実践に革新性をもたらしているものこそ、実践家たる手塚の教育論にあたるものだと言えよう。本章ではこうした問題関心のもとで、手塚の主著『自由教育真義』を中心的なテクストとし、「自由」概念を明らかにすることを通して、彼の教育実践の基底にどのような思想の広がりがあったのかを探りたい。その際、理論編（同書における「前篇　教育欠陥」および「中篇　教育主張」にあたる）から得た枠組みに従って実践編（「後篇　教育実際」）を解釈するのではなく、『自由教育真義』での理論編・実践編に通底する手塚の教育論の独自性を描き出すことに力点を置きながら考察を進めたい。

3　「自然の理性化」としての「自由」

手塚によれば、当時の自由教育論は四つに大別できるという。すなわち、①通俗自由教育論、②芸術自由教育論、③自然自由教育論、④理性自由教育論の四つである。ここに挙げられた自由教育論それぞれについての手塚の見解を簡単にまとめるならば次のようになる。

①通俗自由教育論とは、自由という語を「我儘勝手放任放埒」と同義と捉え、極端な個人主義や利己主義へと連なるものであるという。また、②芸術自由教育論は、文学者や書家等によって高潮せられるものであるとされている。手塚は、芸術自由教育論自体を否定するわけではないが、それが自然を無批判に賛美し、自然に没頭し、生の

衝動にまかせてなすがままにすることが自由であるという立場をとるのであれば賞賛にはあたらないとしている。手塚は論理、倫理において自由が認められてはじめて、体系的な教育原理に値するものになるとして、芸術自由教育論の不徹底さを批判しているのである。さらに、③自然自由教育論にも同様の批判が向けられる。自然自由教育論はルソーやエレン・ケイの思想に依拠するものを指すが、手塚はそれを自然をただちに善であるとし、理性の働きを軽視するものとして断ずる。その上で手塚は「統整原理としての理性によつて純化すべきが教育であると高唱する理性自由教育」（手塚 1922: 66）こそが「哲学上倫理上、自由の正統的見解」（手塚 1922: 67）に基づくものであるとしている。

以上のように、手塚の自由教育は「自然の理性化を扶けて自由の拡大を図る」（手塚 1922: 72）ものである。「自然の理性化」とは、「自然を真善美の規範によつて統整する」ことを意味する。そして、このような自然を統制する生活を「文化生活」と名付け、教育は自然生活から文化生活を創造する営みであるとしているのである。すなわち、感覚的素材は論理的規範によって概念の世界を創造し、美的規範に従って美の世界を構成するとともに、衝動は道徳的規範によって善の世界を創造する。この絶えざる創造へと子どもを導くことが教育の課題なのである（手塚 1922: 75-76）。

このように、「自然の理性化」は理性によって自然を統制することを指しているが、ここにおける統制とは理性が自然をほしいままに操作することを意味するものではない。このことは、手塚が「自然の発達とともに理性の創造的連続発展」があるとし、理性は「かならずしも自然と反対はしない」（手塚 1922: 82）と述べていることからも明らかである。理性は自然に「理」を見いだすものであり、真善美の規範は自然を理性化するという不断の試みのなかで洗練されるものである。よって「自然の理性化」としての「自由」は、あくまでも「創造的連続発展」の過程にあり、真善美へと向かう動性を有するかぎりにおいて「自由」なのである。

神ならぬ身にして神を希ひ、足を地上につけて天上の星を仰ぐ姿が人である。動物は自然ばかりで自由がない。全知全能の神には自由ばかりで仕事がない。道徳に対する義務の念、真理に対する努力の感、これが即ち自由である。神にも動物にも味ひえぬこの自由を体験するが人の子の特権である。…［中略］…教育はかゝる意義に於ける人生を趁ひ、かゝる意義に於ける自由を求めて止まぬ人をつくるにある。（手塚 1922: 70-71）

以上のことをまとめると、手塚における「自由」は、①真善美の規範によって自然を統制することと、②真善美の崇高さに向けて自らを統制すること、そして③真善美の規範そのものを「自然の理性化」によって連続発展させることの三つの意味を含むものとして提示されている。このような手塚における「自由」の概念は、真善美の規範を前提としながらも、同時に「自然の理性化」によってその規範を深化せしめることを重視するものであると言えよう。

ここで掲げられている「自由」の概念の背景に篠原助市の影響があることは「自然の理性化」や「連続発展」という篠原のタームを用いていることからも明らかである。このように手塚が自らの実践の理論的な基盤を篠原に求めたことはよく知られているところであるが、手塚が篠原の教育思想から何を汲み取り、それを自らの理論と実践のなかでいかに展開していったのかについては、いまだ十分な検討がなされていない(6)。次節では手塚が篠原から学んだ教育理論をいかに教育実践へと展開し、そのなかで自身の自由教育論を練り上げていったのかを見ていきたい。

4　「創造的連続発展」としての「自由」

前節で示した「自由」の概念に依拠しながら、手塚は自由教育の理念を次のように述べている。

児童をつとめて理性に目覚めしめ、常にみづから目的を定立して、自覚し自治し自育する学校生活を生活せしむるために、つとめて児童の学習上の自由を容認しつゝ、次第に高き自由を実現しまた実現させようと期するのがわれ等の自由教育である。（手塚 1922: 73）

ここで述べられている自由教育の理念は、千葉師範附小において児童の自発的学習を重視する「自学」と、学級自治会を中心とする「自治」とを核としながら実践へと展開されていくことになる。手塚は一九一九年に千葉師範附小に着任するとただちに学級自治会組織の立ち上げに着手している。この背景には、大正デモクラシーの潮流のなかで千葉県下においても自治的公民の形成が重要な教育課題とされていたという当時の時代状況と、「自由教育は児童の内より動く自律の自覚を柱とする教育であるから、自治訓練より入ることが当然である」（手塚 1922: 5）という手塚の考えがあった。この試みにいたった経緯を手塚は次のように述べている。

大正八年九月、尋常科第五学年以上の七学級に向つて学級自治会組織を計画した。これ自由教育は児童の内より動く自律の自覚を柱とする教育であるから、自治訓練より入ることが当然であるのと、時あたかもよし、千葉県下には公民科教授問題がやかましかつたので、自治的公民訓練の基礎づけには、もつとも重要な施設であ

ると考へた二つの理由からの計画であつた。（手塚 1922: 5）

しかしながらこうした背景を持ちながら、手塚の自治の実践においては、自治会を組織することの第一のねらいが将来の公民を準備することではないとされていることは興味深い。手塚は自治会について次のように述べている。

われ等の学校には尋常一年生より各学級とも自治会なるものがある。しかしそれは、いはゆる学校都市といつたやうな、社会生活の小模型を学校に入れて、大人として自治体の一員として、将来社会生活の直接準備をさせるためのものではない。銀行や社会の組織を倣ねたり、村長や村会議員のようなものをつくつたりすることでもない。たゞ児童みづからがそれ自身の生活を単独に自律し、相互に自治しあふまでのこととしてあるのみである。児童それ自身の生活は家庭と学校と社会とに行はれるが、学校教育に於ては主として児童の学校生活そのものを、自治せしるやうに仕向けるべきである。学級自治会の主なる任務は、児童の現在の生活、もすこし狭ばめていへば、学校生活それ自体を、児童相互に学級単位に自治しあふの意である。（手塚 1922: 18）

このように手塚は、自由教育における自治は実社会の模倣ではなく、あくまでも子どもたちが自身の学校生活それ自体を目的として行うものであるとしている。このことは、手塚の「自由」の概念が、自らが自己に与えた規範によって自己を統制するのと同時に、その倫理的、論理的、美的規範を「自然の理性化」という不断の試みにおいて深化させることを含意していることと密接にかかわっている。この点については、生活準備説に対する手塚の批判からも汲み取ることができる。「生活準備は人生が無限の連続発展であることを忘れてゐる。刻々の理性化の生活は刻々に目的であり、価値であるから、価値生活そのものの外には、なんら他にためにする生活ではない。即ち将来のために準備する生活ではない」（手塚 1922: 113）。

手塚はここで教育は将来の生活の準備であるとする「生活準備説」を批判し、それが「連続発展」を看過していると指摘する。手塚は、教育は将来の生活のためにのみなされるのではなく、それ自体が「連続発展」の過程であることを強調するのである。児童は学級を基本的な生活の場としている以上、学級は児童の連続発展を保証するものでなければならない。手塚が外部からの干渉を遠ざけようとするのもこのためである。教師は学級において教育活動を行う権限と責任を与えられるが、彼等は児童の連続発展を守ることにかかわるのであり、外部から何らかの目的が持ち込むことが許されるわけではない。このように手塚は、公民形成を急ぐ社会の要請に応えようとしながらも、教育を将来の生活のための準備とすることを厳しく斥けているのである。「現在の生活は一切の過去を孕んで、将来を蔵してゐる。蔵してゐるとは準備と同義に見たくはない」（手塚 1922: 114）。

以上のように、手塚による学級自治の実践は、自らの規範に自らを従わせるという理性的自由と、自らの生活に没頭することにおいて駆動する創造的連続発展に向けられたものであると言えよう。こうした「自由」の概念は、自治のみにかぎらず自学においても一貫している。

千葉師範附小における自学の特徴としては次の三点が挙げられる。一点目は、授業を「分別扱」と「共通扱」という二つの教授形態を交互に組み合わせて行った点である。「分別扱」とは、「同教科異教材異程度の比較的児童本位の自由なる個別学習」である。それに対して「共通扱」は「同教科同教材同程度の比較的――分別扱に比して――教師中心の一斉的取扱」とされている。授業においては、この二つの教授形態が交互に織り交ぜながら用いられている。

自学の特徴の二点目は、「自由学習」の時間の特設である。「自由学習」においては、教科学習で行われる「分別扱」よりもさらに徹底して学習の内容と方法が子どもの自発性と自由に委ねられている。「自由学習」は、「異教科異教材異程度の、全然児童個別の自主的学習」であり、この時間においては玩具の製作をしようと、科外の自由研究をなそうと、雑誌を読もうと各児童の自由とされるのである（手塚 1922: 7-9)。

そして三点目の特徴は、自学においては単独自学と協同自学が相互に組み合わされている点である。手塚は自学を単独自学と協同自学の二つに分けているが、教科学習の時間内においても、教科学習と特設の「自由学習」の時間との関係においても単独自学と協同自学(7)を相互に組み合わせることが基本となっている。以下に示す「尋常一年女生読方」の授業からも、子どもたちの学習が単独自学と協同自学の繰り返しのなかで展開されていることが伺えるだろう。なお、本時では分別教材として「尋常小学国語読本巻五、六および尋常小学読本巻五」、共通教材として「尋常小学国語読本巻五の三「大蛇たいぢ」」が用いられている(8)。

甲、分別扱

振鈴の合図によつて、児童は自治的に集合して、順次教室内にはいつた。そして着席するや、たゞちに自由学習にうつつた。各児童は前時までに学習してきた続きを翻ゐて、一心に読みながら調べてゐる。各自の机上には「自由教育用読本」が用意されてあつた。不明な箇所があるとすぐ手引きを開いて調べてゐる。自分でわからなくて、隣生と協同研究してゐる児童も二三組あつた。二三人読本を読んでは考へ、考へては読み、すこぶる鑑賞的、思索的に進行してゐる児童も見えた。席を離れて、教室の後方に備えてある掛図をながめながら、自由に研究してゐる児童が四五人あつた。備付の教具類をいじりながら、読本を片手にお互いに話し合つてゐる児童が二組あつた。一組は巻五の「五．金鵄勲章」のところを開いて、勲章の図と対照しながら、他組は「山がら」と「つばめ」の標本を見ながらとき〴〵、席を離れて任意に教師のところへ質問に来た。

…［中略］…

乙、共通扱

分別扱で児童各自が熱心に手引、参考書、標本、掛図等によつて、単独に協同に、また教師とともに研究してきた自由学習を止めさせて共通扱にはいつた。教材は巻五の「三、大蛇たいぢ」で、程度は級中の最低基準であるから、全級三十八人の児童は、すくなくも一回以上、分別扱や自由学習で読んで、大体理解（児童として）しているところである。まづ共通扱の教材を指示してから児童に今一度しんみりと考へながら自由読をさせた。各児ともきはめて低声で、ゆつたりした、しんみりとした研究振であつた。

各児童は読みながらいろ〳〵な疑問が起ると随意に席を離れて教師のところへ質問にやつてくる。そしてちよつとでも腑に落ちない点があるとどこまでも聞き質した。

…［中略］…

時に自分（教師）は大切な箇所について注意した。試読させてから「この文の中にはどんなことが書いてあつたか」を質問して、大意を発表させた。児童はおの〳〵自分の思ふところを、それからそれと自由に発表した。それが終わつてから、内容についてつぎのやうな取扱をして、浅薄であつた児童の学習に対して、補導、補成を加えて、味読、深みのある理解に導いた。

…［中略］…

内容の吟味が終わつてからさらに〳〵繰返し〳〵熟読吟味させた。（手塚 1922: 220-226）

そもそも手塚が「分別扱」と「共通扱」を組み合わせたことには、能力別個別学習を推進する意図があった。「分別扱」においては各々の能力、進度に合わせて学習が進められる一方で、「共通扱」では「全級児童中、低位の進度」を標準として題材を定め、これを「十分徹底するまで取扱ひ、常に一定の進度を保持する」（手塚 1922: 8）

ことをねらいの一つとしていたのである。

しかしながら、手塚における「自学」の特徴はこのような能力別個別学習による一定の学力水準の保証に収斂するものなのだろうか。手塚の「自由」概念や、そうした「自由」に向けた実践に鑑みると、能力別個別学習を徹底化するという彼が当初掲げたねらいを超えたところに「自学」の核心があるように思われる。

先の実践例をとっても、「分別扱」において子どもたちは各々の題材に没頭しながらも、ゆるやかに協同しながら学習を深めている様子が窺える。また、「共通扱」の意義についても「一定の進度の保持」以上のものを含んでいるように思われるのである。「共通扱」において子どもたちは「ゆつたりとした、しんみりとした研究振」で作品を味わい、「腑に落ちない点があるとどこまでも聞き質した」との記述からも、共通の題材を扱いながらも、各々の子どもの学びが、それぞれの関心において継続されている。こうした点を踏まえると、「自学」というのは、たんにそれぞれの能力に合わせて個別に学習を進めることではなく、子どもがそれぞれ自らの関心、問いに向けて考えることに力点を置くものであると捉えることができる。「自学」の要点をこのように捉えたとき、「要するに理性に従う活動は自由であり、自由なる活動によつて、はじめて真善美の価値創造が成り立つ」（手塚 1922: 102）という手塚の「自由」概念もまた捉え直されるものと思われる。

5　「自由への教育」と「自由としての教育」を支えるもの

これまでの考察を踏まえると、手塚における教育と自由の関係は二つの仕方で捉えられるだろう。第一に手塚は自由とは自然の理性化にあるとし、この自然の理性化を促すことが教育の働きかけであるとする。そこで企図されているのは「自由への教育」であると言い換えることができよう。しかし、第二に手塚は自然の理性化というのは子どもたち各々の創造的連続発展においてなされるのであり、教育は将来のための備えではなく、その営み自体が自由を体現するものであるという。こうした意味では、手塚の自由教育は「自由としての教育」を前提するものであるとも言えよう。「自由への教育」と「自由としての教育」、異なるベクトルを持つように見えるこの二つの教育観は手塚のなかでどのように結びつけられていたのであろうか。

手塚が自由教育実践の初期から一貫して主張し独自の仕方で展開したのが、学級自治会を中心とする子どもによる自治の実践であった。先述したように、手塚は千葉師範附小に着任後ただちに学級自治会の組織づくりに着手している。ここで注目したいのは、手塚が「自治訓練より入ることが当然である」とする理由を、自由教育が「児童の内より動く自律の自覚を柱とする教育であるから」（手塚 1922: 5）だと述べている点である。したがって、手塚は子どもを管理するための手段として自治を取り入れたのではない。むしろ、自治の実践を支えているのは子どもへの信頼である。手塚は、「自然の理性化」がなされる以前に、教育の始まりにおいてすでに子どもを自然を理性化するベクトルを持つ者として捉えている。

まづ児童を理解せよ。信用せよ。否これを愛せよ。然らばそこに新しい児童観が生まれ。正しい教育観が樹立するであらう。児童を過度に信用することは――もしそれが悪いことであるにしても――これを過度に信用せざることよりもはるかに教育的である。教育は児童を愛することから第一歩がはじまる。人格の教育は児童を信頼することから出発すべきものである。（手塚 1922: 23）

ここに端的に述べられているように、手塚の自由教育の実践を支えているのは、教育はそのはじまりを子どもへの愛、子どもへの信頼におくという確信である。そして、この確信こそが、手塚の自由教育の実践において一貫したものであり、「自由としての教育」と「自由への教育」の双方を支えるものである。手塚は、何よりもまず子どもの自由な学習とそこにおける自己創造を重視する。したがって、教師の働きかけは、既存の知識を伝達し、子どもに反復練習を強いるものであってはならない。

実質的自由に高めるといつても、あまりに性急にして児童心理を無視し、教権いたづらに重くして強迫威圧に傾き注入に過ぎて、受動的模倣を事としてはならぬ。一挙一動をこと〴〵く強要して、これに従はしむる教育は、内容上実質的自由にまでの教育に似てゐようが、それは過程に於て無自覚であるがために、自由な創造的な人格としての真の力とはなつてゐないといふ点に於て、すくなくとも大なる相違がある。（手塚 1922:92）

当然ながら教権がむやみにふるわれれば教育は教化に転じ、子どもの創造的な学びは生じえない。こうした教権の行使は手塚も強く戒めるところである。しかしながら、手塚は教権をすべて否定するという立場をとらない。

しかしながらわれ等はいたづらに教権を排斥するものではない。むしろ、教権と自由とは同一であることを主張するものである。理性にのみ権威がある。「べし」を実現したる中にのみ権威がある。教師の価値の権威を教権と呼ばう。（手塚 1922:92）

先に述べたように、教権は教師が子どもに対して何かを強いるために用いるようなものではない。手塚は、教権を自由と同一のものとしている。では、教師の権威は何に対して行使されるのであろうか。この点について考える際に着目したいのは、学級自治における担任教師の役割に関する手塚の考えである。というのも、手塚は学級自治において学級担任教師に非常に大きな権限を与えているのである。この時、担任教師に認められている権限は、他の教師、とりわけ当時強力な権限を持っていた校長からの干渉を退けるためのものである。今日においてはもっぱら否定的な意味合いで用いられる「学級王国」(9)という表現は、本来、担任教師は子どもたちによる学級自治を守らなければならないことを含意するものであった。このことは、子どもの「自由」を守るためにこそ、教師に外部から干渉されない権限とそれに伴う責任があるという手塚の考えを端的に示している。したがって教師の権威は、子どもの自由な学習を守るためにこそ行使されるものである。手塚は「教授」についての自身の考えを次のように述べている。「教授とは教へ授くるではなく、自らを教へ自ら学ぶの生活を生活せしむる謂である。教授は文化の伝達ではない。教育は教へ授けたることの反復練習ではなく、自由なる学習による自己創造である」(手塚 1922: 41)。

教授についてのこうした考えは、自治の実践にとどまらず自学の実践においても一貫している。先述したように、手塚の自由教育の試みにおいては、特設の「自由学習」の時間に限らず、すべての授業において子どもの自己活動によって学びが進められ、深められることが企図されていた。したがって、「分別扱」「共通扱」を組み合わせるという方法もまた、たんなる能力別個別学習による習熟の能率化をめざすものではなく、それぞれの子どもの自由な学習、自己創造を促すものである。

子ども自らが自身の活動を価値に目覚めさせる。このために、学習は子どもたちそれぞれにまかせられなければならない。個々の子どもがそれぞれの仕方で学習に取り組むために設けられたのが「分別扱」の時間である。しかし、つねに子どもたち各々の学習が自ずと価値へ向かうとはかぎらない。そこで必要となるのが、価値の体現者としての教師の働きかけである。ここで教師は、何らかの価値、かくあるべしと語るものとして子どもに向かわなくてはならない。しかし、このことは教師の提示する価値を子どもに強いることを意味しない。いかにあるべきか、この問いを子どもに抱かせるのが「共通扱」における教師の役割である。

教師は所与の規範や既存の知識を与える者として、子どもの前に立つのではない。教師は自らの立場を子どもに表明しはするが、それは子どももまた価値の創造者の一人であることを前提としている。ここでも、子どもをあらかじめ自由な存在とみなす手塚の教育観が窺える。「児童の為しうるものは、教師は断じてこれをなしてはならぬ」(手塚 1922: 26)。後に理となるべき価値は、子どもが自らなすことにすでにその源泉をもっているのである。このように、手塚の自由教育を根底で支えているのは、すでに自由な者としての子どもへの無条件の信頼である。互いに価値の創造者であるという点において子どもと対等でありながら、しかし彼らより先んじてこの世界にある者として子どもの前に立ち、彼らに問うことにおいて教師は権威を与えられるのである。自由教育の実践における「自由への教育」と「自由としての教育」の二側面は、彼が教育に身を投じたときにすでに抱かれていた、いまここにあるものと来るべきものへの信頼のあらわれの二つの様態であったのではないだろうか。

6　おわりに

手塚の自由教育は子どもの自発性を重んじ、内容においても進度においてもそれぞれの子どもに合った学習を保証することをめざすものであり、それは教師による画一的で一方的な知識の注入を行う旧教育への批判に端を発するものであった。こうした点において、手塚は大正新教育における他の実践家、理論家と立場を共有している。しかしながら他方で、手塚の自由教育は子どもの自発的な学習や活動をあらゆる場面で重視した先駆的な実践を試みながらも、教師による教授を否定するのではなく、むしろ教師の「教え」に新たな意義を見いだしている点において独自の立場をとっている[10]。

本章で確認したとおり、教師は何らかの知識や価値を伝達し注入することによって子どもたちを「理性化」する者ではない。教師は子どもたちに先んじてこの世界を生きる者であり、その意味である価値の体現者として子どもたちの前に立つ。教師は自らの「かくあるべし」を賭けて、子どもと向き合う。しかし、それは子どもに既存の価値や規範を押しつけることを意味しない。なぜなら、先に世界に住まう者と、遅れて来る者とあいだで教育はなされるが、両者が見出す価値は等価である。したがって、子どもと向き合ったとき、教師もまた問い直される存在でもある。手塚の自由教育は子どもたち、そして同僚教師（それが経験の浅い若き訓導たちであれ）を信じることにそのはじまりをもつものであった。自治と自学は、そのはじまりからすでに「自由」である者たちによる自己創造の実践であると同時に、すでにあるものといまだないものとの出会いにおける新たな共同性の創造への試みであったと言えるのではないだろうか。

注

（１）手塚の大多喜中学校への異動と同年（一九二六年）に白楊会の機関誌「自由教育研究」も廃刊となっている。

（２）手塚の自由教育にふれた中野による主な先行研究としては、（中野 1968）および（中野 2008）が挙げられる。とりわけ、「自由教育における悲劇の闘将」としての手塚の人物像を描いたものとして（中野 1976）がある。

（３）白楊会とは、一九二〇年に自由教育運動の拠点として千葉附小の訓導らによって結成された研究同人の組織である。同会は全国に支部を結成し、一九二四年より刊行された機関誌「自由教育」の購読者も全国に広がった。県内、県外における購読者数の推移については（中野 2008）に詳しい。

（４）手塚は『自由教育真義』の序において「われ等は教育学者でもなく理論家でもなく小学校教師である。」と述べた上で、「我を深め我を彊めながら、真理を擁して、最後にたて籠もるべき牙城は学校である。」（手塚 1922: 11）として実践家としての自負を述べている。

（5）手塚とともに自由教育運動を支えた訓導の一人である石井信二は手塚の人柄について次のように述べている。「信念が強すぎるというか、欲が深いというか、勇気と根気が強いというか、そういうところもあったのである。とに角革命児としての素質を十分に持っていた人である。だが一面に於いては酢いも甘いも十分に知りつくして、物分かりよく若い人の味方になって、親分といったような人柄でもあった。…［中略］…それらの要素や特性が総合されて、革命児としての手塚主事を形成し自由教育の伸展に貢献されたのだと私は思うのである」（石井 1955: 19）。

（6）この点に言及したものとして松井春満の研究が挙げられる。松井は、手塚が京都府地方視学を務めていた時期（一九一七－一九一八年）にすでに著名であった明倫小学校の自律主義の実践や及川平治の分団式動的教育法からの影響に着目し、手塚の自由教育には「明倫小学校の自学自習、自律主義の実践と、及川流の能力差に応じた教育という二つのモメントが結合して影響を及ぼしているように思われる」（松井春満 1978: 273）と指摘する。

（7）手塚によれば、自学はまず単独自学と協同自学の二つに分けられ、さらに協同自学は相互自学と全級自学とに分けられる。相互自学は二人もしくは一団の自学を指すものであるのに対し、全級自学は学級児童全体の協同研究を指すものである（手塚 1922: 29）。

（8）本時においては「分別扱」から学習がはじまり「共通扱」へと移っているが、授業によっては「共通扱」を先に行い、「分別扱」に移る場合もある。また時限をまたいで「分別扱」と「共通扱」が繰り返される場合もあり、学習内容な単元の広がりに合わせて「分別扱」と「共通扱」が配置されているようである。

（9）手塚の「学級王国」論を扱った先行研究として（渡辺 2006）が挙げられる。同論文において渡辺は「『学級王国』を標語とする学級経営の本当の意味は、校長の命令が絶対で、学級担任の思いどおりに教育を行うことが出来なかった時代の教育から、学級担任自身が自分の学級や児童を愛し、責任を持って自由に教育活動を行う教育への千葉師範付属小の変革を現したものだったのである」（渡辺 2006: 187-188）として手塚の「学級王国」に一定の評価を与えている。

（10）教師の「権威」や「教え」の含意についての手塚の立場を考察する際、ハンナ・アレントの教育論が重要な示唆をもたらすものと思われる。とりわけ、命令や統制のためではなく「保護」のためにこそ教師の「権威」を重視する点において、両者の教育論に一定の重なりが認められる。

文献

石井信二 1955「新教育行脚――千葉から成城へ」成城学園初等学校『研究集録 人間と教育』第六号、一八―二四頁
井上弘 1975a「千葉師範附小「自由教育」考 第一部 大正新教育期における千葉師範附小「自由教育」の影響力と推移」『千葉大学教育学部研究紀要』第二四巻、五三―六六頁
井上弘 1975b「千葉師範附小「自由教育」考 第二部 千葉師範附小「自由教育」における理論と実践のあいだの間隙」『千葉大学教育学部研究紀要』第二四巻、六七―八二頁
手塚岸衛 1922『自由教育真義』東京宝文館
手塚岸衛 1931「自由教育の実際」『小学校』三月号、六三―七一頁
中内敏夫 1973『近代日本教育思想史』国土社
中野光 1968『大正自由教育の研究』黎明書房
中野光 1976『教育改革者の群像』国土社
中野光 2008『学校教育の史的原像』黎明書房
本間道雄 1982「手塚岸衛の実践と挫折――大正自由教育の一齣」千葉敬愛短期大学紀要第四号、一―一〇頁
松井春満 1978「大正教育と新カント学派――篠原教育学と手塚岸衛の実践をめぐって」池田進、本山幸彦編『大正の教育』第一法規出版、二二七―二九五頁
宮坂義彦 1967「手塚岸衛と自由教育――自由教育の成立過程における手塚岸衛の役割」『教育学研究』第三四巻一号、二八―三七頁
三上文一 1951「手塚岸衛氏と千葉の自由教育」『カリキュラム』一二月号、八〇―八三頁
渡辺清子 2006「大正期『学級王国』論の再考――個々の子どもが主体的に活動できる学級づくりの観点から」『学校教育研究』二一号、一七八―一九〇頁

第10章　千葉命吉の教育思想——「生の哲学」の系譜

The Educational Thought of Chiba Meikichi: In the Genealogy of "philosophie de la vie"

木下　慎

〈概要〉　本章は、大正新教育の思想家・実践家である千葉命吉の教育思想を、一九一〇年代末から一九二〇年代初頭の初期思想に限定して考察するものである。千葉の名は、八大教育主張の講演者として知られているが、その教育思想は十分に研究されていない。千葉の初期教育思想は、問題解決型学習論から一切衝動皆満足論にいたるまで、独特な生命思想を基盤としていた。問題解決型学習論では、千葉は生命に固有な活動として問題解決を基礎づけ、学習活動を生き生きとしたものとして描き直した。一切衝動皆満足論においては、千葉は衝動という生命の根源的な力へと遡行し、自己肯定を生命活動の基礎に見いだした。一切衝動皆満足とは、衝動の自己肯定性に依拠して、対立する衝動群に連帯関係を築こうとする試みである。千葉は、子どもに力のたんなる欠如ではなく、生命の潜勢力を見いだし、潜在的な力の現働化に教育という営みの本質を見いだしていた。

1　はじめに

本章は、大正新教育の思想家・実践家である千葉命吉（1887-1959）の教育思想を、一九一〇年代末から一九二〇年代初頭の初期思想に限定して考察する。千葉命吉の名前は八大教育主張における「一切衝動皆満足論」の提唱者として知られているが、その教育思想は十分に研究されていない。千葉の思想は、デューイ、ベルクソン、ニーチェ、平田神道らの影響を受けた生命思想を基盤としている。本章では、生命の力を全面的に肯定するその生命思想に焦点を当てる。

はじめに、先行研究を検討する。現時点で千葉についての最も包括的な研究は堀松（2003）である。堀松は千葉の思想背景としてベルクソンと日本神道の影響を指摘している（一三一－一三頁）。とりわけ、千葉は大正三年にベルクソンの『物質と記憶』・『創造的進化』の英訳を読み、深い感銘を受けたと言われる（同上一三一頁）。ただし、堀松（2003）は人物研究の観点から千葉の思想と実践の変遷をたどっているため、この点について十分な考察はなされていない。

ベルクソンと日本神道の影響について最も踏み込んだ研究は菊池（1994）である。菊池は「一切衝動皆満足論」が提唱される以前の千葉の著作にあたり、平田神道が与えた影響を指摘している。千葉は日本神道の「生命の連続性」の観念と、ベルクソンの「持続」durée の観念との間に類似性を見いだしたと言われる（一四九－五一頁）。ただし、菊池はベルクソンよりも日本神道に引きつけて千葉の思想を解釈し、本章の立場とは対照的である。

本章は、千葉に対する日本神道その他の影響を軽視するものではないが、むしろ、千葉の生命思想をベルクソンとニーチェら「生の哲学」の系譜に接続する。それにより千葉の生命思想のポテンシャルを最大限に評価できると考える。ただし、本章では迂回路をたどる。「生の哲学」を別の仕方で継承したドゥルーズの議論に注目したい。ドゥルーズの哲学を参照することで、千葉の生命思想が孕んでいた豊かさとその難点を明確に析出できると考えるからである。先んじて述べるなら、その難点は、新教育思想に胚胎された「機能主義」に「生の哲学」が飼いならされてしまう事態として分析されるだろう(1)。

2　生命と問題解決

まず、初期の主要著作『創造教育の理論及実際』と『創造教育――自我表現の学習』(以下『理論及実際』、『自我表現の学習』)を中心に、千葉の「創造教育」論の基本的な特徴を把握する。千葉の教育思想は「創造」や「独創」を中心概念としている。創造とは、その境遇に不満を感じる生命が、新しい境遇を作り出すことによって満足に到る過程だとされる(『理論及実際』三－八頁)。創造は、始点に生命の不満を、終点に生命の満足を、その動因に生命の衝動を置いた、目的的な問題解決過程として理解されている。千葉は生命の問題解決活動として学習過程を把握し、その機制に即して教授過程を組み立てる。そこで参照されるのは、デューイをはじめとした英語圏の教育思想である(2)。千葉の教授理論の基本的な構成は、欧米の問題解決型学習論に依拠している。千葉は学習の進行過程を①資料受領、②問題発見、③問題構成、④問題解決、⑤創造発表として整理した(『自我表現の学習』四三－八頁)。子どもは最初に感覚器官を通じて資料を受領し、次に問題を知的に発見・構成・解決し、最後に運動器官を通じて解決案を発表する。そこで千葉は、子どもが自ら問題を「発見」・「構成」することの重要性を強調し、それらの点を学習過程に明確に位置づけた(3)。

千葉は問題解決を生命に本来的な活動と見なす。そして、子どもが自ら問題を発見して解決に取り組む「動機」

を、「自己生命進展の境遇を創造する」という生命の自発的要求に基礎づける（『理論及実際』一七七頁）。生命は自らを生かし続けるために境遇の改善を試み、生命の要求の満足をめざす。問題を問うこと自体が境遇改善のための「手段」として位置づけられ、実効的な問題解決が志向される（同上四六頁）。ここでは、生命による自発的な問題の提起と解決は、生命に対して外部から課される目的合理性に依拠するのではなく、生命を持続的に発展させるという内的な目的合理性を追求するものとして把握されている。

これらの見解を軸として、千葉の初期教育論の基本的特徴が導き出される。第一に、陽明学の説く「知行合一」が問題解決のために「よく考へてよく行ふ」という点で「プラグマティズム」と同一視される（同上二五－六頁）。知行合一が強調されるのは、千葉の最初の著作『知行合一考査革新に関する研究』以来、一貫している。千葉にとって、思考と行動はともに問題解決の全体的な過程のうちに位置づけられ、相補的に連関することによって問題解決に貢献すべきものである。行動を欠いた思考と、思考を欠いた行動は千葉によって繰り返し批判される。第二に、創造は「術」artによる境遇の「統御」として理解され、創造には技術的な巧みさと効率性が求められる。新しい境遇の創造がなされるのは、境遇中の要素を統制することによってである以上、境遇に働きかける際の「エフイセンシイ」が、問題解決過程を評価する観点として提示される（『理論及実際』三一二頁）。第三に、問題解決は生命を進展させるための活動である以上、「功利性」utilityとしての価値を有するとされる（同上三一一－四五、五五七－六一、五七二－五頁）。対象に「興味」interestを抱き、結果に満足を感じるのは、問題解決が生命の「ため」になされるがゆえであって、その過程自体に功利性としての価値が内在していると主張される。

千葉は教師が外部から問題を課すことに反対して、生命の内発性の側に身を置き、生徒が自ら問題を立てて解決に向かう学習過程を教育の中心に据えた。そのうえで、問題解決過程に内在的な立場から、思考と行動の機能的連関、境遇改造の技術的効率性、衝動満足の功利性といった観点を導き出す。したがって、それらの特徴は社会一般の視点から外在的に要請される機能性・効率性・功利性から区別される必要がある。しかしながら、問題解決型学習論の基盤をなしている千葉の生命思想が、「個体」としての生命と「民族」としての生命を、同じ生命の別の位相として連続的に把握してしまうことによって、上の区別は曖昧になってしまう。「個々の生命は分化された複雑な民族生命であるから、個々の生命は《ママ》民族生命のためになることは畢竟自己生命の助長催進である。生命に実効あり、エフイセンシイあり、効用あるものがためになるものである、民族的功利性National Utilityである、民族の大生命たる天皇に内向的統括的に功利あらしむるものこそ正善である。」（同上五五八頁：英語表記は千葉。以下、句読点引用者）。千葉によって、個体としての生命は民族としての生命と不即不離なものとして理解され、問題解決の功利性は個人だけでなく、民族全体に対しても価値があり、価値があるべきだとされた。

　ようするに、千葉は生命思想を基礎に据えることで、学習活動を生き生きとした自発的かつ創造的な問題解決過程として、描き直す。そして、生命の要求に従った問題解決過程に内在的な目的合理性（機能性・効率性・功利性）の観点から、学習活動に対する評価が基礎づけられる。しかし、基盤にある生命の概念を媒介にして「個人」のレベルと「民族」のレベルを接合することで、千葉は自らがうち立てようとした、問題解決に内在的な合理性とそれに外在的な合理性との区別を曖昧にしている。

3　生命の衝動

自己肯定と連帯

前節で検討した問題解決型学習論の枠組みを維持しつつ、千葉はその後「一切衝動皆満足論」を展開した。しかし、八大教育主張講演で提示された「一切衝動満足論」はセンセーショナルな主張として受け止められ、その理論構成が本格的に検討されることはなかった。本節では、生命の衝動を全面的に肯定するその主張を検討する。

問題解決が生命の要求に発して、それを満足させる過程であることはすでに確認した。そのような発想を深めることで、千葉は生命の根本的要求を「衝動」impulseとして把握し、すべての衝動の徹底的満足を主張するようになる。千葉の根本的な確信は、衝動とは生命の生きようとする力そのものであり、それゆえにいかなる衝動であれ、生に対して何らかの価値を有するという点にある（『自我表現の学習』一頁）。ただし、衝動は現在の生の様態を固定的に存続させようと働きかけるものではない。衝動とは「永久変化」の力、すなわち生命が変化を通じて持続することを欲して、自らを推進するところの力である（同上一四頁）。衝動よりも根底的なものは生命には存在せず、「本能」が先天的習慣、「欲望」が後天的習慣であるのに対し、衝動はそれら固定された型をつらぬいて、それらを形成するところの「型を通ずる力」であると言われる[4]。衝動とは、生命がとりうるいかなる形式や内容にも還元されず、それら個々の様態を発現させつつそれらを貫通していくところの生命の流動的な力、あるいは生成する力としての生命そのものである。

衝動は生命の個的な様態を発現させつつ、それらを越え出ていくのであるが、それぞれの個人はたんに自らのうちにそのような生命の力あるいは生命の流れを感じるに留まらない。千葉は、生命の衝動を生徒が自ら「自重」・

「徹底」するよう勧める（同上八頁）[5]。衝動を自重・徹底するとは、衝動に闇雲に身を投げることとは反対に、その満足のために慎重に思考と行動を重ねることを意味する（同上七一頁）。問題解決過程に即して言えば、自らが立てた問題を堅持し、徹底的に追及する態度を意味する（『理論及実際』三〇九頁）。

千葉のいう衝動が生命それ自体の自己肯定（永久変化としての持続）であるとすれば、衝動の自重とはそのような生命の内発的な自己肯定を、個人のレベルで再帰的＝反省的に自己肯定する態度だと解釈できる。千葉自身はそのような態度を「創造主義」と呼ぶ（『自我表現の学習』九頁）。それは、外的障害に遭遇する場合に内発的な衝動を尊重して問題に取り組む態度、あるいは衝動同士の間で内的葛藤が生じる場合にいずれの衝動も根本的には生命を肯定する点で一致するとして、問題の解決に邁進するような態度である。千葉は外的障害や内的葛藤といった否定性に見舞われる生の根底に、生命の本源的な自己肯定の力を絶えず見いだし、そこを起点として問題解決に敢然と乗り出していく生命の姿を描いている。「独創」という千葉の概念は、このように生命の本源へと立ち帰る遡行的な態度を象徴している。衝動という生命活動の「源泉」origin へと回帰して、それを徹底して表現することのうちに「独創」originality が芽生えるとされるからである（「一切衝動皆満足論」一七九頁）。

ただし、千葉は「一切」の衝動を「皆」満足させるよう主張しているのであって、ここにその主張の眼目がある。千葉にとって、衝動はすべからく生命に対して価値を有しているものであるが、個々の衝動を刹那的に満足させるよう説かれてはいない。飲みたいから飲むというように、一つの衝動を抵抗なく満たすのは動物の自然的生活に過ぎないと指摘される（『一切衝動皆満足』一一一―一二頁）。それに対して、衝動満足が自然を越えた価値を持つのは、複数の衝動が起こったときに、いかなる衝動も犠牲にすることなく、すべての衝動を満足させるにいたった場合だとされる（同上一一一―五頁）。一切衝動の満足とは、たんにいかなる衝動も満足させればよいということではなく、すべての衝動を「連帯」的に満たすという意味を含んでいる[6]。

千葉には、既存の教育観および道徳観は特定の衝動を優遇し、残された衝動を抑圧しているように思われた。たとえば、教育上の「指導」は教師の理想の観点から子どもの衝動を選別し、一部の衝動を促進しながら他の衝動を抑制する（同上一二二頁）。しかし、教師の「理想」も衝動を根底とし、衝動から派生するものであるがゆえに、「理想」という名目で教師の衝動が子どもの衝動に必然的かつ一方的に優先されるべきではない（『一切衝動皆満足論』一九二―三頁）。同様に、既存の道徳観が「感性」に対する「理性」の優位、「人情」に対する「義理」の優位を自明視していることに関して、どちらの項も衝動が発現したものである以上、いずれも何らかの価値を有すると考える千葉は、従来の道徳が二元論の装いのもとに一方の優位を固定化していると批判を加える（『一切衝動皆満足』一五四頁、「一切衝動皆満足論」二〇〇―三頁）。あらゆる生命活動の根源に衝動を見いだす千葉は、固定化され階層化されたさまざまな審級を、それらの源泉たる衝動へと一元的に還元することで解体してみせる。千葉の一切衝動皆満足論は「一切の衝動」の満足を説くものだが、その議論は「一切が衝動」であるという主張を前提としている。ただし、そこに千葉が見いだすのは無秩序ではなく、あらゆる衝動が衝動として対等に存立しながら、「闘争」と「連帯」を繰り広げる多元的な世界である。「善と悪とを対するから二元といふだらうが、衝動は多元だ。多元の葛闘とこそ名づくべきだ。／葛闘とは一が他を負かすとは限らぬ。葛闘の価は争ふ状態だ。一方が直ちに負けたら葛闘にならぬ。参差として相争ふところに真の葛闘がある。若し衝動が争ふなら、それはどれものびたいから争ふのだ。若し争ふほどのものでなかつたら初めから争はぬ。争ひがあるとは、必らずしも一をとり他をすてるの謂ではない。／多元の葛闘は多元の一切満足になる」（『一切衝動皆満足』一五八頁、強調および「葛闘」の表記は千葉）。このような地平では、教師の衝動が子どもの衝動を外から支配せず、理性的衝動が感性的衝動を内から抑圧しない。支配と抑圧は、闘争と連帯へと差し戻される。二元論の装いのもとに、衝動による衝動の自己否定が隠蔽されることはない。衝動はただ自己を肯定し、自己を肯定するために闘う。ただし、衝動は他の衝動と争いながらも、お互いを共に満足させる道を模索する。というのも、一方の衝動が他方の衝動を抑圧すれば、そこに「疚しさ」が生まれ、満足が徹底されないのである(7)。千葉は「疚しい良心」に関するニーチェの議論を参照しつつ、自己否定の倫理（禁欲）から自己肯定の倫理（衝動）への転換を説いていると解釈できる(8)。

そのうえで千葉は、闘争する衝動群に「連帯」solidarityを求める（『自我表現の学習』一〇頁）。連帯は支配・抑圧に代わる、対等なもの同士の関係性として提唱されている。連帯のありうべき形として、千葉は命令や指導に代えて、「相談」consultationというかかわり方を提示する。相談とは「かたらふ」こと、相手を屈服させるのではなくて「自己の生命中に他人の生命を抱く」ことだと言われる（『自我表現の学習』一四二―三頁）。そして、相談の根本的な形式は内的相談、すなわち現在の衝動が自己の衝動全体と交わす内的対話だとされる。千葉はベルクソン『物質と記憶』の議論を参照して、現在の活動だけでなく過去の記憶を含めて自我の全体（全我）と見なし、現在の活動的な衝動が連想作用を介して、心象化した過去の衝動群と関係を持つことの重要性を指摘している（同上一四二―七頁）。ここで千葉は「連想」associationという概念を用いるのだが、それはたんに観念連合説のいう心的作用を指すものではなく、衝動間の「連帯」を含意するものだとされる。千葉は、associateには「連想」という意味と同時に「伴侶」の意味があるとし、内的相談の相手たる潜在的な衝動群を「愛と智慧とに充ちたアツソシエ」と呼ぶ（同上一四六頁）。ここでは過去の記憶を擬人化しながら、対立する衝動同士のありうべき関係が連帯として構想されている。

衝動群の連帯は、個人の心的次元だけではなく、自己の衝動と他者の衝動の間でも模索される。千葉は、「真の社会連帯Social Solidarityは衝動連帯Impulse Solidarityを外にして存しない」とまで述べている（『一切衝動皆満足』一五二頁、強調原文）。それゆえ、連帯の一形式としての「相談」は、比喩ではなくここでは文字通り、他者への／からの相談として考察される。子どもが教師に相談にくる場合、教師は子どもに対して「愛と智慧とに充ちたアツソシエ」であらねばならないと説かれる（『自我表現の学習』一四七頁）。ただし、教師は子どもがあくまで自己に相談して解決を見いだせるようにアドバイスを送るのである。千葉にとって、そのような意味での「相談」こそが、子どもを従属させる「指導」に代わって、教育関係の基礎となるべきものであった（同上八頁）。

以上のように、千葉の一切衝動皆満足論は、生命の根本的な自己肯定性を基礎にして、対立する衝動間の対等な連帯関係の構築をめざすものであった。そして、そのありうべき形として、千葉が「相談」と呼ぶ内的対話と外的対話の関係性が提案され、衝動連帯に基礎づけられた社会連帯の可能性が模索されていた。

一切衝動皆満足論の難点

次に、一切衝動皆満足が抱える難点について考察を加える。千葉は、生命の根源的な衝動に立ち帰ったうえで、そこを起点にしてすべての衝動の満足をめざして努力するよう説いていた。それが衝動という起源への信頼であるとすれば、他方で千葉は衝動満足という未来への信頼をも抱いている。徹底した努力の果てに、すべての要求を満足させる道が開けてくると楽観されている。一切衝動皆満足論とは、そのような二重の信頼に依拠した主張である。しかし、すべての衝動を満足させるとはあまりに無謀な、裏を返せばあまりに予定調和な希望ではないのか、という疑問が浮かぶ。

衝動満足の実効性を考慮するなら、衝動間の連帯という関係性の規定は対立する衝動群の満足を保証するに十分ではない。衝動の満足は具体的な方策を必要としている。千葉自身、そのことを弁えているがゆえに、一切衝動皆満足論に展開して以降も、先に確認した問題解決型学習論の枠組みは保たれている。前述した問題解決の過程「①資料受領、②問題発見、③問題構成、④問題解決、⑤創造発表」が保たれたまま、一切衝動皆満足論では情意面の過程である「①煩悶、②努力、③自重、④徹底、⑤感激」がそこに裏書きされるのである（『自我表現の学習』

六七－七〇頁）。したがって、すべての衝動が満たされるかどうかは、実際的には問題解決の創造性に委ねられたままである。また、千葉は生命の創造的活動は「偶然性」contingencyを現すと述べる（同上四八－九頁）。そうだとすれば、衝動満足は創造的問題解決という偶然性をはらんだ契機に依拠することになり、衝動満足の成否もまた不確定なものに留まるだろう。しかし、千葉はそのような不確定な可能性をしばしば必然化して語ってしまう(9)。ここでは、千葉のそのような信念を支え、不確定な可能性を必然的であるかのように語らしめるその理論構成を問題にしたい。

先に考察した一切衝動皆満足論の基本的特徴をなす自己肯定と連帯に即して、三つの問題点を指摘する。第一に、一切衝動皆満足論は、生命の自発的な衝動を個人が自覚的に自重・徹底するよう勧めていた。言い換えれば、生命の流動的過程のただなかに置かれた個人として、おのずから発する衝動がどこから来て・どこへ向かうのかを把握できないにもかかわらず、何かを求めて動き続ける自己をそのような動性において受け入れ、自ら「愛と智慧」とに充ちた同伴者として、その過程に付き添おうとする態度が推奨された。しかし、衝動の発生と帰結を厳密に検討することなく、意欲するということだけを理由にその過程全体を信頼してしまうならば、その信頼は盲信や過信に陥りかねない。また、自己が自己を肯定する自己言及の円環が閉じてしまえば、自己信頼は不遜や自惚れに変質しかねない(10)。そうなれば、私の傍らにもう一人の私が「内的相談」の対話者として対峙するというよりも、たんなるイエスマンとして付き従っているようなものだ。生命の衝動に依拠した自己肯定の倫理はともすればその歯止めを失う危険性を胚胎している。

第二に、千葉の生命観は生命に有機的な統一性を認めている。分化と統合を繰り返しながらも、全体として動的な統一性を保ち続ける点に、生命の特性が見いだされている（『理論及実際』五五六頁）。しかし、生命活動が異他的な要素を組み込みながら、それを統一していく全体的過程と見なされるならば、その内部に絶対的な矛盾や解消不可能な対立は存立しえない。たとえば、社会の水準では、人間の生活が六つの局面（保健・経済・政治・娯楽・学究・信仰）に分類されたうえで、各局面はいずれも生命を支える「機能」として存在するため、それらの間に「矛盾」は存在しないと説明される(11)。また個体の水準では、「個性」individuality はすべての衝動の「不可分性」を意味するとして、自我には「全我」という本来的な統一性が想定される（『自我表現の学習』二六頁、「一切衝動皆満足論」一九四頁）。生命の持続を分化と統合を繰り返す動的な統一性として解釈することによって、社会レベルでも個体レベルでも対立の契機は最終的に解消可能なものと把握され、衝動の連帯的満足の成就可能性が先取り的に担保されている。

第三に、一切衝動皆満足論は一切の衝動をすべて満足させるよう説いている。しかし、生成する生命にとって、そもそも「すべて」とは何を意味するのか。千葉が述べるように生命が絶えず変化をやめない持続であるならば、その全体を境界確定することはできないはずだ。千葉は生命の一切を肯定しようとする。しかし、そのような身振りこそがかえって、「すべて」から排除されるものを見失わせかねない。原理的に言って、一切の衝動がそこに認められるとすればその外部に衝動は存在しないし、全員が満足するなら不満足の余地は残されない。「煩悶」に始まり「感激」に終わるというドラマ化された教授過程において、問題解決の歓声が湧き上がったとき、そこに回収されず取り残された不満足の声はかき消されかねない。そして衝動の満足が衝動の解消を意味する以上、もはや事後にはなにも存在すべきでないのであって、満足から取り残された衝動は存在を忘却されるほかない。

千葉の一切衝動皆満足論が抑圧された衝動を根底から肯定しなおすものであったことに鑑みれば、これらの逆説はもちろん千葉の意図するものではないだろう。それどころか、千葉が特権的な諸審級を衝動へと還元することによって切り開いた、衝動群の多元的な闘争と連帯という地平は、忘れられた衝動の声が響きわたる空間として構想されていたはずだ。それにもかかわらず、千葉による生命を肯定する思想は、自らを裏切る危険性をその内に宿していると言わねばならない。千葉の一切衝動皆満足論を支える生命思想は、その自己肯定と連帯のあり方に関して、さらなる練り上げを必要としている。

現代の「生の哲学」

とはいえ、そのような考察は本章の範囲を越えるため、ここでは示唆を与えるに留めたい。千葉は力としての衝動の自己肯定と闘争の理論に関してはニーチェを、生命の持続と創造の理論に関してはベルクソンを直接・間接に参照している。そこで参考になるのは、ニーチェとベルクソンを継承して独自の「生の哲学」を展開させたドゥルーズである。もちろん、「器官なき身体」を唱え、フロイトの「死の欲動」を参照するドゥルーズの議論を、現代の「生の哲学」として解釈するのはいささか単純ではあろう。しかし、ここではニーチェがベルクソンからドゥルーズへと流れる哲学の系譜を強調するために、あえてその呼称を用いる。

ドゥルーズは『ニーチェと哲学』で、ニーチェのいわゆる「力への意志」の思想に、「否定」する「力能の意志」から「肯定」する「力能の意志」への価値転換を読み取る。それは、否定する力能の意志（ニヒリズム）を「発生的要素」（超越論的条件）とする「ルサンチマン」や「疚しい良心」に支配された「人間」から、肯定する力能の意志を発生的要素とする「超人」への転身である。ドゥルーズはニーチェ『ツァラトゥストラかく語りき』の決定的な言葉を、次のように立て続けに引用している。「――戯れ。「君たちは骰子の一擲にしくじったのだ。しかし、君たち、骰子で戯れる者たちよ、そんなことが何だ！　君たちは、遊びと嘲笑を為すべき仕方で、遊び嘲笑することを学ばなかったのだ！」――舞踏。「最悪の事物でも舞踏のためのよい足をもっているものだ。だから、学ぶのだ、君たち、高次の人間よ、自分の足で正しく立つことを！」――笑い。「私は笑いを神聖化した。高次の人間たちよ、だから、笑うことを学ぶのだ！」」（『ニーチェと哲学』四三三頁［原文p.196］、強調は原文、引用文中の括弧内の文章は『ツァラトゥストラかく語りき』第四部の一節「高次の人間について」からの引用)。肯定することを学ぶこと、これがツァラトゥストラの教えである。「超人」へと転身するためには「戯れ」、「舞踏」、「笑い」を「学ぶ」必要がある。それは、偶然とともにその必然を(戯れ)、生成とともにその存在を(舞踏)、生とともにその苦悩を(笑い)、肯定することだとされる(同上三三〇—一頁〔原文 p.196〕)。

ドゥルーズによれば、このような否定から肯定への価値転換を決定的な仕方で告げるのは、ニーチェの永遠回帰の思想である。ドゥルーズは永遠回帰の円環のうちに、「肯定の肯定」という肯定の自乗化を読み取り、それを「否定の否定」という弁証法の論理から明確に区別する。前者が「差異」を享受する思想であるのと対照的に、後者は差異を「対立」に読み替え、それを克服しようとする思想だと批判される。

ドゥルーズ=ニーチェによれば、否定する力能の意志は人間の歴史を根底において規定している以上、その克服は起源や未来への素朴な信頼によっても弁証法的な運動によっても達成されず、否定から肯定への価値転換には道徳の系譜学を通じた発生条件の分析が、肯定の肯定には永遠回帰の理説が不可欠だとされる。生命の力がどこから来てどこへゆくのか、諸力がどのように組織化=有機化されるのか、それらを分析するための「力学」が必要とされる。

また、ドゥルーズは『ベルクソンの哲学』で、ベルクソンのいわゆる「生命の躍動」l'élan vital の思想に、「潜在的」virtuel な次元と「現働的」actuel な次元の区別を読み取る。創造的進化の説明原理としての生命の躍動は、潜在的なものが現働的なものへと「現働化」actualisation することとして解釈される(12)。ドゥルーズにとってここで重要なのは、潜在的な次元と現働的な次元の区別を維持することであり、とりわけ潜在的な差異を現働的な差異に還元してしまわないことである。目に見える差異がすべてではなく、むしろそれは差異化の運動の帰結に過ぎない。「ベルクソンによると、《全体》〔Tout〕という語には一つの意味があるが、それは現働的〔actuel〕な何かを指示しない（……）という条件においてである。ベルクソンは、全体は与えられないということをたえず想起している。それは、全体という観念には意味がないと言っているのではなく、現働的な諸部分は全体化されないので、その観念は潜在性［virtualité］を意味しているということを言っているのである」（『ベルクソンの哲学』一二六－七頁［原文p.95］、強調は原文、訳文は一部変更）。ドゥルーズ＝ベルクソンによれば、「全体」＝「すべて」は現働的な次元では与えられない。全体性が意味を持つのは潜在性においてのみである。ドゥルーズは「潜在的」と「現働的」という区別を用いて、生命の動性が開かれたものであることを明確に指摘している。

「潜在的なもの」と「現働的なもの」の区別は、「可能的なもの」possibleと「実在的なもの」réelの区別とは異なったものとして用いられる。「可能的なもの」が「実在的なもの」へと「実在化」réalisationするのは、「類似」と「限定」を原理としている。「実在的なもの」は実在化する「可能的なもの」に類似し、さまざまな可能性のなかから特定の可能性を限定するだけで実在化がなされると考えられる。しかし、そのような説明では差異の発生とその創造性を捉えることができない。それとは対照的に、「潜在的なもの」と「現働的なもの」との間には「差異」があり、現働化がなされる複数の経路の間には「分岐」があり、そこには新しいものの「創造」があるとされる（同上一〇七－一〇頁［原文p.99-101］）[13]。したがって、生命の創造的進化を捉えられるのは、「潜在的なもの」と「現働的なもの」との区別においてのみである。

潜在的な次元とは、そこから現働的な諸力が発生してくるところの発生的要素＝超越論的条件をなしている。ドゥルーズは潜在性の理論を『創造的進化』を中心にしたベルクソンの生命の哲学だけでなく、彼の全哲学、とりわけ『物質と記憶』の議論のなかに見いだしていく。それによってドゥルーズは、千葉による起源の探求とは別の仕方で、発生の条件と創造の条件を問題化する道を、ベルクソン哲学のうちに切り開いたといえる。次節では千葉の議論に戻り、ベルクソンとドゥルーズを参照しつつ、千葉による生命の「潜勢力」の議論を再検討する。

4　生命の潜勢力

千葉は一貫して、力動的（ディナミック）な生を肯定する。もとより、子どもが「生き生き」としていることを否定的に評価する人は少ないだろう。しかし、そのことはどれだけの「深さ」をもって言われているのか。本節では、ドゥルーズのベルクソン論が提示した「潜在的なもの」と「現働的なもの」の区別を手掛かりに、生命の「潜勢力」（ポテンシャリティ）をめぐる千葉の思想を検討する(14)。

千葉は一貫して「知行合一」的態度を推奨している。先に確認したように、千葉のいう知行合一とは、問題解決という目的に向けて、思考と行為の二つの次元が相補的かつ機能的に連関し合った態度である。千葉によると、生命が障害に遭遇して衝動を満たさなくなると、行動の遅延化を埋め合わせるかのように、一種の迂回路として思考や記憶がその問題状況を克服するために活性化される（『理論及実際』三二頁）。こうして生命、とくに知性の発達した人間は、思考と行動の二重性において現在を生きるのだが、このような分化によって二つの極端な態度が派生してしまう。千葉が繰り返し危惧を表明するそれらは、過剰に思考や記憶に沈潜することで現実の行為にいたらない態度と、過剰に短絡的で暴発的な行動に身を任せる態度である（『一切衝動皆満足』二八六頁）。極端に振れるそれら二つの態度は、思考と行動の分岐に伴うありうべき逸脱なのだが、それに対して千葉は思考と行為を適切に連関させる知行合一的態度を説くことで、分化した二つの極を一つに縫い合わせようと試みる（『理論及実際』二二一八頁）。「よく考え・よく行動する」ことにおいてのみ、動的な生命は真に「生き生き」と展開していくとされるのである。

たしかに、そのような視座は精神と身体の両極を合わせた総合的観点から、生徒と環境とのかかわり合いを照らし出し、学習過程の動態的記述と、それに沿った教授案の構想を可能にしてくれるだろう。しかしながら、知行合一的態度において、潜在的な思考はあくまで実際上の問題解決のために呼び出されるものである以上、思考はその過程からの逸脱を許されず、状況に埋め込まれて展開し、最終的に現実上の行為に結実することを運命づけられている。そのことを明瞭に示しているのが、生命活動の動的展開が滞ってしまうことに対する、千葉の次のような言明である。「要するに悪は我の浪費であるか又は我の麻痺である。この外に悪はない。「我」は即ち「民族我」なれば、その浪費と麻痺とが国運発展に非常に損になると言ひ得やう」（『一切衝動皆満足』二七四頁）。ここで千葉は、問題解決＝衝動満足にいたらない思考の逡巡や行為の暴発を、生命を浪費・麻痺させる罪悪だと糾弾している。千葉はしばしば生命を「流れ」として捉えているが（『自我表現の学習』四六頁）、その形象を用いるならば、生命の流れが傍らに逸れて失われるか、途中で堰き止められて勢いを削がれることが戒められている。千葉からすれば、生命の流れが障害にぶつかった場合には、思考の迂回路を経て速やかに元の流れへと環流し、その流れを絶やさないよう努めるべきなのである。

したがって、このような発想のもとに立てられる教授案は、いくらか分岐を許容したとしても、最終的には単線的な構造を免れることができない。千葉による教授過程の図式化はこのことを端的に物語っている。そこでは「資料受領」に始まり、「問題発見・構成・解決」を経て、「創造表現」に終わる学習過程が一本の線で結ばれていて、これはいうなれば、逸脱せずに流れゆく生命の水路を表現している（同上四三三－八頁）。また、千葉による学校設備の図式化も、資料受領（感覚）のための教室と創造発表（運動）のための教室を種別ごとに区分し、それらを中心と周辺に配分した構造をとっている（同上四七一頁）。これは感覚器官－神経中枢－運動器官の回路を、学校建築の次元で象徴的に再現したものに他ならない。

以上のような主張は、生命の「潜勢力」をどのように捉えるかということと決定的なかかわりを持っている。千葉は子どもの「未成熟性」immaturityについて語られたデューイの『デモクラシーと教育』の一節を次のようにまとめている。「前置詞「未」Imは決して単に虚無とか欠如とかを意味するものでなくて積極的に容量capacityとか可能性potentialityを意味してゐる。可能性potentialityは勢力potencyである。実に未成熟性は力の欠如にあらずして成長の潜勢、実在する力、発展する力を意味する」（『理論及実際』三四三頁、英語表記は千葉）(15)。千葉はデューイのいうpotentialityを「可能性」と訳し、欠如とは異なる潜勢的な力を、子どもの未成熟性に見いだしている。また、千葉は自身の考えとして、「教育の任務は保守的可能力の上に進歩的可能力を築き［、］更に之を現動《ママ》的ならしむるにある。即ち教育は生長発達の術、発生の術と言はるる所以である」（同上三四一頁）と述べる。ここでは、「可能力」としての「ポテンシャリティ」の水準が「現働」的な水準から区別されたうえで、前者を後者へと移行させることに教育の使命が見いだされている。

　このような区別を施しながらも、「ポテンシャリティ」を現働的な水準に還元可能なものとする傾向は、次のような一連の千葉の言明に明らかである。まず千葉は、「我等は民族の運動のエネルギーKinetic energyであるとせば児童はその位置のエネルギーPotential energyであらねばならぬ。教育は要するに大なる民族的位置のエネルギーを作る事である」（同上五七四－五頁、英語表記は千葉）と述べる。将来に民族の成員として活動することを見込まれた子どものポテンシャリティが、「運動（キネティック）エネルギー」へと転換可能な「位置（ポテンシャル）エネルギー」として把捉されている。さらに千葉は次のように言葉を続ける。「永久動のためにする教育――これ即ち位置のエネルギーを増大するのみ。永久動に供給する無量の石炭を求むる事である。自ら燃え自ら光を発する石炭はよく生長してよく発達せるものであらねばならぬ。即ち自ら問題を発見し［、］之を構成し［、］之を解決する小永久動的児童にまたねばならぬ。あらゆる知識はあらゆる行動に燃える程のエフイセンシイが要する。記憶の内に燃え残る石炭では其能率は大なる事が出来ぬ。知行合一自発長進の創造の教育ここに於てか必要である」（同上五七六－七頁）。ここでは、生命のポテンシャリティは、永久機関を動かし続けるエネルギーとして、産業化のシンボルである動燃機関と石炭燃料の形象へと切り詰められている。潜在的な知識や記憶は残らず動員されて、現働的な運動への効率的な変換を迫られるのである。

ところで、千葉は自らの教育理論を形成するにあたって、ベルクソンから大きな影響を受けていた。しかしながら、ベルクソン自身は、千葉が読み込んでいた『物質と記憶』において、「行動」の現働的な次元には還元されない、「記憶」の潜在的な次元を描くことに努力を傾けたのである。ベルクソンによれば、記憶は脳のどこかに物質的に保存されるのではなく、非物質的に保存されて存在している。現在の行動が生命の欲求に従うために「有用」utileなものであるのに対して、過去の記憶はそのような現在時の必要から切り離された「無用」inutileなものとして存続する（『物質と記憶』二〇一頁［原文p.282-3］）。たしかに記憶は現在の行動に役に立つ範囲で潜在的な次元から呼び起こされるのだが、純粋記憶それ自体は現在にとって余計な記憶であっても存在することを止めない(16)。ベルクソンの記憶モデルでは過去の記憶全体は、個々の記憶がその特殊性を保ちつつバラバラに散らばった状態から、類似した記憶同士が収縮して高度の一般性を獲得した状態まで、その無数の収縮度に基づく潜在的多様性を帯びて存続している（同上二三一－二頁［原文p.302］）。ベルクソンはそのような記憶の在り様に、身体の水平的な拡がりに還元されない、精神の垂直的な奥深さを見いだすのである。

このような議論を千葉が等閑に付していたという訳ではない。千葉は、ベルクソンの記憶の理論を参照しつつ、現在の行動に還元されない記憶の潜在性について触れている（「一切衝動皆満足論」一九〇－一頁）。また、ベルクソン自身も記憶の次元に対して行動の次元を軽視したということはなく、むしろ二つの次元の均衡のとれた連関のうちに「行動の人」l'homme d'actionの「良識」bon sensと「実戦感覚」sens pratiqueの基礎を見いだしている（『物質と記憶』二一九－二〇頁［原文p.293-4］）。この点では、千葉の「知行合一」＝「プラグマティズム」論はベルクソンの立論を正確に踏襲している。

しかし、千葉とベルクソンでは重点を置くベクトルの向きが異なっている。千葉が現働的な行動の次元へと回帰して、実効的な問題解決による衝動満足を志向するのに対し、ベルクソンは潜在的な記憶の次元、すなわち持続の次元の奥深さをより深く追求していく。そのような「深さ」の探求にこそ、ベルクソンにとって「科学」や「芸術」と異なる「哲学」の使命が、あるいは実践の「快楽」とは異なる思考の「歓び」が存していたのである(17)。したがって問題は、千葉が生命の潜在性の次元を単純に見落としたということではなく、それに気づきながらもそれを十分に深めることなく、性急な仕方で、現働的な行動の次元に回帰してしまった点にある。

あらためて、生命の潜勢力をめぐって潜在的なものと現働的なものとの関係を問い直さなければならない。そのような問いかけは、現在時の活動状況に短絡することなく、生きることの奥深さとより豊かな潜在的動性をわれわれに示してくれるだろう。そして、そのような深さから折り返すことではじめて、未来へと向かう創造的な現働化の在りようが開示されるであろう。その反対に、潜勢力の潜在的な位相が看過されてしまうならば、子どもが「生き生き」としていることは、一方では表情の輝きや活動の活発さといった、子ども中心主義が好んで語るロマンチックで表面的な位相に限定されかねないし、他方では創造的かつ実効的な問題解決によって国家・経済に貢献するといった、メリトクラティックで功利的な論理に回収されかねない。誰よりも生命の潜勢的な力を肯定し、その全幅において生を肯定することを望んでいたはずの千葉の教育思想が、現働的な活動の次元を優位に置くことで、しばしば「生きる」ことそれ自体よりも生命を「活かす」ことに傾斜してしまった逆説が、そのような危険性を私たちに警告しているのではないだろうか。

5　おわりに

千葉の初期教育思想は独特な生命思想を基盤として展開された。千葉は、生命の根源的な力としての衝動に基礎を置いて、生命活動を問題解決＝衝動満足の過程として把握し、その観点から学習活動を生き生きとした過程として描き直した。しかし、問題解決に向けた思考と行為の機能的連関というプラグマティックな理論構成によって、生命の潜勢力を現働的な次元に還元する傾向が強まり、その潜在的な次元がしばしば見失われてしまった。

千葉は、陽明学の知行合一論を媒介として、アメリカ新教育の問題解決型学習論を教育思想の枠組みとして採用しつつ、日本神道の生命観を媒介として、ベルクソンやニーチェの「生の哲学」を自身の生命思想の基盤に加えた。プラグマティズムが有機体と環境との水平的な交互作用を主題とするのに対し、ベルクソンの思想はそこに過去の記憶や創造的進化という垂直的次元を挿入する。千葉の教育思想は、そのような思想上の歴史的交差点にあって、二つの異質な次元の困難な接合を余儀なくされたのかもしれない。

本章は、ドゥルーズを参照点に置くことで、潜勢力の潜在性という観点から、生命思想に基礎づけられた教育思想を読みなおす可能性を提示した。とはいえ、その試みも十分に練り上げられたものとは言えない。潜勢力をめぐる近年の議論を踏まえて考察を深めていく必要がある。

注

(1) 原聡介の指摘を参照（原 1992、八頁）。本章では原のいう「機能主義」の諸特徴を、千葉のいう「プラグマティズム」に見いだしている。

（2）千葉はデューイ『哲学の改造』（1921）を翻訳・出版するほどに、デューイの思想に親しんでいた。デューイの問題解決論と千葉のそれを詳細に比較した研究として早川（2010）を参照。

（3）「以上三派［ヘルバルト派、ライ派、マクマリー派］にない所は何か。これは問題の発見と問題の構成といふ二段だ。この二段は而も創造教育の主要点だ。而して学習の本質はむしろこゝにある。研究法の教育の重点は正にこゝにあるべき筈だ。これはどうしても余の独創的発明によつたものである」（『自我表現の学習』一二〇頁）。［］内の挿入は引用者、以下同様。

（4）千葉の一切衝動皆満足論は、ニーチェ主義者の高山樗牛の「本能満足論」に示唆を得ているが、千葉は高山を批判して「本能」と「衝動」を区別するよう説いている（『一切衝動皆満足論』一八〇頁）。「欲望」との区別については、同上一八一－二頁。

（5）千葉はR. W. エマソンの論考*Self Reliance*から「汝外に尋ね求むべからず」や「汝自身を信ぜよ」といった言葉を紹介している（『理論及実際』三二〇頁、『自我表現の学習』六八頁）。

（6）「一切衝動」の二重の含意を千葉は次のように規定している。「（一）一切とはいずれの衝動でも皆という意」（『一切衝動皆満足』一三七頁）、「（二）一切とは連帯せる凡ての意」（同上一四二頁）。

（7）「大我が若しありとすれば小我を圧しては必らずやましからう。小我もし大我に勝たばまた必らずやましい。大小共にのびるところに全我連帯の意味があり、真の道徳があるではないか」（『一切衝動皆満足』一五八－九頁）。

（8）千葉はニーチェ主義者の高山樗牛を通じてニーチェの思想に触れていた。実際に、千葉はニーチェに言及している（『自我表現の学習』六八頁）。千葉は衝動を肯定する思想を「仏教」や「儒教」ではなく「神道」に固有なものだとしたうえで、それは「日本民族」と「ギリシャ民族」に共通するものだと指摘しているが、この指摘はキリスト教の禁欲主義を批判してギリシャ思想に注目したニーチェを踏まえてのことだと思われる（『一切衝動皆満足論』一七五－六頁）。

（9）「連帯せる一切の皆満足は容易ではない。しかし出来ぬものではない。これは善は容易ではない。独創は容易ではないというと同様の程度だ。しかし望んで必らず出来る筈のものだ。生命は出来得ないことを望まぬから」（『一切衝動皆満足』一四三頁）。

（10）欧米の教育論に対して、自らがうち立てた教育論が日本に固有で独自のものであることを誇示する千葉命吉の姿勢には、このような危険が具体化されている（『理論及実際』五七一頁）。

（11）「元来此等は国家民族の永久動のための機能から出たもので、その機能何れも永久動のために存するから決して矛盾すべき筈のものでない」（『理論及実際』三三四頁）。

(12)「進化は潜在的なものから現働的なものへとなされる。進化は現働化であり、現働化は創造である」（『ベルクソンの哲学』一一〇頁［原文p.101］、訳文は一部変更）。

(13) ベルクソンは、論文《Le possible et le réel》（『思考と動き』所収）で「可能的なもの」と「実在的なもの」の区別を批判している。

(14)「ポテンシャリティ」potentialityに「潜勢力」という訳語を当てるのは、アリストテレスの「デュナミス／エネルゲイア」概念をめぐる近年のアガンベンの議論を参照してのことである。

(15) 千葉の要約に該当する箇所はデューイ（松野安男訳）1975『民主主義と教育（上）』の七四-五頁に見られる。ただし、千葉の邦訳は原文と逐語的には対応していない。

(16) ドゥルーズはこの点に関して次のように述べている。「現在は存在しないが、活動している。現在に固有の要素は存在ではなく、活動と有用性である。これに対して、過去は活動または有用であることをやめたと言わなくてはならない。しかし、過去は存在することをやめてはいない。過去は、役に立たず、活動せず、無感覚ではあるが、ことばの完全な意味において存在している」（『ベルクソンの哲学』五六頁［原文p.49-50］、強調原文）。

(17)「生活の便を目的として応用を図ることにより、科学は私たちに物質的充足を約束します。それは快楽［plaisir］の約束でしょう。しかし、哲学はすでに歓び［joie］を与えてくれるのです」（「哲学的直観」『思考と動き』一九九頁［原文p. 1365］）。「芸術は私たちの現在の価値を高めてくれます。しかし、現在を越えさせてはくれません。哲学によって私たちは、現在がひき連れている過去を現在から決して切り離さない習慣をつけることができます。哲学によって、すべてのものは深さ［profondeur］を獲得します」（「変化の知覚」『思考と動き』二四五頁［原文p. 1391］）。

文献

菊池堅 1994「千葉命吉の「一切衝動皆満足論」をめぐる考察——神道とベルクソンの影響を中心に」『人間科学論究』二巻、常盤大学大学院人間科学研究科、一四七–六三頁
千葉命吉 1918『知行合一考査革新に関する研究』目黒書店
千葉命吉 1919『創造教育の理論及実際』同文館
千葉命吉 1921a『創造教育——自我表現の学習』同文館

千葉命吉 1921b『一切衝動皆満足』同文館
千葉命吉 1926『「問題」の教育心理学的考察』東洋図書株式合資会社
千葉命吉 1976「一切衝動皆満足論」小原國芳ほか『八代教育主張』玉川大学出版部、一六七－二一六頁
早川操 2010「千葉命吉によるデューイ思想の受容と変容――デューイ教育理論の受容から見た大正自由教育思想の一側面」『日本デューイ学会紀要』五一号、二三－三三頁
原聡介 1992「近代における教育可能性概念の展開を問う――ロック、コンディヤックからヘルバルトへの系譜をたどりながら」『近代教育フォーラム』一号、一－一六頁
堀松武一 2003『日本教育史研究』岩崎学術出版社
Bergson, Henri 1959 *Œuvres*, Paris: PUF.（原文は全集版を参照した。引用にあたっては全集の頁数を示した。以下は全集に所収されている参考文献とその邦訳）
Matière et mémoire＝ベルクソン（合田正人・松本力訳）2007『物質と記憶』筑摩書房
L'évolution créatrice＝ベルクソン（合田正人・松井久訳）2010『創造的進化』筑摩書房
La pensée et le mouvant＝ベルクソン（原章二訳）2013『思考と動き』平凡社
Deleuze, Gilles 1966 *Le Bergsonisme*, Paris: PUF.＝ドゥルーズ（宇波彰訳）1974『ベルクソンの哲学』法政大学出版局
Deleuze, Gilles 1983［1962］*Nietzsche et la philosophie*, Paris: PUF.＝ドゥルーズ（江川隆男訳）2008『ニーチェと哲学』河出書房新社
Dewey, John 1997 *Democracy and Education*, New York: The Free Press.＝デューイ（松野安男訳）1975『民主主義と教育』（全二冊）岩波書店

※本章は「千葉命吉の初期教育思想――「生の哲学」の影響に注目して」（2014『教育哲学研究』一一〇号）を加筆修正したものである。

第11章　河野清丸の「自動主義教育」論——「灰色教育家」

"Jidoshugi-Kyoiku" (Auto-education) of Kono Kiyomaru : un pédagogue grise

田口　賢太郎

〈概要〉　本章では、河野清丸の思想活動の変遷に着目し、彼の思想構造を捉え返すことを試みた。河野は、一般に「モンテッソーリ教育」や「自動教育」という名辞を通じてのみしか注目されることがなく、またその立ち位置も不明瞭であった。しかし、彼の著作を丹念に辿ると、彼がアメリカの「マニュアルトレーニング」につよい関心を抱いていることがわかり、それが彼の教育思想の通奏低音ではないかという仮説が成り立つ。河野の「手」論は、教育の目的／手段という関係を超える知の可能性を示している。手による教育は、手段（メディア性）としての教育の概念を超えて、教育の本来的な様相を暗示している。彼の教育思想のもとでは、教育は、それ自身が目的となる。意図的な教育にとって「手」はたんなるメディアであるが、活動する「手」は、意図的な教育を超えて、知を浮かびあがらせる。河野の自動教育論は、この「手」の思想に支えられていたのではないだろうか。

1　はじめに

大正一〇年（一九二一年）、かの「八大教育主張」の舞台において、河野清丸（1873-1942）は講演者の一人として登壇し、「自動教育論」[1]に熱弁を揮った。河野といえば、「モンテッソーリ教育法」をいち早く受容し、日本の教育界に紹介した教育学者の一人である[2]。この「自動auto」という言葉が喚起するのは、モンテッソーリ（Montessori, M.: 1870-1952）の「自動教育（自己教育）autoeducazione」であろう。河野に関心を向ける数少ない研究のうち、そのほとんどが日本におけるモンテッソーリ受容の関心から出発している。ところが、河野自身は、かの舞台上でモンテッソーリ教育法を引き合いに出して「自動主義」を語ることはしなかった。後代の、とりわけ保育・幼児教育を中心とする研究関心からいえば河野はモンテッソーリと結び付けて把握されがちであるが、むしろ同時代的に河野を有名にしたのはこの「自動主義」の主張である。河野の「自動主義」論は、その影響の大いに被るところではあったにせよ、モンテッソーリのautoeducazioneの受け売りではなかった[3]。そもそも、河野の「自動教育論」は、日本女子大学校創立者である成瀬仁蔵が日本女子大学校附属豊明小学校において教育方針としていた「自学自動主義」を土壌として、そこにモンテッソーリ教育の養分を吸収しながら、自らの思想として練り上げていったものであって、河野はモンテッソーリ教育の紹介者ではあっても、その追従者では決してなかったのである[4]。

「大正新教育」なるものが一枚岩であったわけではないということは言を俟たないが、その運動を織り上げる一人一人の教育思想家の思索もまた、単純な一糸ではない。「大正新教育」の運動を捉えるに際しては、その思想の内実を理解しやすい平板さに落として把握してしまわぬよう慎重であらねばならないだろう。上記はその一例と言える。エンソアを筆頭とする新教育連盟などの活動に見られるように、たとえ「新教育」が国際的連携を伴った躍進と見えても、日本の「新教育」であるかぎりは、世界規模の枠組みで語られる「新教育」とはまた異なる深度での照準が求められるはずである。すなわち「大正新教育」像をあらためて結び直す作業が必要となる。本章は、そのためのレンズとして河野清丸その人を取りあげる。

さて、河野と言えば、同時代的には名を馳せた「八大教育主張」の一人であったが、その没後は、控えめに言っても注目を浴びてきた人物とは言いがたい。それだけに、日本教育史上の位置付けも、上述のような「自動教育論」の提唱者・「モンテッソーリ教育」の受容者というステレオタイプな小見出しに留まっている。あるいは、大正新教育研究の文脈では評価対象として等閑に附されてきた人物であるとさえ言えるかもしれない。このことが示しているのは、河野の教育思想それ自身に魅力がない、ということなのであろうか。そうだとすれば、河野という人物は大正新教育を覗き見るためのよく磨かれたレンズではありえないのかもしれない。しかし、ここで言われる「魅力」とは何なのか。ある教育者の思想の内実ないしはその構造を捉えようとする試みは、彼の主張内容から現状の教育を活気づけるための有用な示唆を引き出すためだけになされるものであろうか。

松下良平は、「新教育」は既存の学校を批判し変革するための「教育的価値」の源泉であったと指摘している（松下 2010: 140）。他方、教育の思想史的取り組みは、このような「読み込み」を「新教育」に向ける態度には禁欲的であることに徹して、「その時代の、時に無機質で時に邪心をはらんだ観念・意志・欲望・事件の蠢きの中に分解し、しばしば容赦なく『教育的価値』の提供者としての仮面を引きはがす」ことを為してきた（松下 2010: 140）。言い換えるなら、教育思想史の取り組みは「新教育」のうちに一つの教育幻想を見いだすことと、それを打ち砕くこと、この両面から語ることだったと言える。本章はしかし、河野の思想のうちに眠るいまだ陽の目を見ていない教育的「価値」を発掘しようとするものでもなく、また河野に透けて見える思想的「限界」(5) を指摘してやろうというものでもない。この両観点から描かれる「大正新教育」像は、教育として、もしくは思想としての結果から把握される静態的な評価となるだろう。これに対して本章では、教育思想としてまとまった評価を与えるのではなく、むしろ教育と思想とのあいだを問いたい。それがために、ここでは河野の思想的彷徨を跡付けながら、彼の教育思想そのものの解明、動態的な思想構造の把握をめざしたい。この取り組みを通じて、教育的価値の再発見やその限界画定を主眼とするものではない「大正新教育」像の素描、すなわちこの教育の運動を文字通り運動する教育思想として描き直す一契機を創り出せたらと考える。

このようなねらいのもと、以下では河野の評価をめぐる先行研究を参照しつつ、河野教育思想の全体像の素描可能性を問い、次いで河野の名を世に知らしめるところとなった一つのきっかけでもある「八大教育主張」における「自動主義教育論」を概観し、「モンテッソーリ教育」や「自動主義教育論」とは別の顔の河野を探る。そして、河野の最初期の著作にまで遡り、あらためて河野の思想を省み、その足取りを捉え返すことで、河野の教育思想としての取り組みを、大正新教育における思想の〈運動〉として把握する。

2　河野の教育思想への評価――「自動主義」論以前・以後の主張の変節を巡って

明治四四年（一九一一年）、東京帝国大学を卒業したその翌年に、河野は成瀬の「自学自動主義」方針が実践されている豊明小学校の主事に着任する。その一〇年後、河野は「八大教育主張」登壇にいたるわけだが、それまでの間、彼は小学校での実践を糧とし、論文執筆、研究書の刊行、さらには学校視察や講演などにも奔走していた。

西川ひろ子の研究が解明するところによれば、河野の「自動教育論」は、成瀬の「自学自動主義」とモンテッソーリ教育法の接合というプロセスをたどっている[6]。しかし、「八大教育主張」以前・以後を含めた河野の思想全体の把握、すなわちその教育思想の内実や変遷も含めた上での全体的な枠組みの提示を行った研究は管見のかぎり見当たらない[7]。もちろん、河野の思想に対する評価がないわけではないが、それは河野の教育思想に垣間見える一部分を捉まえて評価を与えたものである。

たとえば、同時代の教育評論家・為藤五郎は、河野は「十年二十年一日のごとく、その自動主義の教育を信奉して変らず、何等の方向転換も、主義の塗換をもしな」（為藤 1986: 26-27）かったという評を河野に与えている。また為藤と同様の指摘として、藤原喜代蔵は「時勢の変遷、人気の如何に関わらず自動主義の自説を堅持して動かず、最後まで女子大附属の教育に没頭し、読書と研究に余念がなかった」（藤原 1943: 486）と述べている。だが、これらの謂いが「河野に主義主張の変化なし」との評価であるなら甚だ不審である。「八大教育主張」以後、河野が没するまでの二十数年間、河野の執筆活動は盛んであったし、仮に「自動教育論」の看板自体は変えていなかったとしても、諸々の教育・研究活動を通して彼の思想の内実は変化をみたはずである。河野の著作は、その初期においては「モンテッソーリ」や「自動主義」といった、直接的にそれとわかる名を冠したものが多く刊行されており、時代が下るにつれ、たとえば実践的教育書として「綴方」に関するものや、ドイツの教育哲学者パウルゼンの教育学を参考として編まれた女子大教育学概論の教科書『児童教育学概論』など、「モンテッソーリ」や「自動主義」に関するもの以外のテーマも出版されるようになる。そして、大正一二年（一九二三年）の『自動教育論』、および昭和三年（一九二八年）の『門氏教育法の詳解及批判』を出版して以降、後年から晩年にかけては、哲学・思想的書物の出版が多数となる。

上記の傾向に関して、西脇英逸は、前述の為藤や藤原らの評価とは反対に、これら後年から晩年にかけて書かれるようになった宗教学・哲学的方面に傾倒した書物を、「自動教育論」とはかかわりないものと評し、河野の「自動主義教育」の研究の不首尾を嘆いている[8]。たしかに一見すると晩年の河野は「自動主義教育」については口をつぐんでしまったかのようである。しかし、前期著作との乖離があるにせよ、河野自身の教育思想としては、実践の場たる学校を終生離れることなく、また筆を折らなかったかぎりにおいて、つねに、絶えず、新たに思想として語り直されるという運動がそこにはあったはずだろう。

河野は当初、モンテッソーリを日本に紹介した「科学的教育学」の旗手として受け入れられた。当時の教育学説の多くが哲学的理論に基づくものであったなかでのことであり、河野の主張はそれだけ目新しいものであったようだ[9]。それが晩年になると、ヘーゲルの弁証法にヒントを得た『教育上の論争――矛盾解決』（大正一一年）、『ヘーベルリンの批判的教育思想』（大正一四年）、『宗教的教育学』（昭和三年、さらにこれに加筆して昭和一一年に『宗教的人格教育学』）、思想善導を哲学的に考究した『革新的修身教育原論』（昭和八年）など、その著作は哲学色が濃厚になっていく。上述のような「変化」について思い起こされるのは、モンテッソーリの思想の足跡である。よく知られるように、モンテッソーリは、晩年のインド滞在中に神智学思想へ接近し、その名を馳せたところの「科学的教育学 petagogia scientifica」から神秘主義へと旗色を変えていく[10]。

それとまったく同じプロセスというわけではないが、河野もまた、自身の教育論にモンテッソーリ流の「科学性」[11]を摂取したその後、「科学」的な立場からは離れ、宗教学・哲学的傾向に流れていくかのように見える。しかし、あくまでこの変化は表層的な――こう言ってよければ書物の背表紙的な――ものでしかないだろう。いみじくも恩田裕は、「河野の本来的な立場は哲学である」として、「モンテソー《ママ》リの教育法に対しては、初めから科学的教育学を志したものではなく、自身の経験則を諸科学の原理に照らして体系的に整理し、教育に応用したものとする認識に立っている」[12]と、河野を教育哲学者として、その根本的な「立場」を把握している。しかし、仮に一教育哲学者がその立場から「科学的」教育方法を取り扱ったにせよ、その両者をも含めて捉え、彼の思想構造そのものを把握せんとする本章としては、さらに上記の河野理解からもう一歩、何が彼の思想活動を牽引し、彷徨させたのか——表面上に見てとれる変化の内側で彼は教育に何を見いだそうとしていたのか——というところまで掘り進めたい。「自動主義教育」の主張者として終生これを曲げることがなかった、あるいは逆に科学的教育学であったのが哲学・宗教学的傾向に転向した、はたまた最初から哲学的立場であったのだ、といったこれらの河野に対する評価は、その教育思想について、彼が書き遺したものをもとにパッケージ化し陳列したに過ぎず、河野の教育思想としてこれを十全に捉えたものとは言いがたい。

したがって、河野の教育とその思想とのかかわりを問わんとする本章では、一般的に知られるところの「モンテッソーリ教育」および「自動主義教育」としての河野だけにとらわれず、これ以外の河野の思想的彷徨にまで付き合う必要がある。さしあたって次節では、河野の名を世に知らしめたきっかけでもある「八大教育主張」時における「自動教育論」を概観し、「自動主義」について把握する。

3　「八大教育主張」時における河野の「自動教育論」

「八大教育主張」において河野は、教育の目的を「人類の文化の発揚」とし、その「文化」の本体を「自動」であるとして、自身の唱える教育が「自動」であることの必然性を唱える（河野 1922: 32）。このときの「文化」を創造する担い手は「我」であるが、この「我」はたんなる一人称——私という一個人——ではなく、個人個人を超越しているところの超個人が、真善美を内容とする文化を構成する主体であると河野は述べる[13]。彼によれば、先に個人というものがあって、それらの集計として全体があるのではない。逆に、全体が個人に先行して存在しており、それから後に諸部分ができるとされる[14]。この全体である超個人は、真理と通じており、他方、個人が為すこと自体には普遍妥当性がない。とはいえ、個人は超個人の一部であるから、超個人の理想が内在しており、これに照らすことで、価値のあるものを見いだすことができるのだとされる[15]。

ただしこの超個人は、たとえば神のように創造主として、人間の外に据えられたものではなく、やはり人間の内側に宿るものであるという。曰く、人類全体を一つの被教育者と見れば、その人類以外にある超越的実在者がいて、これを外から指導し太古の野蛮から今日の文化に発展したのかといえば、それは妥当ではない。河野は、人類以外のものが人類を指導したとは考えられず、自ら発展したと考えざるをえないと述べる（河野 1922: 38-39）。たとえば人類史上に見ることのできる発明発見を取りあげてみても、自分自身の力で為しえたことでなければ、教えられたからできたというのでは「発明」の意味をなさない。また、本当の知、真に役立つ知といったものは、己の体験を通して把握された知でなければならず、知識は伝達できないとも言われており、これも自動という観点から説明される[16]。すなわち、聞き入れたものを自ら構成するという積極的な作業を行うことで自らのうちに統合しているというわけである（河野 1922: 55）。

さて、この〈我＝超個人〉が、人類己の活動が「自動」である、ということを可能ならしめる。しかしこれを踏まえるなら、本来的には個人から人類すべてに及びこの「自動」によって人間の発展的活動は進行していくはずである。もしそうであれば、教育は不要なのではないか。また、もし自動教育なるものが存在するとすれば、それはただの「放任」であるということになりはしないだろうか。これに関して参考になると思われるのは、八大教育主張から遡ること五年前、河野が教育の「自由主義」をただの「放任」と区別することを主張した論文である。ここでは、自動主義のような積極的に教え込もうとするものではない教育のあり方を「太陽主義」と呼んでいる。

「今日は結果主義ではなく、道行主義を貴びます。太陽は大に人を助けるものであるが然も間接的である。…［中略］…教育者は太陽の如く、教育能力を間接に利用して指導しなければなりませぬ」（河野 1916a: 262）。

河野の自動主義はおそらくここで主張される「太陽主義」を引き継いでおり、この記述はルソーのあの「消極教育」を髣髴とさせる。実際、八大教育主張時において河野は、ルソーの『エミール』のなかで展開される、子どもが己自身で気づき学ぶ教育方法について触れ、本来的にはこれがよいとしながらも、しかしそこに伴われる時間や代価が高すぎるとも述べる。というのも、直近のこと、たとえば原因と結果の把握に関して、ろうそくを吹くと火が消える、という程度の因果関係は造作もなくわかるが、隔生遺伝や代を超えてくると人一人の生きているうちでは学び終えられず、一向に「体験の知」にはならなくなる。よって、人間に内在する自己を発展させる力にこだわるのであれば、本来的には放任が望ましいが、さりとて「助力」も必要であると結論づけられている。自動の一点張りではなく、被教育者に自分の力を働かせることを主義とし、大人が指導していくというスタイルが自動主義教育であるというのだ。

上述においておおむね「自動主義」についての理解は得られただろう。だが、同時に重要な疑問も浮かび上がってくることになる。第一には、自動主義における「助力」は経済的な「効率」のためにやむなく導入されたものであって、あたかも大前提の「自動」は崩されていないかのように述べられている点である。実は、先ほどの「太陽主義」に関する引用文の前には、「而して凡て干渉は間接的にすべきであります。結果を良くせんがために教師が手を加ふるは直接的で良くありません」（河野 1916a: 262）と述べられていた。しかしここで言われているように効率を求めることは、結果を優先することとはならないのだろうか。次いで疑問の第二点としては、「助力」に対する考え方である。河野は、実際の自動主義教育は教師ばかりがこの主義を心得ているだけでは足りず、児童の態度が相応に出来上がっていないと不可能であって、互いに協力がないと為しえないと述べている（河野 1922: 58）。しかし、「手」を貸すということは、人間どうしの協働性をつくりあげる端緒となりうるとともに、その「手」が媒介となって遠まわしに子どもを管理するという教育者の意図が介入する契機を大いに与えてしまう可能性もあるはずである。「真理」と通じている「超個人」たる「我」を導き手とするのであれば尚更、その危惧は残される。

これらの矛盾した謂いは、河野の理論的な不備からくるものであろうか。もしくはこれに関しては、後代における次のような批判に集約して語らせることができるかもしれない。河野の自動主義における「具体的次元での問題は抽象的次元での問題によって、教育方法における自由主義は教育目的における反自由主義、反個人主義によって裏切られ、否定される」（堀尾 1987: 402）。これは、教育の目的と方法の理念が自動主義において実際上、具体的展開をみる際に変質を被り――外部目的が据えられればその時点で自動的ではなくなるために――結果として、目的に児童を従属させる教育を許すものとなる、という指摘だろう。「自動主義」を掲げながらその実、教育の結果を優先するような理念を採る。あるいは理念としては児童自身の「自動」に期待しつつも間接的に教育意図を介入させる機会を方法として残す。たしかに、一見してそのような整理も妥当であるように思える。だが、この点に関しては、もうしばらく検討する必要がある。というのも、この批判もまた、結果として、という観点からの限界画定的な思想評価であるからだ。もし教育思想の運動としてこれを捉えるのであれば、河野その人の思想的取り組みと教育理念及び方法とのかかわりを問わねばならない。これを汲み取る手がかりがあるとすれば、あらかじめ指摘されているところの「自動主義」の枠組みの変化である。その変化は、理念が実際を飲み込む、あるいはその逆に、実践が理念に影響を及ぼすため変節を被るものと考えられるだろう。次節では、河野の「自動主義」の主張の「転向」に着目し、その思想内実を検討していく。

4　「転向」および教育の目的と方法の問題──「自動主義」以前の河野に遡行して

後代の評価ではなく、同時代的には河野はどう捉えられていただろうか。大正新教育の当時、種々の教育学説に対し批評を行っていた渡部政盛は、河野についてはっきりと次のように述べている。

「河野君の自動主義教育なるものは、最初は専ら生物学的基礎に立ったところのもので、経験的（心理主義的）教育学の系統に属するものであった。…［中略］…此の思想は主としてモンテッソリ女史の教育説から来たものであった。私がこの時代の河野君の思想を目して経験主義・科学主義・心理主義というのは、『児童はかく在るからさう在らねばならぬ』と云うふうに説論を構成してをるからである。Sein（存在）即 Sollen（当為）である。然るに最近に至り、これとは正反対の立場から自動主義を主張し出した。正反対の立場とは、先験主義（哲学）・論理主義・価値主義の立場のことである」（渡部 1922: 184-185）。

さらに続けて、河野が初期の「経験的（心理主義的）教育学」を離れて「正反対の立場」を取るに至った背景を指摘してこうも述べている。

「河野君の自動主義教育はどうか。私を以て見ればこれも其の原理論は篠原君から来てをるものである。その訳は近時の自動主義の唱導する内容は、自然の理性化で、教育即生活で、個性純化で、自由の人格を創造すべく力説するあたり、前者といささかも異る所はないからである。河野君は大正十年以前は、Sein 即 Sollen（在る即ち在らねばならぬ）の立場から、経験主義・心理主義の説を唱えたものである。…〔中略〕…然るに最近に至り、篠原君等の説に影響せられて、一夜にして従来の立場を棄却し、自然の理性化党となってしまったのである。反対の立脚地から反対の立脚地に変改したのである、而も其の説くところは同じき自動主義教育である。実に滑稽も極るではないか」（渡部 1922: 192-194）。

「自然の理性化」とは、篠原助市が唱えた教育の定式であり「人を其の現に「ある」状態より、「あらねばならぬ」状態に引き揚げる働き」のことである（篠原 1922: 199）。

渡部は、河野の思想の転換点として大正一〇年、おそらく八大教育主張での「自動教育論」の演説をひと区切りとみているのだろう。河野の「自然の理性化」[17]という言葉を捕まえて、それを河野の転向のしるしとして批判している[18]。渡部の主張が妥当なものであるのなら、教育の理念が方法を制限し、その主義のうちに矛盾をきたすという前節で取りあげた批判は、八大教育主張以後にこそ当てはまる態度となろう。だが、この「転向」批判自体が妥当な評価かどうかも見極めておかねばならない。すなわちモンテッソーリ教育自身が仮に「科学的」教育学であるとして、実際のところ河野の主張自体は「科学」的なものであったのか。これに関しては、次のモンテッソーリについての言及個所を引用すべきだろう。

「女史の哲学観は浅薄且独断的である。固女史の教育学は…〔中略〕…伊太利に於ける教育革新運動に影響せられて起こったものであって、此の運動は教育学を哲学と絶縁せしめて、純粋科学的に攻究せんとするものなれば、女史も亦努めて哲学的証明を避けんとして居る様である。然れども教育学は絶対に哲学と無関係に研究し得らるゝものにあらず、殊に其の目的論にありては、直接倫理学社会学と連関し、従って哲学の領域に進入しなくては、到底根本的に解決のできるものではない」（河野 1915a: 622）。

上記引用は、渡部が指摘する「大正十年以前」、大正四年にモンテッソーリ教育についての一つの集大成として執筆された書物からものである。一見するところ、河野は教育の目的を論ずるに際してその立場としては哲学に身を置き、「科学的」方法論としてのみモンテッソーリ教育法を接収したという見立て、ひいてはその方針が教育の目的に優位性を与え、これ如何によっては方法を乗っ取るものであったという批判の論拠を補強するものと考え得るだろう。そうであるならば、河野のポジションは、モンテッソーリ接収以前にすでに固められていたことになる。

しかし他方で、上記引用文は、「哲学」と「科学」を相関連させて教育を捉えるべきだという河野の決意とも取れる。思想と教育とのかかわりを模索する本章としては、この点を明らかにする必要がある。そのためには、河野教育思想のその最初期の取り組みにまで再度遡行することが求められるだろう。では河野は、「モンテッソーリ教育法」を己の思想に取り込む以前、そもそもどのような主張をしていたのだろうか。

河野が豊明小学校に着任して間もない明治四四年、帝国大学卒業から一年後にあたる年であるが、このとき最初期の著作が上梓されている。『教育大意』(19)と『活動的修養法　手と人格』(20)である。さしあたっては、この二冊の書物を河野の出発点と見ることができるだろう。前者の『教育大意』は「教育」に関する事柄をひろく扱ったものであるのに対し、後者の『手と人格』では、文字通り「手」と「人格」というきわめて限られた二つの対象のみに絞られている。ここでは後者に注目したい。

『手と人格』の冒頭において、「人格」は「人間の資格」として捉えられ、この資格の要素は心身の二つから成っている（河野・加藤 1911: 2）。このうち、とりわけ重視されるべきは精神であるとされるも、他方の身体も軽視されるべきでないとしている(21)。それどころか、人格の発展に大きく働きかけるのは身体――それもここでは「手」

――であると述べる点を考慮するならば、むしろ人格形成というものに関しては身体の方が重視されているかのようである[22]。ところが、この「手」は、単純に身体の一部、あるいは身体の象徴としてではなく、人間のありとあらゆる活動を一挙に表象するものとして位置づけられている[23]。「手」というものがいかに人間の諸活動にひろくかかわるものであるか、手の根本的な字義をはじめ、さまざまな用法を文学上の表現から抽出、列挙し、さらには手の文字が含まれる熟語が無数に並べて書きたてられる。ここにおいて「手」は人間的活動にかかわることのすべてとして描写され、ただ身体の一部であることを越え、価値をまとわずにはいられなくなる。

たとえば、「美しい手」は一般に無疵であることを条件とするが、本当に美しい手とは、「悪いことを働いたことのない」という意味で「無疵」の手である。「剛強なる手」は、力の強さではなく、勇敢な精神をもつ手である。「巧妙なる手」は手の動作の巧みさではなく、修練を積んで知識を伸張させていくことのできる手である（河野・加藤 1911: 87-111）。人間の身体に備わり、所有の観念すら抱かないほどに自身のものであるこの手は、にもかかわらず、人間を人間たらしめるある種の超越的な位置に同時に置かれてしまう。人間の「知情意」といった精神的部分の形成・発展を「手」、すなわち人間のありとあらゆる活動が担う[24]。人間は「手」というメディアを介して正しい方向へ、もしくは望ましくない方向へすらも導かれていく[25]。ここにおいて、「手」がもつ教育的な重要性が看取されるわけである。

そして『手と人格』の最終章最終節では「手工科と人格形成に及ぼす影響」や「手工科の徳育的価値」等が語られている。注意深く読み解いていくならば、実は本書の真意がここに向けられているものであることがわかる。明治四三年、『手と人格』の出版から約一年前、「手工科の教育的価値に関する実験的研究」という論文で、Woodwardの「Manual training in education」を紹介しており、これを高く評価し、手工学校（マニュアルトレーニングスクール）を「我国に於ける工業学校の如きものにあらざる」ものであって、ぜひとも研究すべきものとしている(26)。

「[手工科は]即ち身体に関しては、「発育」即ち身体の成長を助くるものと、「発達」即ち身体機能を旺盛ならしむるものと、局部の発達等凡ゆる方面を観察し画したるものといふべく、その精神上に於いても知情意の全般に亙れるものありて、如何に緻密なる頭脳といえども之れ以外一歩を出づる能はざるかの感なき能はず」(河野 1910a: 74　但し［］は引用者が補った)。

この文脈を踏まえて再度『手と人格』を見返すなら、本書における大半の記述は、この手工としての「手」を「我国」の読者によりよく理解をさせるために書かれた記述ではないかとすら思える。

初期の河野にとって「手」は、身体的機能の発達ならびに徳育ないしは人格形成を含み、人間のまさしく全方位の発達可能性へと開かれているものであった。もしも、「手」を教育的介入の「メディア」として捉えるならば、仮に「新教育」が反抗するところの抑圧的な知育偏重を意図するものでなく、また各個人の道徳性の涵養ないしは人格の形成をめざすものであったとしても、そもそものはじめから河野の教育思想は――篠原の「自然の理性化」論を吸収する前から――「先験主義(哲学)・論理主義・価値主義」であり、また自動主義の看板を掲げつつ自覚的無自覚的とにかかわらず児童に介入しながら、教育目的へと手を引いていくものであったことになるだろう。

だが、もしここで満足して河野の思索の検討を切り上げてしまっては、個人の思索歴を整理したに過ぎないものとなる。むしろ、ここからこそ彼の教育と思想との関係を問う準備がようやく整ったと見ねばならない。次節において、「自動主義」なる教育理念の生成と、河野自身の教育に向き合わんとするその姿勢のかかわりあいについての検討に取り組む。それは、河野が出発点に据えた思想から発し、どこへ向かっていったのか、そして、それを牽引していたものは何であったのか、という点まで追求することである。

5　灰色教育家としての彷徨——イメディアの教育思想

河野は、一九一九年、自らが主幹を務め、雑誌『教育論叢』を起こすが、その「発刊の辞」において、次のように述べている。

「理論悉く之を応用し得べきものにあらずと雖も、之が応用の可能にして且つ価値あるものは、漏すところなく利用して両者の緊密を図らざる可らず。然るに教育界の現況は、孤立せる理論なく、根底なき実際なしと謳歌する能はざることを悲しむ。而も其の罪、偏に教師の怠慢に帰す可らず、寧ろ両者を緊密ならしむることの一大難事たるに依らずんばあらず。本誌は大胆にも此の難関に当たらんとす」（河野 1919a）。

上記引用のような主張は、大正当時の教育界において殊更風変わりなものであったわけではないだろう。ただし、この謂いは「教育論叢」の意気込みにとどまらず、河野自身の自己規定にまで及ぶものと考えられる。上述の「発刊の辞」が掲載されたその次号、河野は、この「一大難事」を担うべき人を、大学教授等の理論家、一般教師ら実際家と並べたうえで、「灰色教育家」と呼んでいる。それは「黒と白との中間に立ちて其の間に橋梁を架する」ものであり、「一面何うにか高遠なる理論を解し、他面直接児童に親炙して其の本性を熟知（?）せるにより、理論を教育の実際上に応用するの道を講ずる」者である（河野 1919b: 25）。

実はこの「灰色教育家」のあり方こそ、河野の教育思想の本態であるように思われる。さしあたり単純には、理論と実践の間での活動に取り組むということであろう。前節でみた『手と人格』は「マニュアルトレーニング」を「我国」へ導きいれるための「橋梁を架する」著作であったと同時に、内容としても「手」を理論と実践を架橋する教育的メディアとして捉え着目したものであったと言える(27)。またそれはこれまで確認してきたように、一面からみれば、教育的意図の介入や目的による方法の制御を許すものとも捉えうる。ところで、その際の教育目的とは何か。後の八大教育主張段階においては、教育の目的が「人類の文化の発揚」とされていたが、これは「文化」の担い手が超個人を分有するところの「我」であるかぎりにおいて、その教育は必然的に自動とならねばならぬものであった。では『手と人格』の段階においてはどうか。その目的は身体及び精神上の全方位への発達であったと言えようが、その手段たる「手」はありとあらゆる人間的事象を表象するものである。ここにおいて注目すべきは、目的のもと手段が規制されるというよりも、むしろこの「手」によって、教育目的が大きく開かれてゆくという点である。

最初期の段階ですでに、河野の主張においては、教育それ自身のなかにその目的を誘発するものが潜在するという構造になっていたと言えるだろう。その際、教育目的の役割は、めざすべき点として機能するものではなく、教育それ自身の活動と重なる。したがって、やがて次のようにも言われることとなる。「実際手はそれ自身堪能なる教師である」(河野 1923: 66)。あるいは、たとえ具体的な「理科」科目の教授目的であったにせよ、人間の意図する実用的次元を超えて宇宙へ、さらには神へと、限界なき伸長となる。

「宇宙は実に文字通なる有機体である。既に有機体なり豈に新陳代謝なくし可ならんやである。一種族は一細胞である。其の一進一退は即ち是れ細胞の新陳代謝にして、之あるが為に宇宙といふ有機体は進化するのである繁栄するのである、よりよき自我を実現していくのである。理想を追ふて永遠に進歩するのである。更に眼孔を開きて達観せば、地球上の生物の一種族が宇宙の一細胞を形成せるのみならず、地球全体、否太陽系全体、更にそれ以上の、より大なる系統すら猶之を宇宙の一細胞と見ることが出来る。されば遠き将来、否宇宙の齢から見れば近き将来に於て、地球も全滅し、太陽系其物も、それ以上のものも全滅して、更に他の細胞が新に生ずるかも知れぬ。生ずるに相違ない。宇宙其物は斯くしてより健全に、より完全になる。無限の理想を追求して弥益全く貴きものになる。それが神の意志であり、計画であり、理想である。……［中略］……理科教授の目的は区々たる実用のみ眼中におくべきでない。徳育、美育、宗教々育に迄其の辣腕を延ぶべきものであると信ずる」（河野 1920b: 57-58）。

よって、本来、河野の思想における問題として注目すべきは、教育の目的とその方法の使役関係、あるいはその逆転した関係――方法論のみに拘泥し思想を欠き、故に時局にたやすく流される――という把握によって摘出される教育のメディア性と言うよりも、このメディア性と併存している、教育それ自身が目的となり、イメディア的にふるまうという教育の本態把握のあり方だろう。意図をもってなされる教育にとって「手」はメディアとなりうるが、他方その「手」は自身の活動そのものの内に目的を抱える点においてイメディア的である。また、そのふるまいは時として、外部に据えられようとする教育的意図あるいは「目的」を上回るものともなるだろう[28]。河野はある論文で次のように述べている。

「人生の目的はそれで行詰だといふ地が存するものでない。至善即ち人生の理想は縦形式には之を定め能ふとしても実質的にさうすることの出来るものでない」（河野 1921: 21-22）。

上記引用元の論文では、教育に目的を定めることが可能かどうか悩んだ上、続けて河野は児童期を大人へと至る手段と見るかあるいはそれ自体が目的であると見るか、逡巡している。最終的に、「児童期は手段にして又目的である。故に又手段たると同時に目的として之を扱わねばならないのである」（河野 1921: 29）と、その価値を決することのできぬまま締めくくられている。

河野は「自動」という――それ自身が内的に目的を持ち運動するものであるという、教育として捉えた際には矛盾を来すだろう――その本態把捉のために、絶えず「教育」を把握せんとする運動に追いたてられてきたのではないか。自動主義によって捉えられる教育には、理論及び方法として主張可能な「メディア」としての性格を持つ教育と、絶えず膨張し、その手中に収めることのかなわない「イメディア」としての教育が重なっている。河野の思想的彷徨の軌跡は、この二重化した「教育」を前にして、自身の教育に対する構えをとることに失敗し、その主義の表明をなすことの失敗が跡付けている。

すなわち、「灰色教育家」とは、理論と実践を媒介する者というよりは、その狭間にあって――黒にも白にもなれず――呻吟する者、と言えるだろう。

6　おわりに

本章では、河野清丸の思想活動の変遷――その思想的翻意と言われるものや立ち位置に関する転向――に着目し、その最初期にまで遡行し、彼の思想構造を捉え返すことを試みた。この作業を通じて、一般に「モンテッソーリ教育」や「自動教育」という名辞を通じてのみしか注目されることのなかった河野について、これまで関心を寄せられるところではなかった別の側面、アメリカにおける「マニュアルトレーニング」の日本への流入への取り組みにまで至りつくこととなった。

そこから出発して河野の思想の足跡を振り返ると、ある一面においては、河野の思想に一貫性があった、あるいは逆に変化があったという分かりやすい整理をすることを促すような、各時期における思想的メルクマールの抽出に終始することも可能であった。そのポイントの拾い出し方如何では、河野は「科学」教育学の士ともなれたし、「哲学」の立場を堅持する者ともなれたわけである。あるいは、それらをすべての点を論《あげつら》えてしまえば、たんに主張の定まらない人物であった、という締めくくり方で十分であっただろう。

しかし、他方で、上記のように河野の教育思想の道すじを単純な表現に落としこんで把握してしまえば、一思想家の格闘は、書かれた文字の行間の奥に引っ込んでしまい、運動する思想として把握し直すことはかなわない。成功することのなかった試みは、こと教育に関してはすべて失敗である。しかし、教育思想としてこれを評価するのであれば、失敗の連続からなる一思想家の彷徨も成功した実践と同じ資格において取り扱われるべきであろう。だが、それをいかに評価するかという基軸は、既存のものには頼ることができない。そもそも、河野が大正新教育研究の文脈で取り扱われてこなかったのには、「自動主義」「モンテッソーリ」というわかり易いラベルがあるにもかかわらず、その立ち位置が不明瞭であった点ともかかわっているだろう。だからこそ、河野自身の中途半端な立場——豊明小学校の主事にして、教育雑誌の主幹、実践者とも言い切れずしかし大学教授とも違う——まさに「灰色教育家」が、大正新教育というひとまとまりの運動のなかに飛び込むことで、これを十把一絡げにしてしまおうという視角をかく乱するものとなるのではないだろうか。さすればやがて、この河野の灰色の彷徨をそこに位置づけ捉えなおす地平が見いだされるかもしれない。

注

（1）付言しておけば、「自動教育」という言葉には「自動主義教育」など、若干のゆれがある。「私共も初めには、自動教育と云ふのと、自動主義教育と云ふのを同義に使ったこともあります。現に先年私の執筆した『自動教育法の原理と実際』という本名書名其物の如きは、術語を不用意に使った次第であります」（河野 1922: 49）。よって本章では、河野の用いる「自動教育」及び「自動主義教育」を同一の主張と見なした上で、それらの言葉の統一をあえて図らず、本文における河野の文章からの引用に関してもそのまま引くこととする。なお、本文・注含め、以下、旧漢字などは現代表記に改めるものとする。

（2）西川ひろ子の研究によれば、河野のモンテッソーリの摂取はアメリカ経由の間接的受容であり、また彼がモンテッソーリ教育法の第一人者として認識されるようになったのは、モンテッソーリ教具の紹介者として位置づけられたことが大きいという（西川 2000）。

（3）河野は、モンテッソーリ教育法を受容するにあたり、モンテッソーリ教育法自体は幼児教育を主眼とするものである点をあらかじめ認めつつも、これを日本においてしかも小学校段階において応用するには、「殆ど創作に等しき苦心を要する」（河野 1914: 392）と述べている。

（4）日本女子大学校の教育方針とモンテッソーリ教育との類似点に気づいた河野は積極的にモンテッソーリ教育法を学び取ろうと努める。河野がこの教育法を導入し構想する際にとった方法は、成瀬仁蔵の自学自動主義に接木をすることであった（西脇 1976: 249-250）。

（5）しばしば大正新教育（自由教育）に向けられる評価として、その活動の「限界」が指摘される。堀松武一は「大正自由主義教育は、明治国家主義教育の古いカラを打破しようとした」点においては評価できるが、たとえば樋口勘次郎の活動主義教育の根底にある「国家社会主義」という一種の国家主義思想や、谷本富の新教育論のエリート養成教育論的側面など、「大正デモクラシーや大正リベラリズムを背景にした大正自由主義教育といっても、明治以来の特殊日本的な多くの問題と限界をもっていた」と指摘する（堀松 1987: 7-8）時代的な「限界」、現代のわれわれが評価する時にどうしても見えてくる思想の至らなさ、未成熟を指摘するのであれば、そのような批判は河野自身にももちろん当てはまることだろう。

（6）河野が自らの教育論として成瀬の「自学自動主義」とモンテッソーリ教育の接合をはかった経緯に関しては、西川ひろ子が詳らかに論究している（西川 1998: 179-187）。

（7）大まかに河野の思想変遷を評したものとしては、大日本学術協会編の『現代日本教育学体系』第三巻等を挙げることが出来る。同書「河野清丸氏教育学」の「学風」の項では、河野の「学風の変化」として、初期には「科学的」（『自動主義教育法の原理と実際』）、後期には「哲学的考察」と「宗教的精神」（『矛盾解決教育上の論争』『自動教育論』）が重視される、と簡単にではあるがまとめられている（210-211）。

(8)（西脇 1976: 252）。さらに加えて言えば、河野が「「自動主義系統的教育学」を大成せず、『八大教育主張』の講演の中で、自動の学習態度論に対応する教師の指導論に言及しなかったことは残念である」と述べ、本来必要であるはずの教師の指導論が補完できず、河野教育学は未完に終わったとしている。

(9) たとえば同時代、上石王人は「教育学研究者及欧米教育学説紹介者の反省を促す」と題した非常に論争的な評論のなかで、中島半次郎を痛烈に批判する一方、河野を高く評価した。その高評価の理由は以下のようなものである。「友人河野君が、モンテッソリー教育法を我国に紹介された事に対して、自分は双手を挙げて賛成する、従来日本に主張し或は紹介された教育学説は唯哲学的教育学説のみであった、而して僕の所謂三大基礎の第一第二たる医学的教育学説、法学的教育学説の紹介は、全然なかったのである。如様偏頗なる我が教育学界に、医学的基礎にたつモ氏を紹介し、其の主義を力説し実行される点に至っては、感謝の意を表したい」（上石 1915: 121-129）。

(10) ただし、モンテッソーリの神秘主義的な方向への傾斜をたんなるいかがわしいものとして、あるいは科学性を損なうだけのものとして片付けることはできない。モンテッソーリの神秘主義的傾倒に関して米津美香は、モンテッソーリの思想的展開の内実を丁寧に精査し、一見神秘主義的な様相を呈する彼女の「宇宙的教育」を、「科学的教育学」によってはばらばらにされて捉え損なってしまいかねない教育の営みの、生態学的な視座に基づく「宇宙的教育」への展開であったとして描き直している。そしてその生態学的思考は後期思想の神秘主義的な装いとは裏腹に、前期思想のうちにも見いだせると論じている（米津 2012: 150-168）。

(11) 河野が活躍した当時、「モンテッソーリ教育」の「科学性」自体は問われていなかったようである。山内紀幸が「多くのモンテッソーリ研究者」について論じているように、大正期の教育界もまた、モンテッソーリの教育方法を「科学的であること」によってアイデンティファイしていたと思われる。手放しで「科学」的であることを受け入れていたと思われる点については注意を要する（山内 1997: 257-264）。

(12)（恩田 1998: 301）。なお、あえて付記しておくならば、この恩田の論考とても、河野が「大きな影響を受けたと考えられる「モンテッソリー」との関連に論議を集約するに止める」ものであり、河野の思想を把握せんとするものではない（ibid: 307）。

(13)「文化」という言葉は、文明開化や修養という「富国強兵」を喚起する言葉に代わり、大正時期に入ってよく用いられ始めた表現であり、人間は唯物的な自然法則によって律せられるのではなく、個性的・非合理的なものであり、真善美を至高の価値としてそれにむかってたゆまぬ努力をせねばならないといった思想を含む生活理念であったという（中野・先崎・河田 1981: 137)。これを踏まえると、河野の主張の理論的な支え自体は当時の流行に乗ったものと言えるかもしれない。

(14)「全体が先づあれば、其全体を分つことに依り、其部分に分けることが出来るが、部分が幾ら集まっても全体にはならぬ…［中略］…個人と云ふものが先づあって、超個人とか、社会と云ふものが出来るのでなくて、先づ全体と云ふことを予想することに依って個人と云ふやうな者が出来るのである」(河野 1922: 34)。

(15)「超個人の造ったものは、何等の価値のないものかと云ふと、我々は超個人の一部でありま す、超個人の一部でありますが故に、超個人の理想とするものは、我々に皆内在して有つて居る」(河野 1922: 37-38)。

(16)河野は体験には二種類あるという。一方は主客の未分化の状態での体験（赤ん坊など）であり、「我という考えもない、ただ経験」であり、他方は自分自身がそれを行うことによって、其の智識が自我の一部分に織り込まれて、自我というものになる、王陽明の知行合一の体験である（河野 1922: 41-42)。後者の体験は教えられたものではなく、自ら得たものでなければならないとされる。

(17)「私共の自動主義教育のことをもう一度繰り返して申しますと、これは放任主義ではない。被教育者を扶けて、自然を理性化せしむることを云ふのであります」(河野 1922: 52-53)。

(18)渡部は別のところでは、次のように述べている。「余から見ると、氏は近頃メッキリその思想傾向を変じて来た。而してそれは篠原助市氏の思想の影響に依るのである。…［中略］…従来の河野氏から云へばそれは没自覚的な思想傾向の堕落とも言はれる」(渡部 1921: 239)。

(19)吉田熊次の序が添えられた本書は文部省の教員検定試験に「教育大意」の科目が加えられたことを受けて書かれた受験対策書である。まえがきによれば、この著作の草稿自体は、大学生時代に書かれたものである。発行自体は五月であり、出版は豊明小学校着任後間もなくである。二年後、本書は『改訂教育大意』として加筆される。加筆部分には「モンテッソーリ教育」への言及も含まれる。

(20)本書は、『教育大意』と同年の発行であるが、こちらは一二月である。また、本書は「文学士河野清丸・加藤貞次郎合著」となっており、しかも、どの部分を誰が書いたかということが記されていないので、必ずしも河野が書いたものとは言い切れない。しかし、自らの名を連ねて出版したものであるからには、河野自身も納得した内容であると見なし、本文では煩わしさを避けるため、「河野・加藤」と記さず、さしあたり「河野」の考えるところのものであるとする。なお、本章の論述上クリティカルな記述に関しては、以下の本文においてあらためて論じることとする。

(21)「人格」に関して、ロックやヘルバルト、ヴントら「諸大家」による定義が引かれ、「身体のことが全て論じてない」と指摘、しかしこれは人格にとって「あまりに必要すぎて却て不問に帰したのである」とされている（河野・加藤 1911: 15）。

(22)「手を善用せば知情意の全体修養に大影響を及ぼす…［中略］…当然手は人格修養の一大手段たることが明らかである」（河野・加藤 1911: 78）。

(23)「茲に説文に現はれたる手の文字の起因を調べてみたが、手は之によりても、徹頭徹尾活動すべきものと定まって居る様である。活動！活動!!活動せずして人格は修養し得られるものでない」（河野・加藤 1911: 81）。

(24)人間の活動のなかでもとりわけ重視されたのは「書く」ということである。手は文字や文章、手紙といった意味あいで使われることからも察することができるように、ことばであり、実際に言語に先立つ言語とすら見なされた。「遠く未開の時代に在っては、言語も完全ならず、文字も無きを以て、主として手によって互いに思想を交換し又感情を発表する唯一の機関とせられたものである。」（河野・加藤 1911: 114）ここに、将来的に展開していく綴り方への関心の萌芽が見て取れる。

(25)手の堕落は、人間の堕落である。「手ですることを足でするようになり…［中略］…心に起こる欲望も達する手段が無くなってしまふ」（河野・加藤 1911: 224）。

(26)（河野 1910a: 69-74）なお、ウッドワードの他に、デューイ『学校と社会(School and society)』やアドラー『子どもの訓育(The moral instruction of children)』などへの言及も見られる。

(27)『手と人格』発刊の翌年、河野は『個性研究　児童と其の境遇』を刊行している。これは、教育の理論と実際をつなぐことを企図して編まれたもので、六〇名の六年生に一年間書かせた「修養日誌」からとり出した三〇名の記述とその実践の成果に対する河野の「結論」で構成されている。本書の大半は子どもたちの記述をそのまま抽出したものであるが、この記述の分析を通じて河野は、子どもたちに訓言をまもらせる際、書くという行為――これも手である――が彼らの意識に己の行いの反省を促すとし、訓育にとっては有効であるという結果を得ている（河野 1912）。

(28)たとえば、戦争もこの例外ではない。「戦争そのものを特殊目的近邇目的として、之を教育上に利用することが可能であるかは、大に研究すべきことである」（河野 1914b: 13）五回連載の上記論文を通じて戦争を肯定する旨の発言を重ねた点について、これを擁護することは一切できない。しかし、それでもなお、彼の主張に注目に値する点があるとすれば、戦争のための教育を称揚したのではなく、教育のために戦争を利用しうるという視点である。

文献

上石王人 1915「教育学研究者及欧米教育学説紹介者の反省を促す」『帝国教育』第三九〇号、一二一－一二九頁
Woodward, C. M.: Manual training in education, W. Scott, 1890.
恩田裕 1998「「自動主義体育」について」『教養論集』一四号、成城大学、三〇八－二六〇頁
河野清丸 1910a「手工家の教育的価値に関する実験的研究」『教育界』第九巻第一二号、六九－七四頁
河野清丸 1910b「手工家の教育的価値に関する実験的研究（続）」『教育界』第一〇巻第一号、四六－五二頁
河野清丸 1911『教育大意』目黒書店
河野清丸 1912『個性研究　児童と其の境遇』目黒書店
河野清丸 1914a『モンテッソリー教育法と其応用』同文館
河野清丸 1914b「戦争と教育（上）」『教育時論』一〇六二号、一三頁
河野清丸 1915「モンテッソリー教育法の功罪（上）」『教育時論』一〇九三号、六－八頁
河野清丸 1915「モンテッソリー教育法の功罪（中）」『教育時論』一〇九四号、三－六頁
河野清丸 1915「モンテッソリー教育法の功罪（下）」『教育時論』一〇九五号、五－七頁
河野清丸 1915a『モンテッソーリ教育法真髄』北文館
河野清丸 1916a「自由主義の誤解」『婦人と子ども』第一六巻第七号、二五九－二六六頁
河野清丸 1916b「自動教育法の過程」『帝国教育』第四〇五号、一六－二〇頁
河野清丸 1919a「発刊の辞」『教育論叢』第一巻第一号
河野清丸 1919b「三種の教育家」『教育論叢』第一巻第二号、一六－二七頁
河野清丸 1920a『創作本位綴方教授の具体的研究』文教書院
河野清丸 1920b「理科教育の精神」『教育論叢』第二巻第一号、四七－五八頁
河野清丸 1921「児童本位と児童の価値」『教育論叢』第三巻第一号、一九－二九頁
河野清丸 1922「自動教育論」『八大教育主張』大日本学術協会、二七－七四頁
河野清丸 1923「復習と応用」『教育論叢』第五巻第二号、五九－七三頁
河野清丸 1928『宗教的教育論』南光社

河野清丸 1936『宗教的人格教育論』南光社
河野清丸・加藤貞次郎 1911『手と人格』建文館
自動教育研究会 1916『自動主義教育実際叢書　第一編（自動主義教育革新の根柢）』明誠館書店
篠原助市 1922『批判的教育学の問題』東京宝文館
大日本学術協会編 1927「河野清丸氏教育学」『現代日本教育学体系』第三巻、モナス
為藤五郎 1986『現代教育家評伝』大空社
中野光 1968『大正自由教育の研究』黎明書房
中野久夫、先崎昭雄、河田宏 1981『大正の日本人』ぺりかん社
西川ひろ子 1998「河野清丸におけるモンテッソーリ教育法の受容と自動教育論との関係」『広島大学教育学部紀要第一部（教育学）』第四七号、一七九－一八七頁
西川ひろ子 2000「大正期におけるモンテッソーリ教育法の受容――モンテッソーリ教具を中心に」『保育学研究』第三八巻第二号、一四四－一五二頁
西脇英逸 1976「河野清丸『自動教育論』解説」小原國芳編『八大教育主張』玉川大学出版部
藤原喜代蔵 1943『明治・大正・昭和　教育思想学説人物史』第三巻、東亜政經社
堀尾輝久 1987『天皇制国家と教育――近代日本教育思想史研究』青木書店
堀松武一 1987『大正自由主義教育の研究――千葉命吉を中心に』理想社
松下良平 2010「新教育の彼方へ　学ぶこと・教えることの新たなヴィジョンに向けて」『教育思想史コメンタール』教育思想史学会編、一三九－一五二頁
山内紀幸 1997「モンテッソーリの科学的教育学――「子どもの事実」からの出発は可能か」『広島大学教育学部紀要第一部（教育学）』第四六号、二五七－二六四頁
米津美香 2012「モンテッソーリ教育における生態学的思考――「科学的教育学」と「宇宙的教育」の接点として」『教育哲学研究』第一〇五号、一五〇－一六八頁
渡部政盛 1921『現今改造的教育思潮批判』大同館書店
渡部政盛 1922『新カント派の哲学とその教育学説』啓文社書店

第12章　小原國芳の「田園都市」――「全人教育」をめぐる行動と物語

"Garden City" Plan of Obara Kuniyoshi : Works and Stories on "Zenjin-Kyoiku" (whole person education)

山名　淳

〈概要〉　小原國芳の教育思想は「全人教育論」と呼ばれているが、小原の教育思想の特徴は、彼が執筆したものを精査するだけでは十分に把握されえないだろう。本章では、小原の「全人教育論」と密接にかかわっていたと考えられる「田園都市」としての玉川学園の特徴に注目することで、彼の教育思想を「田園都市」構築との関連性において捉え直す。小原による「田園都市」の共同体志向は、「全人教育論」が説くところと一致していた。そして「田園都市」の形成過程は、小原の考えていた「労作教育」の実践となり、広義の「全人教育」に重なるものとなった。小原の「全人教育論」がカノン化（聖典化）され、多くの支持者を得たのは、彼の教育論が空間的現実として具現化され、また存続しているという事実によるところが大きいのではないか。小原の行動と教育思想の循環は、日本における「新教育」の物語を紡ぎ出し、また自らをそのなかに位置づけることによって、教育界における大きな影響力を生みだした。

1　はじめに――「新教育」の空間構成という視点

日本の「新教育」運動を代表する人物とされる小原國芳（1887-1977）の名前は、まずは八大教育主張（一九二一年）における彼の講演題目でもあった「全人教育論」によってよく知られている。彼は、フレーベルらの名を具体的に挙げながら「人の教育 Menschenerziehung なる一語に、簡単ではあるが無限の深い意味」（小原 1921: 338）を感じ取りつつ、「『人の本性』『本然の性』に根ざした教育」（小原 1921: 338）を行うことを自らの使命として引き受ける覚悟を示し、真・善・美・聖・健・富を標榜する「六方面の教育」を理想として掲げて、それを「全人教育」と呼んだ[1]。

小原による教育の特徴は、ただし彼によって書かれたものを精査するだけでは、おそらく十分に把握されえない。小原の甥であり教育学者としても彼の教育に注目していた鰺坂二夫が的確に指摘しているとおり、「観念だけでなく事実に基づき、理念だけでなく実践によって確か《ママ》めるところに小原の全人教育の特徴が存在した」（鰺坂 1976: 298）と考えられるからである。鰺坂はまた次のように述べている。「全人教育の理想は、昭和四年、小原が創設した玉川塾の教育において、さらに広く、かつ、激しい展開の様相を示す。そこでは、従来、人間の全体的調和的教養の育成として登場した全人教育は、強く労作的な色彩をおび、知行合一の世界への挑戦が試みられようとする」（鰺坂 1976: 298）。彼によれば、小原の「全人教育」は玉川学園において労作教育の実践をとおしてその具体的な相貌を露わにしたのであった。

本章では、玉川学園における労作教育と密接にかかわっていたと考えられる空間的特徴に注目してみたい。とりわけここで関心が寄せられるのは、同学園の設立が「田園都市」の建設と一組のものであったということである。

後で詳しく論じるとおり、小原は自らの教育理想の実現を追求するために、「教師が経営する田園都市」を形成しつつそのなかに広大なキャンパスを有する学園を設立しようとした。破格といってよいほどのその大胆な行動は、同時代の「新教育」関係者たちのうちでも他に類をみない。それにもかかわらず、小原の「田園都市」建設は、教育における通常の〈理論／実践〉関係で把捉されるサイズを超え出ているがために、その教育学的な意義についてこれまで十分な検討がなされてきたとはいいがたい(2)。

ここでは、小原の空間実践がひときわ大きな力動性を帯びていたと思われる玉川学園設立から五年間の時期（一九二九年頃から一九三三年頃までの時期）を主たる考察の対象とする。当該の時期における玉川学園に関する諸史料のうちでも最も大きな手がかりを与えてくれるのは、イデア書院および玉川学園出版部によって刊行された雑誌『イデア』（一九二三年一月から一九二九年七月）、『学園日記』（一九二九年六月から一九三二年二月）、『學園日記労作教育研究』（一九三二年三月から一九三三年一二月）である(3)。そこには、小原も含む教師たち、児童・生徒たち、また学園の関係者たちによる「教師が経営する田園都市」の描写とその変化に関する証言ともいえる重要な記述が含まれている(4)。さらに『玉川大学五十年史』（1980）などの記念誌がそのような第一次史料を補完する。

小原の「田園都市」を考察するにあたり、建築・都市計画史における研究成果（酒井 1987、高見澤 2009）および玉川学園周辺の地域誌（玉川学園町内会地域史編纂委員会1990、玉川学園町内会 2009）も視野に捉えることは不可欠である。それらの分野では、すでに玉川学園周辺の空間に関する検討の蓄積が認められる。とはいえ、そこでは小原の教育構想については副次的にしか扱われていない。かたや教育学の領域では、小原研究においてのみならず、一般に都市を含む空間構成の問題には重きが置かれてこなかった。建築・都市計画史研究の蓄積を参照しつつそれを教育学研究に接続することのなかに、「全人教育」という、にわかには捉えがたい小原教育の何某かを理解する糸口が潜んでいるように思われる。本章では、さしあたり以上のような見通しをもって、小原による「田園都市」に接近してみたい。

2 「教師が経営する田園都市」——日本の「田園都市」体系における玉川学園の位置

小原國芳は、一八八七年四月八日、鹿児島県川辺郡西南方郷久志村で誕生した[5]。小学校を卒業した後に通信技術養成所に入り、鹿児島県内の大浜電信局に勤務したが、教育の道に目覚め、鹿児島県師範学校（一九〇五年入学）、そして広島高等師範学校（一九〇九年入学）で学ぶ。一九一三年からは香川県師範学校教諭として教鞭を執るも、一九一五年、京都帝国大学に入学し、学問上の研鑽を積んだ。一九一八年に同大学を卒業した後、小原は広島高等師範附属小学校に赴き、理事（教務主任）となった。その約一年後、一九一九年一二月から、長田新の推挙によって澤柳政太郎が校長を務める成城小学校に主事として着任した。一九二六年、七年制成城高等学校長となるが、一九二九年に玉川学園を創設し、しばらく両校の校長を兼任した後に、一九三三年から玉川学園の運営と教育活動に専心した。

玉川学園が開校したのは、一九二九年四月一日であった。同学園を設立するために、成城学園における資金調達の経験をもとにして[6]、宅地分譲による収入を同学園の建設費に当てた。同年六月に刊行された『学園日誌』第一号には、「分譲地二十余万坪」を販売することを目的として「玉川学園土地部」による「高原の学園都市」と題された広告が掲げられている。

「理想の夢の苗床、真の教育の道場たる、玉川学園の建設費を得る為に教師が経営する田園都市です」（『學園日記』1929 (1): 表3)。

「田園都市 (gardencity, Gartenstadt)」とは、よく知られるとおり、一九世紀後半における急激な工業化および都市化に伴う生活環境の悪化を背景として、イギリスのエベネザー・ハワードが「都市と田園の結婚」をスローガンとして用いながら発展させたよりよき生活のための新たな都市計画の文化である (東 2001, 山名 2006)。都市論の古典的権威ともいえるルイス・マンフォードによれば、「田園都市」の最も大きな特徴は、第一に土地が個人に分割されず開発に当たる組織によって保有されること、第二に共同体に属する人びと全体のためになるような土地利用を可能にすることを目的として空間的規模の規制と人口の制限が行われること、第三に空間の調和的な機能的分化が計画されていることにあるとまとめている (マンフォード 1974: 394ff.)。だが、「田園都市」という言葉は、そのような厳密な定義から離れて、広義には自然環境との融合を考慮に入れて構成されることでよりよい住み心地を実現しようとする住宅街のことを指すことも多い。日本の場合、「田園都市」はおおよそ広義の意味において理解される傾向にある。

「田園都市」研究の成果によれば (風見 2001)、日本における「田園都市」には二つの重要点があるという。第一に、「田園都市」構想が政府関係者に地方や農村の開拓モデルとして紹介されたこと (一九〇〇年代初期) であり、第二に、私企業によって大都市近郊の住宅街が「田園都市」の名の下に構想され、形成されたこと (一九一〇年代から二〇年代) である。小原は、時期の点においても、またその空間構成の性質においても、第二のポイントにおける「田園都市」のイメージでこの語を使用していたと推測される。

一九一〇年代以降、大都市に比較的近い場所にできた「田園都市」の具体例としては、関西土地株式会社による大見野田園都市、東京渡辺銀行による大船田園都市、田園都市株式会社による洗足および田園調布 (旧多摩川台住宅地）などが挙げられる。この種の宅地開発においては、学校教育の充実をかかわらせて「学園都市」を銘打つ場合があった(7)。東京の西南部をみてみると、大泉（練馬区）、国立（国立市）、小平（小平市）、日吉（横浜市）などが、その例として挙げられる。だが、それらは私企業が宅地化を促したり、あるいは鉄道の利用者を確保したりすることを第一義としたもので、学校教育の充実を最優先の目的としたものではなかった。学校の経営者自らがその教育理念の実現のために学校周辺の宅地開発に積極的に関与した例はわずかである。東京の西南部についていえば、（現東久留米市への移転後の）自由学園、成城学園、そして玉川学園がこれに当たる。小原の「田園都市」は日本における「田園都市」体系のここに位置づけることができる。

3　都市部からの空間的な遠さと時間的な近さ

小原の「田園都市」に関する資史料を概観するとき、彼の教育に関連すると考えられる以下の六点を少なくとも押さえておく必要があると考えられる。本節および次節において示したい。

第一に、「田園都市」の土地を購入するための小原の腐心が、彼の求心力を増大させたことを挙げておかねばならない。「田園都市」建設のための土地購入の経緯については、小原の秘書であった松本三千人の「原町田日記」（一九三二年）および大日本雄辯会講談社社長であった野間清治の側近を務めた小幡公に対する聞き取り調査に基づいた『玉川学園五十年史』（一九八〇）の「土地部」に関する記述に詳しい。それによれば、成城時代の教え子の保護者であり王子製紙の販売課長（後に社長）であった井上憲一の仲介により、大日本雄辯会講談社社長の野間清治への相談が叶い、その結果として野間個人の資産を借用することによって学園地区の開発が現実のものとして動き始めた[8]。松本が玉川学園側の窓口になり、財団法人同潤会に勤務していた板倉正二という人物を介して、町田・鶴川村側との交渉を行った。小原は当初、一〇万坪を買収する予定で話し合いに臨んだが、交渉の結果、三〇万坪余りを獲得することになった（玉川学園五十年史編纂委員会編 1980: 882ff.）。

宅地造成事業に基づく学園建設については、小原には成城学園の拡張に伴う移転に際してすでにその経験があった。小原は、玉川学園設立における「田園都市」建設ではさらにその土地規模を大きくし、鉄道が開通した後の地価の値上がりを見通したうえで[9]、短期間のうちに土地を買収・分譲することができた[10]。その手腕の巧みさや先見の明、またその際に発揮された彼の交渉術が関係者の間で語り継がれ、また書き継がれるなかで、玉川学園の発展を可能にしたカリスマ性のある人物としての小原像が確立されていった[11]。

第二に、空間的な条件としては、小原の「田園都市」は、都市部から距離を取った自然豊かな場所でなければならなかった。一九三〇年代半ばに作成されたと考えられる『玉川学園分譲地案内』には次のような表現がみられる。「多摩川から内則《ママ》は地価が高いし、広い敷地はとれず、いはんや都会腐くて、到底、郊外とはいへませぬ。多摩川を越して、はじめて森林地帯丘陵地帯には入りますので、ホントの郊外、ホントの人間生活の場所といふ気がいたします」[12]。また、そのような自然環境こそが「生活の理想郷、休息と安住の地」であるといった表現もうかがうことができる。そうした自然環境志向は、小原の著作や論文において幾度となく強調されている[13]。

第三に、小原は、自らの「田園都市」が都市部との適度な接続性を有することを求めた。言い換えれば、空間的には都市部と適度な遠さを、また時間的には適度な近さを追求したのである。そのために鍵となったのは、鉄道であった。小原は、現在の玉川学園付近の地帯を購入する際に、一九二七年に開通した新宿・小田原間の路線において鶴川と町田の間になだらかな丘陵地を「田園都市」の候補地として目をつけた後、その地が新駅の設置条件である駅間三マイル以上離れている地点であること確認して購入を決心した。一九三五年ごろの『分譲案内』ではユーモアと自負を醸し出しながら、「電車から降りた所がその分譲地です。敷地の中央に駅を建設したのですから」と記している[14]。財政支援者となった野間も鉄道の重要性を熟知していたらしく、融資の条件として、玉川学園に駅を新設することを小田急に確約させることを挙げていた。

「田園都市」を鉄道が通過し、またそこに駅ができることは、小原にとっては、まずは好調な宅地分譲の条件として重要であった。一九二九年の広告において、玉川学園周辺の土地を購入しようとする者を惹き付けるためのキャッチフレーズが、新宿まで四〇分の地にありながら「武相の平野一望の下、快きスロープ、森林美」を備えた「東京近郊の軽井沢」であったことは、このことを象徴している。それのみならず、都市文化との適度な近さを保つということは、児童・生徒の教育という観点からも重要であると考えられた。自然環境の重視ということでは玉川学園のモデルの一つともいえるドイツ田園教育舎は都市文化と隔絶されている点において玉川学園に劣るということを、ヨーロッパに派遣された学園の教師が記しているが[15]、こうしたことからも教育的観点からも都市部との適度な接続性が重視されていたことがわかる。

4　学園を中心とした生活共同体

小原の「田園都市」における第四の特徴は、この「田園都市」が少なくとも草創期においては郊外の住宅街というイメージからはおそらくほど遠く、むしろ村落的な共同体としての相貌を帯びていたということである。外向きの宣伝とは異なって、関係者のうちでは、この地が「田園都市」や「学園都市」よりも「学園村」あるいは「丘」と呼ばれることが多かったことは、当事者たちの空間に関する実感を示しているといえよう。玉川学園が開校した一九二九年には、この地域には誰も住んでおらず、一九二九年三月に小原を含む教師たちの「三家族、それに独身の先生方や若い塾生たち、併せて二十余名がいよ〳〵移住」(『学園日記』1929 (1): 14) してきたことによって、この地の歴史は本格的に始まった。その後しばらく、彼の「田園都市」は緩やかな発展を遂げる[16]。

小原による「田園都市」の共同体的な性質は、その空間的な概観にのみ限定されるものではなかった。住民の多くが学園関係者や小原の理念への賛同者であったことを重要な背景として[17]、学園関係者と住民の間における密接な関係性が窺われるということが、第五の特徴として指摘できる。玉川学園周辺の地域誌が聞き取り調査などに基づいて明らかにしているところによれば、学園創設後、定期的に住民有志が集い、「小原先生の話を聞く会」が開催されていた。この会が母体となって、一九三三年に地域の自治組織「丘の会」が結成されたという (玉川学園町内会地域史編纂委員会 1990: 8)。「丘の会」では、「何ヶ所かに分かれて最寄りの家に集まり、週1回話の会」(玉川学園町内会地域史編纂委員会 1990: 14) を開催することによって、住民は小原の考え方を知ることができ、また小原は住民の意見を確認する機会を得ていた。

確認されるのは、住民側からの接近ばかりではない。「学園村」の生活が玉川学園の活動によって、とりわけ子どもたちの活動によって支えられていたことが、当時の関連雑誌や『玉川塾の教育』(一九三〇年) の記述などに基づいて裏打ちされる。周辺の新聞配達や牛乳配達 (小原 1930a: 175、『学園日記』1932 (30): 4) は子どもたちが担っており、また日用品などを中心に「学園村」における「各家庭の御用を聞いては、仕入れて配達」(小原 1930a: 171) を行った。さらに、各家庭から「新しく柵をこしらへたり、いろいろな改造、戸障子を切つたりついだり」といった依頼を受けると「材料と道具を持って少年大工たちは甲斐甲斐しくスグでかけ」(小原 1930a: 191) た。また電気会社の許可を得つつ電気工事なども請け負ったという (小原 1930a: 207)。「道路の開鑿、ドブさらへ、家の周りの植樹、砂利撒布、村の掃除、便所のこやし汲み、塵芥の焼却」(小原 1930a: 208) なども「学園村」を支える子どもたちの活動に属していた[18]。「田園都市」の道路整備にも生徒たちが携わっていた（『学園日記』1932（31）: 72）。

第六に、小原の「田園都市」には、生活改革志向の空間構成に対する配慮が見受けられる。「田園都市」を建設する小原の目的は、すでに引用した広告に従うかぎり、たしかに「玉川学園の建設費を得る為」であって、まずは自らの教育理想を実現するための資金獲得の手段であった。だが、前述のとおり、教育のために森林地帯丘陵地帯を選択したことは、そのまま住民たちにとってもそこが「ホントの人間生活の場所」や「生活の理想郷、休息と安住の地」となるという小原の期待に連なっている。

都市計画という点においても、小原は生活重視のオールタナティヴな発想を有していた。彼はなぜ学校運営を拡大するのかという疑問に対する回答として、「敷地、建物、道路、設備、垣根までがいろ〲具体的に考へた時に、全体の調和、均衡、統一なしには仕事は出来ぬ」（『イデア』1927（56）: 6）と述べている。「田園都市」の空間構成に対する小原の配慮は、たとえば、住民が住宅を建てるのに際して石垣を用いず、門構えをなさず、三尺の生け垣を設けることを要請していたということなどにも表れているが（酒井 1987: 258）、とりわけ小原の空間理念を象徴しているのは、よく知られる「隅切り」という道路の形態である。「隅切り」とは、「十字路の四隅を切り落とし、歩行者の見通しをよくした」（酒井 1987: 243）道路のつくり方である。これは、「自動車や、子供たちの自転車遊び、かけっこを見越した安全対策」（南日本新聞社 1977: 182）であった[19]。小原が構想した「教師が経営する田園都市」に対する都市計画の専門家による批評には手厳しいものもあるが（酒井 1987: 238）、経済原理よりも生活や教育の原理を優先した「隅切り」のようなアーキテクチャ上の工夫は高く評価された。

5 「田園都市」草創期における労作教育の拠点形成

小原の「田園都市」における以上のような特徴にもまして重要と考えられるのは、その形成過程である。学園校地も含めたこの地域を構築し、その維持・発展に寄与することが、小原にあってはそのまま労作教育となった[20]。労作教育は、ケルシェンシュタイナーの教育論などの影響を通じて日本でも注目され、大正期にその盛行がみられた（山崎 1993: 550ff.）。小原は、労作教育に関する国内外の動向に目配りしながらも、「田園都市」建設期に独自の労作教育論のあり方を模索したといえる[21]。彼は、「労作」における「労」の字を「万人の喜びであり、誇りであり、義務である」（小原 1930a: 64f.）ような働くという活動を表しているとし、また「作」を「作業の作ではなくて、創作の作」であると意味づけた。「全人教育」との関係でいえば、労作教育は狭義には「全人教育」の一部として位置づけられるが[22]、広義には「全人教育」とほぼ同義のものと見なされていた[23]。

玉川学園において労作教育に重点が置かれることは、すでに初期の『学園日記』に示されているといってよい。そこに、小西重直が京都大学哲学会大会においてすでに発表した「労作教育の問題」が掲載されており（1929 (1): 52-57, 1929 (2): 47-52, 1929 (3): 61-68）、この論文に対して「弟子　小原國芳」が「吾々玉川学園教育の向ふべき所を数年前に示して下すつたやうな、『予言書』であり『黙示録』」（『学園日記』1929 (1): 52）であるという言葉を添えている。

小原の「田園都市」建設は生活環境という点でほぼ未開拓といってよい丘陵地で開始された[24]。小原は、玉川学園校地の北側にある丘陵地の頂点を「聖山」と名づけて意味上の中心として位置づけつつ、その周辺に礼拝堂や小原邸などを配置した。さらにその周りに教師の住宅、寄宿舎、幼稚園、図書館などが建築された。丘陵地を南側に下ったところをこの「田園都市」を外部へと接続する線路が通っており、その線路を横切って更に南側に行くとそこには中学校やグラウンド、つまり教育機能上の中心が形成されていた。最初の数年間で、学園とその周辺における生活と教育活動に必要な基盤がほぼ整うことになった(25)。

学園校地の構築活動は、そのまま児童・生徒にとっての労作の機会となった(26)。この状況こそが「玉川年来の発明」の「大仕掛」と小原が後に表現していることにほかならない(27)。付言すれば、前節でふれたとおり、学園校地だけでなく、その周辺における道路、電気設備、建築なども含むあらゆる活動が労作教育として位置づけられていた。通常の学校施設において想定される活動に限定されない破格の労作教育の実験場がそこに出現することになったのである。

玉川学園の草創期における労作教育の具体的な様子や基本構想については、『学園日記』のような同学園の雑誌および記念誌などに掲載された写真や記述などでその詳細を知ることができるが、その概要を整理して伝えることは本章のねらいではない。むしろ、行論の関係でより重要と思われるのは、小原の「田園都市」が形成される過程において、玉川学園に労作教育に関する人的ネットワークが誕生したことであろう。すでに石橋（2013b: 101f.）が整理して論じているように、玉川学園が開校された一九二九年に、第一回の労作教育研究会（当時、「労作教育修養会」）が開催され、以後、一九四一年七月に計画された第一四回教育研究会が「交通統制」によって中止になるまで毎年開催された。第一回および第二回大会あたりまでは五〇数名程度の参加を得ていたが、玉川学園の草創期においてそれに続く時期には参加者数が増加した。第四回大会では「日本全国より集れる七百有余の真実の教育を求めんとする会員を抱擁して労作教育に精進せる十三学校に加ふるに玉川学園小学部の精英なる研究発表会があった」（『学園日記』1932（37）: 50）とされている。

労作教育研究会のプログラムは、外部講師による講演、各参加校の報告、玉川学園の参観、関連資料の展示およよび映写などによって構成されていた。外部からの講師としては、研究会プログラムのうちに小西重直、長田新の名が多くみられるが、西田幾多郎（第四回、一九三二年）、北原白秋（第六回、一九三三年）、武者小路実篤（第七回、一九三四年）らも招かれて、特別講演を行っている。同研究会は三日間程度の日程で開催され、その前後に体操講習会が催されることもあった。小原や玉川学園教員の報告は毎回行われ、「当学園の実況をご覧下さる時間を設け」（『学園日記』1932 (33): 66f.）た企画がなされたことから、この研究会は全国から集まった参加校や参加教師を通じて玉川学園を世に知らしめる恰好の機会にもなっていたと考えられる。それと平行して、小原は「労作教育の具体案」（『学園日記』1932 (37): 48f.）などのような懸賞論文の募集も行い、労作教育に関する情報受信および発信の拠点として玉川学園を機能させようとした[28]。以上のような活動の基盤を元にして、一九三二年、小原は小西重直を顧問として迎えつつ二九校の参加を得て「労作教育連盟」を結成している[29]。

6　玉川学園における「新教育」のカノン形成

（1）〈新教育―労作教育―玉川学園〉というプロット

以上で、小原の「田園都市」が労作教育の巨大な実験場となったことを確認した。それとの関連でなお重要と考えられるのは、この「田園都市」が労作教育の理論と実践が練り上げられる拠点であったばかりか、それらを包括する「新教育」のカノン形成にかかわる一つの重要な〈現場〉であったということである[30]。ここで「新教育」のカノンの具体をなしたのは、小原の「田園都市」が形成されていく過程を描写した玉川学園の物語である。

小原は、出版部の創設によって言説空間の次元を開き、「田園都市」という物理空間における出来事を出版部から刊行される雑誌や著作によって公にしていった。すでに小原の成城学園時代（一九二三年）にイデア書院が「小原國芳氏の一生の事業を援助する為」（『イデア』1923(2): 25）に立ち上げられ、「弊店の一切の純益は同氏の学校経営に捧げ」るとされた。また、学校経営上の手段というだけでなく、「真に精神的に文化的に有意義な本」を出版することで日本の教育文化の振興に寄与することが目的として掲げられていた。さらにいえば、出版・印刷の業務に子どもたちが労作として関与することによって、出版の場は同時に教育の場ともなった。イデア書院で培われたそうした伝統は、やがて玉川学園出版部に移されていくこととなる(31)。

小原の「田園都市」草創期には、この出版部において数多くの彼の重要な著作が刊行された。なかでも「私の半生の努力の結晶」（小原 1930a: 2）と小原が言い切る『玉川塾の教育』（一九三〇年）は、彼の基本構想と玉川学園における当時の具体的な様子を伝える著作である(32)。この著作を通して玉川学園に関する物語のプロットがほぼ確立されたといってよい。また、七三六頁にわたる浩瀚な『日本の新学校』（一九三〇年）では、日本における「新学校」の具体例を紹介し、そのような注目すべき学校の一つとして自らの玉川学園を位置づけた。ほぼ同時期に出された『日本教育史』（一九三二年）においても、日本における教育の流れが概観されるなかに自らの教育構想の意義に関する部分を挿入している(33)。さらに『日本の労作学校』第一号（一九三一年）および第二号（一九三三年）は、玉川学園における労作教育のネットワークなどを通じて得られた情報を集約して提示し、「日本全国の学校が、試験と、席次と、点数と、詰込の教育から…［中略］…自己の尊とひ経験を通しての労作教育に転向しつつある」（小原 1933: 序1）傾向を示そうとした。

当時の状況を紹介することと並行して、小原は「新教育」や「新学校」がいかなるものであるかを規定し、そのなかに自らの教育論の特色を織り込んでいる。たとえば、『日本の新学校』では、アドルフ・フェリエールや日本の論者に依拠しつつ「新学校」が定義された後で、「新学校の要素」としてなおも重要なこととして、玉川学園の特色でもある「寄宿制度」、「自然尊重」、「生徒数の少い」こと、「男女共学」、「労作」、「全人教育」（小原 1930b: 42ff.）が挙げられている。

「新教育」の主潮流に小原の「田園都市」と学園が位置づけられていく傾向は、小西重直、長田新、鰺坂二夫らによる学術領域における言説によってさらに強化された。なかでも重要な役割を担ったのは、玉川学園の指導顧問でもあった小西である。彼は、『労作教育』（一九三〇年）において、「英国のアボッツオルムの新学校」、「仏のデモランや独のリエツなど」の学校を労作教育に力を入れる学校として挙げた後に、「今ではこの種の学校は百以上になっている」としたうえで「而も玉川学園はその教育的精神や施設に於て、その実績に於てこれ等世界の新学校を凌駕し、超新学校としての異彩を放っている」（小西 1930: 242）と論じている[34]。視野をやや広げてみれば、徳富蘇峰の新聞記事などに代表されるマスメディアの言説や小原を支持する著名人たちの言葉が、「超新学校」としての玉川学園というイメージを緩やかに取り巻いていたことがわかる[35]。そうした言説が、小原の出版部をとおして生産もしくは再生産されることとなった。そのようにして、「新教育」の中核を「労作教育」がなすとされ、また「玉川学園」がそれを象徴する学校として位置づけられた。

（2）「全人教育」の哲学化

ところで、教育学という観点からさらに特筆すべきであると考えられるのは、小原の「田園都市」をめぐるそのような言説空間のなかで、「全人教育」の哲学化とでもいうべき理論化の動向が芽生えたことである。この点を詳細に論じることは今後の課題として残さざるをえないが、議論のさらなる展望を示唆するために、一つの事例にふれておきたい。それは、鰺坂二夫の教育論である。成城学園の第一期生であった鰺坂は、同学園卒業後、京都大学に入学したが、その学生時代からすでに第一回玉川学園「労作教育修養会」（一九二九年）において師範学校上級生を対象として開催された部会に参加するなど、小原の「田園都市」とは密接な関係性を有していた。鰺坂は、『学園日記』において「全人・労作・自然」(一九三三年)を公にしているが、そこには後に彼が著したより体系的で丁寧な説明がなされている『小原教育』(一九五九年)の論述とは異なって、荒削りだが硬質の若々しい筆致を感じ取ることができる。

鰺坂は、その論考において、「現在が遠く永遠の過去を荷ひながら、しかも新しき永遠の未来への萌芽をその中に含む様に、吾々一人々々も実に全体的なるもの、具体的なるものの根底に於て生き、従つて此の意味に於て凡ての人間は全人である」(1933 (51): 12) と述べたうえで、次のように続けている。「併しながら個々人が直ちに全人であると言ふのは、単に一と無限が同一であると解するのではない。個人は個人として、飽くまで自由を主張し、全体に対し反抗する… ［中略］ …。さうして此の全体の否定としての個人が否定を否定する事に由つて、更に全体に帰ると言ふ様な弁証法的対立と統一とが存在するのである」(1933 (51): 12)。そして、小原による「全人教育」論のキーワードへと読者を以下のように導いていく。「此の様な考へ方をもつて、教育の直接的或は間接的対象や素材を見るならば、凡ての文化内容や自然は直ちに教育の対象或は素材となり得るのであり、従つて教育の目的を真、善、美、聖の価値実現にありとし、肉体とか経済的根拠と言つた様なものを手段的なるものとして取扱ふのは、果して具体的なる仕方と言ひ得るであらうか」(1933 (51): 12)。

鰺坂の論考には、京都帝国大学に入学して哲学の研鑽を積む若き学生が小原の「全人教育」論を哲学に翻訳しようとする活動を見て取ることができる。もとより小原自身がかつて京都大学で学び、西田幾多郎、朝永三十郎、波多野精一らの薫陶を受けていたことは、忘れられてはならないであろう。とはいえ、小原はその「田園都市」形成の時期にどちらかといえば教育実践に作用する言葉を模索したのに対して、鰺坂は同時期にそれとは別の言葉の可能性を、おそらく小原における哲学修養時代にめざした方向性を受け継いで、探求していたようにみえる。「根源的には全人と労作とはあたかも対象と作用、ノエシスとノエマの如く、二つながらに互に支持しつつ、人間存在の本質をなす」（1933（51）: 18）と鰺坂が述べるとき、あるいは「教育とは労作を通じ、特殊的自我が全体的自我を表現する事であり、従つて行為に由る一般的自我の創造、特殊普遍の具体的合致の体験であらねばならない」（1933（51）: 19）と論じるとき、そこには同時代における小原のそれとは異質な語りのスタイルが明らかに看取できるのである(36)。

むろん、小原と鰺坂の語りは二項対立的なものと見なすべきではなく、相互に影響を及ぼし合っていた可能性は高い。両者の関係を明らかにするためには、まずは小原が「田園都市」構想を実現する以前の著作、たとえば、『教育の根本問題としての宗教』（一九一九年）、『思想問題と教育』（一九一九年）、『教育の根本問題としての哲学』（一九二三年）を読み込まねばならないし、また成城小学校の機関誌として公にされた初期の『教育問題研究』（一九二〇年創刊）における小原の論考も視野に捉えられる必要がある。そのうえで、小原の文章における筆致がその後どのように変化していったのかが、またそこに若き鰺坂がどのようなかたちで接近していったのかが、より詳細に解明されなければならないだろう。さらにいえば、当時、小西重直が玉川学園と密接な関係のなかで自らの労作教育論をまとめようとしていたことを思い起こすとき、その影響もまた考究されねばならない。加えて、鰺坂が「全人・労作・自然」を執筆した一九三三年がとりわけ西田による論文「教育と哲学」の刊行年でもあったことを念頭に置くならば、玉川学園の教育に関する言説の哲学化については、同時代における京都学派や京都の教育学関係者に関するより広い視野での考察も求められるかもしれない。そのような入り組んだ言説の相互連関性を読み解くためには、さらなる調査と考究を必要とする。稿をあらためて論じたい。

7　おわりに――夢のゆくえ

本章では、小原國芳の空間構成に関する行動に注目し、彼の「田園都市」建設を主として玉川学園における教育との関連性という観点から考察した。その延長線上で自ずと視野に入ってきたのは、小原による今一つの行動、すなわち出版にかかわる組織形成および著作・雑誌の刊行活動であった。「田園都市」を形成することと出版活動の拠点を設置すること。この二つの行動は、一見したところ、まったく別のことのようにみえる。だが、本章で明らかになったのは、そうした二つの行動の連動こそが、小原と彼の学園を「新教育」の象徴として教育史上に刻印し、同時にそれに関するテクストと知識を「新教育」のカノンの一部に組み入れる重要な前提条件をなしていたということである。小原における教育とは何かを検討する場合、たとえば〈理論／実践〉図式によって小原を捉えようとすると、たちどころに理論としての体系性や整合性の欠如が意識されるであろう。本章では、むしろ小原の行動と物語の循環こそが彼の教育に対する有力な観点であると考え、そのような立場から考察を試みた。理論と呼ぶべき何ものかは、そうした行動と物語の循環のなかで生起するもののうちに捉えられるべきであろう。この点については前節において示唆したとおりである。

以下は後日談である。第二次世界大戦後、小原の「田園都市」は大きく変貌を遂げることになる。一方で、玉川学園は拡充し、一九四七年に玉川大学を創設するに至った。他方、玉川学園地域は、戦後の農地改革の時期を経て、徐々に住宅街として自律性を獲得していった。その結果、一九六二年には「これまで永い年月続けられてきた『丘の会』は、住民の増加や玉川学園の拡大によって、お互いに直接の関係が保てなくなり、玉川学園自体と共に歩んできた『丘の会』を解散して、新しく玉川学園地域に住む住民の手による町内会が結成され、ここに玉川学園町内会が誕生する」（玉川学園町内会地域史編纂委員会 1990: 25）に至る。

「学園村」という言葉が学園校地とその周辺の住宅地の双方を緩やかに指し示していた時代の雰囲気は、まだ高度経済成長期前には残っていたようだ。『玉川教育——玉川学園三十年』（一九六〇年）に掲載されている一九五一年に書かれた学生の手記「クリスマス・カロル」は、当時の雰囲気を伝える好個の事例といえる。クリスマスの夜、「零れそうな星空の下に、大きいのやら、小さいのやら真黒い影が巡礼の群れの様に、丘から丘へ」（玉川学園 1960: 154）聖歌を歌いながら灯りをもって渡り歩いたという。

「真夜中を過ぎてひっそりと静まり返った学園の丘に、主の生誕を祝う歌声だけが一軒又一軒と幽やかに或いは力強く響いていく。霜柱をざくざく踏みながら歩き回ってほてった頬に、冷たい夜半の風が快い緊張を与えてくれる。灯と歌が交錯して何とも云えない荘厳な雰囲気を作り出している……」（玉川学園 1960: 154）。

小原の「田園都市」が都市としての相貌をみせるようになった一九七〇年代半ば、玉川学園の草創期から続いていたこの風習は、徐々に住民の理解を得ることが難しくなり、ついには廃止されたという[37]。ちなみに、「『玉川学園地区発展のための文化的事業を推進する』ことを目的」（玉川学園町内会 2009: 11）として「玉川丘の会」が結成され、第一回町民まつりが開催されたのは一九七四年である。この年、住民の文化活動の拠点として玉川学園文化センターも設立されている。「学園村」として学園とその周辺が融合した状況は、教育施設としての玉川学園の拡充と地域の自律化によって一つの転機を迎えたといえる。

これまで日本の「新教育」に関しては、どちらかといえば、豊かな自然環境を求めて都市の中心部を逃れて創設された私立学校に注目が集まることが多かった。だが、最近の研究（小林 2012）が明らかにしているように、都市の対極に想像された〈自然〉や〈田園〉を志向する学校を視野に捉えつつも、むしろその背景に退きがちであった都市の学校においても子どもの特徴に合わせた配慮や地域との連携など、「新教育」的と形容すべき性質がみられた(38)。都市を建築の複合体と見なすならば、鉄道はその神経組織とでもいうべきものであり、したがって都市的アーキテクチャの一部としての側面をもつ。そうした鉄道の敷設によって促進された都市の中心部から郊外への建築複合体の拡張のうちに、表層的には対極に位置しているようにみえる〈田園〉型の学校と〈都市〉型の学校は一つの連なりとして捉えることもできる。玉川学園は、このことを自らの歴史をもって示してくれる。

さて、都市化の波が多摩川を超えて玉川学園を飲み込んでからもなお、小原は「田園都市」構想の延長線上でさらなる夢を描き続けていた。彼は、自伝的な著作『教育一路』（一九八〇年）において、東京の新宿駅付近に二十階建ての高層ビルを建て、そこに学校を開くという構想を抱いていたことに言及している。「特に、相模の平野にデンマークの牛を購入して、一番電車で牛乳を都内に送り込み、玉川で飼育する牛の大きな焼き肉とおいしいパンと、一食五十銭位で」（小原 1980: 143）新宿駅を利用する何十万の乗客の朝食と夕食として用意し、その利潤で無月謝の教育を行うというものであった。都心部とさらなる郊外とを接続して新たな教育施設を整備するという壮大な構想は結局のところ実現しなかったが、こうした逸話もまた小原が無尽蔵のエネルギーの持ち主であったことを私たちに印象づけるであろう。

小原は、「新教育」の物語を紡ぐための舞台を自らの行動によって創り出し、時代の変化とともにその物語を変容させていった。「全人教育」を統制理念として、尽き果てぬ夢を見続けた教育者がたしかにそこにいた。この教育者は、語られる者であると同時に語る者でもあるという労多き役を演じ切り、「新教育」物語にカノンとしての真正性を付与すると同時に、自らもまたその構成要素となり、そして伝説となった。

凡例

1　漢字の旧字、異体字、略字、俗字などは原則として正字に改めた。
2　変体仮名はそのままとした。
3　略注などでは、原則として参照した文献の著者名、出版年、参照したページを示したが、玉川学園の雑誌『イデア』『学園日記』『全人』に掲載された記事を参照した場合には、本章の紙数との関係で、原則として雑誌名、出版年、参照したページを記した。

謝辞

本章の執筆にあたり、石橋哲成氏（玉川大学教育学部・全人教育研究センター・特別研究員）、白柳弘幸氏（同大学教育博物館・専門スタッフ）、多賀譲治氏（同教育博物館・研究員）、近藤誠氏（同教育博物館・シニアスタッフ）には、貴重な資史料の閲覧・複写などで調査にかかわる便宜を図っていただいたばかりか、ご多用中のところ玉川学園における貴重な体験談をお聞かせいただいた。本章は関係者によるご協力によって大いに支えられている。拙論の「おわりに」でふれた「クリスマス・カロル」について、まずは石橋氏にうかがった生徒・学生時代の体験談に感慨深いものがあり、それから関連資料に当たることになった。石橋氏の回想によって、当時の厳かでかつ熱気のある情景が思い浮かんだ。「田園都市」の変化を教育の観点から眺める際には、どうしても書き記しておくべきことと感じた。ご支援による成果の一例である。この場を借りて感謝の意を表したい。

注

（1）八大教育主張における「全人教育論」では、次の箇所が「全人教育」の基本特徴に関するものである。「そこで『人間』には身体の外に精神の方面に於ては論理の世界、倫理の世界、芸術の世界、宗教の世界の四つが展開される。私の教育には、体育の外に、心育としての真育、善育、美育、聖育の四方面がある。而してその外に、私達が現実に生きねばならぬ動物である以上、実際生きてる手段として即ち経済、制度、軍事、交通、政治、法律、農工商等の方便、これらを一括して実際の教育とする。これも不可欠の手段として重要なる教育でなければならぬと思ひます」（小原 1921: 350）。

（2）そうしたなかで、石橋による一連の論考（たとえば2013a, 2013b）は、研究調査の結果としてのみならず、玉川学園における塾生および小原の秘書としての経験に基づく証言としても貴重である。私たちの問題関心からは、学校空間研究の一環として玉川学園空間を論じた岩間（2014）の論考も視野に入れておきたい。本章では、岩間とは異なって、小原の「田園都市」の草創期における構想と形成過程に考察の焦点を当てる。小原の生涯との関連において「全人教育」の軌跡を辿った米山（1999）の論考も参照。

（3）『学園日記』に代表される玉川学園の雑誌は、後の歴史研究に資するための史料となることが期待されて出版されていたわけではない。むしろ「やがて、同じ計画を立てなさる方なり、小さくは学級経営なり、文庫経営なり、更に、同じホントの教育の道を開拓しようとさるる方々へ、僭上ではありますが、些しでもお参考にでもなりましたら、何よりの幸と思ひますので、この『学園日記』は生れました」（『学園日記』1929 (1): 3）とされている。それにもかかわらず、『学園日記』における その詳細な記述は、外向きの宣伝を目的とした表現などに注意しさえすれば、草創期の玉川学園に関する非常に貴重な史料として大いに評価されてよい。玉川学園における雑誌の系譜については、白柳 2005を参照。

（4）なお、そうした刊行物には写真も多く掲載されており、文字情報によっては伝達されない当時の雰囲気などを伝える史料として貴重である。『小原國芳全集』を始めとする小原自身の著作・論文、玉川学園に関する当時の新聞記事もまた参照されるが、玉川大学図書館および玉川大学教育学部全人教育センターに所蔵される未公刊史料（当該の時期における『玉川学園分譲地案内』など）が本章の主題に関して重要な意味を帯びる。こうした文字・写真による史資料による検討とは別に、石橋哲成氏（玉川大学教育学部・全人教育研究センター・特別研究員）、白柳弘幸氏（同大学教育博物館・専門スタッフ）、多賀譲治氏（同教育博物館・研究員）、近藤誠氏（同教育博物館・シニアスタッフ）への聞き取り調査（二〇一三年七月三一日、九月一三日、二〇一四年二〇一四年四月七日、四月一二日、二〇一四年五月一日）を行った。同センターが保管する諸史料は目下のところ整理が進められているところであり、今回はその一部を閲覧させていただいた。史料に関する作業が完了した後には、さらなる研究上の発展が期待される。

（5）小原の伝記に関する情報については、小原自身の著作も含めて文献は多い。ここではそれらの批判的精査を踏まえて記述された『玉川学園五十年史』（玉川学園五十年史編纂委員会 1980）の情報に従いつつ、小原の生涯に詳しい石橋哲成氏の情報に基づいて若干の修正を施した。

（6）小原は、成城学園時代の一九二五年、関東大震災の発生や学校組織の拡大（高等科の新設）に伴って同学園が東京都牛込区原町から府下北多摩郡砧村喜多見に移転したときに、住宅街の形成と学校の設立を一組のものとして学校運営の資金問題を解消することを試みる経験をしていた。この経緯については、たとえば酒井 1987に詳しい。
（7）玉川学園に関する先の広告には「高原の学園都市」の文字もみられることにあらためて注目しておきたい。
（8）玉川学園周辺を開拓する資金五〇万円のうち四五万円を、小原は野間から借りることになった。両者の間で、土地売却が成立するたびに坪二円を野間に返済するという約束が交わされた。残りの五万円は、愛国生命社長の原邦造が七〇〇〇坪の予約をしたうえでそれを前払いしたとされている（玉川学園五十年史編纂委員会編 1980: 888f.）。
（9）小原自身の述懐によれば、最初、土地を坪三円以上で買い取ったが、売った値段は平均で坪一四円で、電車開通が近づいてからは一七、八円になったという。開通後はさらに二四、五円に値上がりした（『学園日記』1927 (36): 4f.）。
（10）小原によれば、多くの人びとが「成城十何年間の苦心に信用して下すつて、土地買収の資金が出来、僅か二ヶ月ばかりの間に三十余万坪がまとま」（小原 1930a: 281）ったという。
（11）小原の熱弁に宿る物語る力がいかほどのものであったのかを伝えるエピソードには事欠かない。ここではその一つを挙げておきたい。『玉川学園五十年史』に掲載された当時の状況を知る人物の証言によれば、最初は「地主たち二〇余名が成城の小原邸を訪ねたのは［一九二八年］四月一七日のことで…［中略］…はじめのうちは『気をつけないと、先生の大風呂敷にくるまれてしまうゾ』といっていた人たちが、最後にはみんな、小原園長の情熱に魅せられて、やりましょうということになってしまった」（玉川学園五十年史編纂委員会 1980: 890）。
（12）小原が最終的に辞任せざるをなくなった成城学園が「多摩川から内側」に位置していることに鑑みれば、同学園と玉川学園との差異化をほのめかした文章としてこれを解釈することもおそらく可能である。なお、玉川学園に保存されている当時の『玉川学園分譲地案内』は二種類あるが、作成年が記されていない。推定される作成年は、高見澤 2009による。
（13）ここでもいくつかの例を挙げておきたい。「……自然の恩恵に豊富なるべき田舎の子供すら、学校の設備やコンクリートの建築や教授法に毒せられて、ワザ〳〵自然から杜絶されんとしつつあることは何と惜しんでも余りあることではないでしょうか。青天井の下に、森の木陰に、小川や海浜のさざなみのほとりに、堤の青草の上にいくらも金のかからぬ教室は無限にあるではありませぬか」（小原 1930a: 102f.）。あるいは、一九三三年四月八日、玉川学園開校記念日に開催された全校集会の講話で次のように語っている。「日本ではお子さん方に対する一番大切なことを忘れているのです。ビルディングとアスファルトとゴミとホコリと目まぐるしい騒ぎの中でどうして大事なお子さん達を育てる事が出来ませう。そうした人達と比べて我々がこの大自然の中、武相の平野にあつて学び、働く事の出来る事は何といふ幸福でせう。この丘の上で、物事すべて体験することによつて、自分たちの生命をブチこむことによつてホントの信仰、ホントの芸術、ホントの道徳を会得しませう」(『学園日記』1933 (46): 3)。
(14) 小田急側は「玉川学園」駅をつくることに最初は難色を示していた。そこで小原は、駅の敷地および駅舎を寄付すること、また一カ月間の売り上げが最低見込み（二〇〇円）を下回った場合には差額を補填することを提案し、駅の設立を実現させた（小田急電鉄 1980: 111)。
(15) 実際にはドイツ田園教育舎においても鉄道を介した都市部との接続性が重視されていたということについては、山名 1998、山名 2000を参照。
(16) 玉川学園周辺に関する地域誌（玉川学園町内会地域史編纂委員会 1990）によれば、一九三〇年一月現在の地図では学園以外に二戸が記録されている。一九三一年三月の地図では学園以外で三戸、一九三三年のデータでは学園以外に三八戸が記録されていたという。当時の状況は、「広大な丘陵で校舎が住宅が其の松林の間に点在して居る」(『学園日記』1933 (49): 65) という状況であった。一九四〇年前後においても、玉川学園内外合わせて五〇戸から六〇戸程度であり、一九四九年でも住宅はおよそ三〇〇戸であった。玉川学園地域の人口が一万人を超えたのは、ようやく一九六八年のことであった。
(17) 一九三二年の『学園日記』では次のように記されている。「今住宅は約五十軒、その中二十軒は先生方或は学園関係者の方の住宅です」(『学園日記』1932 (41): 98)。
(18) 小原によれば、各家庭や自治会から得られる利益は子どもたちの就学資金や学園における教育の充実に当てられたという。子どもたちのこうした活動に対する評価は時代文脈にも左右されるだろうが、小原自身は、過度の労働に対しては警戒し、また批判していた。「よく世には、少年や少女を一日六七時間も働かして僅か二三時間しか勉強させぬ学校や団体がありま す。修養という美名の下に！恐ろしいことです。大事な修養時期を！」(小原 1930a: 268)。
(19) 「隅切り」はすでに成城学園の街づくりにおいて小原によって導入されたもので、その後、「町民の誇りとともに、学園町創建当時の思い出のよすがとなっている」(成城学園六十年史編集委員会 1977: 136) とされる。この道路のつくり方を小原は玉川学園にも導入したのである。小原自身は、「隅切り」について次のように述べている。「四ツ角はツブしました。やがて、自動車もドシドシ通ろうし、子供たちが自転車も乗りまわそうし、駆けっこもするだろうし！　それを、今、東京都の道路課や新聞社あたりで、文化財として祈念せねばと問題にして下さるのがウレシいことです」(小原 1967: 405)。
(20) 小原の「田園都市」形成の過程に伴って、とくに玉川学園草創期に労作教育がますます重要視されていったことは、まずは同学園の雑誌名の変更に反映していると考えられる。一九二九年に創刊された『学園日記』は第三〇号（一九三二年一月）から誌名が変更され、『学園日記　労作教育研究』となった。表紙において「学園日記」が大きく掲げられ、「労作教育研究」は小さく表示されており、副題であるかのような印象を与えるレイアウトであった。第三一号（一九三二年二月）では、「労作教育研究」がタイトルの最初（上段）に置かれるようになったが文字は小さく、下段に「学園日記」の文字が大きく掲げられて主題であるようにみえる。第三三号（一九三二年三月）からは上段に「学園日記」が小さく掲げられ、その次の段に「労作教育研究」というタイトルが大きく記されるようになった。この系列の雑誌は、『教育日本』（一九三四年六月から一九三八年八月）を経て、「全人」をキーワードとする雑誌名へと移行していった（白柳 2005、玉川学園五十年史編纂委員会1980: 902f.）。雑誌タイトルの次元にみるかぎり、労作教育が玉川学園を象徴する時期は、小原の「田園都市」草創期で最初のおよそ五年間であることが看取される。

(21) 小原の指示により海外に派遣された山西英一は、通常の学校という枠組を超えた玉川学園における大規模な労作教育を意識しつつ、ケルシェンシュタイナーの先駆的な試みとの差異を強調している。「ケルシェンシュタイナーの説は多くの不明瞭な点を有しているにも拘わらず、とにかく進んでいた。併し実践に於ては学校という形態、制限された学校の塀のうちにとぢ籠っていて真のアルバイト、シューレとはなり得なかった」（『学園日記 1933 (43): 60）。

(22) 玉川学園の草創期においては、たとえば次の箇所を引用することができる。「近時『労作』の教育が唱導され又その甚だ必須であるのも、単なる実験でなくして、『全人』を教育する原理の一つをおくといふ意味、従って生命哲学的体験説に深く達言えるという意味に於いて、重要なる傾向たり得るのであることは言う迄もありません」（小原 1932: 14）。また、玉川学園では「全人教育、すなわち、宗教、芸術、道徳、哲学、労作教育」（小原 1980: 94）を行うと決心したと述懐するとき、労作教育は「全人教育」の一部と見なされている。

(23) 玉川学園では「ホントの知育、ホントの徳育、ホントの美育、ホントの体育、ホントの宗教教育をするために、即ち教育の本質から当然生れて来るところの労作を本体として」（小原 1930b: 535）教育を行っていると小原が述べる場合には、労作教育は広義のものとなり、他の教育的要素を包括するものとして位置づけられている。

(24) 講演のために玉川学園を訪れた芝田徹心（当時の文部省図書局長）は、「学園の創立を回想」しつつ、玉川学園設立直前の時期の様子を次のように述懐している。「原町田とかで自動車に乗つて、道につきあたり、溝におつこちたりしたのを皆んなで引張り上げて出したりしながらやつて来ましたが、この辺に駅が出来るんだ、この辺に職員の住宅が出来るんだといひますが、野原といふよりも山であつたのですから、何だか漠然とした様でありました」（『学園日記』1932 (33): 15）。

(25) 小説家で玉川学園の教育に共感して学園周辺に移住した加藤武雄は、一九三二年に次のように記している。「今より数年前は、アイヌの遺物が散在して居た、草原荒野の丘陵であつたのが、今は全く小原先生を慕ふ、塾生の労作の賜であると聞いては、愈々労作の必要が、平凡人でも会得されるのである」（『学園日記』1932（37）: 51）。関連史資料を概観してみると、中学校校舎、松蔭橋、図書館、工芸館、女学校校舎、小学校校舎、礼拝堂、健康院、学園長宅（学園の応接室を含む）、体育館、各教員宅などが、最初の三年間で次々と建てられていることがわかる（『全人』1939（48）: 32f.、高尾建設株式会社 1979: 43）

(26) 念のためにいえば、建築を始めとする大規模な作業は専門家の力を必要としており、そこに児童・生徒が加わるということも少なくなかった。小原は、同郷出身者であった建築業の高尾英輔に草創期の重要な建築を依頼したが、この受注で一躍注目されるようになった高尾の事務所には当時「まばゆいほどの曙光がさして」（高尾建設株式会社 1979: 42）、腕のいい職人が仕事を求めて集まったとされる。

(27) 小原は、「無一文で、借金で土地を買い、測量し、開拓し、分譲し、計算し、建築し、耕し、作り、飼い、植え、鋳造し、掘り、組み、綴り、刷り、運転し、製作し、料理し、…［中略］…その中で、歌い、踊り、鍛え、学び、描き、…［中略］…それらの現実生活が、これが玉川教育」（小原 1969b: 195）であると述べている。

(28) 懸賞論文のみならず、外部からのさまざまな原稿（「各教科の労作具体案」「児童の労作日記」「労作学校参観記」など）が募集された（『学園日記』1933（51）: 35）。掲載の折りには「小原先生サイン入り書籍」を送る、とされていた。

(29) 雑誌名に「労作教育」の語が入るようになった第30号には、「労作教育連盟」という表題を掲げた広告文が掲載され、小原の名で次のように記されている。「私共の主張し、実施しつつある労作教育は、今や心ある数他の教育家諸賢の共鳴を得て、将に日本教育界を風靡しつつありますが、此の主張をもつと研究し、更に徹底せしめ、天下に宣布し、沈滞せる日本教育界に意義ある活動を促すことは、今日の最大急務と存じまして、今度、労作教育連盟を結成いたしました。幸にして、小西先生が顧問になつて下さいまして、一切をご指導下さいます」（『学園日記』1932（30）: 58）。

(30) 「新教育」のカノンについては、山名 2011を参照。この場合のカノンとは、個々の学問ディシプリンにおいて、テクストの重要度が評価・選択され、その結果として認定された「聖なるテクスト」（矢野 2010: 166）および基本知識の体系を意味している。

(31) 労作教育としての出版・印刷に関しては、とくに玉川学園の創設以後に強調された。小原は、成城学園で第一回卒業生を送り出すと同時に玉川学園創設へと自らの労力を本格的に費やし始めた時期に、「イデア書院と玉川学園出版部との合体」と題する文章のなかで、次のように述べている。「兄弟分の学校としての玉川学園では、特に労作と体験とを主体といたしますので、出版事業も必然、教育材料として加へられねばなりませぬ」（『イデア』1929（29）: 1）。「活字作り、活字拾ひ、組み、紙型、印刷、広告、荷造り、発送、会計など、さては編集、校正、口絵、装幀等の実にさまざまの貴い教育が出版といふ一つの仕事からでも生まれて来ますことを思ひますと、どうしても学園にも出版部を創めざるを得ませぬ……」(『イデア』1929 (1): 1)。

(32)『玉川塾の教育』の初版は一九三〇年六月に出されたが、一九三一年一二月にはすでに第一〇版が発行されている。この著作が玉川学園の存在と当時の具体的な様子を一般に広く世に知らしめた可能性が高い。

(33)「近時『労作』の教育が唱導され又その甚だ必須であるのも、単なる実験でなくして、『全人』を教育する原理の一つを労作におくという意味…［中略］…に於いて、重要なる傾向たり得るのであることは言ふ迄もありません」(小原 1932: 14)。

(34)小西重直はまた、「世界教育史上に於ける玉川学園の地位」(『学園日記』1929 (4): 18-28)のなかで、この年に日本で起こった世界的出来事は、ツェッペリン号の飛来と玉川学園の開設であると小原の夢の実現を祝し、また実験的な労作教育の試みを鼓舞している。

(35)当時の新聞記事や著名人による小原論の多くは、全集第32巻(別巻)(小原全集編集委員会 1965)に収められている。なお、新聞記事の初出情報は、伊藤孝一「玉川学園だより」(『イデア』1929 (75): 20-22)に記載されている。

(36)この点に関して、皇紀夫は重要な示唆を与えてくれている。「全人教育論は彼［=小原］が教育を口演する機会を重ねるなかで、聞き手と共同して創作した教育言説のスタイルであって、工夫された言葉の仕組みと語りの技法によって演じられた一種の『教育語り劇』であったといえるのではないか」(皇 2002: 16)。

(37)石橋哲成氏の証言に基づく。

(38)小林正泰は、都心部における「新教育」的な空間構成がなされるようになった重要な要因として関東大震災を挙げているが、玉川学園のような〈田園〉型の「新教育」的学校にとってもまた、関東大震災は——都心部を逃れるという別の戦略によってではあるが——大きな切っ掛けとなっていたと考えられる。この点についても、別の機会にあらためて論じなければならない。

文献

鰺坂二夫 1933「全人・労作・自然」『学園日記 労作教育研究』第五一号、一一―一九頁
鰺坂二夫 1976「小原國芳『全人教育論』解説」小原國芳他『八大教育主張』玉川大学出版部、二九六―二九八頁

鰺坂二夫 1959『小原教育』玉川大学出版部
東秀紀他 2001『「明日の田園都市」への誘い――ハワードの構想に発したその歴史と未来』彰国社
石橋哲成 2013a「新教育運動の展開、小原國芳の全人教育思想、そして玉川学園の教育」（玉川大学学出研究所K－16一貫教育研究センター特別講演資料集）
石橋哲成 2013b「日本統治下の台湾における労作教育――台北州士林公学校を中心に」『平成二二－二四年度科学研究費補助金（基盤研究（B））（一般）研究成果報告書』九七－一一一頁
岩間浩 2014「玉川学園」岩間教育科学研究所編『学校空間の研究――もう一つの学校改革をめざして』コスモス・ライブラリー、一二六－一三二頁
風見正三 2001「日本への影響」東秀紀他『「明日の田園都市」への誘い』彰国社、一九一－二二四頁
小林正泰 2012『関東大震災と「復興小学校」――学校建築にみる新教育思想』勁草書房
マンフォード．L． 1974『都市の文化』（生田勉訳）、鹿島出版会
小原國芳 1921「全人教育論」樋口長市他『八大教育主張』大日本学術協会、三〇五－三七〇頁
小原國芳 1930a『玉川塾の教育』玉川学園出版部
小原國芳 1930b『日本の新学校』玉川学園出版部
小原國芳 1931『日本の労作教育』第一号、玉川学園出版部
小原國芳 1932『日本教育史』玉川学園出版部
小原國芳 1933『日本の労作教育』第二号、玉川学園出版部
小原國芳 1967『小原國芳自伝（二）』玉川大学出版部
小原國芳 1969a『全人教育論』玉川大学出版部
小原國芳 1969b「玉川塾の教育」『小原國芳全集』第一一巻、一七五－四二七頁
小原國芳 1980『教育一路』玉川学園出版部
小原全集編集委員会編 1965『人間小原論』（『小原國芳全集』第三二巻（別巻））
小田急電鉄株式会社社史編集事務局編 1980『小田急五十年史』大日本印刷株式会社
高尾建設株式会社編 1979『高尾建設五十年史』誠和印刷株式会社・小泉製本所
玉川学園（作成年不詳、推定一九二九年）『玉川学園分譲地案内』

玉川学園（作成年不詳、推定一九三五年頃）『玉川学園分譲地案内』
玉川学園編 1960『玉川教育——玉川学園三〇年』玉川大学出版部
玉川学園町内会地域史編纂委員会編 1990『我が町玉川学園——玉川学園街六十年のあゆみ』玉川学園町内会
玉川学園町内会 2009『我がまち——玉川学園地域80年のあゆみ』玉川学園町内会
玉川学園五十年史編纂委員会編 1980『玉川五十年史』玉川学園
皇紀夫 2002「小原國芳『全人教育論』のレトリック」京都大学大学院教育学研究科臨床教育学講座『臨床教育人間学』第四号、五－一九頁
酒井憲一 1987「成城・玉川学園住宅地」山口廣編『郊外住宅地の系譜——東京の田園ユートピア』鹿島出版会、二三八－二六〇頁
白柳弘幸 2005「玉川学園機関誌『全人』の系譜について」玉川大学教育博物館編『玉川大学教育博物館館報』第二号、五五－六一頁
高見澤邦郎 2009「玉川学園住宅地の戦前および戦後初期の開発状況——『80年のあゆみ』補遺」（私家版論文）
南日本新聞社編 1977『教育とわが生涯——小原國芳』
山名淳 1998「ドイツ田園教育舎にとって鉄道とは何か」『教育新世界』第四四号、三〇－三九頁
山名淳 2000『ドイツ田園教育舎研究——「田園」型寄宿制学校の秩序』風間書房
山名淳 2006『夢幻のドイツ田園都市』ミネルヴァ書房
山名淳 2011「『新教育』相対化論にみる教育学的〈カノン〉の考察方法——歴史記述の虚構性をめぐる論争が教育学に示唆すること」『教育学研究』第七八巻第四号、二一－一二頁
矢野智司 2010「近代教育学を思想史研究として問うことは何を　問うことだったのか」『教育思想史コメンタール』（『近代教育フォーラム』別冊）一六三－一七五頁
山崎高哉 1993『ケルシェンシュタイナー教育学の特色と意義』玉川大学出版部
米山弘 1999「小原國芳の教育人間学——全人教育の軌跡」皇紀夫・矢野智司編『日本の教育人間学』玉川大学出版部、三三－五九頁

第3部　新教育の思想圏

第13章　橋詰良一の「家なき幼稚園」構想

"The Kindergarten with the Workings of Nature" of Hashizume Ryoichi

米津　美香

〈概要〉　大正新教育の時代には、さまざまな動的な教育思想が登場した。ここで取りあげる橋詰良一の思想もその一つである。橋詰の教育思想の大きな特徴は、「自然との交感」・「児童愛」を中軸とし紡がれていることである。しかし、橋詰が抱くその構想実現への道は平坦なものではなく、さまざまな問題や葛藤を踏み越えつつ、醸成されていった。本章では、橋詰良一の「家なき幼稚園」構想を取りあげ、その成立の過程、背後にある理念と方法、そしてその影響について述べていく。「家なき幼稚園」の思想の根幹は、自らの内の生命原理としての「自然」に教育を担わせることである。それは、子どものなかの「自然」が発現し、子どもが肉体的・精神的に解放されていく過程である。それはまた、子どもの内なる「自然」とつながっている野外としての「自然」を教育空間としつつ、保育者との、子ども同士のかかわりのなかで、すべてに通底する「自然」を感受することである。

1　はじめに

「教育」と「自然」の関係は、ルソーの時代から、あるいはもっと以前から、繰り返し議論されてきたテーマである。しかし、自然を「対象」として捉えるとき、われわれは自然が持つ高遠な広がりを、自らとの連続性を、教育の「手段」として、しばしば矮小化してしまう。「自然」は「教育」と結び合わさるとき、「子どもに合ったように」という名目で加工対象になるのか、あるいはたんなる「教育手段」として捉えられてしまうのだろうか。

第一次世界大戦後、大正デモクラシーの思潮の漲っていた当時の日本において、急速に都市化しつつあった大阪周辺を舞台に、静かに花開いた一つの実践があった。それは橋詰良一（1971-1934）によって「家なき幼稚園」と名付けられた試みである。「家はなくても幼稚園はできる」という理念の下で、その幼稚園では子どもと自然が互いに連鎖し合い、「教育」という営みが紡ぎ出されていった。そこでの「自然」は子どもたちを発達させるためのたんなる「手段」ではなく、「子どもの活動と生活が生起する場」であった。

近年、知識教授偏重の教育とは違った形で、自然とのつながりを重視する幼児教育の試みが注目され、また実践が積み重ねられている。自然のなかに教育という営みを実現させた「家なき幼稚園」の実践は、日本においても「森の幼稚園」等が広まりをみせるなか、今日の幼児教育・保育を考える上でも再評価すべき重要な示唆を含んでいるだろう。

2　家はなくても幼稚園はできる

橋詰良一の子どもへのまなざし

橋詰良一は、「家なき幼稚園」を立園し、日本の近代保育に大きな影響を与えた人物として、紹介・評価されてきた[1]。「家」つまり園舎を無くすという試みは、その、枠にとらわれない園の名称とともに、形式的なフレーベルの恩物主義からの脱却を図ろうと模索していた保育界に、まぶしい一筋の光として差し込んだ。一九二二（大正一一）年五月、大阪府池田市に最初の「家なき幼稚園」が産声をあげた。それから数年後、一九二四（大正一三）年四月に倉橋惣三が『幼児の教育』誌上で「『家なき幼稚園』は、幼児保育上、意義深い一つの実行である」と述べたこと（倉橋 1924: 32）、志垣寛が池田町の「家なき幼稚園」を訪ねた詳細な報告文をほぼ同時期に『教育の世紀』に掲載し、「これまで数多くの自由教育とも云ふべきものをみたが、まだこれほどのものに行き合はなかつた。こゝで初めて吾々の新しい仕事、児童の村の味方――同行者を得た事を、力強く思ふ」とその試みを評価したこと（志垣 1924: 116）などから、橋詰と「家なき幼稚園」の名前は全国に広まった。

しかし、「家なき幼稚園」の計画とその名声への道のりは決して平坦なものではなく、またこの園の構想も、気鋭の教育実践家が行った、突如現れた保育運動というわけではなかった。ここではまず、橋詰の「家なき幼稚園」構想前夜――彼が子どもへのまなざしをどのように形成していったのか――について紹介しておこう。

橋詰良一は、一八七一（明治四）年、明治維新のさなか、兵庫県の尼崎に生まれた。一四歳で灘にある住吉小学校の授業生となり、その後神戸師範学校に入学、一八九五（明治二八）年に同学校を卒業した。この時彼は二四歳だった。その後、大阪市安治川小学校、西区第二高等小学校、関西女学校にて一〇年余りの教員生活を経て、一九〇六（明治三九）年に大阪毎日新聞社に入社した[2]。この新しい職場で彼は内国通信部員として教育担当の記者を経て、一九二〇（大正九）年には、本社に創設された事業部の初代事業部長といった職を担いつつ、パーカースト来日に際しては、同社主催の彼女の全国公演を斡旋するなど、新聞社での仕事をしつつ教育とのかかわりも持続していた。この頃に、橋詰の心の内には関西地域における生活文化と子どもへの関心が醸成していった。大阪毎日新聞社時代の橋詰の子どもへの関心の高さを示す事業の一つとして、一九一一（明治四四）年一〇月に箕面動物園において開催された「山林こども博覧会」が挙げられる。この事業は小林一三の発案であったが、山の自然を会場に、という趣旨で命名を行ったのは橋詰であったという cf.（津金澤 1996: 230）。阪急沿線の大自然と、子どもという対象は、この頃からすでに橋詰の心を捉えていた。そしてそれらが結びつくのも時間の問題であった。

大自然の道へ

それでは、橋詰に「家なき幼稚園」の構想を計画に至らしめた具体的な動機は何だったのだろうか。橋詰が教師時代、新聞社時代に育んできた子どもへのまなざしが、この構想とともに深化していく過程とともに、上記を確認していこう。一九二一（大正一〇）年は、「家なき幼稚園」誕生にとって重要な年である。一九二〇（大正九）年、社命で訪欧した橋詰は現地で病を患い、翌年帰国を余儀なくされた。この時が彼を子どもの教育へと向かわせた、一つの転機であったといえる。橋詰自身、「家なき幼稚園」を計画した動機について、次のように語っている。

私がこの「家なき幼稚園」を計画した最初の動機はほんとに簡単なものです。

それは、大正十年の夏でした。外遊途上からの病気をもつて帰つてから、凡そ三カ月ばかり家に引き籠って居る間に、毎日々々九人の子供と大人とが小さな家庭の中で、それ〴〵の生活を営んで居る間に、どうしても、大人の要求希望と子供の要求希望とが一致するものではない、寧ろ非常に大きな隔たりをもつてゐるものであることを明白に知得すると同時に、大人と子供とを雑居させて置くことは双方の間に損失のみあつて、利益のないことを感じました。

特に、小学校へ入学する以前の幼児達にとつては、一層恐るべき損失を大人から強要されてゐることを痛感しましたので、簡明に「子供は子供同志の世界に住まはせるが何よりの幸福だ」と思ひついたのがその最初です。（橋詰 1928: 1-2）

橋詰は、家にいて毎日毎日我が子の生活を見るにつけ、幼児期の子どもを大人の世界に囲い込むことに危惧を抱いたのであった。子どもにとって本当に幸せな、本来あるべき場とはいかなるものなのか。そう彼は自問するのであった。橋詰は、人と人との相互生活の基調を整えるためにも、幼児自身の内省をさせるためにも、幼児は幼児同士の世界に置かれなければならないと心を定めていく。「子供は子供同志の世界に」というフレーズは、橋詰の実践を理解するうえで重要であろう。そして、この「子供同志の世界」を実現するために彼が選んだのは、以前から思い描いていた「大自然の世界へ」という道であった。橋詰は自然と子どもとを相触れさせることの重要性について、次のように述べている。「かのペスタロッチ（ママ）が、貧しき人の子供等と共に遊んだのもチユーリツヒ（ママ）の森です。フロエベル（ママ）が幼児達と遊んだのものカイルハウの林です。そして「人は幼児時代に於いて自然と親しむやうにすべきものである……それは、自然を通じて自然を支配する所の神の霊に通ぜんがためである」と申して居ります」（橋詰 1928: 4-5）。当時の保育関係者がしばしばフレーベルの恩物の形式的使用、自由主義の受容のみに陥りがちだったのに対して、橋詰はフレーベルの保育思想の根源でもある、カイルハウの自然に共鳴し、幼児期に「自然に没入すること」の重要性に着目している点は注目に値する(3)。

3　誕生した七つの幼稚園

橋詰の出立

第1節で紹介した、子どもの生活を案じる、切なる思いをもって、いよいよ「家なき幼稚園」の試みが実行に移されることとなる。一九二二（大正一一）年の春、橋詰は自らが居住する池田市室町という新市街（大阪から北へ四里阪急電鉄沿線、当時戸数約二百戸）（橋詰 1928: 24）に次のような趣意書を配布した。

> △『家なき幼稚園』の発起
>
> 室町父兄たちのご精読を切に希望いたします
>
> 家はなくても幼稚園は出来ます、生き〳〵とした保育の方法を考へて行きましたら家に囚はれた幼稚園よりも、家のない幼稚園の方が幼児にとつて仕合せかも知れませぬ。
>
> 家のあるために其の家にばかり閉ぢ込められたり、函庭のやうな運動場にばかり追ひ込まれて滅多に野へ出ることも山へ行くことも出来ないやうな大阪あたりの幼児は不仕合せです。
>
> 広い〳〵自然を占有して居る郊外住宅地の人々が大阪あたりの真似をして窮屈な家を建てることから手を着けなければ幼稚園が出来ないやうに考へるのは詰まらないことだと思ひます。
>
> 工夫のつけかたによつては「家なき学校」でも立派に出来るものだと考へて居ますが、保育にあたつては

特に「家なき幼稚園」が自由で、簡単で、愉快だと思はれます。私は野天教育、野天保育などいふ言葉が衛生家の立場から臨時のものとしてのみ唱道さるゝことを飽き足りなく思つて居るもので御座います。で、思ひ切つて、室町のお子さんたちに先ず此の「家なき幼稚園」を捧げたいと思ふので御座います。

…［中略］…

室町七番町

発起人　橋詰良一

（橋詰 1928: 24-26）

橋詰は、当時行われていた「野天保育」が、子どもの身体衛生上および健康促進の観点から、「自然」を保育方法として部分的に用いている現状に疑問を抱いていた。橋詰が実現したかったのは、そのような「自然」の利用ではなく、「自然」を要とする、園舎というような建物にとらわれない保育であった。

当時の保育の現状をここで確認しておくならば、大正期は、特色ある園外保育が花開いた時期であった。郊外保育（野外保育）や園外保育は、愛珠幼稚園をはじめとして、すでに明治時代の幼稚園でもしばしば行われていたが、大正時代に入ると、園外保育が多くの園で盛んに取りあげられるようになり、幼稚園から外に出て自然の世界を敬愛し、直接経験を広めることが有効な保育方法であるとして再認識されるようになった cf.（村山 1969: 125）。「園外保育」は、明治時代には「郊外遊戯」などとも呼ばれたが、大正時代には「郊外保育」といわれることが多く、

「郊外運動」「郊外遠足」「郊外遊歩」あるいは「郊外遊び」とも言われた。また「戸外保育」や「運動会」、「近足」とも呼ばれていた（Ibid.)。これらの園外保育と橋詰が試みた「家なき幼稚園」の決定的な違いは、一時的に園舎から子どもたちを自然に連れ出すのではなく、自然そのものを園舎とすること、「家」という囚われから自然へ、つまり子どもたちを本来在るべき場所へと還すという意図の下行われた点であった。橋詰は、その主著『家なき幼稚園の主張と実際』（東洋図書、一九二八年）のなかで、その設立の目的を、次のように述べている。「私の第一の希望は「家なき」といふところにあつて「家」といふやうな大人が工夫した建物から子供を解放することが、同時に大人の強要から子どもを解放することでもある」（橋詰 1928: 26)。彼がめざしたのは、子どもの健康促進、戸外での自然との触れ合いを通じて子どもが新たなことを学んでいくこと、といった教育効果・教育方法上の問題にとどまらず、〈自然のなかで保育を行うこと〉そのものを教育目的とするような試みであった。橋詰は、「家なき幼稚園」の最初の実行案として、「純真な自由保育を自然保育室に試みたい」（橋詰 1928: 29）とその構想を書き記している。また、子どもが育つ場を、「自然の児童愛道場」――「児童愛」にいそしむ修道場――という言葉でもって表現しようとしている（橋詰 1928: 22)。彼にとって「自然の保育室」とは「呉服神社の森、猪名川の木陰、大光寺の林、城山の平地、室町の町々、周囲の野原」（橋詰 1928: 28-29）であり、特別なものではなく至るところにあるものであった。そしてそこでめざされるのは、「暖かい日にも、寒い風にも浸りながら大自然の懐を占有して何にも妨げられない自由な〳〵保育」（橋詰 1928: 29）であった。

この、橋詰の「家なき」という試み――子どもを「家」（囲い・家族制度）から解放することによって自由を保障すること――によって、「家なき幼稚園」では教育という営みが、自然と一体となりながら、子どもの日々の生活とともに生みだされることとなる。山や川、野原を園とし、木の実や葉っぱを恩物として、子どもたちは日々の活動のなかで心身の調和を保ちながら成長を遂げていくのである。

幾多の困難を超えて

先に述べた主張を実践するにあたって、橋詰はさまざまなことに心を砕かなければならなかった。まず突き当たったのは、子どもの導き手たる保姆の問題である。橋詰の当初の構想では、因習や職業的保姆の枠にとらわれない、「むすめ」という時代の若き女性（女学校を卒業した程度の若きむすめさん）（橋詰 1928: 10）を保姆として採用することとしていたが、採用の募集をかけてみても、想定していた人材は、一人も見られなかった。そのため、採用の希望者のなかから最も若い二人を選び、とにかく園は開始された。橋詰がおよそ二〇人もいればと考えていた園児の募集に関しては、その想像をはるかに上回り、六〇人ほどの申し込みを得ることができた（橋詰 1928: 32）。かくして、「家はなくても幼稚園はできる」という志の下開始された橋詰の試みは多少の不都合はありながらも順調に進んでいくかのように思えた。しかし、さまざまな問題が内部から噴出し、しばしば橋詰を悩ませることとなった。当初から懸念していた保姆の問題がその一つである。園舎を持たない野のなかの幼稚園は、他に類を見ない新たな試みであったが、それゆえ既存の保育に慣れ親しんだ保姆たちをしばしば困惑させ、一風変わったその保育方法と思想に賛同を得るには多大な苦労と時間がかかったのであった。橋詰は初めに採用した二人の保姆とのかかわりについての苦悶の様を、次のように綴っている。

初から無干渉主義で任せ切つて、おのづからの接触よりする光輝を見ようと望んで居た私は、出来るだけ抑遜すると同時に園長と職員などいふ階級を自覚せしめぬやう極度の友人主義発揮に勉めて来ましたが、一ヶ月もすると先生達の権幕が恐ろしいものになつて参りました。
「……先生、いまどきにオルガンは恐れ入りますネ、いかに貧乏幼稚園だといつても、小さなピアノぐらゐ買つては頂けないでせうか」

「アー〳〵、また莫蓙ですか。これを見ると、ほんとに乞食幼稚園の感じがしますヨ。どうか早く畳椅子を造つていたゞきたいものですネ……」〔中略〕

ヒステリツクな人に有り勝ちな、善過ぎるやうな機嫌の日に限つて、笑い〳〵また叱られるかもしれませんけれど……」（ママ）と前置きしては、「貧乏、乞食」を口癖のやうに繰返されました。

新聞広告などを機縁とした、自由な〳〵自己推薦に意外の人材が求められると信じて居た私も、この二人の先生だけには手古ずりました。（橋詰 1928: 302-304）

橋詰は、採用した二人がこれまで「保姆」という「職業義務」に縛られてきた経験者であるので、旧生活の習慣が抜けきるまでは仕方のないことなのかと考えたりもしたが、二人の先生の口から貧乏幼稚園、乞食幼稚園という言葉が出てくること、橋詰が思う「野の讃美者」となってくれないことなどを日々嘆いたのであった。

また、親や周囲の無理解も、橋詰の心を曇らせた。橋詰は園児の父兄を集めて園の趣旨が十分理解できるよう懇談会を開くなどしているが、園へ来ず、園の主張を聞いてもくれずに、失望したような声で「何も教へては下さらぬ」「遊ばせてばかり居て貰ふては馬鹿になる」といった無理解な声を振り回して子どもを退園させる親にしばしば悩まされた（橋詰 1928: 319）。また有識者によって「家なき幼稚園」がたんに放縦に任せる誤った自由主義として非難されることを憂い、「家なき幼稚園」は、「自覚、自省、自衛、互助、互楽を得させるための子供同志の世界」であるとあらためて主張している（橋詰 1928: 319-320）。

気持ちの薄くなっていった橋詰に、思わず手を合わせたくなるような朗報をもたらしたのは、彼の娘である芹子であった。家を持たない野の幼稚園であるがために、望んでいるような保姆が得難く、「自然の児童愛道場」の尊さ、気高さを感じてくれる人が乏しいことを憂えていた父の悩みを察してか、ちょうど女学校を卒業していた芹子が、「家なき幼稚園」を手伝うことを申し出た。芹子が園に来て間もなく、知り合いの娘さんたちが手伝いに行きたいと言い出し、初めて、橋詰は当初思い描いていた「純なる若い女性」を「子どもの国」へと迎え入れることができることとなったのである（橋詰 1928: 35）。皮肉なことであるが、保姆の採用に関する困難と失敗とが、当初橋詰が構想していた「若き女性と幼児との自然接触」を園に呼び込むこととなった。

児童愛、それは女性の純情と児童の神聖とが相触れて発する火華

このことがきっかけとなり、「家なき幼稚園」はしだいに軌道に乗り始めた。先述した池田室町につくられた池田家なき幼稚園の他に、一九二四（大正一三）年には宝塚家なき幼稚園（二月）、十三家なき幼稚園（五月）、箕面家なき幼稚園（六月）、大阪家なき幼稚園（一〇月）、雲雀丘家なき幼稚園（一二月）の五園が、そして翌年一九二五（大正一四）年二月には千里家なき幼稚園が誕生し、池田室町で静かに始まった「家なき幼稚園」は、大阪府周辺に七つを数え、円熟期を迎えていく。

橋詰が保姆の採用と役割に心を砕いたことからも分かるように、「家なき幼稚園」の実践と思想を支えていたのは、「自然の保育室」に加え、幼児と相触れる若き女性――橋詰の言葉を借りれば「むすめ」――の存在であった。彼は「家なき幼稚園」について、そのめざすところを以下のようにまとめている。「（一）誰にでも出来る安全な子供の国（二）若き女性と、幼児との自然接触（三）自然の児童愛道場（四）母と姉とのつくる子供の国」（橋詰 1928: 8）。彼は「子供同志の世界」を作るために、「娘と母とが子供を集めて、自然の中に建設する子供の国の案」（橋詰 1928: 9）を提唱していた。あえて専門的な保姆を採用せず、子どもと接するにあたって先入観にとらわれない一般女性を保育を担う者として想定するこのような方法は「素人主義」と名付けられた（Ibid.）。素人を主体とし、大自然をその地とし、子どもの生活を自然に営ましめようとする案によって、「子供の国」を実現しようとしたので

ある。橋詰は、その道の何らの因習も持たない若い女性、「むすめ」という時代の若い女性と、幼児とを自然に相触れさせるならば、何の技巧もなしに、何らの計画なしに「自然の愛が発露して、おのづからなる保育の妙諦が会得される」（橋詰 1928: 10）と考えていた。橋詰は学問や研究をおろそかにしていたわけではないが、子どもとかかわる人間には「愛の教育者」たること――学問や研究に囚われて愛の道を忘れるよりも、愛からはいって学問や研究を第二にすること――を求めていた。それは、学問や研究に縛られて愛なき教育が営まれることを何よりも危惧していたからである。橋詰の唱えた「素人主義」とは、愛の心の純真さ、純情を何よりも貴いものだとする心情から生まれたものである。またひとたび「むすめ」たちが児童愛に啓発されたなら、研究心や修養も、自ずから育ち、広がっていく、否そうではなくてはならないと感じていた。

橋詰は、保育者と子どもの間に生まれる関係性を非常に重視している。日々の保育のなかで、子どもと相触れる若き女性の純情が、日々にきらめき輝く有様を目の当たりにしていた彼は、その火華のきらめきを、書きとめるための「所感録」を「むすめ」たちに習慣づけた[4]。この「純情発露の日記」、「児童愛の日記」からは、子どもと若い女性が発する光と光が浸透し合ってきらめくような輝きが大地に広がってゆく様が読み取れる。大阪家なき幼稚園のひとりの若き先生（よね子）が綴った文章をここに紹介しておこう。

武庫川の水遊び

武庫川のお川遊び。…［中略］…それは幼児達にとって一番愉快な、そして比類なき園のプライドのお川遊びが参りました。…［中略］…子供達はころぶ様にして、松の下の着物の置場から、川へ、川へと飛び出します。オシヤモジ、水鉄砲、バケツその他の色々の玩具を手に〳〵水煙を立てゝきれいな砂川を右往左往……水合戦、鬼ごつこ、運河掘り、色々なことが思ひのまゝに初められます。おもひのまゝに創作されます……細かい〳〵砂、冷々とした水底のなめらかな感触、赤や青黄、色とり〴〵の美しい配彩、朗らかにすみわたつた群青の青空、ほんとに子供の雑誌の口絵の様な思ひがしてうれしさに胸のおどるのをおぼえました。二度も三度も、ぬれた身体を日に乾かしては又ぬれて木陰の昼飯に御馳走を頂きます、その時のうれしさ、黒く健康そうな血色、そして包み切れぬ笑顔……あゝ、ほんとにこうした純ななごやかな心の芽ばえを、いつ迄もいつ迄もきつつけられることなしに大切に育てゝゆき度い……そうあつてほしいと祈らずにはいられない。生きとし生けるものに、この幼子の無邪気さ、いつはりなき飾りなき心の一つさへも、生涯失はずあるものでしたら、まあ、この世の中はどんなにか明るく楽しく美しいものでございませう…［中略］…すや〳〵と午睡の夢を結ぶあどけない頬に、祈りと、感激の頬づりを致しますのは私一人では御座いませんでせう。（橋詰 1928: 66-67）

橋詰は、これらの文章の、飾り気のない、一口に言えば初心で下手な書き方で児童愛を率直にあらわしているかわいらしさ、無邪気さ、そしてそのなかから尊いものがチラチラとほの見える気高さに打たれ、胸が詰まるようになるとき、すぐに涙がこぼれるとその心情を記している（橋詰 1928: 49）。彼は、教育に関して予備知識もない初心な「むすめ」たちが子どもへの愛に突き動かされて進んでいく愛の道、児童愛の清らかさに心を動かされ、保育のテクニックや技術ではなく、子どもとかかわる者の無邪気さや純情に尊いものをみていたのであった。他の所感録からも、一度子どもへの愛に目覚めた「むすめ」が、その愛に動かされて、いつとはなく保姆らしい気持ちを抱き、熟達していく様が見て取れる。

橋詰は、保姆の資質として、子どもをありのままの存在として受け入れること、子どものために祈り、尊敬の念を持って見守ること――子どもへの「純愛」から出発すること――の重要性を認識していた。彼は、「出来た子を育てる方法の考察よりも、出来た子の心理の考究よりも一歩先きに、子供というものゝ貴とさ、け高さ、美しさを理解させる急を感じ」(橋詰 1928: 289)、人間としての子どもの眺めかたや児童愛の理解を閑却している当時の女学校の教育のあり方を憂えた。橋詰は自らの信念について次のように述べている。「要するに心理は学問です。育児は技術です。私のいふ児童理解は宗教です。子供を宗教するものでなければ遂に人間を宗教することは出来ないのです」(Ibid.)。橋詰の思想には、子どもという存在をまず無条件に受け入れる存在論的な思考が見てとれる。その思考を可能にしていたのは、彼が子どもを理解するうえで、学問でもなく、技術でもなく、まず深い子どもへの愛から出発すべきだと考えており、児童愛へのいそしみを、保育者と子どもとの間の燃ゆる愛を、熱望していたからであろう。

4　橋詰の「自然」概念

自然の保育室

橋詰は、これまでの先行研究でも言われてきたように、ルソーやペスタロッチ、フレーベルの思想の影響を受けている。しかし、当時しばしば保育界、教育界で彼らの思想が自由主義として受容されたのに対し、橋詰は「子どもが真に愛好してきた野の中、草の上といった大自然の世界において教育を始める」、という彼らの思想の原点とも言える場所から、実直に出発している。それゆえ「所感録」でも見られたような子どもが発する生きいきとした光と、児童愛という火華が見られたのではないか(5)。それでは「家なき幼稚園」の実践は具体的にはどのように行われたのだろうか。保育内容に目を移していこう。まず、用具としては、次のようなものが用いられた。

・畳み椅子：子どもの持ち歩きに適した重さの折り畳み式の椅子。
・運びやすい仮の机：どこへでも運んでいける。夏などは森や林の中へ持って行って、そこにすぐさま保育室を作る。
・半ござと一人ござ：敷いて使う。野の幼稚園にはなくてはならないもの。
・運ばれる楽器：野へでも林へでも運んで行かれる楽器。保姆車の中へオルガンを取り付けてそのまま弾けるようにしたものなど。
・蓄音機と名画類：よき音楽、および名画によって崇高な美感養成をする。
・一般の保育用具：フレーベルの恩物やモンテッソーリ教具など。

cf.（橋詰 1928: 38-46）

「自然の保育室」で自由保育を行うために、「成るべく簡便に、どこへでも持つて行ける」（橋詰 1928: 37）ものが用意された。「自然の保育室」は「呉服神社の森、猪名川の木陰、大光寺の林、城山の平地、室町の町々、周囲の野原」（橋詰1928: 28-29）、至るところにあった。「木の実も草の葉も花も、蝶も、魚も、真に神さまから下さつた児たちへの恩物」であり、「鶯の声も蛙の歌も皆んな児たちを遊ばせる神さまのコーラス」となった（橋詰1928: 29）。子どもを取り囲む自然は、縮こまっていた子どもたちの五感を拓き、自然の声に耳を澄まし自然のリズムにゆられた彼らは、日常の生活では忘却されがちな時間の流れを取り戻し、自己に、他者に、そして自然や周りの環境に心をめぐらせるのである。

続いて、保育時間に注目してみよう。保育の時間は時季によって変更され、およそ冬は午前一〇時から午後二時ごろまで、夏は午前九時から午後一時ごろまで、春夏の野の幼稚園シーズンには午前九時から時には午後の三時ごろまで遊びまわることが度々あったという（橋詰1928: 116）。「家なき幼稚園」での実践は、あらかじめ設定した保育を時間通りに行うといったことはせず、その日の天候や子どもたちの興味や、その場の状況にそって流動的に行われた。橋詰は遊戯や作業の時間への配慮について、次のように述べている。「「時間割」などもとより作つて居ないことは勿論子供の興味の連続して居るかぎりはなるべくあることを継続させる代りに興味がなくなれば何時でも他へ転換するに躊躇しないのですからどんなものがどれ位続くやら、またそれが日によつてどう変るやら予測することは出来ません」（橋詰1928: 117）。また、「家なき幼稚園」の保育項目には次のようなものが想定されていた。

・「歌へば踊る生活」　・「お話しをする生活」　・「お遊びを共にする生活」
・「廻遊にいそしむ生活」　・「手技を習ふ生活」　・「家庭めぐり」

cf.（橋詰1928: 151-155）

これらの項目には、それぞれ「生活」という言葉が使われている。それぞれの「生活」は、子どもの生そのものであり、それは自然と溶け合いながら日々営まれた。保育とは子どもと自然のなかで生起する生活そのものであると考える橋詰の思想を反映したものである。また、保育項目には、「家なき」の理念を象徴するような、幼児を自然のなかに連れ歩き「魚つり」「水あそび」「草つみ」「鳥の声を聞く」等の活動を行う「廻遊にいそしむ生活」という項目があったが、子どもたちは野山を進み、自然の働きや動物、植物などに触れ、自分を取り囲む自然を感じ取っていった。その自然は、必ずしも美しいもの、教育的なものであるとは限らない。恐ろしく恐怖の対象になるものもあるだろう。自然とは本来それらの両面を備えたものである。本来の自然の姿にじかに触れること、区切られない時間と子どもの目の前に現れては消えていく利那的な対象が、子どもの興味の変化と呼応し、内的自然の発露を無理のない形で可能にしていた。

生きた自然、死せる自然

橋詰は「子ども」と「自然」の相互浸透を実現可能にし、子どもの育ちの原点として「自然」を捉えていたが、ここで「自然」の語源を遡るならば、古代ギリシアでは、「自然」を表すピュシスという言葉は、「ピュオマイ」（phyomai 生まれる）という動詞と結びついており、もともと「誕生」「成長」「生成」を基本義とするものであったcf.（内田 1998: 637）。それはアリストテレスの言うように運動の原理を自身の内にもつものであり、自己形成の契機を欠いたまったくの死せる自然ではなく、内に生成・発展の可能性をつねにもつ生命ある有機的自然が、自然の原型であった（Ibid.）。それゆえ自然はなんら人間と対立するものではなく、むしろそのような生命的自然の一部に包み込まれていた。橋詰が心の内に抱いていたのも、人間に対して異質な、対象化される「自然」ではなく、先に述べたような人間や神をも包み込む、生命の原理を持った「自然」概念であったと考えられる。それゆえ「自然」を教育方法として子どもと切り離し対象化することなく、「生きた自然」に子どもをゆだね、教育を営ましめるという発想が可能となったのである。橋詰は、子どもたちを「大自然の世界」と出会わせた思いについて、次のように述べている。「広い〳〵野の中、森の下、山の上、川のほとり、其のどこへでも子供を集めて、子供の愉快なやうに遊ばせたり歌はせたり、走らせたりしてやりさへすれば、何の手間もなしに自然の子供の世界が出来ます。…［中略］…兎に角、建物に拘泥して人工的の汚れに憧がれ易い人々の心を清く革むるためにも、自然に没入することが、どれくらゐ簡便で意義深いものであるかを三思したいものです」（橋詰1928: 4-5）。

また、橋詰の構想を高く評価した倉橋は、自然と教育との関係について、「自然が自然であるといふこと自身、それが人間性に与へる大きな意義であります」とし、次のように述べている。「自然の自然たる意義はたゞさういふ姿をして存在して居るといふこと自身です。誰が拵へたのでもなく、何の為に拵へたのでもなく、又自ら其処に在らうとする人為的努力によつて存在するのでもなく、たゞそれ自身が、その姿を、あるが儘に存在して居るといふ、この大きな事実こそが自然の我々に与へる大きな意義であります」(倉橋 1934: 25)。

倉橋の言葉を借りれば、「たゞ、そこにある自然」による教育が「家なき幼稚園」では実践されていた。それは、自らの内に生命原理を備えた「自然」に教育を担わせるということであり、予測不可能な契機を含みこむものであった。また、家を持たない「家なき幼稚園」では、家すなわち教室（保育室）という同化装置があらかじめ取り除かれている。そこでの子どもの自由とは、自然との交感の内に、子どものなかの内的自然が発露し、肉体的・精神的に解放されていく過程であった。そして彼がめざした教育および保育は、たんに自然と触れ合うといった物理的接触を超えて、自然のなかに生きる〈わたし〉という認識を芽生えさせる契機を、自然のなかに宿るいのちと共鳴する感覚を、子どもに授けるものであった。彼はその実現を、園舎を無くし自然に教育をゆだねること――教育空間としての自然――に見たのであった。教育空間としての自然は、子どものなかの内的自然と呼応しあい、子どもたちの協同的な学びが展開されていくなかで人間形成の礎となる「学びの場」を生起させていった。そしてその場が、子どもたちを育んでいった。橋詰が抱いていたのは、自然を対象として見る、もの的な自然観ではなく、自然を、子どもが本来在るべき場として捉えるような自然観であった。「家なき幼稚園」において、自然は子どもが保育者や子ども同士のかかわりのなかで日々を紡いでいく生活の場であり、そしてまた自然は子どもの内にあり、それらは互いに呼応していた。さらに付言するならば、そのような環境は、橋詰の言う保育者の無償の愛に支えられていたこともまた忘れてはならないだろう。

5　おわりに

橋詰は、一九二二（大正一一）年に最初の「家なき幼稚園」を開始し、一九三四（昭和九）年に亡くなるまで、子どもの教育の可能性を探求し続け、子どもの生と向き合い続けた。彼は亡くなる前年一九三三（昭和八）年に保姆養成のための「大阪自然保姆学校」を開設するなど、晩年に至るまで教育への情熱は消えることはなかった[(6)]。彼は、一九三三（昭和八）年の『愛と美』にこう綴っている。「［子どもたちは］神様の子です、神性の持ち主です、ほんとに尊い魂の霊動を共に拝まうではございませんか」（橋詰1933a: 51）。しかし、彼がその希望を託した園たちは、橋詰の死とともに、そっと火が消えるように姿を消していったと言われている[(7)]。ただ、その園がなくなっていったからといって、近代保育と子どもの生とに生涯を捧げた橋詰の思想が失われたわけではない。現在、「森の幼稚園」をはじめとして、たんなる物理空間を超えて、自然との共鳴・共振を可能にする自然が営む教育に注目が集まりつつある。橋詰がめざした理想と願い、そしてその思想は現代の保育に、保育者のなかに、たしかに息づいている。挑戦のさなかで息をひきとった彼に、その声は、聞こえているだろうか。

注

（1）「家なき幼稚園」の実践は、その名の示すように野外保育・露天保育の系譜のなかで（倉橋 1934, 宍戸 1971, 橋川 2003）、また当時の児童中心主義の主張の流れに位置づくものとして（上笙・山崎 1965, 森上 1991）、その着眼の新しさが保育史的に評価されてきた。また、橋詰の「家なき幼稚園」を成立させた「郊外」という住宅地とそのライフスタイルの特色に着目し「郊外の幼稚園」という新たな幼稚園の系譜に位置付けた福元（1999）の研究、「家なき幼稚園」の保育内容および保育実践等の記録の解読からたんなる自然のなかでの放任的な保育ではなく「計画性のある保育」が行われていたことを指摘し、その現代的意義を唱えた和田（2006, 2011）らの研究によって、家なき幼稚園の実践の特質および特殊な保育形態が生みだされた時代的・立地的背景が明らかになったといえる。本章では、橋詰が「家なき幼稚園」を開設し、軌道に乗せるまでの困難と葛藤の様相を精査し、思想史研究というスタイルをとり、橋詰の「愛」と「自然」概念に着目することで、園舎を排除したセンセーショナルな保育運動・実践との見方を脱し、そこには確かな思想があったことを明示化する。

（2）橋詰は、大阪毎日新聞社在職中に、巡回診療所、児童相談所、大阪こども研究会の事業に携わるなど、慈善事業に積極的な姿勢を示しており、恵まれない人びと、子どもたちへのあたたかな思いの発露をここに垣間見ることができる。

（3）cf.（橋詰 1928: 4-5）。また、橋詰は、『家なき幼稚園の主張と実際』における「私の保育案」の章で、「廻遊」について、次のように述べている。「この「廻遊」と私が名づけて居りますものは幼児が大自然の中を縦横自在に歩き廻つてその大自然を通じた神の霊に達しさせやうとするフロエベ《ママ》ル氏等の鉄案を最も簡明に具体化した方法として尊び用ひやうとする案で、川に行けば水に遊び、石を積み、山には自然の音楽に耳をかたむけ、野には神秘の妙景に目をよせて歌ひながら歩きながら、自然の観察を飽くことなしにさせやうとする唯一の保育案であります」（橋詰 1928: 88-89）。

（4）cf.（橋詰 1928: 47-48）「むすめ」たちが綴った所感録は、一九二四（大正一三）年に橋詰が創設した「姉様学校」団体が発行母体である「家なき幼稚園」の機関誌、『愛と美』のなかでも、「児童愛」という名称で紹介されている。

（5）これまで、橋詰の思想に関するモンテッソーリの影響はほとんど顧みられてこなかったが、「家なき幼稚園」でモンテッソーリ教具が実際に使用されていたこと、橋詰自身は言及していないが一人莫蓙の使用がモンテッソーリ法における一人用の絨毯の使用形態と類似していること、彼がアメリカにおけるモンテッソーリの代弁者でもあったパーカーストと交友関係にあったこと、彼が創設した「大阪自然保姆学校」における教育内容にフレーベル、モンテッソーリ等の手技及び自然手技が挙げられていること、子ども観の類似性、等に鑑みれば、モンテッソーリの影響を少なからず受けていることは疑いえない。思想の関連の詳述については、別稿に譲りたい。

（6）橋詰は、自らの幼稚園の理念と方法を貫徹させるために、「母としての覚醒」（橋詰1933a: 10）を主目的とした保育者養成に着手し、次のように述べている。「先づ理解ある保姆の養成を急ぎたいと考えて居りますが、職業を得るために資格の詮議を急ぐよりも、人の母たるために其の育児と教育の大趣旨を誤らぬやう努めてほしいと思ひます」（橋詰1932b: 13）。

（7）幼稚園令等との折り合いから、一九二九（昭和四）年に「大阪家なき幼稚園」は「自然幼稚園」へと改称、翌年には他四園が「自然幼稚園」と改称されている。橋詰は一九三一（昭和六）年にはすべてを「自然幼稚園」へと改称したが、名称は変われども「主意も方法も昔ながらでやつて居りますのです」と『愛と美』のなかで述べている cf.（橋詰1932a: 15）。

文献

【一次文献】
橋詰良一 1928『家なき幼稚園の主張と実際』東洋図書
橋詰良一 1932a「我が幼稚園の自然保育を終了して」姉様学校編『愛と美』第六巻四月号、一四―一五頁
橋詰良一 1932b「『家庭川柳』と『幼児自動車』の発展」姉様学校編『愛と美』第六巻六月号、一二―一三頁
橋詰良一 1933a「母としての覚醒」姉様学校編『愛と美』第七巻四月号、一〇―一一頁
橋詰良一 1933b「自然保育と自然恩物の正しき理解漸く拡まる」姉様学校編『愛と美』第七巻四月号、五一頁
【二次文献】
内田俊彦 1998「自然」『岩波哲学・思想事典』岩波書店、六三六―六三九頁
上笙一郎・山崎朋子 1965『日本の幼稚園』理論社
倉橋惣三 1924「『家なき幼稚園』を訪ふ」『幼児の教育』第二四巻四月号、三〇―三三頁
倉橋惣三 1934「露天保育と教育原理」『幼児の教育』第三四巻一二月号、二―三三頁
志垣寛 1924「家なき幼稚園を観る」『教育の世紀』第二巻四月号、一一〇―一一七頁
宍戸健夫 1971「橋詰良一――大自然の中での「家なき幼稚園」の創設」岡田正章・宍戸健夫他編『保育に生きた人々』風媒社、二六七―二八〇頁
津金澤聰廣 1996『近代日本のメディアイベント』同文館
村山貞雄 1969「大正期の園外保育の姿」『日本幼児保育史』第三巻、フレーベル館、一二五―一三五頁
橋川喜代美 2003『保育形態の変遷』春風社
福元真由美 1999「家なき幼稚園における教育――郊外住宅地における保育空間の構想」『教育学年報』七、世織書房、四七三―四九六頁
森上史朗 1991『児童中心主義の保育』教育出版社
和田真由美・田中亨胤 2006「家なき幼稚園の教育パラダイム」『幼年児童教育研究』第一八号、一三―三三頁
和田真由美 2011「「家なき幼稚園」における季節環境を生かした生活と保育」――保育実践の記録から」『近大姫路大学教育学部紀要』第四号、一〇五―一一三頁

※本章は、次の論文に加筆および修正を行ったものである。
米津美香 2014「橋詰良一の「家なき幼稚園」構想——幼児期における自然との関わりに関する一考察」『保育の実践と研究』第一九巻第二号、五六－六七頁

第14章　芦田恵之助における生の変容とその思想
――綴り方教授における「随意選題」論に着目して

The Educational Thought of Ashida Keinosuke and his turn of Life: On "Zuiisendai" (self-direction) in Tsuzurikata (literacy) Teaching

松橋　俊輔

〈概要〉　ここで取りあげる芦田恵之助の教育思想は、「綴り方教授」論として知られている。その大きな特徴は「随意選題」すなわち児童一人ひとりに自由に文題を案出させることであるが、それは同時に、教師が暗示的に児童を方向づけつつ、文章技法を自然に習得させることであった。芦田は当初、教師のとるべき姿勢を教師自身の生への態度とは考えていなかったが、「静坐」の体験から、そう考えるようになった。すなわち、教師自身が「発動的態度」を体現することで、児童一人ひとりにも発動的態度を同調的に生成することができると。発動的態度は、俗事些事に翻弄された力みのある態度ではなく、それらを超える「明鏡止水」のような地平に自分を開き、「自然」を体現することである。ただし、こうした芦田の議論には、言葉からの思索の脱落、感性からの隔たりという重大な問題が予感される。

1　はじめに

芦田恵之助（1873-1951）は、大正・昭和戦前期に活躍した国語教師である。彼の教育論としては、綴り方の教授においては、児童一人ひとりに自由に文題を案出させる「随意選題」論が、読み方の教授においては、文章を読むことは「自己を読む」ことだとする主張が、よく知られている。前者は生活綴り方運動の源流とされ、後者も、児童の主体性を重視した指導法として広く影響を与えた。その実践の核心には、独自の教育思想の存在を認めることができる。それは、学力競争に苦しみ生気を失う子どもたちに救いの手を差し伸べようとする、力強い思想だった。

だが、芦田の思想には、批判されるべき点も含まれていたようにも思われる。彼は、日本という国が軍国主義の道を歩んだ時期、朝鮮半島や南洋諸島で国語読本の編纂にかかわり、軍国主義的色彩の強く表れた国定国語教科書に対して異議を表明することなく、むしろそれに忠実であることを奨めもしていた。中内敏夫は、芦田は「政治的には茶坊主に等しいもの」であり、「現実の社会制度を統制・変革しようとする行為に対して」批判的ですらあったと指摘している（中内1970: 88）。しかし、芦田の思想は、個の存在を尊重するものであったのではなかったか。それがどうして、人間を疎外しようとする教育に対して批判する力を持ちえなかったのか。芦田の教育思想は、ある面では評価されるべき発想を含んでおりながら、致命的な陥穽と隣り合わせにあるのかもしれない。

本章の主目的は、そんな芦田の教育思想を理解すべく、それが確立された過程を仮説的に再構成することである。筆者は、芦田の思想を構築物として捉え体系的に示すことによってよりも、むしろ彼の精神的な生活の変遷の内側に入り込み、それを辿ることによってこそ、芦田の思想の核心を感取することができると考えている。その際にポイントとなるのは、芦田がその人生の半ばで経験した精神的な変容である。この変容を理解することが、あくまでも理論家ではなく実践者であった芦田の思想の全体を理解するための突破口になるだろう。そのような議論を踏まえた上で、芦田の思想の危うさを考えていくための切り口として、いくつかの論点を提示する。なお、批判されるべき点についての議論が、分量にして僅かで断片的なものになったのは、筆者の力不足によるもので、その内容が重要でないからではない。

2　明治期の綴り方論

芦田恵之助が、先に触れた根底的な人生の変容を経験したのは、大正時代のはじめのことであった。まずはそれ以前、明治時代における芦田の歩みについて、綴り方教授へのかかわりを中心に一瞥しておきたい。

現在の兵庫県に生まれた芦田恵之助は、高等小学校卒業後、明治二一年にはじめて地元で教壇にたち、翌年からは、京都の尋常小学校で教師として働くことになった。このころの彼が、綴り方教授に特別強い思い入れをもっていたことを示す事実はない。作文（綴り方）に関する教授法書を読んでいたと思われる記述はあるが（25: 69, 1: 299）、それが独自の思考や実践につながっていたようには思えない。すでに指摘されていることであるが（野地 1983: 154）、転機となったのはおそらく、明治二九年に故郷を襲った福地山水害である。彼は、その記録を後世に残すべく、「丙申水害実況」という災害記録を書いた。彼にとってそれは、相当の長さをもった文章を丹精こめて書き上げた、はじめての体験であったようである。そしてその翌年、彼は綴り方についての所論を初めて世に示すこととなった。やはり、彼の教師人生が綴り方教授へと方向を定めたのは、このころであったと思われる。

続く明治三一年、京都府教育会の懸賞論文「尋常小学校に於ける作文科教授方案」に当選し、賞金を手にした芦田は、思い切った行動に出る。彼は、「活動主義」の「新教授法」を唱える新進の教育者として当時知られ始めていた人物、東京高師付属小訓導の樋口勘次郎に師事すべく、身一つで上京したのである。当時樋口勘次郎が主張していた綴り方は、文章の文体や内容を児童の自由に任せる「自由発表主義」である。それは、定型的な文章術の教授に終始していた明治の綴り方教育界にとって、衝撃的なものであった。芦田もまた、小学校の作文科の時間、教師の意を汲んだ文章を書かねばならない状況に、「兎に角苦しんだ」記憶をもつ者の一人だったのであり（5: 416）、樋口の発想に強く共感したのであろう。

だがたしかに、幼き日の芦田の苦悩は、その芦田の突飛な行動を説明するに足るほど特別なものであったとは思えない。彼自身はむしろ綴り方の優等生であったのだ（5: 416）。ただ、多くの人びとが作文教授において共通して感じた苦悩に対して、応答すべき、応答することのできる立場に、芦田は置かれていた。その前提としては、水害の経験が大きな意味をもっていただろうし、また同時に、名誉心や出世欲といったものが彼を突き動かした可能性も否定できない。いずれにせよ、芦田は、樋口の講演をもとにした主著『統合主義新教授法』（明治三二年）を筆記し、「自由発表主義」を継承する道へと導かれた。

容易に想像がつくように、「自由発表主義」は良い結果だけをもたらすものではなかった。その主張は要するに、教師が文章の内容と形式を拘束しない、というものである。それに対して、芦田によれば、「では教師はなんのために存在するのか」、「内容や形式についての指導は必要ないのか」といった疑問の声が挙げられていた（1: 301）。彼は、この疑問を正面から受けとめる。しかも、その疑念に応えようとすることは、芦田にとっては、児童が自由に作文を書くという「自由発表主義」の理念と矛盾するものではなかった。芦田は、内容や形式に関する知識・意見を明示的に児童に教授することを避け、児童が行う作業を通して、無意識のうちに技術を自得させるような学習プログラムを構想しようとした。芦田の言葉でいえば、「児童をして教師の導く所に従はせるといふよりも、彼の思想を整頓して、所心を固めさせるといふ態度に出なければな」らない、と考えたのである(3: 529)。この、「教育意図の透明化」とでも表現すべき発想は、実際ありふれたものであるように思われる。芦田恵之助を論ずるにあたって重要なのは、この点ではない。

芦田は、東京高等師範学校附属小の訓導となってからおよそ六年間、「死んでも紅い血は出まい」と感じられるほどの猛烈さで（25: 146）、実践と研究の両面からこの課題に取り組んだ。その壮絶な努力と相まって、当時の日本教育界にあって芦田を特別な存在たらしめたものとして、二つのものが考えられる。その一つは、東京高等師範訓導としてのネームバリューであり、もう一つは、その主著として編まれた大正二年の教授法書、『綴り方教授』の網羅性と体系性である。「材料」「自作」「指導」「批正」を綴り方教授の四つの構成要素として総論を示し、それから、各学年の教授方法を、それぞれの要素について、順に述べてある。またそもそも、そこで論じられる教授カリキュラム（教授細目）自体が、網羅的・体系的である。多種多様な指導法が学年ごとに紹介・説明され、それに適した題材・模範文の収拾整備の必要がうたわれて、完結した教授体系が構築されようとしているのである。

綴り方教授についての知見を体系的・網羅的に示すということは、どんな学校・教師でも成功しうるような、そういった綴り方教授の一般的方法論を示そうとすることではなかっただろうか。だが、ここに見られるような規格化、一般化された方法論の構築こそが、独自の綴り方論を打ち立てた後年の芦田が、最も強烈に退けたものであった。実際、心血を注いで編み上げられた教授の体系は、芦田自身によってほとんど全面的に放棄されてしまうこととなるのである。

3　芦田の苦しみ

芦田に人生に転機をもたらしたのは、座禅に似た「静坐」を教え広めるアメリカ帰りの宗教家、岡田虎次郎との出会いであった。芦田は、大正元年のある日、同僚の一人によって岡田の主宰する静坐会に誘われ、以後八年間にわたってその静坐会に通うことになった。その経験は、芦田の生を根底から変えていくことになる。

その変容の深さは、外面的な事実からも明確に見てとることができる。どうやら明治晩年の芦田の生活は、容易には癒しがたい問題を抱えていたようである。芦田自身の書いたところによれば、自身の「頗るいら〳〵した性質」をもてあまし、机の上には胃薬を常置せずにはいられない「胃病の常習犯」で（12: 55）、職場内外での人間関係は良好ではなかった（7: 516）。ところがそれが、岡田に師事するようになって以降、「体重も増し、食ひ物もかはり、思想も一変し」（7: 516）、「殆ど怒らなく」なって、胃薬も必要なくなった、というのである（12: 55）。

芦田におとずれた身体的・情緒的な諸変化の根底にあったのは、人生への態度の根本的な変容であったように思われる。彼は、静坐の実行において徐々に自己理解を深め、大正四年の著作『綴り方教授に関する教師の修養』では、自分が抱えてきた苦しみに鮮明な表現を与えた。そこに見てとられるのは、自分を拘束してきた恐れの感情を直視し、そこから解き放たれることを願う芦田の姿である。次は、その著作冒頭近くの語りだ。

余は従来語るも恥かしいほど外に目のつく人間であつた。他人の毀誉褒貶が己を律する唯一の標準であつた。我が本性に問へば、善悪美醜のきはめて明瞭なことも、他人の言によつて之を定めようとする傾があつた。おのが眼を開けば、実相の見えすくことをも、他人の言によつてのみ色相を弁へようとした。故に判断もまちがへば、確固たる意見もたゝぬ。終には自己の存在を疑ふことさへあつた。余はこの世に生をうけて以来、己が眼で物を見たことはないのか知らん。己が耳で音を聞いたことはないのか知らん。自分の識見として力に思つてゐたものは、徒らに寄木細工であつた。自己の信念はすべて相対的のものであつた。余の過去は実にいひがひなき生活であつた。（3: 261f.）

芦田はその前半生を、自らの意志や判断によってではなく、他者を「標準」にして生きてきた。その苦しみから救われようと静坐にすがりつづける芦田は、さらに思索を深め、翌大正五年の『読み方教授』ではより豊かな反省を語っている。その一部では、自身の教育研究の歩みを振り返って、次のように述べていた。

余は教授方法の研究について、極度の疑惑に陥つた。そは諸種の教授方法を会得し、之を取捨実行することによつて、完全なる教授に到達することが出来ると信じてゐたからである。二十余年間、幾度となく教育学説及び教授方法の講演をきいた。又幾冊かの教育学書・教授方法書も読んだ。而してたどり行く道は次第に暗黒になつて、疑惑・不安は終に我が行方を覆つてしまつた。（7: 123）

短い一節ではあるが、その畳み掛けるような語り口からは、芦田の切迫した思いが感じられる。この著作において芦田は、明治期までの自分が無自覚に浸っていた生き方を「受動的態度」、その対極にある生き方を「発動的態度」と名づけ、自身の直面した苦しみを、教育一般に突きつけられた問題として理解しはじめる。「受動的態度」は、芦田自身にとって向き合うべき問題であったのみならず、芦田が日々かかわっている生徒たちの心にも見いだされていたのである。

学ぶより先に小言がおそろしい。復習するよりも先に失敗を苦にするのである。彼は行くべき道をたしかに踏む愉快を知らないで、他人に気を兼ねる狐疑逡巡を知っている。（7: 130）

東京の場末の児童は、「先生にいひつけてやる。」「先生が怒るよ。」といふことばを口癖のやうにいふ。余は之を聞く毎に、家では父母の叱責にあひ、学校ではまた教師の呵責にあふ。彼らの温情はかくして日々に消磨し行くかとあさましく思ふ。（7: 137）

芦田によれば、「受動的態度」にある児童たちが「学業に勉強」するのは、試験に合格し、また、他者から評価・承認されるためであり、彼らにとって失敗とはすなわち他者に対するある特定の尺度での敗北、他者からの批判である。明治以降の学校教育の最大の問題点を、芦田はこの「受動的態度」に見てとった。そして、「発動的に学習する態度が定まれば、教授の能事はこゝに終れるものといつてよい」と（7: 124）、「態度」の問題を自らの教育論の中心に据えたのである。

そして、ここが重要なのだが、芦田にとって、児童を「受動的態度」に追いこんでいる当のものとは、教育制度・学校制度のうちに蔓延した「受動的態度」、そして、それを担う教師たる自分自身が浸り切っていた「受動的態度」であった。それにゆえに芦田は、児童の「発動的態度」を涵養するにはどうしたらいいか、という問いに対して、教師自身が「発動的態度」になければならないと答える。「態度の如何はその教師の教育力全部」だというのである（7: 124）。だが、なぜ教師と生徒の「態度」は同調するのだろうか。また、芦田はいかにして「発動的態度」に移行しえたのだろうか。これらの問いに対して最終的な回答はありえないだろうが、本章は、岡田との出会いによる芦田の変容と、その変容による教育思想の確立とについて語ってみることによって、何らかのヒントを示そうとするものである。

4　変容はいかにして可能になったか

芦田は、自らの「受動的態度」に対し静坐によって立ち向かった。しかしここで確認しておきたいことがある。それは、芦田は、はじめから自分が問題を抱えていると理解していて、それに対する解決策として意識的に静坐を選択したのではなかったということである。静坐を始めたとき、彼は自分の「受動的態度」に無自覚である。当然、静坐の必要性も明確には感じていなかった。芦田が静坐会に参加したのは、前述した通り同僚の誘いに従ったからであり、岡田から「芦田さんの静坐は、冷やかし静坐だね」と看破されたこともあった（25: 154）。

そんな芦田を岡田のもとに押しとどめたものは、部分的には、「当時危険思想の雄として認められていた木下尚江氏」の岡田への随順、同僚の「先生の一家をあげての信仰」だったかもしれない（25: 153）。しかし、それでもまだ芦田は静坐の効能を疑っていた。彼にとって幸いだったことは、彼が静坐について抱いた疑問を、「橋本君」という門下生が岡田に対して率直にぶつけてくれたことだろう。

私が先生に聞いてみたいと思ふことは、殆どすべて橋本君が聞いてくれました。「先生静坐にはどういふ効果がありますか」「坐つてみればわかります」「身体がなぜこんなに動揺しますか」「坐つてみればわかります」「静坐は数年位すれば、その真意が悟れますか」「私を信じてお坐りなさい」「生命と静坐との関係はいかゞなものでせう」「生命は天にまかせて、我等は姿勢正しく坐るといふ道があるきりです」（12: 55）

彼はその著作において、このエピソードに繰り返し言及している。(7: 351, 25: 153など)。何を聞かれてもただ「坐る」こと指示する岡田。岡田は、自ら黙って静坐を実行し、その具体的な身体技法を門下生に伝えるだけで、その効能や意義についてはほとんど説明しなかったのである。ましてや、道徳や人生を直接に説こうとはしなかった。芦田は、そのような岡田の人格に、しだいに強く惹き付けられていったというのである(12: 234)。それゆえに彼は、静坐会にとどまり、静坐を続けた。

芦田はたしかにこのとき、「受動的態度」の苦しみを自覚していなかった。だが、根拠も意味も説明しようとしない岡田に惹き付けられたという事実は、このときの芦田が、自分の理解を越えたものにすがる気持ちをもちうるほどの苦悩を、はっきりそれと意識しないままに抱えこんでいた可能性を思わせる。たとえば、変容後の彼は、前半生におけるおのれを「枯木寒林」に喩えて、次のように述べていた。

風雪の逼迫に堪へかねて、全く生気を失つたものである。…［中略］…悲観してみたり、神経衰弱になやんだり、人間は煩悶苦痛を背負つて、墓地にいそぐ旅客であるかとあきらめたりした。(3: 262)

芦田にとって静坐は、生き抜くための縁が切実に必要とされていたところに、岡田との出会いによってもたらされた選択肢だったように思われる。その切実さは、静坐にかける日々についての次のような記述からも感じとることができる。

一日何も得る所がない、一日何事も悟る所がない、少しも急ぐ要はない。廃する必要はない。之を廃したとて、他に之にかはるものはない。朝に道をきかば夕に死すとも可なりでである。たゞ〳〵心ひろく体ゆたかなる

気分を得ようと瞑目端坐するがよい。この実行の継続、之が即ち修養である。（3: 263）

この一節は、時に萌してくる不安と疑惑を振り払いながらもその実行に心身を投じていこうとする経験がなければ、書かれなかったものであるように思われる。

さて、このような態度で静坐の実行に臨んだとき、芦田はすでに「受動的態度」から離脱するための最も重要な地点を通り抜けようとしていたように思われる。論点を限定して言い換えれば、静坐という行いが意義あるものであるためには、まさにそのような、合理的根拠のないものを信じようとする心こそが最も必要だったように思われるのである。このことを明確に示すためには、静坐という行いについて少し詳しく論じておく必要がある。

以下では、芦田の著書における記述をもとにして静坐の「内観」のプロセスを再構成してみよう。第一に、「内観」とは、最も具体的にいえば、思念を見つめ感情を受けとめることであった。芦田は、「内観」の主観的経験を次のように記述している。

［静坐をして］手の暖まつた頃から、実に澄み切つた意識面に、必ずしも体験ばかりではありませんが、心に深き印象を残してゐるものが、泡沫のように現れて来ます。さうしてすぐに消えてしまひます。追ひもせず、捉はれもせず、現はるるがまゝにまかせておくと、それも次第に沈静に帰して、思ふにもあらず、思はざるにもあらず、極めて閑寂な一境が出現します（12: 223）

すなわち、「内観」とは、闇雲に自問自答することでもないが、「心を無に」しようとすることでもなく、絶えず動きつつある心を「自然にまかせて、多く意を用ひ」ず、「意識界にあらはるゝものを静かにながめ」ることであった（3: 262）。そのとき意識のうちにおのずから立ち昇ってくるのは、内観する者の心が強く執着していることがら、意識のなかに強くひっかかって、心の自由なはたらきを妨げていることがら、たとえば、「黄金」「美人」「名声」「嫉妬」「怨恨」といったものどもである（3: 262）。これを直視し、心のうちを「過ぎ行くまゝにまかせて」おくと、しだいに沈静化していき、心は、「止水」のような「七情の調和」へと向かうという（3: 260）。

第二に、芦田にとって、思念を見つめ感情を受けいれることは、自己理解と世界理解を深めることでもあった。というのも、芦田にとって、感情と知性は切ってもきれない関係にあったようだからである。

情的材料は天地間の万物万象を悉く包含している。およそ物象のある所、吾人は是に対して必ず多少の感情を動かす。この感情即ち情的材料の生命である。故に物象をそのまゝに見た場合には、知的・情的を画然と区別することは出来ぬ。その物その象に対する知識と、之に関する好悪・愛情の感情とは、同時に我が意識にあらはれる。（7: 211）

揺れ動きさざめく感情が受けとめられ、沈静化していく過程において、人は、自分が感じていることを包み隠さず理解することができる。仮に真に「明鏡止水」へといたったとすれば、そのときその人は、自ら知っていること、知らないことを、歪めることなく、曇りなく自覚したことになるのだろう（3: 261）。

そのような自覚の深まりは、第三に、なんらかの価値的・実践的判断をおのずから成立させる。そこで判断の基準となっているのが、「自然」の「道」である。

過去の行動、現在の心事等を内観して、それが天地自然の大道に融合するや否やを思ふのである。我が心事

行動の中に、道の閃きを認めると、大なる満足となり、非道の影を発見すると、悔悟の念がたちまちに萌す。（3: 293）

芦田には、「天地間の万物悉く」の運行を支配している「自然の法則」が（7: 136）、「性」あるいは「本性」において「自己」のうちに感じとられることを信じようという思想が見てとられる（3: 260,261）。この「道」に触れるとき、自分なりの善悪の判断はおのずから浮かぶ。

以上のように、⑴思念・感情の直視・受容、⑵自己知の深化、⑶「自然」に照らされた判断の生成によって、「受動的態度」からの離脱は推進されるのではないかと思われる。だが、そもそもそれらのプロセスが進行することの条件として、静坐が適切に行われることが必要である。そして、静坐という行いの技法としての難しさは、（1）において、自問自答するのでも心を無にするのでもなく、心身の自然な動きに与ることができるかどうか、というところにあるように思われる。静坐に向かったときの芦田は、すでに見た通り、さまざまな苦難に取り巻かれていた。その状況をどうにかして乗り切らねばならない、努力によって克服しなければならない、と力めば、「心を自然に任せる」こととは反対の方向に向かってしまうのではないか。

おそらく芦田はそこで、自分の意志で思考をどうこうしようとするのではなく、本当にただ、意識に現われるものを現われるに任せたのである。そのように生成するイメージに身を任せて内観に臨む芦田の心と、日々、静坐を信じて取り組もうとした心とは、似ているように思える。それらはどちらも、状況が好転することを強く願いながらも、自分の意志あるいは力ではないものに身を委ねる心である。そのような生活を繰り返すことによって、彼は、「受動的態度」を自覚し、「発動的態度」の道の上に立つことができたのである。

たしかに、著作における芦田の語りは、どちらかといえば、静坐という「修養」による「自然の法則」の「会得」という、自力による真理への到達を要請するものであり、以上のような理解とは相容れないもののようにも感じられるかもしれない（7: 136）。しかし、その精神的努力は、本質的には、未知なるものを受け入れる強さをもつことに向けられていたのといえるのではないか。そういう意味では、「発動的態度」というものが、超越的なものに身を委ねるという一見して「受動的」に思えるふるまいによってこそ可能となるということは、なんら不思議なことではないのである。

5　「随意選題」論の内実

以上のような経験が、芦田の教育思想を確立させる。端的にいえば、芦田は教壇において、岡田のような師であろうとしたのである。ここではこのことを、便宜的に次の二つの論点から整理してみよう。第一に芦田は、具体的行為のただひたすらの実行を教育の媒体とした。また第二に彼は、それについて、生徒に対しても自分自身に対しても、不当な合理化・弁明をしなかった。

第一に、岡田と芦田を直接的に媒介し、芦田の根本的変容を可能にしたのは、具体的な所作の一つにすぎない静坐にかける信であった。まれにみる根底的変容を可能にしたのは、何か明確に絶対的な正しさを感じさせるものではなかった。それは、誰にでも実行することが可能なことであって、また当然可謬的なものに過ぎなかった。実際、岡田は「日本だから坐を選んだ」のに過ぎなかったと述べており（12: 205）、静坐の手続き的な構成要素は、岡田にとってすら偶有的なものだった。つまり、静坐をすることそのものがなにか特別に重要であったのではないと思われる。そして、岡田が静坐を信じたように、芦田は、綴り方を信じたのである。

そして第二に、前述したように、岡田が静坐の意義や効能を説明しなかったからこそ、芦田は静坐を体得することができた。静坐という特別ではない何かによって到来するものを信じようとすることのうちに、「発動的態度」への道があった。静坐を信じることのもっともらしい理由が与えられたならば、芦田は相変わらず右顧左眄を続けていただろう。そのように沈黙を貫くことは、岡田にとっても、仮に困難ではなかったとしても、陳腐なことではなかったのではないだろうか。人が人を導くとき、その導き方が合理的であると説得しようとする傾きは、誰もが持っているように思われるからである。これは一般論にすぎないが、説得は同時に、相手と自分に対する弁明でもありうる。弁明は、未来の不確定性を相手からも自己からも覆い隠し、ひとときの安心をえて、自尊心を守り、責任を逃れようとする傾きと、少なからず関係しているように思われる。岡田は、そういった傾向に陥ることなく、自ら率先してただ静坐を実行すること、また門下生にもただ実行のみを説いたのである。

この岡田の沈黙が、芦田の綴り方教授においては「随意選題」というかたちをとることになる。このことを理解するためには、一度、芦田の文章観をみておかなければならない。

その文章観は、大正八年の「文とは何ぞや」という随筆様の短い文章において披瀝されている。彼にとって、書かれるべき「想」は頭のなかにあるとしてもばらばらのままであり、また「下積になつて潜在してをるもの」もあって、想全体としていえば「書いていく現在、今出来つつある」(6: 563)。それらの「想」の一つ一つが数珠の珠だとすれば、それを貫く緒は「自己」である。この「自己」について芦田は次のように述べる。

こうなると自己とは何ぞといふことが問題の眼目になる。昔からこの説明にむせかへつて、空だといつたり、無だといつたり、零だといつたりしてゐる。私はその自己なるものを、自分に行はれてゐる自然の法則だといつて見たい。理非を悟り美醜を感じ好悪を思ふのは皆そのあらはれの一である。…〔中略〕…かういふ自己が自分の思想の上にひらめいて想が成立つ。想を書けば文になる。(6: 563f.)

芦田は、はじめから頭のなかにある思念を主体的・計画的に書き表す、といったかたちで書くことを理解しはしない。書き表される「想」は、書いている人にも完全に予測のできないものであり、書き手の意図を越えて、「自然の法則」のはたらきによって到来するものである。ここには、静坐による内観の説明と同型のものが明らかに見てとられる。

そして、静坐の場合もそうであったように、このような書くことの実行自体が、すでに作為を停止して自然のはたらきに身を委ねる態度を要求しており、「発動的態度」をすでに前提してしまっているのである。そして、ただひたすら静坐の実行を説く岡田が、芦田に信じられないものを信じる心をもたらしたように、芦田は、ただひたすら綴ることを説く存在であろうとすることによって、児童の心に変容をもたらそうとしたのであり、その願いがそのまま、「随意選題」論として結実したのだ。

「随意選題」論は、形式上は、たんに文題を与えないことを意味する。そのこと自体は、文体や内容を児童の自由にさせる「自由発表主義」の延長線上にある発想のように見えるかもしれない。しかし、文題を与えない、ということが意味するのは、より根底的には、教師が児童の綴り方に介入し、それを操作しようとする意図の放棄そのものである。

生徒を変えるための手法の変化ではなく、生徒を思い通りに変えようとするかかわり方の放棄である。もちろん逆に言えば、文題を与えさえしなければ、必ず芦田が追い求めたかかわり方ができる、というわけでもないだろう。文題を与えないという事実は、生徒と教師のとある関係性の、一つの象徴的な現われにすぎない。

彼は、書くことの意義や効能を説くことも、また書き方をいちいち教え諭すことも、よしとしなかった。それは、児童の文を教師自らの力でどうこうしようとすることを、よしとしなかったということである。文を書く作業そのものこそが、「発動的学習態度を確立せしむる有力な縁である」というのであり（6: 557）、しかも「文は流動流転きはまりないもの」であるから、「文とは何ぞといふ意義はこれを体得する外に道はな」いのである（6: 564）。

しかし、教師がこのような信念を持つことは、やはりそう簡単なことではないだろう。綴り方の授業においては、とにかく児童が何か書けなければ、授業自体は成立・成功したことにならないと感じがちである。そこで有効な働きかけとして用いられるのが、文題の設定であろう。文題を設定するという教師のふるまいが、その時間にはどんなことを書かれるべきかを暗に伝えている。これは、別に児童を抑圧する行為ではなくて、むしろ、児童がその時間に何かを書くという達成を助ける行為でもあるのかもしれない。それをやめるということは、教師とともに授業を成立・成功させねばならないと感じている児童に対して、梯子を外すことである。当然、文章が書けない生徒も出てくるだろう。書きたい文題が定まらないときもあるだろうし、文題はあってもまったく書けないときもあるだろう。

「随意選題」とはまさに、そのような児童の状況を、そのままに受け入れることである。芦田は、児童に「書くことがない」ということは、技術的・能力的な問題ではなく、精神的な、全生活にかかわる問題だと考えている。直視したくない現実に取り巻かれているか、人に自分自身の言葉を聞かせるのがよほど恐ろしいか、そういった困難のうちにその児童はあるのだろうと考えるのである。そうだとすれば、「書けない」ことは綴り方の授業の問題ではない。その児童のために綴り方の時間がなすべきことは、その問題を直視することであって、予定調和的なやりとりにお茶を濁して、その問題を場から隠蔽していくことではないはずである。このような態度選択が、文題の自由化という決断の基底にある。

以上のような選択に伴って、『綴り方教授』で示されていた透明化された指導の体系は放棄される（6: 491, 7: 124

など）。そもそもそれは、たんに児童に力をつけさせるためのものであっただけでなく、授業の目的と方法を体系立てることによって授業という相互行為を正当化するためのものでもあっただろう。透明化された意図のもとでの指導であっても、つまり、非明示的なかたちでなされる指導であっても、書かれるべき文章についての教師の期待は、言外に児童に伝わる。児童は実際にそれに頼り、それに応えるための時間を過ごす。また、指導のもつ体系性は、教師と児童のそのようなふるまいが、その空間において正しいものであることを裏付けるように感じられるだろう。これを放棄することは、文題の自由化と同様、個人個人の問題を覆い隠さず、その個人のもとへと差し戻すことでありうるのではないか。

また、同時にそれは、児童を孤立無援の状態に置くことでもない。教師は、ただ児童自身に書かせることに専心するとしても、それに際して、教師という役割にある者として、あるいは身近な他者として、実際に児童の助けになることが否定されるわけではない。

第一に、授業という相互行為の主宰者である教師は、文題・文体・内容すべてにおいて児童に任せるとしても、「ある一定の時間において文章を書く」ことを児童に強制せざるをえない。そこで、その時間を児童の生活のなかに位置づけることは、芦田が行おうとしたことであったように思われる。具体的にいえば、芦田は、書くべき材料を探しておくように児童に指示することの必要性を説いている。また、題材を上手く発見できない児童への配慮として、綴らせる前に各児童がもってきた文題を一人ひとりいわせて、日々の生活における題材探しの着眼の仕方を考えさせる機会を設けることを提案している（6: 501, 527）。

第二に、教師は、成長しようとする児童の理解者であろうとすることができる。教師は、児童が直面する問題をともに見つめて苦しみを理解し、児童が順調に向上の道を歩んでいるときには、その向上を喜ぶことができる。それは児童を支える力になるだろう（6: 524）。だがその共感は、真に問題であることがらに対する感情への共感でなければならないだろう。つまり、教師の意向に気をかねたり、他者との競争に神経をすり減らしたり、小さな失敗を気に病んだりする児童の心情を、理解こそすれ、一緒になって右往左往することはない。児童が文を書けないと焦っているときにも、教師まで焦る必要はない。そういうこともあって当然と受けとめ、「『その悲境をかこつなかれ、向上の一路はその中にある。』と落ちつくところを示して」やらねばならないという（6: 531）。そういう状況のなかで前進しようとする勇気をもてるよう支援するのである。

児童のそういった感情については、第三に、その源となっている「受動的態度」を問題として、そこから児童を引き離すためのはたらきかけをしてよいし、するほうがよいと芦田は考えている。たとえば、他人の評価を気にして、剽窃に走ったり紋切り型に捉われる生徒が出た場合には、その見当違いを戒めなければならない（6: 514）。また、「発動的態度」において書かれた名文を紹介して「その書かんとすることに三昧となる態度に触れしむること」も必要であるという（6: 484）。芦田は、予定調和的な相互行為における児童への拘束を廃することと同時に、「発動的」であろうとすることを、あくまで児童に要求しているように思われる。

以上が、芦田の変容を本章のように捉えた場合に見えてくるところの、「随意選題」論の骨子である。もちろん、これはとても限定された切り取り方であって、芦田自身の言葉をほんのわずかしか受けとめることができていないかもしれない。そもそも、教室で起こっていることのほとんどは、芦田自身の言葉にもまた掬いとられないままだったはずである。

6　芦田は何を失ったのか

最後に、芦田の思想のなかでやや気にかかる側面に触れておきたい。彼の思想をそのままに肯定できないように感じられるのは、以下で述べるようなことがあるからである。ここでは、順に三つの論点を挙げておく。

第一に、芦田は、静坐と綴り方とを、その具体的なありようの違いにもかかわらず、「修養」に資する行いとして重ね合わせ（3: 293など）、同一のイメージで捉えようとしているようにみえる。どの著作を見ても、両者の違いについて言葉が割かれた部分が見当たらないのである。だが、静坐による内観と、文を書くことにおける思考とでは、身体のあり方も、他者との関係も違う。また、静坐の内観においての言葉のあり方と、綴り方において最終的には文字として定着されざるをえない言葉のあり方には、決定的な差異があってもおかしくないはずである。

以上の点は、言語の存在様態についての思索の欠如という、第二の論点に関係している。とくに大正後期以降の芦田は、言葉の最も根源的な姿は「口言葉」、すなわち話し言葉であるという確信をしだいに強めていったようである（7: 366ff., 12: 146）。そして彼は究極的には、文字まで含むあらゆる言葉を、「心内の響きの尖端」として理解しようとしている（12: 51）。たしかにそこでは、「心内の響き」と「話し言葉」と「文字」との間に差異がない、と言われているわけではない。だが、それらの差異が真剣に感受されないままに、根元的な同一性が言及されていることは気にかかる。その性急さは、「国語」の存在についての芦田の議論の曖昧さにも反映している。『第二読み方教授』という著作において、単一かつ等質の「国語」のイメージが、きわめて強く打ち出されているのである。それはつまり、日本語話者にとってのあらゆる意味・感情は、同一の「国語」から生まれるものとされ（7: 371）、あらゆる声は、通約可能なものにされてしまっているということである。「国語」は、きわめて概念的なものとして捉えられ、それが存在するあり方の多様性はすっかり捨象されてしまっているのだ。

ここまで二つが、言葉に関する論点についての違和感であったとすれば、次の点は、著作を通して窺われる芦田自身の感性に関する違和感であるといえる。

変容以後の芦田のなかには、極端な楽観主義、あるいは一種の無感覚のようなものが見てとられることがある。それはたとえば、あらゆるものごとを修養のための「科学の書」・「哲学の書」であると考えていれば、「逢ふ者悉く友、なすこと悉く快」である（7: 138）、とか、「吾人が一たび平等界を見る時は、いかなる境遇をもたゞちに安心・満足の世界とかはる」などといったような表現についてである（6: 507）。そこでは、自己の感覚を無理に抹消することの可能性だけでなく、あらゆるものごとを修養の材料として捉えようとする姿勢も見いだされる。ただ、この特徴が著作の上に表れているのは、主として、変容期といえる大正時代前半においてであるという事実は、付言しておく。国語教育の一権威として地位を確立して以降の芦田は、それがいかなる理由であれそういった言葉を繰り返し記す必要性を失った、あるいは、それらの言葉は、別の表現にかたちを変えることになったのだと思われる。

これに関して、重要と思われる論点を付け加えるならば、彼が昭和一〇年に著した著作『国語教育易行道』のなかで、彼は自身の考える「修養」を、親鸞の説いた「易行」と解釈している（12: 46）。しかし、彼が岡田に師事した期間、「修養」の一貫として通い詰めていたのは曹洞宗寺院であったし、その思想の核心においてきた静坐は、曹洞自力宗に関係の深いものであったはずである。ここに見られる、巨大な二つの教えの性急な混交は、なにか致命的なものをはらんではいないだろうか。

断片的な議論となってしまったが、すべての論点がつながりあって、芦田恵之助の急所を指し示しているようにも感じられる。そこで感じ取られるのは、以下のようなことである。芦田は、ある特殊な意味での「自己」の内なる「自然」への傾聴を、ある極端に純粋なものとして深めようとしたときに、具体的なかたちをとった言葉とものからなる世界と、あくまでそこを生きざるをえないものとしての他者と、自己の本質的に重要な側面とを、二次的なものにしてしまったように思われる。これは、芦田に対する中内の次のような評価ともかなり重なるものである。すなわち中内は、その綴り方教育史研究のなかで、芦田においては、「〈制度〉」と「〈状況〉」に対する人間と文化の尊重が、「リアリズムないしは感性の尊重」へと向かわず、「禁欲による現実からの隔離と感性の遮断」へと向かったことを指摘していた（中内1970: 96）。芦田の変容を可能にしたものが伴っていた何かが、彼の生き方から、何か重要なものを抜き取ってしまったように思われる。しかし、芦田が繰り返し児童への愛と同情を強調していることは確かなのであって（7: 137）、芦田における「感性の遮断」というものがあるとすればそれはどのようなものなのか、どこまでも慎重な検討が必要である。

結局のところ、芦田恵之助の思想をどのように受けとめるべきであるのか、ここでは明確に結論づけることはできない。ここで私にいえるのは、芦田恵之助の思想は豊かなもののように思えるが、総体としての彼の思想を、結論としては肯定できそうにない、ということだけである。それでも、この一人の死者との対話が、私たちが生きていくうえでのヒントを投げかけてくれていたように思われるのも、また、事実である。

文献

芦田恵之助の著作は『芦田恵之助国語教育全集』（古田拡ほか編、明治図書出版、一九八七年）を参照した。文中でこれを示す場合は、括弧内に順に巻次と頁数を表記した。ただし、全集第七巻に収められた「第二読み方教授」については、全集版において省略された部分があったため『芦田恵之助先生選集』（宇都宮新、いずみ会、一九七九年）を参照した。また引用に際しては、旧字体は新字体に改めた。

久野収・鶴見俊輔 1957『現代日本の思想』岩波書店
高森邦明 1979『近代国語教育史』鳩の森書房
飛田多喜雄 1965『国語教育方法論史』明治図書出版
中内敏夫 1970『生活綴り方成立史研究』明治図書出版
滑川道夫 1977『日本作文綴り方教育史１　明治編』国土社
滑川道夫 1978『日本作文綴り方教育史２　大正編』国土社
野地潤也 1983『芦田恵之助研究　第三巻　綴り方授業編』明治図書
野地潤也 2011『近代国語教育史研究』溪水社
樋口勘次郎1982（1899）「統合主義新教授法」『近代日本教科書教授法資料集成教授法書　第四巻』二六七-三六〇頁、仲新ほか編、東京書籍

第15章　北澤種一によるドクロリー教育法の受容——全体教育の実践思想

Kitazawa Taneichi's Reception of the Decroly Method : His Practical Ideas of Zentai-Kyoiku (associer-education)

遠座　知恵

〈概要〉　本章では、北澤種一によるドクロリー教育法の受容を検討した。「新教育の精神」の顕現をめざしたこの受容過程において、北澤は既成の実践モデルの収集には向かわなかった。むしろ、ドクロリー教育法の根底に彼が見いだしたのは、子どもの環境への応答を可能にする「興味」を動態的に捉える視点であり、その視点を有した実践者が「興味の中心」から出発する実践を創造することの必要性であった。ドクロリー教育法の精神を継承した「全体教育」の実践は、生き生きとした興味を媒介に、生命者としての子どもと生命者としての題材の連関へと視野を広げたのである。

1　はじめに

北澤種一（1880-1931）は、東京女子高等師範学校附属小学校（以下、東京女高師附小と略記）で活躍した大正新教育の実践家の一人である。北澤は作業教育の提唱者として知られ、海外教育思想の受容という点では、ドイツのケルシェンシュタイナー（Georg Kerschensteiner）らによる労作教育思想の影響が指摘されている（宮原編 1963: 234; 唐沢編 1984: 749; 谷口 1993: 132）。しかしながら、同時代に活躍した及川平治や木下竹次などと比べると、北澤に関する研究はきわめて少なく、彼の新教育思想の内実やその形成過程はこれまでほとんど明らかにされていない。たしかに、北澤はドイツの労作教育にも注目していたが、当時彼が検討していた海外の教育思想は広範囲に及んでいた。受容史の視点から北澤の思想形成の実態に迫るためには、当時の彼が見つめていたものの全体像を把握し、そのなかでも彼自身のものとして内面化されたものが何であったのかを明らかにしていくことが必要である。

大正新教育の実践家たちが、海外の教育思想に注目したことの意義をいかに評価し得るかは、個別事例における「受容」の中身にかかっている。ここで、批判的に検討すべきことは、実践家たちが多様なものに目を向けていた事実そのものではない。アカデミズムの世界で活躍する偉大な思想家であっても、無から有を生みだすようにオリジナルな思想を形成してきたわけではなく、むしろ過去ないし同時代に生まれた膨大な思想と共感的に、あるいは批判的に向き合うことによって、自身の思想を形成してきたはずである。実践家による教育思想の受容を検討する際取り組むべき課題は、流行思想の紹介にとどまる場合と彼ら自身の実践思想の形成に結実した場合との差異を浮き彫りにしていくことであろう。実践家たちがある思想に学び、それを自らの思想として内面化していく際には、彼ら自身の実践課題があり、それを克服するために、自らの価値としてその思想の核心を追究していく過程が存在するはずである。

このような見解にたてば、実践家による実践解釈や実践的営為こそ、彼らの思想の存在を証明し、その意味するものを読み解く鍵となる。そこで、本章では、北澤が東京女高師附小の実践にドクロリー教育法を導入した過程を検討し、北澤や彼に導かれた訓導たちが、どのような実践思想を形成していったのかを明らかにしたい。後述するように、北澤はわが国におけるドクロリー教育法の先駆的紹介者であるとともに、彼自身の実践課題を克服するためにその導入に取り組んでいったのである。ドクロリー教育法の根底にある思想をつかむことで、東京女高師附小では、いかなる実践的限界をどのように克服していったのであろうか。また、訓導の実践解釈や実践的営為のなかにいかなる実践思想を読み解くことができるのであろうか。これらの問いに応えることが本章のねらいである。

(1) 北澤による新教育研究の着手

北澤は、一八八〇（明治一三）年長野県で生まれ、長野県尋常師範学校、東京高等師範学校に進学した後、福井県師範学校に赴任した。当時の同校には、戦前の代表的教育学者である篠原助市や自由教育を掲げた手塚岸衛、自発教育を掲げた三好得恵、東京女高師附小でともに新教育研究に従事することとなった藤井利誉など、大正新教育史上に名を連ねる錚々たるメンバーが在職しており、ヘルバルト主義教授理論の批判的検討などが精力的に行われていたという（福井県教育史研究室 1978: 962-963; 木内 1992: 109-132）。

その後北澤は、東京女高師附小の主事となった藤井の要請で一九一〇（明治四三）年に同校に赴任した。一九二〇（大正九）年に主事に就任するまでの一〇年間、北澤は藤井の補佐役を務めていたのであるが、この間の取り組みも決してサポートにとどまるものではなかった。北澤が同校で本格的に新教育研究に着手したのは、一九一八（大正七）年頃からであったと考えられる。当時北澤は欧米視察のため不在中の藤井の主事代理を務めていたが、校内では新たに児童教育研究会を立ち上げ、雑誌『児童教育』の発行を開始した。同誌には欧米の新教育に関する動向などが紹介されるようになり、北澤は精力的な執筆活動を展開するようになっていった。

こうした状況のなかで帰国した藤井は、海外で脚光を浴びていたプロジェクト・メソッドを紹介し、東京女高師附小ではその実践的研究に着手することとなった。この研究のモデルは、コロンビア大学ティーチャーズ・カレッジの実験学校であるホレースマン校でキルパトリック（William H. Kilpatrick）が提案したプロジェクト・メソッドの実験であった。キルパトリックは、幼稚園の子どもたちが夢中で繰り返す遊びのなかに、専心的目的活動や活動の連続性といったプロジェクトの原理を見いだし、その精神を低学年教育にも吹き込もうとしていた。ホレースマン校の報告書を詳細に検討した東京女高師附小では、一九二〇年に第三部に実験学級を設置して、第一学年で試行的な実践に着手し、北澤は藤井の後任として同校の主事を務めることとなった。

プロジェクト・メソッドの導入は、北澤による初期の新教育研究の重要課題であり、この研究を通じて獲得した子どもの「目的活動」という原理は、その後も同校の新教育実践の主要原理として掲げられていくことになる。しかしながら、この時期に行われていた実践は、プロジェクト本来の理想とはほど遠いものとなっていた。キルパトリックは、あらかじめ決められたカリキュラムを否定し、プロジェクトを遂行することで子ども自身がそれを作っていくことを理想と見ていたが、東京女高師附小の訓導の認識は、子ども自身によるプロジェクトの着想は理想であるが、現実的には難しく、教師が立案したものを提示することが妥当であるとするものであった。この時期、北澤は国定教科書や従来型の教科課程のもとでプロジェクトの実践を行うことは不可能であると認識していたものの、教科担任制を維持してきた東京女高師附小では、教科の枠組みを前提にしたプロジェクトの研究が行われ、既成の実践モデルを探し求めるという状況にとどまっていた（遠座 2013: 103-154）。

新教育研究に精力的に従事しながらも、北澤は同校の実践のなかにこのような限界を抱えたまま、一九二二（大正一二）年一〇月に欧米視察に出発することとなった。約二年間の視察において、北澤は実験学校を多数訪問して一九二四（大正一三）年一二月に帰国した。北澤は、海外の新教育が、「教育実際家の真の叫」に基づき、「試行者は宣伝的態度を去つて純粋の代表的研究的態度」で取り組んでいると評価し、帰国後には「行ふ人も見る人も「流行」といふ心持を有つて居る間は本当の新教育を生み出す事は出来まい」と日本の教育界に問題提起した（訪水（北澤）1925: 1）。そして、自らが指導する東京女高師附小でも、再び抜本的な改革に着手することになるのであるが、そこで導入されたのがドクロリー教育法であった。ドクロリー教育法に対する北澤の理解や東京女高師附小の実践を検討する前に、わが国における当時の紹介や導入の状況を確認しておこう。

2　大正新教育とドクロリー教育法

(1) ドクロリー教育法への注目

ベルギーの精神医学者であるドクロリー（Jean-Ovide Decroly）は、さまざまな障害を抱えた子どもたちの治療や支援活動と教育に取り組み、その経験から既存の学校教育の子ども理解と実践を批判し、新教育に着手した人物である。ドクロリー教育法は「観察－連合－表現」で構成される観念連合プログラムで知られるが、彼の教育思想の核心は「全体性」と「興味の中心」理論にある。「全体性」とは、世界に存在するあらゆる生命の連関を表すとともに、子どもの心理機能の特徴を表す概念であった。子どもの成長過程の詳細な観察から発生心理学の研究を進めた彼は、子どもと大人では世界の認識の仕方が大きく異なることを指摘した。子どもの認識は、要素から全体を、単純なものから複雑なものを理解するといった分析的なものではなく、情動的要素の強い「興味」を媒介にして対象を自分にとって意味のある全体として捉えるものであるという。このような心理的傾向は、とりわけ六～七歳頃までの子どもに顕著であり、幼稚園や低学年教育には、その特性に合わせた方法が必要であるとした。子どもの全体化機能の重要性について、彼は一九〇六年頃から度々言及しており、一九〇七年エルミタージュ郊外に「生活のための生活による学校」（以下、エルミタージュ校）を創設して、子どもの「興味の中心」から出発する実験を開始したのであった（斎藤 1977: 247-257; Dubreucq 1993: 249-275）。

こうして生まれたドクロリー教育法は、ベルギー国内はもちろんのこと、国際的にも注目されるようになった。ドクロリーは、一九二一年にフランスのカレーで開催された新教育連盟（The New Education Fellowship）の第一回国際会議で報告を行い、その翌年には同連盟の機関誌 *The New Era* 第三巻第一〇号でドクロリー教育法の特集が組まれた。この特集では、ドクロリーによる報告記事のほか、エルミタージュ校での教職経験を経て、他校で初等学校長を務めたアマイド（Amélie Hamaïde）によるドクロリー教育法の実践報告のほか、ブリュッセル市内における導入状況の視察記が掲載されていた。また、一九二二年には、エルミタージュ校の取り組みを紹介したアマイドの著作 *La Méthode Decroly* が刊行され、その二年後に、同書は *The Decroly Class* と題してアメリカで英語版の翻訳も刊行されたのであった。

当時の日本において、ドクロリー教育法に先駆的に着目した人物としては、北澤のほかにも新教育連盟と交流のあった野口援太郎ら教育の世紀社同人[(1)]が挙げられる。野口は、*The New Era* の図書紹介でアマイドの *La Méthode Decroly* を知り、ドクロリー本人に書簡で図書の送付を依頼したとされるが、関東大震災のために受け取ることはできなかったという[(2)]。野口がドクロリー教育法に関心を寄せていた頃、北澤はちょうどヨーロッパ視察の最中であり、直接エルミタージュ校を訪ねていた。東京女高師附小で *The New Era* を購読していたこと、留学前からフランス語の学習に努めていたことなどから[(3)]、北澤は事前にドクロリーに着目していた可能性が高い。現地でドクロリー本人と面会した北澤は、図書の送付の件が会話に上ったことを葉書で野口に伝え、帰国時にはアマイドの著作を持ち帰ったとされている（野口 1925: 59）。北澤のエルミタージュ校視察は時期的に早いものと見られ、*The Decroly Class* を翻訳した東京市富士小学校の校長上沼久之丞も、その校閲を「デクロリイ法最初の視察者である北澤種一先生」に依頼したと述べている（上沼 1931: 自序2）。

こうして、一九二五（大正一四）年発行の『教育の世紀』第三巻では、彼らによってドクロリー教育法の紹介が数回行われることとなった。まず、第一号では、先述した *The New Era* の特集記事三本の翻訳と吉良信之がフェリエール（Adolphe Ferrière）らの紹介に依拠してまとめた「新教育法としてのデクロリー・メソッド」が掲載された。欧米視察から帰国した北澤もまた第六号に「デクロリィ氏の実験学校」と題して寄稿し、エルミタージュ校の様子や取り組みを紹介し、続く第七号では、野口によって、*La Méthode Decroly* の序文の紹介も行われた。英語版の *The Decroly Class* が刊行されると、ドクロリー教育法への関心はより広がりを見せたと考えられ、一九二五年には奈良女子高等師範学校の学習研究会が発行した機関誌『学習研究』でも、同書の一部が翻訳紹介されていた（山口 1925: 302-312）。

（2）低学年教育での試行的実践

以上のように、日本ではドクロリー教育法の紹介が一九二〇年代半ばから行われ、少なくとも大正新教育の代表的な実践家たちはその存在を認知していたと考えられる。ただし、本章の課題は、ドクロリーの教育思想が、紹介や文献上の研究にとどまらず、実践家によっていかに受容されていたかを明らかにすることである。ここでは、まず当時ドクロリー教育法の研究に取り組んだ実践家について確認しておこう。ドクロリー教育法の紹介以後、その研究に取り組んだ実践校として、東京女高師附小や成城小学校、明石女子師範学校附属小学校、前掲の富士小学校などを挙げることができる。

既述の通り、ドクロリーが「全体性」理論の基幹としてまず重要な位置づけを行ったのは、幼稚園や低学年の子どもの教育であった。富士小学校の校長上沼によれば、同校では一九三〇年に「デクロリィの案を採つて来」たとされるが（上沼 1933: 54）、東京女高師附小に限らず、成城小学校や明石附小など一九二〇年代後半にドクロリー教育法の導入に取り組んだ先駆的な実践校では、低学年教育においてその実践的研究が開始されていた。わが国でドクロリー教育法に関心を寄せた実践家たちが、低学年教育からその研究に着手したことはたんなる偶然ではないであろう。

成城小学校では、訓導島田正蔵が澤柳政太郎から *The Decroly Class* を受け取り、その翻訳をもとに一九二七（昭和二）年に『低学年の新教育』を刊行した。当時島田は、一九二五年入学の子どもを集めた「クスノキクラス（楠組）」で低学年教育の研究に従事しており、その際同書を参考にしていたようである（島田 1927: 2）。また、橋本美保の研究によれば、明石附小の主事を務めた及川平治は一九二五年三月に出発した欧米視察で、渡米中にまずドクロリー教育法の存在を知り、エルミタージュ校を訪問した際は、発生心理学に関心を抱いていたという。一九二七年に帰国すると、及川は *The Decroly Class* を検討するとともに、同校の訓導西口槌太郎がその指導を受けて、低学年でドクロリー教育法の導入に取り組むこととなった（橋本 2009: 1-13; 橋本 2014: 1-13）。

そして、本章で検討する東京女高師附小においては、欧米視察を終えて帰国した北澤が、一九二五年にはそれまでの研究の反省に着手することとなった。この時期同校では、低学年教育において、ドクロリー教育法を導入した「全体教育」の実践が行われたのである。次節では、欧米視察を終えて北澤が進めた同校の改革とそこにドクロリー教育法が与えた影響を捉えていこう。

3　東京女高師附小の改革に与えた影響

既述の通り、東京女高師附小における初期の新教育研究においては、めざす理想と実践の実態との間に大きな隔たりが存在していた。しかしながら、同校の研究が深化していくのは、むしろ北澤が留学を終えて新たな研究に着手した一九二〇年代半ば以降のことである。同校で新教育研究に従事してきた訓導吉田弘は、初期の取り組みを「実験時代」に位置づけたのに対し、北澤の帰国後は、「新教育の精神のある所を具体的に発揮する」ことがめざされたと振り返っている（吉田 1930: 38）。東京女高師附小の実践を検討した従来の研究では、この改革の意義が捉えられておらず、それを担った教師たちの内的変化も明らかにされていない。この時期同校では、研究組織全般の見直しが行われたが、とりわけ、低学年教育については、一九二五年に独立した研究部を設けて徹底した改革が進められた。それまで第三部のみで実施されてきた新教育研究は、低学年では一九二六（大正一五）年以降、第一部や第二部でも展開されるようになり、そこでは「時間割」や「学科課程」を撤廃し、教科担任制も取りやめることとなった（山内 1925: 181; 紗庵生 1928: 137-138）。そして、この時期、低学年教育を中心に同校で導入されたのが、北澤によってもたらされたドクロリー教育法であった。

前節で指摘したように、エルミタージュ校を視察した北澤は、アマイドの著作を日本に持ち帰り、『教育の世紀』に同校の視察記を紹介した。ドクロリーは、「興味の中心」について、人間が生きる上での基礎的欲求をもとに、①食物、②悪天候等からの保護、③外的脅威からの防衛、④協働的な仕事という四つのカテゴリーをあげており、ドクロリー教育法では、これらを学習のテーマとしてカリキュラムを構成していたが、そうした方法がとられるのは八～九歳以降、学年でいえば第三学年以降であった（Dubreucq 1993: 266; Hamaïde 1924: 24-25）。

北澤は、一九二五年に発表した視察記で、エルミタージュ校では、第三学年以上のすべての子どもが年間を通じて、四つの興味からテーマを設定して学習に取り組み、毎年それを変えていく方法をとっていることを紹介したが、それとは異なり、幼稚園と「一二年はOccaisionnelと称して偶発事項につき臨時に適宜季節に応じたる題目」を選択する方法をとることを把握していた。また、同校では、教科書は子どもたちが各自の材料や表現の仕方で「自ら作るもの」であり、「学科課程といふものが万人共通にある訳がない」として、それを「自ら作製して行くこと」こそ「真の学習」であり、「生活を通じて」の「生活の為」の教育であると見ていると紹介していた。ここで北澤がいう「学科課程」という用語が、個々の子どもの学習経験としてのカリキュラムを指していることは明らかであろう。こうした紹介を行った上で、北澤はエルミタージュ校の原理が「興味中心」であること、その特徴は、「大人の定めたる所謂学科課程といふものに対して全然疑惑の態度を以て臨む」点にあり、ドクロリーをそうしたカリキュラム改革に「最も成功したる一人」であると捉えていた（北澤 1925: 11-16）。帰国後の北澤は、東京女高師附小で「学科課程は児童の作り行く創作学校であり、教科書は児童各自に作らしむべきものである」（吉田 1930: 39）という方針を掲げたが、これはエルミタージュ校のカリキュラム観に触発されたものであろう。こうして、一九二〇年代後半の東京女高師附小の改革は、「興味の中心」を原理とするドクロリーのカリキュラム実践に共感して進められたが、次節では、教師たちがどのような実践に取り組んでいったのかを明らかにしていこう。

4　全体教育の実践とその思想

（1）子どもの興味研究

東京女高師附小の教師たちが、北澤の帰国後にまず着手したのが、「児童の興味に関する研究」であった（吉田 1930: 40）。その内容を確認してみよう。まず、同校では「興味のポケット」と称する箱を設置し、子どもが「読んで面白く思つた記事見て面白く思つた畫等を切抜き又は書き取つて」入れ、教師はそれを活動の「材料」選択や「指導」の手がかりとして活用した。エルミタージュ校の紹介で、北澤は、「各教室に備へ付けてある興味のポケツト」について言及しており（北澤 1925: 16）、この調査法は、同校の興味研究に示唆を得たものと考えられる。また、別の方法としては、「児童に興味の対象物を持参せしめ、その対象物について話さしめ発表させ、又それについて研究せし」めたり、「愛読の書を持参せしめ之を読ませて教師が聞く時間」を設けることにより、子どもの具体的な興味の対象と興味の内容を探ろうとしていた。さらに、「土曜日とか日曜日に子供の経験せる事柄中一番興味を覚えた事項を話させ」たり、「長期の休業中」に彼らが「興味中心」に取り組んださまざまな活動に着目し、学校以外の場面で生起する興味を発見することを教師の研究事項と位置づけていた（吉田 1930: 40）。

こうしたさまざまな興味研究は、東京女高師附小の学校全体で取り組む課題であったが、低学年教育においては、それが全面的にカリキュラム実践に活かされた。従来の題材選択の問題は、「児童の必要観の有無や興味の有無」が問われてこなかった点にあるとし、低学年教育においては、「児童の身の周りの事物現象で彼らが最も興味を惹き好奇の中心となつてゐるもの、知情意総べてを傾注してゐる事柄をそのまゝ」採用することにしたという（秒庵生 1928: 138）。ただし、「児童の興味は、季節により、行事により、突発的の出来事により其の他種々の内的及び外的条件によつて変つて」くる動態的なものである。したがって、教師には、「巧みに児童の興味の中心となつてゐるものを捉へ」て、題材の選択に対応していく力が求められるため、その実践は「機会教授」と呼ぶべき臨機応変なものであるとされた（杪庵生 1928: 139）。子どもの興味の存在によって、はじめて題材は題材となり得るとする、かつての実践ではみられない認識がここにはうかがえる。このような認識とともに、一九二〇年代後半に「興味の中心」を原理として開発された同校の「生活単元」は、すべて「動機」から始まる展開がとられるようになっていった（山内ほか 1930: 33-358）。

(2) 題材観と子ども理解にみる「生命」の視点

上記の実践を東京女高師附小では、なぜ「全体教育」と呼んだのであろうか。その理由は、「興味の中心」から出発した題材と子どもに関する解釈に示されている。たとえば、「春桜の花が咲いてそれが興味の中心となつてゐる」場合、同校では当然「桜の花」を題材とするが、「理科の時間」には「花弁は幾つか」などの「理科方面」を扱い、別の教科の時間には、その教科の内容にひきつけて同じ題材を扱うといった方法については、次のような批判が行われた。

かやうにして桜は学科によつてバラバラに切り刻まれてしまひます。これでは桜の桜たる特徴がなくなつてしまひます。桜の木のきれきれの知識となつてしまひます。桜に対する情意方面は閑却されます。我が低学年に於ては、かやうに学科によつて桜をきりきざんでみません。地球上に存する物といふことから見れば、桜も人も一つのものです。桜は地球上に存する私たちの身の周りにあるよき友達の一つです。（杪庵生 1928: 139）

（傍点引用者、くの字点はかなに改めた）

東京女高師附小では、「桜の全体」を「研究の対象」と見るがゆえに、「全体教育」を標榜したとされ、それは「既に分かれている学科を合せて学習する」のではなく、「只物それ自身の全体を如実に見るといふ立場」であるという（秒庵生 1928: 139）。ここにもまた、ドクロリーが生命の連関として捉えた「全体性」の意義が反映されていたと考えられる。北澤は、エルミタージュ校が、「デクローリ氏の独特の思想を根底」としており、「生命の維持発展の為の教育、生命の維持者を作業の題材とする教育、従つて生命者を取扱ふことによつて人間の生命者としての完全なる教育」をめざしていると述べていた（北澤 1931: 序2）。「生命者」としての子どもの教育は、同じ世界に存在する他の「生命者」と向き合うことで可能となるのであり、先の解釈で言えば、子どもは「情意」をも含めたその心の全体をもって、「身の周りにあるよき友達」としての桜に接することになるのであろう。

題材と子どもに関する教師のこの解釈は、ドクロリーの教育思想に学んだことに加えて、実践に取り組む過程で彼ら自身によって裏づけられたものであったと考えられる。たとえば、第二部で全体教育に取り組んだ山内俊次は、野原に出かけた際、「「つばな」の穂に興味」をもった子どもの表現を紹介しているが、それは次のような描写である（山内 1926: 70-72）。

つばなさんつばなさん
あなたのからだははねだらけ
ふつてもらえばぱつととぶ
どこまであがるか天までか。

ここで子どもは、対象を「生命者」として捉え、理科の視点で自然に向き合っているわけではない。題材と子どものの関係をこのように捉えようとした教師は、山内のみに限らない。低学年教育の研究成果として六名の訓導によってまとめられた『低学年教育作業主義の諸様式』から、「卵」という「生活単元」の取扱いを見てみよう。この実践では、「卵は水にうくか」「卵の形と大きさ」「卵の産みかた」「卵の解剖」「卵とひよこ」「卵の値段」「卵生動物」など「幾つかの研究題目について、観察、図解、文章、発表」に取り組む子どももいれば、「「鳥の子供」「私は卵です」「卵のうた」等の詠歌、想像の活動」を活発に行う子どももいたという。「面白い着眼点」として、「たまご」と題する次のような詩も紹介されている。

たまご
たまごをわつたら
白みのうみに
きみのお月さん
ういてゐた。

この題材を扱う際に、「卵の解剖図を用意することは却つてよろしくない」と注記され、その理由として「大人の観察を児童に移す様な方法は出来るだけ避けて児童の見たまゝを描かせるのがよい」と記されている（山内ほか 1930: 330-334）。東京女高師附小では、「観察―連合―表現」という用語は用いられなかったが(4)、教師たちは、子どもが対象にいかに応答するのかを素朴に追究し、生命ある題材と生命ある子どもをつなぐものとしての「興味」の存在意義を確信していったといえよう。このような思想をもつことで、一九二〇年代後半に東京女高師附小で取り組まれた全体教育は、教科の枠を前提に行われていたかつての実践を原理的に反省し、その限界を克服していくものとなったのである。

5　おわりに

本章では、ドクロリー教育法の導入過程に着目することで、北澤や教師たちがドクロリーの教育思想を東京女高師附小の実践においていかに追究したのかを検討してきた。同校におけるドクロリー教育法の受容は、たんなる紹介や文献的研究にとどまらず、「興味の中心」理論に基づくカリキュラム実践へと結実していた。注目すべき点は、その実践が、*La Méthode Decroly* や *The Decroly Class* に紹介されているような既成の実践モデルを模倣的に導入するというものではなかったことである。

欧米視察後の北澤が東京女高師附小でめざしたのは、たんに試行的で実験的な研究ではなく、「新教育の精神」を顕現させる研究であった。そのような意識のもとで、ドクロリー教育法を導入した北澤や同校の教師たちの実践思想とはどのようなものであったのだろうか。この導入過程で、彼らがまず獲得したのは、子どもが環境に応答することを可能にするものとして「興味」を動態的に捉える視点であり、「興味の中心」から出発する実践に、形式的なモデルはなく、実践家自身が子ども研究を行うことで、それを創造することが必要であるとする課題認識であった。東京女高師附小の全体教育は、このように生き生きとした興味を媒介として、生命者としての子どもと題材の連関を捉えていくものとなったのである。すなわち、彼らはドクロリー教育法の導入を通じて、彼ら自身を子どもの「興味の中心」へと向かわせていく実践思想を形成するに至ったとみることができる。

こうした実践思想をもつことは、北澤や教師たちが、ただドクロリー教育法に出会っただけでは不可能であったと考えられる。本章で見てきたように、その出会い以前に、彼らには既存の教科の枠組みに縛られ、実践モデルを模索しつつ葛藤するプロセスがあったのであり、理想とのギャップに直面し、現実を乗り越えようとする思いと研究的努力こそが、一九二〇年代後半の実践的深化を可能にしたと考えられる。ドクロリー教育法の根底にある思想をつかむことで、彼らは実践のあり方を従来のものとは変えていくとともに、自らもまた、既成の実践モデルの模倣者から、オリジナルな実践を生みだす創造者へと転換を遂げていったのである。

注

（1）新教育連盟と教育の世紀社の関係については、民間教育史料研究会編『教育の世紀社の総合的研究』（一光社、一九八四年、六三〇－六三三頁）、山崎洋子「野口援太郎「新教育」思想における「理想」――「国際化」についての素描」（『教育新世界』第四四号、一九九八年、三一－一七頁）、同「新教育連盟に関する覚書（一）――英語版機関誌（Jan. 1920-Apr. 1930）――を中心に」（『教育新世界』第四五号、一九九九年、三八－五七頁）などで取りあげられている。

（2）野口援太郎「デクロリー教育法の発表について」（『教育の世紀』第三巻第一号、一九二五年、二頁）には「ニュー・イーラーの誌上でデクロリー教育法（La Methode Decroly）に関する記事を読んだ」とあり、一九二二年の *The New Era* 第三巻第一二号（一二三頁）にアマイドの著作の図書紹介が掲載されている。

（3）お茶の水女子大学附属図書館には、東京女高師附小の蔵書印が押された *The New Era* が保存されている。北澤が視察前にフランス語の学習を始めたことについては、「故北澤先生を偲ぶ座談会」（『児童教育』第二六巻第二号、一九三二年、六七頁）を参照した。

（4）北澤「デクロリー氏の実験学校」（『教育の世紀』第三巻第六号、一九二五年、一三頁）では、ドクロリー観念連合プログラムについて、「観察」「連合」「発表」をあげ、北澤が提唱する「印象」「理解」「行動」という「三系列の生物的活動」と同一であると言及している。

※付記　本章は遠座知恵・橋本美保「大正新教育の実践に与えたドクロリー教育法の影響――「興味の中心」理論の受容を中心

に」（『近代教育フォーラム』第二三号、二〇一四年、二九七－三〇九頁）、塚原健太・遠座「東京女子高等師範学校附属小学校における作業教育の研究態勢――北澤種一による欧米視察後の改革を中心に」（『東京学芸大学紀要（総合教育科学系Ⅰ）』第六六集、二〇一五年、七九－九一頁）をもとに加筆・修正を行った。

文献

Hamaïde, Amélie (Translated by Jean L. Hunt) 1924 *The Decroly Class: A Contribution to Elementary Education*, New York: E. P. Dutton & Company.

Dubreucq, Francine 1993 "Jean-Ovide Decroly," *Prospects*, vol. 23, no. 1/2.

上沼久之丞 1931『生活学校デクロリイの新教育法』教育実際社

上沼久之丞 1933「富士の教育」『新教育雑誌』第三巻第一号

遠座知恵 2013『近代日本におけるプロジェクト・メソッドの受容』風間書房

唐沢富太郎編 1984「北澤種一」『図説教育人物事典』上巻、ぎょうせい

木内陽一 1992「福井県師範学校附属小学校主事としての篠原助市の教育実践について」『鳴門教育大学研究紀要（教育科学編）』第七号

北澤種一 1925「デクロリー氏の実験学校」『教育の世紀』第三巻第六号

北澤種一 1931「序」上沼前掲書

斎藤佐和 1977「解説」『ドクロリー・メソッド』明治図書

島田正蔵 1927『低学年の新教育』文化書房

野口援太郎 1925「『デクロリー教育法』の序文」『教育の世紀』第三巻第七号

橋本美保 2009「及川平治による生活単元論の形成――欧米新教育情報の影響を中心に」『教育学研究』第七六巻第三号

橋本美保 2014「明石女子師範学校附属小学校におけるドクロリー教育法の受容――及川平治によるドクロリー理解とカリキュラム開発」『カリキュラム研究』第二三号

秒庵生 1928「我校の編制、施設、経営の概要」『児童教育』第二二巻第五号

福井県教育史研究室 1978『福井県教育百年史』第一巻、福井県教育委員会

訪水（北澤種一）1925「教育上の新しき試み」『児童教育』第一九巻第二号
宮原誠一編 1963『教育史』（日本現代史大系）東洋経済新報社
山内俊次 1925「我が校の新施設概要」『教育の世紀』第三巻第六号
山内俊次 1926「低学年に試みたる全体的取扱の実例」『低学年教育』第一七号
山内俊次ほか 1930『低学年教育作業主義の諸様式』東洋図書
谷口雅子 1993「生活教育の研究（三）」『福岡教育大学紀要（社会科編）』第四二号第二分冊
山口勲 1925「デクロリイの教育的見地と其方法論」『学習研究』第四巻第一一号
吉田弘 1930「我が校に於ける作業教育の沿革」北澤編『現代作業教育』東洋図書

第16章　一九二〇年代の赤井米吉の芸術と宗教――共鳴と祈りの心について

Fine Art and Religion of Akai Yonekichi in 1920s: On Resonance and Prayer Mind

李　舜志

〈概要〉　赤井米吉は、ドルトン・プランの紹介者として有名であるが、ドルトン・プランに全面的に共感をおぼえてはいなかった。赤井は独自の教育思想を持っていた。赤井にとって、人が芸術作品によって心を震わすのは、国境や人種を超えて他者と共鳴し、理想へと邁進する重要な契機であった。そのような体験が可能であるのは、人が生命・神を分有しているためであり、人の心には他者と睦み合いたいという要求が内在しているためである。赤井にとって生命・神は、利己主義を超えて社会的連帯を達成するための不可欠な契機であった。赤井にとって、人間と生命・神との関係とは、理解や把握ではなくあくまで共鳴である。生命・神は響いては消えるものであり、完全に理解・把握しえないものである。生命・神に由来する理想も、したがって絶えず動き、未完成である。神・生命を完璧に把握できない人は、挫折を宿命づけられている。しかし、人は自己の無能さを知ることができる、それは、「祈りの心」で、自己を超え、自己を導く生命・神と自己との関係を知ることである。赤井にとって、教育とは、特定の知識や技能を教授することではなく、自らが邁進すべき理想に与ることである。すなわち、協同的労働において、互いに教え合い、理想の社会を志向することである。

1　はじめに

赤井米吉（1887-1974）は、ドルトン・プランを日本に紹介し、その普及に努めた人物として知られている。実際、赤井はドルトン・プランの創始者であるヘレン・パーカーストが来日した際には通訳として奔走し、また日本におけるドルトン協会の主事を務めてもいる。しかしドルトン・プランを初めて日本に紹介したのは赤井ではなく阿部重孝であり、また日本の教育界においてドルトン・プランが注視の的となったのは吉田惟孝や吉良信之らによる紹介がきっかけだと言われている。それでも赤井がドルトン・プランの紹介者として名を馳せたのは、ドルトン・プランの詳細な解説書である"*The Dalton Laboratory Plan*"を赤井が一九二三年に『児童大学の実際』として翻訳刊行し、この教育方法が成城小学校に取り入れられたことであると言われている。これによってドルトン・プランと言えばパーカーストではなく赤井の名が思い起こされるまでになった。

しかし、赤井の宗教的・神秘的な思想背景を明らかにした先行研究で示されているように、赤井自身はドルトン・プランに全面的に共感をおぼえたわけではなかった（足立 2011）。ドルトン・プランを受容する前から赤井は独自の教育思想を持っていたのであり、よって、ドルトン・プランへの共感も、そして批判も、どちらも自らの思想と照らし合わせた結果だったと言えるだろう。そしてドルトン・プランを批判的に摂取することによって、赤井はより綿密に自らの思想を練り上げていったのである。

本章は、以上述べた一九二〇年代における赤井独自の教育思想を明らかにする。そしてその中心は、赤井における芸術および芸術教育観について検討すること、それによって、一九二〇年代における赤井の教育思想、とくに「社会」概念の内実を明らかにすることである。赤井は当時の日本のドルトン・プラン解釈を批判し、また先述したように考案者であるパーカーストさえも批判するに至ったのだが、どちらの批判も、ドルトン・プランは「学校の社会化」の方法であらねばならず、社会改造的であらねばならないという、赤井の思想に由来する。さらに、一九三〇年代以降、赤井は社会主義的な思想に傾倒するように、「社会」とは赤井の教育思想の根幹をなす概念である。が、従来の先行研究では赤井における「社会」概念について論じられてこなかった。これは、赤井にとって社会における最も力強い要素であった「芸術」についての分析が、「神秘主義」として宗教と混同され、等閑に付されていたためだと考えられる。青年時代の赤井は島崎藤村に憧れ、スコットランドの詩人ウォルター・スコットの作品を原書で耽読し、また演劇に夢中になるなど、芸術に情熱を燃やしていた。そのような青年時代をおくった赤井が、教育という営みにおいて芸術に何らかの意義を認めていないとは考えにくい。もちろん、本章は宗教に対する芸術の優位を主張するものではない。そうではなく、赤井の内面において、当時の概説書の言葉を借りれば「ギリシャ的文学的な傾向と、ヘブライの宗教的傾向」「詩的情操のものと、宗教的（神秘的）なるもの」（大日本学術協会 1927: 216-217）とが、共存したまま赤井の教育思想においてどのようなかたちで結実したのか、以上を明らかにする。

よって、本章では課題として、以下の二点が挙げられるだろう。一．芸術および芸術教育観を、宗教的教育思想との関連を考察すること。二．赤井が社会と、それに基づいた教育を、どのようなものとして思い描いていたのか、を明らかにすること。以上を検討することによって、一九二〇年代における赤井の教育思想の全体像を捉えたい。

2　赤井における芸術

（1）教育的創造について

一九二〇（大正九年）年に発表した論考「教育的創造――師範教育の任務」において赤井は「子弟を教育することは子弟を創造することでなければならぬ」（赤井 1920a: 21）と述べている。創造とは、芸術家が作品を意のままに自由に創造することと同じ意味だとされる。そして教育家には第一に、人間創造に対するきわめて力強い衝動または愛がなければならない、と主張する（同上：22）。衝動や愛こそが、教育家の内心の理想を生みだす原動力となるからである。

しかし赤井は「教育が工業に堕落している」と述べ、「彼等には創造衝動がない。彼等には理想がない。何で出来あがった子弟に理想があらう」（同上：24）と喝破する。赤井にとって教育という営みとは、ただ知識を伝達するだけでなく、内心の自己の理想を実現するものとして、創造的な営みなのである。赤井は教育的創造の真髄について、以下のように述べている。

> 教育家の内心の自己も理想も畢竟は大宇宙の根本なる力、即ち神でなければならぬ。従ってその作者は自らの作品にして然も作者自身も解き難い無限の意味があって崇高偉大極まりなく、彼の芸術家が屡自らの作品の前に跪つく様に教育家も自らの教育せる子弟の前に跪づき体拝することがあるのである。……〔中略〕……かくて教育家は神が今に至るまで働き給ふ様に、今も常に創造の道に進むのである。彼は実に神の共働者である、否神その者であるべきである（同上：25）。

以上のように、赤井にとって教育家とは内心の自己や理想の実現に邁進し、創造的であらねばならないのである。そして自己も理想もすなわち神であるため、教育家は神とともに創造することとなる。

このような教育的創造論に対して、沢柳政太郎は「子弟は如何なる意味に於ても教育者の作品ではない。又決して教育家の意のまゝに創造さるゝものではない」（沢柳 1920: 33）と批判する。澤柳にとって、子弟の教育と芸術作品の創造は決して同じものではなかった。

これに応える形で、赤井は「再び教育的創造を論ず」という論考を発表する。そして沢柳による批判は、「意のままに自由に」についての解釈の相違から生じたものだと推察する。赤井は、芸術を例に出して、自ら述べた「自由」を以下のように解説する。

蓋真に自由なるものは必然である、自由と必然とは別物ではない。無暗な空想に入るのは反って不自由である。私が『意のまゝに自由に』と云ふのはかゝる意味を借りてきたのである（赤井 1920b: 68）。

以上のように、赤井にとって自由とは必然を意味する。よって、意のままに「子弟」を創造するとは、「普遍の実在を特殊の個人に発現せしむるので、矢張必然の働に従ふ意味である」（同上: 69）。先述したように、教育とは神と共に創造する作業であったため、自由とはやはり必然の働き（神の働き）に従うことなのである。

次に赤井は、芸術上の作品の完成と教育上の「子弟」の完成とは異なるのではないか、という沢柳による指摘に対して以下のように反論する。

実に人は常に完全にして、常に不完全なものである。否人のみではない、万物皆然りである。何故か、思ふに一つは絶対の相であり、他は相対の相である。絶対の見地から見れば物皆独立自全のものである……［中略］……されば小学教育を以て一先完成したものと見ることは差支はないが、それで中等教育は施しやうがないなどとは言はれまいと思ふ。そこへ行くと私はむしろ永久の未完成を高調したいと思ふのである（同上：70）。

つまり赤井は、人間に限らず作品も、相対の相から見ればすべて未完成である、と述べる。もちろん小学教育という限定された期間において「完成」したと言うことはできるが、それは中等教育という次の段階が必要ではないことを意味するのではない。このような捉え方において赤井は、芸術も教育も、永久の未完成であると主張する。

そして「芸術作品」と「子弟」とは、教育的活動の根本が、教育者（「子弟」ではなく）の人格の完成だという点において、同一視されると述べる（同上）。教育とは、通常教育を受ける人間の人格の完成が目的だとされる。が、赤井は教育する人間の人格の完成こそが、教育的活動の根本だとしている。このような主張は、当時の児童本位の教育に対する批判が含まれている。赤井は、「教育が次第に児童本位になって行くことは甚だ賀すべきことであるのは私も十分に之を認める」のであるが、子弟の自主性を尊重するあまり、教育者の怠惰や無責任を招いてしまうことを批判する（同上：71）。「子弟」が落第しようと、退学しようと、それは子弟の自主性を尊重した結果である、と教育家は居直ってしまう。

このような問題に対して赤井は、さまざまな理由が考えられるとしながらも、我と彼とを対立させる二元的な考えが、その第一の原因だと述べる（同上）。そのような考えにおいては、彼、たとえば「子弟」の落第や退学も他人事として捉えられてしまう。しかし赤井によると、他は我の一面であり、「子弟」は教育者の反面である。よって、「子弟」を教育することは自己を教育することとなるのである。

以上、本項で論じたように、教育的創造論において赤井は教育を「芸術的創造」として捉えており、論考の内容は複雑で入り組んだものとなっている。教育とは芸術作品のように子弟を創造することであり、その目的とは教育者の人格の完成である。このような教育観は、たしかに沢柳ならずとも違和感を覚えてしまうだろう。その大きな要因として、赤井が芸術や芸術的創造を、物に限らず人間にまで敷衍していることが挙げられる。赤井にとって芸術とは、彫刻や絵画などのように、素材を加工すること、またそれによってつくられる物にとどまらない。しかし教育的創造論において、赤井は自らの芸術観を詳細に論じていないため、一般的な芸術観からすると、教育的創造論は是認しがたいものに映る。

よって、さしあたり本項においては、一．教育家の内心の自己も理想も畢竟は大宇宙の根本なる力、即ち神でなければならず、それらを実現しようとする原動力として愛や衝動があること、二．創造において、作品は永久に未完成であること、三．他は我の一面であり、「子弟」は教育者の反面であるため、「子弟」を教育することは自己の教育となること、以上の三点を明らかにしたことで検討を打ち切り、次項で赤井の特異な芸術観を検討することによって、芸術と教育を結びつけた赤井の意図を明らかにしたい。

（2）共鳴

赤井は一九二二年（大正一一年）の「芸術教育と諸問題」という論考において、芸術家の任務とは生命そのものを描くことであると定義し、旋律を音楽だけでなく詩、絵画、舞踊など芸術一般の表現の形式に敷衍したうえで、以下のように述べる。

　人が旋律の魅力に捕へられるのは、それが大宇宙の根底であり、又我が小宇宙の根底であるからである。実に生くると云ふことはかゝる旋律の波をたてゝ流るゝことである。或は同感と云ひ、或は共鳴と云ふのは人の心とが相照し、人と自然が一つになることで、共にこの旋律の波をたてゝいることである（赤井 1922: 230-231）。

上の引用文からわかるように、芸術の創造や鑑賞とは赤井にとって、主観をこえて他者と共有している大宇宙あるいは自然あるいは生命と共鳴することであった。同様の事態は、「我々の小なる主観が客観に改変せられ、客観が更に大なる主観になつて人は始めて生きるのである」（同上：236）とも言い換えられている。そして、「愛することが芸術活動の始原であると云つた方が更に適切である。凡ての偉大なる美術家は愛の人であった」（同上：249）、あるいは「人間の一切の活動はその根を衝動に置かねばならぬ。内的な強い欲求の伴はない活動はその人の全体を動かすことは出来ない」（同上：233）とあるように、ここでも愛や衝動こそが創造や活動の原動力とされていることが確認できる。以上は、先に検討した教育的創造論と同様の芸術観だと言えるだろう。

さて、「芸術教育と諸問題」においてはじめて論じられた事柄として、「音楽」が他の芸術よりも優位に置かれていることが挙げられる。赤井は音楽について、以下のように論じている。

旋律は必ずしも音楽にのみ存在するわけではなく凡ての芸術にあるのであるが、とくにこれを「音楽的」と云ったのは、音楽に於てかゝる旋律が最も端的にあらはれてゐるからである。音の響きては消え、響きては消えする旋律は一種神秘的な力を以て我ゝに迫り来り、聴く人の胸の奥まで強い魅力で支配して、その全心を引きつけ、清新にして、光輝ある生命をその人の内部に鼓舞せしめる。……〔中略〕……従って芸術に於ける「音楽的」と云ふことは、その芸術が最も深い生命の旋律を表現してゐること、生命と共鳴し実在を喘ぎ求めてゐることを意味するのである（同上：229-230）。

赤井にとって生命とは旋律のように響いては消えるものである。つまり「今」はすでに過ぎ去っており、過去に沈んでしまっている。が、それは消えてなくなったわけではなく、現前する音を聴きながらもはや現前しない音を把持することによって、旋律という効果が生まれる。このように現前と非現前が交錯し関係し合うことによって、生命はいきいきと輝き出す。よって、赤井はアルトゥル・ショーペンハウアーを参照しつつ、生命を表象によって捉えることのできないもの、模倣しえないものとした（同上：246）。よって、そのような生命との関係を言い表す際には、「理解」や「把握」ではなく「共鳴」という言葉を用いらざるをえなかったのである。

もちろんここで共鳴とは、物理現象としての共鳴を意味しているのではない。「内的生命に溢るゝ旋律は、それを感じさえすれば必ず表現せられねばならぬものである」（同上：229）とあるように、共鳴とは、生命を表現せずにはいられなくなるような状態へと鼓舞されることを意味する。今までの論述から推察すると、共鳴とは愛や衝動を生じせしめる現象だと言うことができるだろう。

以上から、赤井にとって芸術的創造や芸術鑑賞は生命、神秘的な力、大宇宙を表現すること、あるいは経験することである。そして生命とは表象しえず、旋律のように響いては消えるものであるため、その表現や経験は「共鳴」と名指された。赤井が諸芸術のなかで音楽を優位に置いたのも、このためである。そして共鳴とは、カタルシスを感じ、満足することではなく、理想への愛や衝動を生じせしめる現象である。

さらに注目すべきことは、芸術における「個人的職能」である。赤井によると芸術にはその時代から離れ、社会的結合の束縛から解放する力を持ってもいる（同上：254-255）。が、このことについては後に検討する。

（3）万人労働の教育

赤井は一九二五年（大正一四年）に発表した「万人労働の教育（一）」において、「労働」と「理想」について論じている。赤井にとって両者は結びついているのである。が、それは労働者のようなあり方を理想とする、といったものではない。

理想とは絶えず動くものである。現実が動くから理想が動くのか、その逆か、それは定かではないし、赤井は断定する気もない。たしかに現実に根を張った理想のみが力をもちうると言えるが、現実が変化すると、その理想は力を失うであろう、と赤井は述べる（赤井 1925a: 63）。生きるものはつねに動くのであり、理想も、現実も、つねに変化する。そこで、赤井は教師や本の受け売りである概念や知識ではなく「労働」を、現実を知り、理想を知るための契機とする。ここで労働とは、手工や農業といった具体的な営みを指すのではなく、「直接体験」である（同上: 67）。

理想と結び付けられた直接体験としての労働については、同年に発表された「万人労働の教育（二）」において詳論されている。ここで赤井は、労働とは実用的であるが、それは「生命の為」という意味で実用的であるべきだ、と述べる（赤井 1925b: 21）。ここで「生命」とは、先に検討した旋律としての、主客の分離以前の根源的な層を指す。よって、労働は芸術にまで高められなければならない。労働を芸術にまで高めることが、万人労働の教育の目的なのである。

> すなわち芸術の創作とは美しい絵画、彫刻を創造することによって、或いはそのことの内に人生そのものを創造することであり、芸術の鑑賞とは美しい絵画、彫刻を鑑賞することによって、或いはこの内に人生そのものを観照することであると考えられねばならぬ（同上: 22）。

そして労働と精神が一致した奉仕において、「人々は真に自己を知り、神と自己との関係を知り、隣人との関係を知り、初めて自らの生命を獲得するのである」(同上：24)。

以上から、本節で検討した「万人労働の教育」において、赤井が理想とする教育がどのようなものであったか明らかになる。赤井にとって教育、「万人労働の教育」とは、特定の技能や知識を教授するものではない。が、まったく知的意義がないわけでもない。なぜなら赤井にとって真の知識とは「汝自らを認識する」ことだからである(同上：25)。そして万人労働の教育は人びとを真に理念に導くことを目的としている(同上)。理念に導くとは、めざすべき方向を教育者が教え、生徒がそれに従う、といったことではない。そうではなく、労働、芸術にまで高められた労働によって、自らの人生を観照し、邁進すべき理想を知るのである。


以上、本節において、赤井の教育思想における芸術の意義を明らかにした。まず教育的創造論において、教育とは芸術作品を創造するように、自由に、意のままに子弟を創造することだとされた。そのような主張に対して沢柳による批判がなされたが、しかし赤井にとって意のままに「子弟」を創造するとは、「普遍の実在を特殊の個人に発現せしむるので、矢張必然の働に従ふ意味」であった。ここで「必然の働き」とは大宇宙の根本なる力、すなわち神である。つまり芸術的創造とは自らの内なる神を表現しようと理想へと邁進する営みであり、芸術作品とはその帰結である。そして労働とはこのような営みへと高められるべきだとされた。よって、ここで労働とは、何らかの目的手段連関に資するものではなく、芸術作品がそうであるように、目的それ自体である。また、「実用的」とは、芸術作品がそうであるように、物質的欲求を満たすのではなく、他者を感化し、他者の内なる神(理想)を目覚めさせるという意味で「実用的」である。芸術作品とは道具のように目的手段連関に組み込まれるのではなく、本来的な目的(理想)それ自体を呼び覚ます。

「万人労働の教育」の末尾でドイツの哲学者パウル・ナトルプの「社会主義は根底まで考えぬけば、必ず理想社会主義である。理想主義は根底まで考えれば社会理想主義である」という文章が引用されていることからもわかるように、この論考はナトルプの影響を強く受けている。ナトルプも、精神の労働（Arbeit des Geistes）をすべての労働のなかでの支配的契機だとした。そして精神は、加工されていない塊（rohen Masse）、素材に対して絶対に上位を占めることによって、世界創造者（Weltschöpfer）になる（Natorp 1922: 190f.）。精神の労働にまで高められた労働は、自ら素材となることなく、創造する営みとなる。ここで創造とは陶冶であり、自己自身の陶冶、個体化、自己創造、自己産出などと言い換えられ、かつそれらは社会から離脱しないとされる。作品は万人のなかに眠っている創造力を広め、覚醒せしめる。芸術という創造、真正な創造とは人間創造（Menschen schöpfung）である（Ebd.: 245f.）。芸術的創造にまで高められた労働において、各個人のなかの神的な根源力が姿を現す（Ebd.: 197）。

しかし、ナトルプと赤井は、「神と人間の間の仲介者」について、意見が対立している。まずナトルプは、集団としての大衆（Masse）ではなく諸個体の自由な団結、権力なき権力として民族概念を提示する。なぜなら民族（Volk）には従う（Folgens）という意味が込められており、これは神に進んで従うことを指すためである。神に進んで従う、あるいは神の指導を人間へ伝える存在をナトルプはプラトンを参照しつつ「天才（Genius）」と呼ぶ（Ebd.: 197）。精神的労働、あるいは芸術的創造に長けた者すなわち天才は、自らの意志ではなく神に進んで従った結果、内なる神を見事に現すことができる。つまりナトルプにとって生命（神）と共鳴しうる者は「天才」なのである。そしてそのような天才が、他者を感化し、共鳴の連鎖をもたらす。

それでは一方、赤井において「神と人間の間の仲介者」とはどのように語られているのだろうか？　ここに赤井にとって宗教とは何か、という問題と、一九二〇年代における赤井の教育思想の根幹があるように思われる。なぜならそれは、上述したように赤井にとって真の知識であり、教育の本懐である「汝自らを認識する」こととかかわっているからだ。そしてそれは、理想を抱くとはどういうことか、という問いへの解答でもある。

3　赤井における宗教

(1) 原動力としての宗教

赤井は一九一九年（大正八年）にジョン・W・バッカムの *Mysticism and Modern Life* を翻訳し『神秘主義と現代生活』として刊行している。その訳者序文において赤井は、宗教とは個人の改心から国家、社会の革命まであらゆる変革の原動力であるとし、「科学・芸術・哲学の極致であり、人生の最終目的」であると論じる。神秘主義とは、赤井の言葉を借りると「宗教の核子」なのである。赤井にとって、現代青年教育の最も重大なる任務とは、「彼らの宗教的要求を、最も熾烈ならしむること」（赤井 1919: 4）である。つまり、赤井にとって神秘主義とは「隠遁者流の瞑想」だけを意味するのではない（同上）。宗教の核子だとされた神秘主義とは、国家や社会の革命に力を与えるものであり、人生の最終目的なのである。

(2) 祈りの心

赤井は、一九二五年（大正一四年）に発表した「児童の為に祈る」という論考において、ペンシルバニアの初期植民地で教員を務めたクリストファー・ドックスの伝記のなかのあるエピソードに着目する。

ドックスは毎夜児童を帰らせてから（彼の学校は夜学であった。）一人教室に居残って祈るのが常であった。児童の出席簿を前に開いて跪座して、児童に対して行った過失、怠慢の罪を神に謝し、更に児童一人一人の名を呼んで、彼等が行く末を神に祈った。一七七一年の秋の或夜、彼はいつもの時間に帰宅しなかったので、探しの者が行ってみると彼はいつもの様に教室に跪座したまま死んでいた。彼は児童のために祈りながらその美しい愛と奉仕の生涯を経ったのである（赤井 1925c: 94）。

赤井はこのエピソードを気に入ったらしく、現代の教育に忘れられている、最も大切なものを示している、と述べている。

また、『体験の教育』の冒頭、「母の祈り」と題した節において、以下のように述べている。

母は嬰児に対して善きことは凡てこれを行はうとしてゐる。その為には如何なる労苦も厭はない。然し母は自らのなすことが嬰児において一切であるとは考へない。母はこの真に新たなる嬰児の行末を思ふとき、その涯しなき前途に対して自らの全く無能であることを謙遜に認識してゐる。謙遜とは自らを卑くすることではない。真に自らを知ることである（赤井 1926: 15-16）。

ここでは、無能であることを認識することが謙遜であるとされ、それは真に自己を知ることであると述べられている。そして自らを知るとはたんに自己を反省的に捉えることに終わるのではなく、児童と自らの上に働く聖なる力、すなわち神の導きを知ることでもある（同上）。教育という営みにおいて児童と向かい合う際、あるいは児童の行く末を案じる時、教育者は自らの無能さに直面する。しかし、赤井はそのような教育者の無能さを非難することはない。反対にそのような無能さを教育の本質的な契機として捉え、自らの無能さを知り、自らを超える力に対し祈る、そのような教育者こそを理想としたのである。「教育、教授の一切を通じて働く教育精神とはつひにこの祈りの精神でなければならぬ」（同上）。あるいは「親心なき教授、祈りなき教育は行き詰るのが当然である」と赤井は述べている（赤井 1925c: 98）。

以上引用した文章からわかるように、赤井にとって「自己を知る」とは自らの無能さを知ることであり、その果てに神を見ることである。しかし、神秘的な出来事や迷信めいた思想を非科学的であると非難しうるほど「啓蒙」されたわれわれにとって、「神」など一時の気の迷い、あるいは錯覚のように思われる。それは赤井の時代においても同様であった。しかし、赤井は以下のように述べる。

> 併し私たちが自己を厳正に批判するならば、思いの限りをつくして行ったならば、自己の力の如何に小さきかをいかんに知り、又未開人の如く神を呼ばざるを得ぬと思ふ。そは決して迷いではない。如何に否定せんとしても否定しえぬ神秘の事実に逢着したのである。そは決して卑怯ではない。真に自己の姿を見つめる、最も大胆にして、真っ正直な心である（同上：95）。

そしてこのような祈りの心があらゆる活動の底流をなしており、忘我の境地にある児童との活動においてもこの精神があらねばならない、と赤井は述べている。しかし、以上のような形で「自己を知る」ことは、何も教師や母などの教育者に限定されるものではない。赤井にとって教育者とは児童生徒に先だって理想を描き、その実現に邁進していかなければならない存在であった。「自己を知る」ことも、教師がまず率先し、それによって児童生徒を感化しなければならないのである。教育者が詰め込みや強要ではなく、自らの内なる姿を児童に示すとき、無能でありながらも、それを知りながらも、理想への愛や衝動を抱きながら活動するとき、「児童は今や自らの言語と理知をもって、教育者のそれを自らの内に翻訳するであらう」（赤井 1926: 14）。祈りの精神は、児童に受け継がれていくのである。

以上からわかるように、赤井にとって宗教とは社会変革の原動力であり、かつ自らの無能さを知ること、それと同時に自らを超える力と出会うことであった。ここで無能とは、指導力の不足や、勉強ができないといった、ある程度克服可能な特定の能力の欠如を意味するのではない。無能さとは、自己を超える力との埋めることのできない無限の隔たりを指しているからだ。

これらは次のように連関している。先述したように、奉仕において人びとは真に自己を知り、神と自己との関係を知り、隣人との関係を知るのであった。自己を知ること、すなわち自らの無能さを知ることは、ただちに絶望を招くことはない。なぜならそれは同時に自らを超える力、すなわち神と自己との関係を知ることでもあるからだ。先述したように、神とはつねに世界を創造する、理想そのものであるとされた。よって、自らの無能さを知ること＝自己を知ることとは、自己に内在する理想、言うなれば世界を創造する固有の使命を知ることでもある。よって宗教とは社会変革の原動力とされる。そして教育という仕事には、どうしても神が、祈る心が必要なのだ。

本節と前節とで明らかになったことを総合すると、赤井における教育の本質とは、特定の知識や技能を教授することではなく、個々人の邁進すべき理想、それに対する愛や衝動を与えることにあると言える。そのためには、芸術や宗教という社会的有用性に回収されない、一見すると「神秘的」に思える領域の営みや経験が必要不可欠なのである。以上検討してきた赤井の論考は、マニュアル化できず、言語化が困難であるような領域を何とか表現しようと苦心したその記録であると言えるだろう。また、前節において示唆するにとどまった芸術における「個人的職能」も、ここから理解できる。赤井によると芸術にはその時代から離れ、社会的結合の束縛から解放する力がある。ここでの社会的結合の束縛とは、ナトルプの言葉を借りれば「集団としての大衆（Masse）」である。自己という固有な存在が埋没した大衆＝塊（Masse）からの解放という芸術の個人的職能とは、以上論じた「自己を知る」ことである。

上述したように、自己を知ること、神と自己との関係を知ることと同時に、隣人との関係を知ることが達成されてはじめて、人は自らの生命を獲得することができるのである。しかし本章ではまだ「隣人との関係を知ること」について検討していない。よって、次に赤井における社会、協同、他者についての考察を検討することにしたい。以下の論述に当たって、われわれはすでに有力な手掛かりを手に入れている。それは、赤井が社会の成立に当たって必要不可欠だと考えていた芸術についての考察である。「社会とは物的集団ではなく、精神的統一であるから社会の成立には思想の一致と云ふことが必須条件である。そして我々の思想に於いて芸術は最も力強い要素であるから、社会には芸術はきわめて必要なもので、芸術のないところに真の社会は成立しないと云つてもよい」（赤井 1922: 253）。

4　赤井における社会

さて、先述したように赤井にとって社会の成立には思想の一致ということが必須条件であったが、それは「八紘一宇」や「共産主義」といった特定のイデオロギー、あるいは同じ芸術作品への嗜好を共有する、という意味ではない。しかし同時に、社会とは物的集団でもない。それでは赤井にとって他者とのかかわりとは、また社会とはどのようなものだったのだろうか？

(1) 他者への衝動

赤井は一九二三年(大正一二年)の論考「物語及び読み物による国際教育」で、「隣人と仲良くするのは我が家の利害や必要から打算したのではない。相接触する人々と互いに睦み合ひたいのは人の心の自然である……〔中略〕……さうせずには止まれぬ要求が人の心の奥深くにあるのである」(赤井 1923: 239)。と述べている。赤井にとって、私的な利害や国家という人為的な境界線以前に、他者へと向かう衝動が人の心の奥深くに存在している。

それにもかかわらず「偏狭な国家主義を唱える人たちがいるのは、他国を知らないからである。よって国際教育の最良の方法は交通である、と赤井は述べる。「丁度隣人との親しみが交際によって愈ゝ密になる如くに、世界の交通によって世界が次第に兄弟たるの事実を意識するのである」(同上: 240)。ここで交通とは物的交通と心的交通の二つが考えられている。物的とは交通機関によって世界の人びとが互いの国々を往来することである。従来の帝国主義は交通の不完全な時代の一現象であったと赤井は考える。次に心的交通とは、思想をもって交通し互いの精神を知りあうことである(同上: 241)。よって、日本だけでなく、世界の物語や読み物を用いることによって、国際理解を深めようと主張する。

以上から、人の心には他者と睦み合いたいという要求、衝動が内在しており、それは物心両側面における交通によって、境界を超えて広がっていく、と赤井が考えていたことがわかる。それでは次に「学校の社会化」についての論述を検討することによって、赤井にとっての理想の社会を明らかにする。

(2) 学校の「社会化」

赤井は現行のドルトン・プランの結果、児童の間でお互いを排斥するような行動が見られることに嘆息をもらし、それならば家庭教育者につく方が得策である、と述べる。赤井は「協同の要素をとったらこの案の価値はおそらく悉く失われてしまうだろう」（赤井 1924a: 89）と言うように、ドルトン・プランにおいて「協同」を重要な要素として捉えていた。そして優秀な生徒がそうでない生徒を援助することを損失だと考え、優秀な者は他の者を顧慮せずにずんずん進み行くことが望ましいと思っている人がいると述べ、以下のように反論する。

学校の社会化の主要件は又この協同にある。児童をして互いに協同して学習研究をなさしめること、互いに他人の問題に対して興味をもつこと、而して互いに相助け合ふこと、かくて児童は実験室内では互いに語り合ふことを十分に許されねばならぬ。教育者一人が教育者ではない。凡ての友は皆教育者である。上級生も同級生も然して時に下級生も教育者である。然してそれらは又皆向上の一路をたどる伴侶である。一人もあとに残るべきものではない（同上）。

赤井にとって「協同」とは、ただ同じ教室に生徒が複数いる、といったような意味ではなく、お互いが助け合い、教え合うものなのである。そこに真の人格の発展があり、自我の完成がある（同上: 90）。よって、赤井はドルトン・プランにおける協同（または共働）において、いわゆる「カンニング」が許容されることを評価する。

それからモウ一つ試験と云ふことをやる。考査と云ふ。其時には隣の人に見せてはならぬ。人のを見てはならないと云ふので、皆な書くときには一生懸命隠すやうにして書く。今日の社会には非常に利己的の人が多くて、何でも自分さへ宜ければよいと云ふ顔をしている。斯様な利己主義の社会を誰が造るかと云ふと、答案を誰にも見せるな、人のを見てもいかぬ、自分さえ一番上の点数を取れば宜いと教授された人々が造るのである。何故に「自分は斯様に考へる」或いは「これはどうして解決すべきものであるか」と相談せしめられないのだらうか。互いに自分の研究を照らし合わせて見る。さうして或る問題を研究するに互いに相談する。其処に初めて児童の共働と云ふものが出て来る（赤井 1924b: 371-372）。

他者との本来的な関係とは、互いに手の内を隠しながら競争するのではなく、上記のような協同関係を指す。なぜなら先述したように、人の心の奥深くには他者と睦み合いたいという要求があるからだ。

ここで赤井が「学校の社会化」と述べる際の「社会」とは、現実の社会を指しているのではないことに注意しなければならない。「はじめに」で述べたように、赤井はパーカーストが社会改造的ではないことを批判していた。具体的には、パーカーストはドルトン・プランを現実の社会の模倣として捉えている、という批判である。赤井は次のように述べる。「仕事そのものも児童に創造せしめる方面をもっと濃厚にしなければ面白くない。学校の教育には社会への準備の職分もあるが、更に社会改造の職分もある」（赤井 1924c: 197）。つまり赤井にとって学校の社会化とは、学校の理想的な社会化、という意味である。

（3）震災と教育

赤井は、関東大震災により被災した教育者たちの編著『震災と教育』に寄稿している。一つは「震災の日」という題の、当日の行動の記録である。もう一つは震災地において可能な、またあるべき教育について論じた「震災地の教育」である。

「震災地の教育」において赤井は、社会に物資の不足や不安な事件が起こった際、人びとが相互に助け合う美しい行為があらわれたことに着目する（赤井 1924d: 412）。そしてこのような現象を一時のものとしないため、社会を愛する精神を養わなければならない、と述べる。人間はどうしても自己の交わるところに愛が限定されるため、社会を愛する精神は社会生活によって養われる。ここで社会生活とは、学校の仕事に参加せしめること、さらに進んで社会奉仕をすることである。これは国際教育についての節で検討した「交通」論と同じ事柄を指していると言えるだろう。赤井にとって愛や助け合い、睦み合いが限定されてしまうのは、無知のためであり、人間はどうしても自己の交わるところに愛が限定されてしまうためである。

以上をまとめると、次のようになる。人の心には他者と睦み合いたいという要求がある。しかしそれは、他人との競争や、異なる文化や思想についての無知によって、疎外されてしまっている。赤井はそのような状況を克服し、「隣人との関係を知る」ため、競争ではなく協同、また物的・心的交通を教育に採用する。ここから、今まで検討した芸術にまで高められるべき労働とは個人的な営みではなく協同であること、芸術作品は人為的に引かれた境界線を越えた、他者との関係を可能にすることが明らかとなる。また、先述したように赤井にとって教育とは特定の知識や技能を教授することではなく理想や衝動、愛を与えることであった。よって、「上級生も同級生も然して時に下級生も教育者である」ことが可能となる。学校の社会化とは、能力の優劣や年齢を問わず、それぞれの仕事を遂行する子どもや教育者が互いに助け合い、教え合う関係を実現することである。それによって社会や国境を越えた連帯が可能となる。協同とは、互いを知り、睦み合う関係を実現するものである。

5　まとめ

最後に、本章において明らかになったことを簡単に整理したい。赤井は宇宙や神、生命などを理想視する、「神秘的」な思想の持ち主である。が、それは机上の空論を振り回す、独りよがりな思想なのではない。赤井にとって、芸術作品によって心を震わす体験は、国境や人種を超えて他者と共鳴し、理想へと邁進する重要な契機であった。そのような体験が可能であるのは、自己や他者が生命や神を分有しているためであり、人の心には他者と睦み合いたいという要求が内在しているためである。よって、赤井にとって主観を超える大いなる存在（生命や神）は、社会的連帯を達成するために、理論的にも実践的にも不可欠な契機なのである。

ここから、赤井がナトルプの社会理想主義を取りあげている理由がわかるだろう。ナトルプも、教育において労働を重視していた。ここで労働とは芸術的創造のように、自己創造的な営みである。芸術とは諸個人に内在する神や理想（Idea）を表現したものであり、よって芸術的創造とは理想を表現しようと邁進する活動である。そのような理想へと邁進すること、あるいは神に進んで従うことによって、諸個人の自由な団結、利己主義をこえた社会的連帯が可能となる。

が、赤井にとって、人間と生命（神）との関係とは、理解や把握ではなくあくまで共鳴である。生命とは旋律のように、響いては消えるものであり、人間が完全に把握することは決してない。理想は絶えず動き、「世界はまだ完成しない」、それどころか「一切のものは未完成である」。よって、神や生命を完璧に表象し模倣することのできない人間は、挫折を宿命づけられている。人間は誰しも、存在論的に無能なのだ。が、それはただちに素朴なニヒリズムを意味するものではなく、赤井は「凡ては完成への途をひたむきに進んでいる」「憧れる者は必ず成る」とも述べる（赤井 1926: 157）。なぜなら、自己の無能さを知るとは同時に自己を超える力、すなわち神（生命）と自己との関係を知ることでもあるからだ。自らの無能さを思い知ったときはじめて、邁進すべき理想、自ら固有の使命が与えられる。このように、自らの無能さと、自己を超える力への感受を赤井は祈りの心とし、教育において必要不可欠なものだとした。

そして、赤井いわく、教育とは「汝自身を認識する」ことであった。つまり、赤井にとって根本的な意味での教育とは、生徒に特定の知識や技能を教授するのではなく、自らが邁進すべき理想、その理想への愛や衝動を与えることなのである。それは、職業としての教師に限られた役割ではない。「凡ての友は皆教育者である」ため、教師が生徒から与えられることも十分ありうる。ある特定の階層や「天才」のみが大衆を導く理想を提示するのではなく、協同的な労働において、互いに教え合い、理想の社会を志向すること。それが赤井にとって「社会」、ひいては「社会理想主義」であり、教育の本懐なのである。

文献

赤井米吉 1919「訳者序」『神秘主義と現代生活』磯辺甲陽堂
赤井米吉 1920a「教育的創造——師範教育の任務」『教育問題研究』第四号
赤井米吉 1920b「再び教育的創造を論ず」『教育問題研究』第八号
赤井米吉 1922「芸術教育の諸問題」小原國芳編『教育行脚と私たち』文化書房
赤井米吉 1923「物語及び読み物による国際教育」国際教育協会編『国際教育の理論及実際』文化書房
赤井米吉 1924a『ダルトン案と我国の教育』集成社
赤井米吉 1924b「ダルトン、プラン」国民教育奨励会『現代文化と教育』民友社
赤井米吉 1924c「パーカースト女史に逢ひて」世界教育学選集『ドルトン・プランの教育』明治図書出版
赤井米吉 1924d「震災地の教育」帝国教育会編『震災と教育』文化書房
赤井米吉 1925a「万人労働の教育（一）」『教育論叢』第三号
赤井米吉 1925b「万人労働の教育（二）」『教育論叢』第四号
赤井米吉 1925c「児童の為に祈る」『教育問題研究』第六三号
赤井米吉 1926『体験の教育』集成社
足立淳 2011「一九二〇年代におけるドルトン・プランの批判的摂取——赤井米吉の宗教的教育思想に着目して」『教育学研究』

第78号
澤柳政太郎 1920「教育的創造について」『教育問題研究』第六号
大日本学術協会編 1927『日本現代教育学大系』第五巻、モナス
中野光 1968『大正自由教育の研究』黎明書房
Natorp, Paul 1922 *Sozial-Idealismus: neue Richtlinien sozialer Erziehung*. Berlin: Verlag von Julius Springer.

第17章　北村久雄の「音楽的美的直観」概念

――音楽教師としての音楽と生命の理解

The Idea of 'Musical-Aesthetic Intuition' of Kitamura Hisao: A Music Teacher's Conception of Life and Music

塚原　健太

〈概要〉　北村久雄は、公立小学校で唱歌専科教師を勤めながら、音楽教育に関する多くの著書を執筆し、当時の唱歌教育界に大きな影響を与えた。本章の課題は、北村の音楽教育の目的論である「音楽的美的直観」の概念を、彼が依拠した思想家の理論を解明することを通して再検討することである。その上で「音楽的美的直観」と北村の生命理解とのつながりを示す。北村は、ベルクソンの生命の哲学に触発されながら、子どもたちは、音楽に接し「音楽的美的直観」の状態にあることによって、生命の本義である表現を促すことができると考えた。「音楽的美的直観」の状態に児童を導くことによって、生命の本性である創造性・発展性が促進されるという認識へと進展したのである。

1　はじめに

（1）芸術教育としての音楽教育をめざした教師たち

大正新教育の全体像を理解しようとする際に、芸術がもつ人間形成的な価値を重視し、それを教育全般にもたらそうとした潮流を看過することはできない。この流れは自由画、童話・童謡、自由作曲など芸術の諸分野にわたっていた。日本自由教育協会が一九二一（大正一〇）年一月に創刊し、同年一一月に一〇冊目を刊行して休刊となった雑誌『芸術自由教育』は当時の教育界に大きなインパクトを与えたといわれている。この雑誌の編集メンバーであった片上伸（1884-1928）、岸辺福雄（1873-1958）、北原白秋（1885-1942）、山本鼎（1882-1946）のうち岸辺だけが小学校教師の経験者であったが、他の三人は芸術家であった。彼らが芸術家の立場から初等教育の改造に対して発言したのは「彼らが教育のあり方を「素人」の立場から問い直すことの積極的な意義を認めていたからにほかならなかった」と、中野光が述べているように、芸術の教育的な意義を求める流れの源泉は非教育関係者としての芸術家たちにあった（中野 1993: 19）。

たしかに版画家・洋画家であった山本が自由画を標榜し、新しい図画・美術教育を牽引した事実や、子どものための文芸・童謡運動の中心が鈴木三重吉（1882-1936）や北原といった詩人や、山田耕筰（1886-1965）などの作曲家たちによって担われた事実は、芸術教育運動がもっていた芸術家主導の傾向を端的にあらわしている。ところが芸術教育運動として一枚岩的に捉えられたこれらの潮流を学校教育の実践とのかかわりで検討してみると、図画・美術教育の分野では芸術家と教育実践家とのかかわりのなかで実践が生みだされていったのに比して、詩人、作曲家が教育実践に対して言及することは少なく、童謡という子どもたちのための歌——学校教育の側から見れば教材

——の作成に携わるだけで、学校での唱歌・音楽の教育実践のあり方には積極的に関与していなかったと考えられる。

むしろ大正新教育期において学校の音楽教育の改革を推進したのは、芸術教育運動の影響を受けながらも、それまでの実践のあり方を内側から批判し、問い直そうとした小学校の唱歌専科の教師たちであった。当時の学校音楽教育改革を先導した教師たちは、小学校令施行規則などの教育法令で定められていた「徳性の涵養」のための教科、つまり道徳教育の手段としての唱歌科の位置づけや、基礎技能の訓練や読譜指導を中心としたただたんに唱歌を上手く歌うことを意図した実践を批判し、児童の音楽性延いては児童の人格形成に寄与する芸術教育としての音楽教育を標榜し、独自の音楽教育の目的論と実践を展開した。

(2) 北村久雄の音楽教育論への評価

本章で取りあげる北村久雄（1888-1945）は、長野県および兵庫県の公立小学校で唱歌専科教師をつとめながら、一七〇本を超える雑誌記事、二〇以上の著書を執筆していた。彼の主著である『音楽教育の新研究』（一九二六年、以下『新研究』と略記）は、少なくとも一九三〇（昭和五）年には増訂一二版が発行され、当時の唱歌教育界に大きな影響を与えた。北村は一九四〇（昭和一五）年に「毎日児童の前に立つて音楽教育の実践に当つて来た一訓導であり、一実際者に過ぎない」（北村 1940: 序言1）と述べているように、生涯を通して音楽教育の実践家としての立場を貫いていたが、その一方で、つねに自身の音楽教育実践から得た音楽教育論を体系化し、発表していた。雑誌や著書にまとめられた彼の音楽教育論には、実践家としての姿勢が反映されている。したがって彼の音楽教育論を読み解くことは、彼が音楽の教師としてどうあろうとしたのかを明らかにすることと同義である。

彼の音楽教育論の特質を検討した三村真弓は、「北村は児童の中に芸術性が潜在するとは認めず、芸術は高い所に絶対性を有して存在すると見なしていた」ために、「北村の音楽教育観は、児童の上に芸術を置き、そこへ児童を到達させようとするものであった」と評価している（三村 1999: 51-52）。また北村自身の生活信念と音楽教育論の関係を検討した藤井康之は、次のように北村の音楽教育論の限界を指摘している。それは、北村が人としてよりよく生きるための精神的な豊かさを求める自身の生活信念と、「自律的な音楽」に包摂され真・善・美に同質性を見いだし、その両者の関係性が意識され「理想の教育の姿が強固なものとなるとき、個々の音楽の持つ特性を軽視する特質と、実践の中に生きる子どもをもリアリティのある個別的な存在から、一様に美的で純粋な存在に抽象化してしまう特質を産出することになった」というものである（藤井 2004: 292-293）。

筆者は北村の問題関心が教師としての成長の過程で変容していたことを指摘した上で、それまでの研究による音楽の絶対的な価値の尊重と、個別的な存在としての子どもの看過という彼の音楽教育論への評価を再考する必要を指摘した。それは、少なくとも先行研究で中心的に検討されてきた「音楽的美的直観」という目的概念を標榜する以前に北村は、「生命」の本質である「表現」に寄与するために、一人一人の児童の音楽的本性を養うことを自らの役割だと考えていたためである（塚原 2014: 72-74）。この北村の職能意識への私たちの理解を、彼の音楽教育論の中心概念である「音楽的美的直観」にも敷衍してみると、この音楽教育の目的概念についても再考する必要があると考えられる。

（３）本章の課題と方法

本章の課題は、北村久雄の音楽教育の目的論である「音楽的美的直観」の概念を、彼が依拠した思想家の理論の解明を通して再検討することである。その上で「音楽的美的直観」と北村の生命理解とのつながりを示したい。

これまで彼の音楽教育論は西田幾多郎、ベルクソン、ショーペンハウアー、リンデなど多くの思想家の影響を受けて形成されたことが指摘されてきたが、その影響の内実については明らかにされていない[1]。それは一つに北村が思想家、理論家ではなく実践家であることに起因していると考えられる。たしかに彼の音楽教育論は、当時の一般の教師には見られないほど体系的なものであるが、そのテクストを精査してみると矛盾や論理的な飛躍が散見される。これは北村が思想家の理論から演繹的に実践を生みだしたというよりは、実践から生まれた問題関心に即して思想を批判的に検討しながら援用することによって、自身の音楽教育論を構築していったためであると考えられる（塚原 2014）。そのためどの思想家の言説も断片的に使用されたり、複数の思想家の言説が援用されたりしている。したがって北村の目的概念の思想的基盤を特定することは容易ではないが、彼が言及している思想家の言説と彼のテクストとを対照させていくことで、北村の思想的基盤を探りたい。

まず彼の言説から思想的基盤になったと考えられる思想家を仮定し、その思想家の側から北村の言説を検討することで「音楽的美的直観」概念の検討を行う。さらに北村が音楽の陶冶的価値をどのように理解していたのかを明らかにした上で、「音楽的美的直観」と彼の生命理解とのつながりを明らかする。最後に、こうした思想を唱歌専科教師としてどのように体現しようとしていたのかを検討したい。

2　音楽の独自性への認識

北村は音楽教育の目的を検討する上で、音楽教育を芸術教育に位置づけているが、芸術教育一般の目的論を音楽の場合にも敷衍するのではなく、音楽教育の本質的な意義そのもののなかに芸術的な意味が内包されているという立場を取っている。そのため彼は、音楽の独自性を解明することを基礎として音楽教育の目的論を展開している。

音楽の独自性への彼の認識は『新研究』に述べられているが、この著書に加筆・補正を行ったもう一つの主著である『新音楽教育の研究』（一九三四〔昭和九〕年）においてさらに詳しく述べられているので、必要に応じてこの著書も参照したい。

（１）音楽の純粋性

北村によれば音楽の独自性は「私達をして、音楽それ自身の状態にまで誘導するところの作用である」という。では私たちが音楽自身の状態にあるとは、どういうことだろうか。それは私たちの精神状態が音楽の世界に同化されている状態であり、音楽の世界が最も自由で最も純粋であるために、私たちの精神状態も自由で純粋な状態である。この状態を北村は「美的直観」もしくは「芸術的直観」と呼んでいる（北村1926: 11）。

「美的直観」は論理的な認識と、実践的な行為とに密接に関係した両者の中間にあるものであるという。それは論理的な認識が、事物に対して観察的な態度を取り、実践的な行為が事物を思い通りに変化させようとするのであるが、「美的直観」においては、そのどちらの態度も取らず事物を純粋に眺めるという態度にでるからである。このように私たちが事物を純粋に眺める、つまり観照している状態が「美的直観」なのである。しかし、どの芸術においても私たちを美的直観に導くことは可能であり、それは芸術一般に普遍の性質である。そうだとすれば、なぜ音楽の独自性を純粋性に求めることができるのだろうか。この問いに対して北村は、次のように述べる。

「此の意味で凡ゆる芸術は、その純粋な立場に於ては、皆私達をこの純粋直観の境地に導くものであるが、音楽は他の様々な芸術の様に、表象的内容即ち何等かの意味を伴つて居つたり、又は表現の様式や材料に煩はされると云ふ心配が更になく、それ自身の姿即ち音そのものゝ響きを以て、直接に私達を同化して行くのである。純粋直観の立場に導き入れるのである」（北村 1926: 12）。

絵画であれば、そこに描かれた事物によって具体的に表象される内容や意味を持つ場合があるが、音楽の場合は、音の響きによって何等かの意味内容を表象する働きはもっていないため、表象内容に煩わされることなく、音・音楽そのものを純粋に聴くことができる。ゆえに純粋性が遺憾なく発揮されるのである。この純粋性という音楽の性質は、次の「音楽の直接性」によって更に補強されている。

（2）音楽の直接性・自由性

北村は音楽の直接性を説明する際に、ショーペンハウアー（Schopenhauer, Arthur 1788-1860）の『意志と表象としての世界』（一八一九年）の一節を引用している。

「音楽は観念［＝イデア］の媒介を要せずに観念の中を素通りにし、従つて又現象としての世界と全く独立して全くそれ［＝現象する世界］を無視し［ているがために］、そこで又或［る］意味に於ては、たとへ世界は全く存在しなくても存立し得るやうになつて居る。即ち音楽は、意志全体の複写、その客観化で、此の［音楽の直接という］点では世界そのものと同じ［ほどに意志に対して直接］であり、又観念の差別的現象が個々物の世界を生ぜしめてゐるのであるから、音楽は又観念とも同じものである。

その他の美術は観念の摸写であるが、音楽は決してさうでなく、寧ろ意志そのものゝ摸写であつて、観念は意志の客観性に過ぎない。それ故音楽の芸術的効果は、［音楽が意志の摸写あるために］その他の芸術の効果よりも遥かに強大で浸透的で、後者は単に影のみについて語るが、前者は本物［＝本質］について語る」（北村 1934:

15-16）[2]。

このように北村はショーペンハウアーの言葉を援用することで、他の芸術と音楽との違い、すなわち前者が、イデアを媒介として意志を客観化しているのに比して、後者は意志を直接客観化しているという違いを確認し、こうした音楽の直接性ゆえに、音楽が「本質」を語るという特性を説明したのである。

音楽の独自性としての自由性も、やはり前者の二つの音楽の特性と同様に、音楽が何等の観念とも結びついていないことという性質に収斂している。つまり音楽が「自由美」という性質をもつのは、「即ち詩もなく標題もなく、又いつも或る観念と結び付いた即ち一つの目的を持つた或［る］所作の附属物でない場合には、自分に関係の無い内容を絶対的に含まない」（北村 1934: 16）という意味においてである。

（3）音楽の陶冶的価値

このように北村の音楽についての理解を検討してみると、音楽には何等かの観念が付属している訳でなく、何等かの観念を表現する訳でもないという音楽の純粋性と直接性に、音楽の独自性を求めていることが明らかである。こう見たときに藤井が指摘しているように、北村は「自律的な音楽」の立場に依拠していたと理解できる。しかし、北村が「音楽を形づくる音、構造以外のあらゆるものを捨象し、音楽固有の自律性と独立性を固守しようと」（藤井 2004: 288）したとすれば、音楽の陶冶的価値はどのように見いだされるのであろうか。なるほど北村が、音楽自体に絶対的な美的価値や「普遍的客観的な真・善・美」が存在すると考え、そうした価値をもった音楽と子どもを融和させることによって人格陶冶を行うことが音楽教育の目的だと考えていた（藤井 2004: 288-289）のであれば、これ以上の議論を必要としないだろう。ところが北村は、「音楽教育や唱歌教授に対して、外から色々な教育上の意義や効果を求め様とするのは、教育的功利主義の立場である」として退け、「音楽教育の特異性〔独自性〕が遺憾なく発揮されるところに、音楽教育唱歌教授の真の価値といふものが、必ず伴つて現はれて来るものである」と主張している（北村 1926: 10）。そうだとすれば、北村による音楽の独自性への考察を離れて、彼があらかじめ音楽のなかに備わった何等かの価値に子どもを融和させ、その価値をつかみ取らせようとしていたという私たちの理解は再考されなければならないだろう。そこで、北村の音楽教育の目的論の根幹をなしている「美的直観」についてさらなる検討をすることで、北村の音楽の陶冶的価値に対する認識を明らかにすることとしたい。

3　ベルクソンの持続と美的直観

先述したように、北村は、私たちの精神状態が音楽の世界に同化されている状態であり、音楽の世界が最も自由で最も純粋であるために、私たちの精神状態も自由で純粋である状態のことを「美的直観」と呼んだのであった。そして彼は、この「美的直観」をベルクソン（Bergson, Henri 1859-1941）の「純粋持続」の状態と同義であると説く（北村1926: 11）。しかし、ベルクソンの純粋持続に関する言及はそれ以上行われておらず、美的直観と純粋持続の重なりがどのように見いだされるのかは不明瞭である。そこで、ここではベルクソンによる持続に関する論理を見ることで、北村の「美的直観」に対する認識への理解を深めたい。

(1) ベルクソンの持続概念と自由概念

ベルクソンによる持続の考察は、彼の最初の著作『意識に直接与えられているものについての試論』（一八八九年）

で展開されている。ベルクソンは持続の性質を説明する際に、外的延長と内的持続とを区別し議論を進めている。外的延長は量的な多数性であり、それは「一つの等質場」である空間によって把握されるもので、「空間において相互に異なった事項が並列されてい」（ベルクソン 2010: 216）るために、相互外在的にその大小を計測することが可能である。一方、内的持続は時間によって把握されるもので、そこにはお互いに個別化されることのない継起が存在するだけで、単一の意識事象が絶えず「相互浸透と有機的統合」（ベルクソン 2010: 216）しているのである。いわば持続は異質的で連続的な流れである。

「われわれの内面における持続とは何であるのか？　それは、数とは似て似つかぬ、一つの質的多様性である。あるいは、一つの有機的統合の展開であるが、しかし、その展開を数的増大として捉えることはできない。あるいはまた、一つの純粋異質性であるが、そのなかに個別化された複数の質的存在があるというのではない。要するに、内的持続の各瞬間は、相互外在的なものではない、ということだ」（ベルクソン 2010: 217）。

しかし私たちは、外界にある事物が時間とともに変化していくように見えるために、事物も持続しているのだと考える。そのため、「時間を空間のなかに置いて考えるという考え方も生まれて」（ベルクソン 2010: 219）しまうという。しかし本当は、持続の相にある私たちの意識が、事物の各瞬間を記憶するために継起するように見えているのであって、私たちの意識は、外的空間にある「継起することなく、互いに個別化される同時存在」（ベルクソン 2010: 218）を見いだしているだけなのである。それにもかかわらず時間を空間化すること、つまり外的事物によって「われわれの内的持続の継起する各瞬間を互いに外在化する」ことによって、「一個の内的生命を、そこでは継起は相互浸透を意味するはずであったその内的生命を、個別化され、互いに外在化された断片に切り刻」んでしまうのである（ベルクソン 2010: 219）。

ベルクソンは、こうした「時間を空間と同一視」すること、「継起と同時性を混同」することこそ自由を否定することにつながっていると説く。自由を定義するにしても、自由を否定するにしても、ある行為が、その行為の前提条件によって予見することができるか、できないかという問題提起がなされる。それができると答えた場合にも、できないと答えた場合にも、前提条件が与えられていることは承認されている。このように「前提条件を承認することは、内的持続を一つの等質な事物として扱」うことに帰着しているのである（ベルクソン 2010: 220）。物理現象を予見することを目的とした科学的認識に慣れてしまっている私たちは、内的持続を空間化すること、つまり自らの「意識状態を、外界の事物の相互外在性に帰属させる」ことを維持しようとしている。それゆえに「われわれが自由である瞬間も稀」（ベルクソン 2010: 221-222）になっているのである。

> 「ほとんどの場合、われわれはわれわれの外で生きていて、本来われわれの色あせた亡霊しか、純粋持続が等質空間に投影した幻想しか認知していない。われわれの実在は時間のなかではなく、空間のなかで営まれている。われわれは、われわれ自身のためではなく、むしろ外的世界のために生きている。われわれは思考するよりも、むしろ語っている。われわれは「行為されている」のであって、自らの意識で行為しているのではない」（ベルクソン 2010: 222）。

では、私たちが真に自由になるためにはどうしたらいいのだろうか。ベルクソンによれば「自由な行為とは、自己の認識を取り戻すことである。自由とは、純粋持続のうちにわが身を置きなおすことである」（ベルクソン 2010: 222）。

（2）持続としての音楽

ベルクソンのいう真の自由を手にすること、つまり私たちが「純粋持続」に身を置くことは簡単ではない。持続は先述したように、時間によって把握されるものであるが、私たちはこの時間でさえ時計の秒針を数えるように等質場である空間によって表象しようとするのである。しかし、そうした時間の空間化を避け、否応なしに私たちを持続の相に置くことができるものがある。それが音楽である。

ベルクソンは度々楽音と音楽を例に、持続を説明している。音楽は、当然のことながらいくつかの楽音が組み合わされてできている。しかし、私たちは各々の音を一つずつ引き離して数えることはせず、それぞれの楽音は互いに溶け合いながら一つの旋律をなしているように聴くだろう。ベルクソンは相互に浸透し合った音の総体である音楽を一つの生命体にも比すべきだと述べている。こうした性質をもった音楽を聴くとき、われわれは必然的に空間による把握を止め、時間に身を任せることになる。つまり持続の相に生きることができる。

「こう言えばよいだろうか？　これらの音が次々に現われ消えて続いてゆくとしても、それにもかかわらず、われわれは新しく聞こえる音をすでに聞いた音のなかに統覚しているのだと、そしてまた、それらの（統覚された）音の総体は一個の生命体にも比すべき存在であって、その一つ一つの部分は確かに個別のものであっても、それらの一体性によって相互に浸透し合っているのだと、言うことはできないだろうか？　その証拠に、もしわたしがある一つの音を必要以上に長く延ばして旋律の拍子を乱したとき、どこか間違っているとわれわれに思わせるのは、その音が必要以上に長いからではなく、そのことによって楽節全体に質的変異が生じているからである、と思われるからである」（ベルクソン2010: 98-99）。

（3）持続としての音楽の陶冶的価値

音楽が持つ持続のうちに私たちを置くことを促す性質こそ、北村による音楽の独自性に対する議論の根幹をなしていると考えられる。先に述べたように彼は、音楽には私たちを「音楽それ自身の状態にまで誘導するところの作用」があり、それが音楽の独自性であると考えていたのである。その音楽の状態とは「私達の心が、最も自由なそして最も純粋な音楽の世界にまで引き楊《ママ》げられた精神状態意識状態」であるが、この状態こそ「純粋持続」であり、「美的直観」なのである（北村 1926: 11）。つまり音楽の世界が最も自由で最も純粋なのは、私たちを「純粋持続」に引き入れることができるからである。

北村は、ベルクソンのいう「意識のその時その時の状態が、有機的に統合され、あるいは相互に浸透しあうというプロセス」（ベルクソン 2010: 106）、つまり真の意味での内的持続の状態を正しく理解していた。北村は直観とは「純粋に見ること」だと説くが、それはただ見るだけに留まらず「感覚を通じて与へられたものが、即ち印象がその内在的必然性に依つて、私達の意識の中に自律的に純一に統一されて来るものである」と述べる（北村 1926: 12）。このように北村は、私たちが直観つまり純粋持続の状態にあるときには、私たちの意識のなかでリズムや音色、そして音高などの印象が相互浸透と有機的結合とをすることによって質的な連続性となるというプロセスを認識していたのであった。

「見ると云ふことは常に精神の統一的活動であり実現である。直観とは意識のこの自律的発展のことである。そこで私達は音色とか高低等の印象が統一され純一な直観となる時、はじめてその音を美と感じ、こゝに所謂芸術的形象又は芸術的直観が出来るのである。故に芸術的直観は純粋持続であつて、音楽の状態である」（北村 1926: 12）。

北村は、音楽に私たちを純粋持続に導き入れるという独自性があったとしても、それがどんな時にもそうであるわけではないことも理解していた。あらかじめ得た何等かの概念を基に音楽を聴いたり、何かに役立てようとして功利的な態度で音楽に接したりするとき、換言すれば音楽を何等かの事物と関連づけたり因果関係のなかで音楽を聴いたり、歌を歌うことの効果をあらかじめ把握しようしたりするとき、つまり音楽を空間的に把握しようとしたときには、音楽の「特異性即ち純粋なる持続の状態〔先きに述べた美的直観の状態〕が忽ち、私達から破壊し消滅して行」ってしまうのである（北村 1926: 13）。

したがって北村は、音楽教育の目的を論ずる際に、教育法令に掲げられていた「徳性の涵養であるとか、やれ美感の養成であるとか云ふ様な、抽象的な目的を標榜したところでどうにもならない」と考えていた。こうした功利的な意義は、私たちの意識が音楽によって「音楽的美的直観」つまり持続の状態に導かれることによって、「必然に産れて来べき結果に対して、徳性であるとか、美感であるとか云ふ様な名称を分類したに過ぎない」のである。もし音楽に接することによって起こることが予見できるとすれば、それは持続に身を置くことによって真に自由になった私たちの「生命の成長」だけである（北村 1926: 10）。

4　北村の生命理解と教師の役割

（1）「音楽的美的直観」と生命理解のつながり

ベルクソンの純粋持続が「生命」理解につながっているように[3]、北村の「音楽的美的直観」も生命理解につながっている。北村は『新研究』を刊行する一〇年ほど前、小学校の教師として五年、唱歌専科の教師として一年を経た一九一六（大正五）年頃から、すでに「生命」や「生」という言葉を使っている。彼は生命の本義は表現であり、唱歌は表現を十全たらしめることができるため、唱歌を歌うことは、よりよく生きることにつながっていると認識していたのであった（塚原 2014: 72）。そして歌うことは、作詞者や作曲者の感情を借りるのではなく、「己れ自身の直観に生きて居るのであるが、それが純粋直観であるかぎりその歌謡は歌唱者の全我的表現でなければならない」（北村 1926: 14）と述べているように、「音楽的美的直観」も生命の本義である表現につながっている。

「そこで歌ふと云ふことは、対象たる歌曲に、唱歌者自身の芸術的直観を充たすことに依つて、その直観の必然的発展として歌曲を産み出すことである。尚これを言ひ換へて見ると、歌はうとする歌曲を美的に直観してその直観の結果どうしても歌はずには居られなくなつて歌ひ出すのである。若し彼れの直観が歌曲の中に余すところなく充されるならば、彼れは歌はずには居られなくなつて来るのである。何故ならば芸術的直観と云ふものは、その立場が深くなればなるほど表現的になつて来るのがその特徴であるからである」（北村1926: 14）。

このように音楽に接し「音楽的美的直観」の状態にあること、換言すれば持続の状態にあることによって、生命の本義である表現を促すことができるのであり、「音楽的美的直観」の状態にあることは、生命の絶え間ない成長につながっていくのである。

（2）唱歌専科教師としての使命

児童の生命の成長を促すことこそ、北村にとって教師としての最も重要な使命であった。北村は一九二一年に雑誌『芸術自由教育』に寄稿した「私の唱歌室に生い〳〵しい花の咲く時」のなかで、長野市の城山尋常小学校において独唱したいという児童の要望に応えて放課後に行っていた独唱練習の様子を振り返っている(4)。北村が次のように述べたように、児童の歌いたいという意欲、それ自体が生活表現の一面であり、その意欲に応えていくことが唱歌専科教師としての重要な役割であった。

「唱歌を謡ひ度いと云ふ、児童の意欲、夫れは最も尊い、生活表現の一面である。それが透明な真純な意欲で有る限り、それを、満足させることは、其の人間として、最も純真な生活を、生きたことになる。最も人格的に生きたことになるので有る。謡ひ度いと言ふ意欲が透明である限り、唱ひ度いと云ふ時に、謡はせる、結果はどんなでも、其の児にとつては、其の刹那を、最も価値的に、最もよく生きることになるのである。私達は、斯る機会を、出来るだけ多く作り度い。又児童に与へてやらねばなるまい」(北村 1921: 52)。

そのために彼は放課後の唱歌室で、一人ずつ好きな歌を独唱するために伴奏し、一人ひとりに対して簡単な批評を行った。その結果、子どもたちのなかでは「謡ひ度いという云ふことを超越して、一層上手にならうと云ふ欲念が動いて来た」り、上手な者の発声や歌い方を真似する児童も出てきたという(北村 1921: 53)。北村はこのことを、児童の「表現衝動が強く鋭く、動く様になつて来た。唱謡に自信を持つて来た。徒らに新を求めると云ふ傾向から、楽曲を深く味はふと云ふ、態度の内向を示して来た。真似すると言ふことの物足らなさを、自覚して来た」と振り返っている(北村1921: 54)。しかし、彼はこうした実際的な効果よりも、児童が歌うことによって、自らの生命を伸展させていくという児童たちの歓びに寄与できたことに感謝したという。

「けれども、私が止み難い感謝に充たされたことは、斯うした外延的に実証された効果よりは、児童が最も自由な姿に、自分をうたつてゆくことになつて、彼等自身――の生命――が、伸び〳〵て行くと云ふ、児童等の歓びに、報いられたことである」（北村1921: 54）。

北村が、こうした児童の生命の伸展を促すという教師としての使命感を「音楽的美的直観」という音楽教育の目的概念を展開する以前にもっていたことは特筆すべきことであろう。つまり彼の生命理解は、教師として児童と触れあうなかから形成されたものであり、そうした生命理解があったからこそ、ベルクソンの「生命の哲学」への共感を得ることができたと考えられるのである。そして実践から得た生命理解は、ベルクソンの持続概念によって音楽と生命が重なっているという認識――児童の生命は、持続という共通項で結ばれた音楽に接近することによって、つまり「音楽的美的直観」の状態に児童を導くことによって、生命の本性である創造性・発展性が促進されるという認識――へと進展したのである。

こうした生命理解は、北村が教師として自己変革をし続けていく姿にも体現されていた。北村は、度々自身の唱歌科教師としての歩みを語っている（塚原 2014: 68）。そこには、実践的な問題関心の変化とともに、自身の実践の問題点を見いだし、つねによりよい実践へと改革を行っていた姿が看取できる。このように彼は、児童の生命の伸展を促すという唱歌専科教師としての使命に呼応するように、よりよい音楽教育を建設し続けていくことに自身の生命の発露を求めていたのであった。

「輝かな青空に光をもとめてぐん〳〵伸びて行く草木の様に、生い生いしく成長する音楽教育を望まないものがあらうか。渾々として噴溢する泉の様に、いつまでも創造をつゞける「生命の音楽教育」を希はぬものがあろうか」（北村1935: 1）。

注

（1）北村の音楽教育論へのこうした思想家の影響は、先述した三村（1999）、藤井（2004）以外にも、平井建二（1991）によってベルクソンの「純粋持続」の影響があったことが指摘されているが、その影響の内実は明らかにされていない。
（2）以下、［］は筆者による補足である。この引用の補足にあたってはショーペンハウアー（2004）による翻訳を参照した。
（3）ベルクソンは持続という実在を、『創造的進化』（一九〇七年）では、生命の流れとして描いている（檜垣2000: 177）。
（4）北村が長野市城山尋常小学校に勤務したのは、一九一六年～一九一九年の四年間である（塚原2014: 68）。なお、『芸術自由教育』に掲載された記事には、城山尋常小学校での実践を振り返ったものであることは明記されていないが、この論文は『新研究』（一九二六年）に再収されており、そこに明記されている（北村久1926: 602）。

※付記　本章は「北村久雄の「音楽的美的直観」概念――音楽教師としての音楽と「生命」の理解」（『音楽教育研究ジャーナル』第四二号、二〇一四年、一－一二頁）に加筆したものである。

文献

北村久雄 1921「私の唱歌室に生い〳〵しい花の咲く時」『芸術自由教育』第一巻第八号、五二－五四頁
北村久雄 1926『音楽教育の新研究』モナス
北村久雄 1934『新音楽教育の研究』厚生閣
北村久雄 1935『高学年音楽生活の指導』厚生閣
北村久雄 1940『芸能科音楽の指導原理と実際』厚生閣
ショーペンハウアー、アルトゥル（西尾幹二訳）2004『意志と表象としての世界』Ⅱ、中公論新社
塚原健太 2014「北村久雄における唱歌科教師としての専門性認識の変容――実践的問題関心の検討を通して」『東京成徳大学子ども学部紀要』第三号、六七－七七頁
中野光 1993「大正自由教育と『芸術自由教育』」冨田博之・中野光・関口安義編『大正自由教育の光芒』久山社、七－二五頁
檜垣立哉 2000『ベルクソンの哲学――生成する実在の肯定』勁草書房

平井建二 1991「わが国の音楽教育における創造性の思想的系譜」日本音楽教育学会編『音楽教育の展望Ⅱ』上、音楽之友社、三二一－三九頁
三村真弓 1999「北村久雄の音楽教育観」『広島大学教育学部教科教育学科音楽教育学研究紀要』第一一号、三七－五五頁
三村真弓 2001『大正期から昭和初期の小学校唱歌科における指導方法の史的展開――教科主義と児童中心主義との接点の探究』広島大学大学院博士論文
藤井康之 2004「北村久雄の音楽教育論と生活の信念」『東京大学大学院教育学研究科紀要』第四三巻、二八七－二九四頁
ベルクソン、アンリ（竹内信夫訳）2010『意志に直接与えられているものについての試論』白水社
ベルクソン、アンリ（竹内信夫訳）2013『創造的進化』白水社
渡辺護 1997「音楽は意志の客観化――ショーペンハウアーの音楽美学」今道友信編『精神と音楽の交響――西洋音楽美学の流れ』音楽之友社、二九五－三一四頁

第18章　野村芳兵衛の教育思想——愛と功利の生活教育

The Educational Thought of Nomura Yoshibee: Love and Utility in Life-education

木下　慎

〈概要〉　大正新教育の思想家・実践家である野村芳兵衛は、教師の指導性にも子どもの自発性にも還元できない、そのあいだで生起する関係性について思索をめぐらしている。野村はときに生命一体の「協力」を神秘的に語り、ときに集団自治における「協働」を合理的に語った。本章の狙いは、そのような一見して相反する教育関係の構想について、野村の思想変遷に即しつつ検討を加えることである。大正期の野村は「協力意志」・「生命信順」といった言葉を用いて、教師個人の作為を越えて出来する共生の味わい、他者と共感的にかかわる愛の感情を謳った。大正期の野村の生活教育論には、他者との共同生活を営むなかで共生の実感を深めるという根本的課題がある。しかし、昭和期の野村は、自らの生活教育論に修正を加え、科学的客観性に裏付けられた生活訓練、客観的功利性を備えた社会的協働を説いた。野村は、親密な愛と集団の功利を架橋するための論理を追求したが、その結果、生活を味わうゆとりや共感的態度を後退させた。その背理は、野村のみならず、私たちが担わざるをえない背理といえる。

1　はじめに

野村芳兵衛（1896-1986）は池袋児童の村小学校で訓導を務めた大正新教育の思想家・実践家である。教師の指導性に依拠した旧教育を拒否するとともに、子どもの自発性に依拠した自由教育を批判する野村の教育思想は、大正新教育において独特な位置を占めている。野村が探求を捧げたのは、教師の指導性にも子どもの自発性にも還元できない、両者の「あいだ」で生起する教育関係に対してである。野村はときに生命一体の「協力」を神秘的に語り、ときに集団自治の「協働」を合理的に語った。本章は、野村の思想変遷に即しつつ、そのような教育関係の構想について検討を加える。

野村芳兵衛についての先行研究には、竹内常一（1969）・中内敏夫（1970）・今井康雄（1986）・田中智志（2012）などがある。そのなかでも、野村の教育思想を生活指導論の系譜に位置づけた竹内（1969）と、生活綴方論の系譜に位置づけた中内（1970）の二つの大著は、戦前・戦後の教育史に通底する生活教育論の潮流を整理し、その源流に野村を置いたという点で、画期的な視点を提示している。しかしながら、野村の「生活教育論」が盛んに論じられる一方で、野村の「生命思想」については十分な検討がなされてこなかった。野村にとって生活とは「生命の発現する姿」（『新教育に於ける学級経営』二八頁）であったことを踏まえるなら、「生活」の基底をなす「生命」の解釈を抜きにして、彼の生活教育論を十全に理解することはできないだろう。生命の概念を基底に据えて、野村の教育関係論を把握することが本章の課題である。

ただし、中内（1970）が指摘しているように、野村の教育思想を読み直すにあたっては、大正から昭和にかけての野村の思想転回に注意を払う必要がある。本章でも、大正期と昭和期の間にターニングポイントを認め、野村の教育思想を二つの時期に分けて論じる。まずは、神秘的な性格を帯びつつ、その生命思想が全面的に展開された大正期の教育論を検討する。その次に、合理的な性格を強めつつ、その生活教育論が全面的に展開された昭和期の教育論を検討する。従来の研究では主に、「協働自治」論を骨格として「生活教育」論が提唱されるに至った昭和期の教育思想が、野村の到達点として評価されてきた。それに対して本章は、生命思想に焦点化することで大正期の教育論に新たな視点を投じ、そのような観点からはじめて見えてくる、野村の思想転回の意義について一つの解釈を示す。

2　野村の大正期の思想

教育意識から協力意志へ

まず、大正期の野村の教育思想を検討する。大正期に発表された「旧教育を埋葬する日の私」という文章で、野村は「教師中心」か「児童中心」かという二項対立の図式を批判して、第三の道を希求した[1]。

それが／教師中心であらうと児童中心であらうと／遊戯の学習化であらうと合科学習であらうと／芸術教育であらうと自由教育であらうと／教授であらうと学習であらうと／プロゼクトメソッドであらうとダルトン案であらうと／若しもそれが／指導を認める教育、教育意識の上に立つ教育／教育者と被教育者とを対立させる教育であるならば／さう言ふものを三束一紮にして／旧教育と呼ぶことに私はちっとも躊躇しないのみか／さう言ふ旧教育はもうくたばってもいゝのだし／くたばるべき運命が近づいてゐることを直覚する。（「旧教育を埋葬する日の私」『生活教育論争』：27。強調は原文のまま。引用文中の「／」は改行を意味し、旧字体は適宜改めた。以下同様。）

ここでは、教師が子どもに対して「教育意識」を持つべきではないと主張される。野村は、「教師」の「教育意識」に立つ旧教育に代えて、「生命」の「協力意志」に立つ新教育を提示する。

協力意志に立つ教育は今誕生したのだぞ／人間は導かず導かれず／友情によって協力する／人と人との中には無形の力が内在して／二人の生活を統一してくれるのだ／人間はたゞ手をとり合って／生命の統一に信順すればいゝのだ／じっと心の小窓から人生の光を仰げばいいのだ／生活そのまゝが新教育だった。（『生活教育論争』：30）

野村は「協力意志」なるものを措定して、協力意志が人と人とのなかに内在する無形の力を通じて、異なった個人同士の協力を実現し、生活に統一をもたらすのだと述べる。教師の指導が児童を導くのではなく、生命の協力意志が児童とともに教師を導く。「今は自己中心でもない。他人中心でもない。協力意志に心をおちつけるのである」（『生活教育論争』：49）と言われるように、教師でも児童でもない協力意志という第三項を立てることで、教師中心か児童中心かという二項対立が調停される。

このような着想の背景には、野村の浄土真宗信仰がある。実際に、野村は別の箇所で「生命」の協力意志を、浄土真宗の信仰対象である「如来」と同一視している（『新教育に於ける学級経営』：37）。如来の導きに準拠することで、教師の指導観には最終的な目標が不在でもよいとさえ言われた。野村の教育思想の宗教的背景については、中内

(1970) がすでに明確な指摘を行っている[2]。また、今井 (1986) は中内の解釈を受けて、大正期の野村は「生命」や「如来」といった「超越的な存在」を教育の「外部」に想定することで、教師自身の自己意識としては非目的論的な立場に留まりながら、それにもかかわらず有意な教育効果を帰結として期待することができたと指摘している (3-5)。

たしかに、先行研究が指摘するように、生命や如来の協力意志に立脚する大正期の野村の教育思想は、その根本において神秘的で予定調和的な傾向を有している。野村は指導する／されるといった教師と生徒の権威的な教育関係を峻拒するのだが、それに伴って生じてしまう諸力の錯綜する無法地帯に対処するため、「協力意志」という超越的な第三項を安易な仕方で呼び出してしまったようにすら見える。

しかし、野村の思想はそれほど単純なものではなかった。教師の指導意識に支配された教育関係に代えて新たな関係性を構想するための思想的努力がなされていたのである。本節では、大正期の野村の生命思想を、たんなる神秘的な宗教思想として外在化するのではなく、新しい教育関係を構成するための内在的なエレメントとして把握したうえで、「協力意志」や「如来」として形象化された超越的なるものをめぐる特異な論理と感性を明らかにする。野村において、生命への超越的な「信仰」が、生活の内在的な「実感」といかに結び付いているのかが問われなければならない。

諸力への内在

「協力意志」といわれるときの「協力」の概念は、協力的な関係を構成する諸々の「力」の概念を前提としている。野村は、教育作用を及ぼす力として「自然の力」「社会の力」「既成の文化の力」「学友の力」「教師の力」「児童自身の力」を指摘している。さらに「教育とは宇宙間に於ける交互作用の総量に於いて見らるべきである」とも言われる（『生命信順の修身新教授法』：65）。教育という営みは、教師個人の力や児童個人の力だけでなく、それらを部分として含み込む諸力の総体的な作用、いわば諸力の合力において把握される。たしかに野村は、その諸力の総体的作用それ自体に「協力意志」を見いだし、合力をそのまま「協力」として了解している。しかし、ここで見逃してならないのは、教師個人の指導意識には収まり切らないものとして諸力の交互作用が発見されている点である。

教師は、一つの力として教育過程に参与する立場を正当に認められている。ただし、教師の指導意識のもとに諸力の交互作用の全体を合理的に組織化する特権性は認められていない。通常の場合、教師は、最善の教育効果を企図して、教育に関与する諸条件を目的合理的に組織化するだろう。それに対して野村はといえば、諸力の合理化に限界を感じていた。「学級経営について、教師一個の案を立ててみることも不可能ではないが、実際の学級経営になると、子供と教師との接触によって伸展して行く、定めがたい発展だと思ふ」（「私の学級経営（一）」：181）と言われるように、実際の教育場面の場の力学は、一人の教師が学級の「経営」によって教育空間を合理化しつくすことを許してくれない。それにもかかわらずあくまで指導意識に立とうとする教師は、諸力を統制しようと作為するばかりで、そこで展開される諸力の錯綜した交互作用も、そこに芽生える協力の契機も見落としてしまう。野村はそこに、生活の純粋な観照を妨げる「不純」さを感じとっていた(3)。

教師だけが教育を成立させているのではなく、諸々の力が協力しあってはじめて、教育という営みが進展する。それに対して、教師が指導意識の上に立つということは、諸力の関係を統制する「第三者の位置」に身を置くことを意味していた。

ある時は、社会生活の道理を独語し、ある時は共に草をとる。或時は叱って共に泣き、ある時は許せと子供に詫びる。私には悲しくも第三者の位置に立って、真理の声で導くと言ふ教育は出来ない。子供との関係に於

いて私が生きる。そのことを客観的に見て教育になるならなるまでだと思ってゐる。（『生命信順の修身新教授法』：63）

野村は、第三者の特権的かつ外在的な立場から降りて、子どもと「共に」あることを選択している。上位に置かれた統制的立場を離れたとき、子どもとの交互的な「関係」を内在的に「生きる」ことが可能になる。関係の外部から関係の内部へ、この位置移動が教師としての野村に新しい感受性をもたらす。以下で検討するように、野村が言葉にしようと努めたのは、関係の内側に身を置くことによって感受されるようになった「実感」である。

諸力を「協力」に導くのは、諸力の一部に過ぎない教師ではなかった。野村はそこに個人の作為には還元できない何らかの働きを感じとり、それを「協力意志」と名指した。「協力意志」が実体視され、いわば超越的な第三項として浮上するのと対照的に、教師はその特権性を奪われ、「第三者の位置」からフラットな位置へと下降する。野村が身を置くのはこの後者の立場であって、彼の思想はそこでの実感を頼りに紡ぎだされる。

生命の共鳴

野村にとって万物の「協力」は普遍的事実である。しかし、それは「概念的普遍」としてではなく「実感的普遍」として自覚される。

万人協力の事実は、抽象的人道主義からも、亦排他的国家主義からも生れにくい。概念的普遍でなく、実感的普遍を自覚するには、凡ての人々が、特殊な自己の生に立脚して、万物に内在する生命に信順しなければならぬ。その時、個と個は個性のままに共鳴する。共鳴こそ真実の普遍であり、協力の事実である。（『新教育に

於ける学級経営』：15)

個と個が協力しあう様態を、野村は「共鳴」として捉えている。それは別の箇所では「合唱」、「合体」、「個と個の放電」とも表現される[4]。いずれにせよ、協力の様態は個体と個体が判明な境界線で隔てられた相互外在的なイメージではなく、響き合う音や貫流する電気のように相互浸透的なイメージで語られている。もちろん、「特殊な自己の生」や「個性のままに」といった表現から分かるように、漠然とした関係性のなかに個性が見失われるわけではない。その反対に、個性は特定の形象に切り詰められることなく、他の個体と共鳴的にかかわるときにこそ、十全に享受されうるということである。

小さい子供に向って個性を断定することは恐ろしい。個性は味ふべきもので断定すべきものではない。恐らく一生を通じて断定はしないがいゝであらう。…［中略］…個性は形で分けるべきものでなく、純情直観すべきものだ。花の匂、声の音色みたいなものである。(『生命信順の修身新教授法』：76)

個性は分節化を溢れ出て、「花の匂」や「声の音色」のように拡がりを持ち、響き漂うものとして捉えられている。それゆえに個性は、相互外在的な立場から「断定」すべきではなく、相互浸透的な関係のなかで「味わう」べきものとされている。

私たちを心の底から喜ばせてくれるものは物質をかりて波打つ人格の響きだと思ひます。だから富は望ましいことでありませう。然し不如意の場合に一そう強く人格の波が打寄せることをも忘れたくありません。／五銭の白銅貨には五銭の愛しか盛られないとしたら、人生は何んと味のないものでありませう。幸に私たちは一冊の雑誌を買つてやることにさへ親の心をしみ〴〵と味ふことが出来ます。／私は貧乏成金です。あまりに運命論者だ。現状肯定者だ。あきらめ主義だとおつしやれば私もごもつともだと思ひます。ただ人生にはかうした一面の味もあることを神に感謝したいと思ひます。（「私のことや子供たちのこと」：112-3）

野村にとって、相互外在性を本性とする「物質」よりも、それを突き抜けて打ち寄せる「人格の響き」こそ、「私たちを心の底から喜ばせてくれるもの」である。それこそが物質的困窮のなかにあっても「しみ〴〵と味ふ」べき、人生の「一面の味」であった。

物質を貫通する人格の響き、分節化を溢れ出る個性、一個人の作為を越える共鳴関係、それらは野村にとって操作や統制の対象ではなかった。むしろそれら余剰あるいは過剰ともいえるものは、「しみ〴〵」と時間をかけて「味ふ」べき、享受の対象であった。個人の作為には還元できない人生の余剰を、野村は生命あるいは神の「恵み」と受けとめ「感謝」を捧げる。野村は生活の味わいを享受するなかでこそ、生命の恵みに対する畏敬の念を深めていくのである。

愛のセンチメンタリスム

以上のような共鳴関係の根本的な様態は「愛」として語られる。野村によれば、「愛は生命の本願である。愛は生命の内展する方向であり、力でありその相である。私は何時も愛の相に於て生命を観る」（『生命信順の修身新教授法』：31）。野村は愛にさまざまな様態を認めたうえで、その最も純粋な姿として母親の愛を挙げている。

子供が、他の家の大切な物を傷めて帰った時、教師はなぜそんなことをしましたと責めるさうである。然るに母は、どうしませうと一しょに困るさうである。私も出来るなら母と共に、どうしませうと困るほどの子供と一しょな愛が持ちたいと思ふ。（『生命信順の修身新教授法』：59-60）

ここで描かれる母親の愛は、子どもの置かれた情況に寄り添い、それを分かち合おうとする態度である。それは道徳的教訓を与えたり、問題の解決を図ったりするよりも以前に、他者の抱える困難を共有しようとする態度である。野村は上記の引用箇所に続いて、そのような母親の経験に似たものとして、自身の体験談を書き留めている。以下は、岐阜女子師範附属小学校に勤めていた時のある事件をめぐる野村の回想である。

それは大雪の降った日の昼休時間だ。教場で忙がしく第四時限の準備をしてゐると、Yと言ふ子供がオロ〳〵声で私の後に立った。／「セセ先生、硝子をココ壊しました」／「何？　硝子？　おまへたちは今朝から三枚壊すぢゃないか」／いら〳〵した私の心には、Yの間抜けた顔と、その吃り声とが、一層残忍な心をそゝった。私はぶるぶる戦慄して、拳固をぐっと握りしめた。私の血走った眼は、Yを睨んでゐた。Yは首を垂れて、どんなにでも裁いて下さいと言ふ者のやうであった。／「Y、どこの硝子だ」／「げゝ、玄関であります」／そう話したおかげで、いくらか私の憤怒がゆるんだ。／「二人で行って見よう」／私は、静かに、手に握ってゐたチョークを黒板の溝へ投込んで、Yの後について教室を出た。二人は無言で階段を下りた。玄関までくると、玄関の天井から吊された傘掛竿には、子供たちの傘が白い雪を所々に凍着かせたまゝで一ぱい掛ってゐる。／「ボ僕、かうやって、こゝの竿を揺ってゐた」／Yは先きのおもしろかった遊びを思出すかのやうに、でもオド〳〵と、傘掛竿を揺る真似をしてみせる。吃りで低能な彼には、遊び友達と言ふ者もない。

何時も校舎の南で壁にもたれて日向ぼっこしてゐる彼だ。そうした彼も、この傘掛竿の吊されてゐるのを見つけた時は、一寸揺ってみたくなったらう。一揺、二揺、一列にならんだ傘は、ビタ〳〵と音を立てゝ動いたであらう。そしてＹの顔に微にホホエミが動いたであらう。／もっと揺れ、彼は力一ぱい揺ってみた。／「パシャン」／彼は思はず手を放したであらう。竿の先きは窓硝子に当ったのだ。微塵になった硝子が薄暗い玄関の隅にちらばったのをながめた時、彼はブル〳〵ふるってどうなることかと恐れたに違ひない。私の頭にはさうしたシインが稲妻のやうに流れた。／「Ｙ、二人で硝子を拾はふ」／私は小さい破片を拾ひながら、Ｙのことばかり思ってゐた。全くその時ほどＹのことをほんきで思ったことはない。Ｙは塵取を持ってきて、私の手の硝子を受けた。私は何も言はなかった。／おまへはセンチメンタルすぎると言はれるなら、さうかも知れぬと思ふ。たゞ私にはさうより出来なかったことだけは事実だ。（『生命信順の修身新教授法』：61-3）

擬音と擬態を織り交ぜた野村の文体は、彼の心の襞に触れた出来事を情感深く伝えている。「セセ先生、硝子をココ壊しました」というオロオロしたＹの声、その吃り声の声紋。傘がビタビタと揺れ動いたときにＹの表情に浮かんだ微かなホホエミ、その表情筋の褶曲。硝子が砕けて破片が飛び散ったときにブルブルと震えたＹの体、その身体の震動。Ｙの体から発せられた心の揺れ動きが、あたかもＹから野村へと伝播したかのように語られる。「共鳴」と呼ばれる関係の様態が、抒情性に充ちた文体によって巧みに再現されている(5)。

野村は、回想の最後に、Ｙと一緒に硝子を拾うことしかできなかった自身の態度を「センチメンタル」かもしれないと吐露している。たしかにそれは、親が子どもと一緒になって「どうしませう」と悩んでしまうように、問題解決や教育的指導という観点では無力かもしれない。しかし、野村はセンチメンタルな態度を否定してはいない。反対に、Ｙに対する自身の態度を、子どもに対する母親の姿に重ね合わせて、ただ隣に寄り添うばかりのセンチメンタルな愛も自らの生き方として引き受けている。

「愛は生命の内展する方向であり、力でありその相である」（『生命信順の修身新教授法』：31）と言うように、野村にとって愛とは、その内側から展開していく生命の「力」であった。私を他者へと内側から衝き動かす愛の感情、すなわち「センチメント」そのものが「力」として把握されている。子どもと一緒に困難を抱える母親の姿に理想の愛を見いだす野村にとって、ただ隣に寄り添うばかりのセンチメンタルな愛もまた、いやそれこそが、看過すべきでない生命の力能に他ならない。野村とYの距離がそうであったように、寄り添うほかにしようがないということは、相手の側にこれ以上踏み込むべきではないと判断しながら、それにもかかわらず相手に向い、断絶を孕んだ自他の境界線上に身を留める経験でありうる。野村はそこに、実効的には無力であったとしても依然として肯定すべき、一つの力を見てとったのである。

生活そのままの教育

愛情を中心とした共鳴関係を、教師の指導意識には還元できないものとして「生命」の営みの根底に見いだす野村は、「生活」教育の課題をどこに置くのであろうか。野村は「生活そのままが新教育だった」（『生活教育論争』：30）と述べていたが、その言明は何を意味するのか。

私がありのまゝにみた人生の事実の中には教育が実在した。その最も原始的な教育の上に立って、私は教育生活を創造して行かうと思ふのである。では最も原始的な教育はどんなものであるか、大体に於て次ぎのやうに言はれると思ふ。△人々は互に友情を感ずる。その友情が互の生活の完成を祈念する（人間界の一般的教育事実）△親は子供に、子供は親に本能的に愛を感ずる（動物界の教育事実）△宇宙意志の完成は、それ自身部分の協力によって実現されつゝあるを感ずる（宇宙の教育の事実）この事実から言ひ得ることは、△教育は目的によって生れたものでなく、自然に存在する事実だと言ふこと。△事実に於ける教育現象は、本能愛を原動力とし、それの発展として、必然に展開するものである。（『生活教育論争』：48-9）

ありのままの人生に「最も原始的な教育」が見いだされ、教育現象は友人関係や親子関係に芽生える友情や愛情を原動力として、そこから必然的に展開していくものと把握されている。しかも、そのような現象は自然に存在する「事実」だとされる。これらの発言を単純に解釈するなら、あまりに素朴な発想に思われるだろう。たしかに、ここで言われる「事実」は経験科学的な意味での事実ではない。「友情を感ずる」、「愛を感ずる」といわれるように、それは野村自身の実感に根差した、いわばことの実感やことの実際としての「事実」に過ぎない。しかし、そうであればこそ、愛情や友情の実感は個々人における一身上の事実として、その実感の深さを厳しく問われることになる。

私たちは、静かに子供と共に生活し、自然の中に生活し、深い関係を持てば持つ程愛は実感されて行く。／愛は思索によって、複雑化してデリケートになっては行くだらうけれ共、愛は触れることを別にしては、力となって行かないであらう。それを思うても、私たちはもっと概念を捨てゝ、生活に直面し、事実を直視して、生活のうるほひと実感とを深めたいものだ。／概念の木端ばかり噛んでゐては、子供たちの友達にさえなれぬと思ふ。（『生命信順の修身新教授法』：63-4）

他者と生活を共にするなかでしか、愛は実感として深められない。ここで野村が問題にしているのは、人間には本能的に愛が備わっているか否かといったことではなく、一人ひとりの愛の実感の深さであり、力としてのその強度である。そして、野村にとって「生活」こそが、愛の深さと強度が試される場であった。他者と共に生活するなかではじめて、愛はその力能を発揮する。野村にすれば、たんに「友達になる」ことも愛の力の現れであって、その過程でその当人の愛の深さと強度が厳しく問われるのであった。学ぶべきものはそのような意味での生活のなかにあり、かつ、生活をするなかでしか学べないものがあると野村は考えていた。

とにかく凡ては生活することにつきる。生命を知ることは生活することだ。生活の正しき姿が文化だ。だから自分の生活を、ほんとうに味ふことが凡ての問題の中心である。生活をほんとうに味ふこと、それを生活観照と呼びたい。だから生活観照と言ふことが、最も重要な問題となってくる。私は生活観照が、やがて正しき文化の理解であると思ふ。又生活観照が学習であり、或る人の生活観照に、他から働きかけることが教育であると思ってゐる。（同上：13）

生活をするなかで自分の生活を「ほんとうに味ふ」ことが問題の中心に置かれ、それがそのまま学習と教育の課題とされる。前述した考察を踏まえるなら、「生活を味ふ」とは他者や自然との共鳴関係のなかでお互いの個性を十全に享受することであり、その根底における愛の動態に焦点化していえば、私を他者へと衝き動かす愛情を力として深く実感することだと解釈できる。そして、「ほんとうに味ふ」という表現で野村が問いかけていたのは、生活を享受するときの濃密さ、そこで感じる愛の深さであったと考えられる。野村は別の箇所で、「知らずに共生した二つの個が、自覚的に共生するところに、狭義の教育的事実が展開する」（『生活教育論争』：7）と述べている。それはすなわち、個体はすでに無自覚ながらも他の個体と共生的な関係を生きているのであるが、それに意識的に目を向けることで自らの生を「共生」として自覚し、さらにその実感を深めることでより共生的な関係性に即した生活を営んでいけるようになる、それこそが教育の課題だということではないだろうか。

したがって、生命思想を土台に据えた大正期の野村の生活教育論は、少なくともその核心部分においては、生活に役立つ知識や技能を生活のなかで学習すべきだといった主張を意味していない。また、野村が生活のなかで育まれる愛情関係を重視するからといって、そのような愛情関係を梃の支点として諸々の教育活動を組織すべきだと主張したのでもない。野村にとっては、生活を共にする他者とのあいだで愛情を深める過程それ自体が、私たちが他者とともに生きているという事実についての、最も深い意味での学びであったと思われる。

信と恵み

共生の味わいを自覚的に深めていくところに生活教育の中心的課題が置かれた。ただし、自覚を深めるべきそもそもの共生関係は、自然の事実として措定されていた。結局のところ野村において、ありのままの共生は個人の自覚と作為を越えて生起する出来事なのである。それは知識と操作の対象である以上に、信仰と享受の対象である。それを素朴な信仰として片づけてしまってよいのか。野村の生活教育論を支える根拠を突き詰めるならば、私たちは彼の宗教的態度に突き当たらざるをえない。大正期の野村の思想をまとめるにあたって、最後に「信」と「恵み」をめぐる思想に焦点を当てたい。

生命は全であり、我等は部分である。我の自覚は如何程拡大しても部分であって全の自覚ではない。ただ我が信の姿にある時、部分のままに全が恵まれる。だから、我を意識する人間の生活の最上の姿は信である。信の姿とは自我実現の態度ではなく、生命によって恵まれる態度である。…〔中略〕…常に生活を導くものは自他を越えた無量寿である。我等はその力に信順するのみである。そして信は又抽象的思念であってはならない。毎日の生活が恵みの光、慈悲の御手によって、内から導かれて行くところに、信の実感がある。信は信じることそれ自身が証である。（『新教育に於ける学級経営』：17-8）

ここで示されているのは、生活を導く生命の力に「信順」する信仰的態度である。前述したように、野村は「人と人との中には無形の力が内在して／二人の生活を統一してくれるのだ」（『生活教育論争』：30）と述べ、その統一的な関係を個と個の相互浸透的な共鳴関係として記述していた。そこでは「個と個は個性のままに共鳴する」（『新教育に於ける学級経営』：15）と言われていたが、そのような記述と上の引用は対応している。「我」がその「部分のまま」に恵まれるところの「全」とは、「個」が「個性のまま」に含み込まれる共鳴関係の全体を指していると考えられる。共鳴関係が個の様相を保った要素同士の相互浸透的な関係であったのだから、部分のままに全体に連なるということの意味内容は理解しやすい。野村は、個人の間で生起し、いずれの個人の側にも還元できない共鳴関係という余剰が、部分としての個人に到来することをもって、「全が恵まれる」と表現したように思われる。

また、前述したように、共同生活において生起する愛の感情は、自らを内側から衝き動かす力として感受されていた。それに鑑みれば、「毎日の生活が恵みの光、慈悲の御手によって、内から導かれて行くところに、信の実感がある」という表現の意味も理解できる。見えざる手による内からの導きは、生活の交渉に根差した情動的な体験として実感されていたのである。したがって、愛という内なる感情の動性を「導き」として感受し、一個人の作為を越えて他者との間で成就する共鳴関係の全体を「恵み」として享受すること、そのような生のあり方こそが野村の唱える「生命信順」の信仰的態度であったと解釈できる。

ただし、野村は共生関係の生起を思考するにあたって、「協力意志」という「導き」の主体、「無量寿」（＝如来）

という「恵み」の贈与者を措定してしまう。この点を私たちはどのように受け止められるだろうか。野村は浄土真宗の他力本願思想に依拠して、如来の「恵み」を語っている。野村が別の箇所で「自然法爾（じねんほうに）」という表現を用いているのも同様の事態を表現するためである（『生命信順の修身新教授法』：29）。自然法爾とは、個人の観点からは把握できない如来のはからい（＝本願）によって、個人が「自」ずから「然」るべくして救済されるという浄土真宗の考えである[6]。このような語りに注目するなら、野村は「如来」といった主体的形象を措定し、そのような超越的存在の「意志」＝「本願」から、「協力」や「共生」といった予定調和的な関係性を先験的に演繹しているように見えるかもしれない。

たしかに、野村がそのような主体の「実在」を信じていたのは疑いない[7]。しかし、野村は個人の自覚をどこまで拡大しても、そのような存在を把握するにはいたらないと述べていた。あくまで、彼が身を置くのは彼岸ではなく此岸、つまり一信仰者としての内在的な観点である。彼は受け手の側から「恵まれている」という享受の感覚を語るのであって、送り手の側から語るのではない。絶対的他力本願の思想は、送り手の意志を忖度することを許してくれない。信仰者に許されているのは、私とあなたのどちらでもない何らかの存在から、私とあなたに贈られた共生の関係をできるかぎり深く味わい、その関係が由って来たる彼処に感謝を捧げることである。野村にとって、超越的な存在が想定されるとすれば、それは共生関係が到来する、私とあなたの間（あいだ）、すなわち「無形の力」が「内在」する「人と人との中」（『生活教育論争』：30）をおいて他にない。

野村は、私とあなたとの二者関係を可能にしてくれている第三の審級に信仰を捧げる。そのような信仰は、浄土真宗の教義をそのまま引き写したものではなく、まさしく野村自身が他者との親密な関係を生きるなかで育んだものだと考えられる。野村が自身の信仰形成について回想した逸話は、その点を象徴的に表している。野村は五歳のとき、妄想にとりつかれて眠れない夜に、仏壇の前で母に抱かれるなかで「母と区別のつかない仏」への信仰を持ったと語っている(8)。野村は自分を愛してくれる人のなかに、私とその人との関係を支え、見守ってくれるような存在を同時に見いだしたのだと解釈できよう。

以上のような野村の信仰的態度は、子どもたちと教育関係を築いていくための支えとなるものであった。前述したように、「第三者の位置」に立って「真理の声」で導く教育はできないと告白していた野村は、自らの弱さと限界をすすんで認める教師であった。自分には普通の教育が「できない」ことを野村は認める。教師は通常、知識の真理性と制度の権力性に依拠して教育関係を合目的的に組織化するものだが、野村はそのような教育に耐えられなかった。教師といえども一人の個人に過ぎず、その力は他の諸力に対して絶対的優位性を持たないし、また持つべきではないという自覚が野村にはあった。

たしかに、そのような「できなさ」の告白、すなわち教師の有限性の自覚は、即座に、教師の相対的な知や力に代わって依拠すべき絶対的な原理を招き寄せているようにも見える。「信の心とは、万物を導く生命に教育の全能を信頼して、自らもその生命の営みに協力させてもらうのである。友を心から動かし、我と結ぶものは、自我の力ではない。人間らしい声の中に宿る生命の響きである」(同上：16）と語るとき、生命の「全能」を頼む野村の態度は楽観的に過ぎるだろう。しかし、生命による導きが「知」の対象ではなく「信」の対象として語られるかぎり、教師が予定調和的な教育関係を先取りすることはできない。「信は信じることそれ自身が証である」(『新教育に於ける学級経営』：17-8）と言われるように、信にはそれ以外に拠って立つ基盤がないのである。

したがって、自身の力に限界を認める教師は、相手が応えてくれる保証のないまま、「人間らしい声の中に宿る生命の響き」を信じて子どもに呼びかけるほかない。もちろん、野村は教師の知識や権力をすべて否定したわけではなかった。しかし、教師の力量の有限性を自覚するとき、教師の力が限界に達する地点で、子どもたちにどうかかわっていけばよいのかという問題が必然的に生じる。野村はそのような問題に、信仰の次元において応えようとしたのである。野村の主張を敷衍するならば、彼が説いていたのは、教師の力が有限である以上、自らの限界を自覚したうえで、それでも相手の応答を信じて呼びかけを行うところに新しい教育の可能性の条件があるということ、ではなかったろうか。

限界を自覚したところに恵みが訪れる。「教育は私の友情実現のためにも、子供たちの友情実現のためにも、生命の恵んだ、生活交渉である。今こそ教育は私にとって恵みである」（『生活教育論争』：50）と述べる野村にとって、教師の有限性の向こう側から贈られてくる、子どもとの共生関係を享受することが、教育者としての喜びにほかならなかった。

3　野村の昭和期の思想

食って生きるための道徳

前節では、大正期の野村の思想を検討した。野村は教師による上からの指導意識を否定して、代わりに相互浸透的で共鳴的な関係性を描いた。そこでは、生活上のかかわり合いのなかで実感として湧き上がる感情の動きが信頼され、他者に寄り添う姿勢が理想化された。そして他者との共生関係に与って生きていることを、作為を越えた恵みとして享受するよう説かれていた。

ところが、昭和期に入ると、野村の思想には大きな変更が加えられる。野村はそれまでの自身の思想の観念性を批判して、科学的客観性を強調し、子どもを積極的に「訓練」する必要を主張しはじめる。昭和七年に出版された『生活訓練と道徳教育』で、野村は「科学の力によって鍛えられた認識と行動、それだけが生活の血であり肉であるのだ」と述べ、「今日、観念的生活指導から科学的生活訓練へと、生活教育の方法を展開させねばならなくなった」と説明している(2)。これだけでも、大正期の思想との質感の違いが感じ取れるだろう。本節では、昭和初期の野村の思想に注目して、その思想転回の内実をたどる。共鳴や共生を謳っていた野村の教育論が新たに何を獲得し、代わりに何を失ってしまったのか、慎重に検討してみたい。

まずは、野村の思想に軌道修正が図られた経緯について概略を述べる。野村の思想転回を「神学」から「人間学」への移行として明快に記述したのは中内（1970）である。中内はその背景として、昭和三年から四年にかけて雑誌「教育時論」上で闘わされた野村とマルクス主義系教育論者たちとの政治論争と、野村の勤める池袋児童の村小学校の経営問題の二点を指摘している（915）。前者に関して野村は、マルクス主義系教育論者から思想の観念性を批判され、階級対立や経済不況といった問題に対する理論的応答を迫られていた。後者に関して野村は、都市中間層を基盤としていた池袋児童の村小学校で、学力形成や社会的上昇を担保できない教育実践に不満を持った保護者や教師の離反が相次いだことを受けて、周囲の現実的要求に対する実践的応答を迫られていた。

そのような理論的・実践的背景のもとで、野村は「食って生きる」という切実な課題に応えるための思想を展開しはじめる。たとえば、野村はカントの道徳哲学を観念論の代表として俎上に載せ、それは「食って生きるための道徳ぢゃない」と弾劾している（同上：22-3）。他方で野村が科学的客観性に支えられた生活訓練を積極的に主張するのも、「食って生きる」という生存上・経済上の課題に応えるためである。そこで野村は、「主観的理想主義」から「客観的功利主義」への移行を打ち出すのである（同上：2-3）。

大正教養主義の時代を離れて、思想状況も経済状況も変化するなかで、野村は時代的課題に迫られるかのように、自身の思想に修正を加えていく。しかし、かといって、野村の思想転回をたんに外からの要請に従ったものと見ることはできない。他者との「協力」を生活の実感に根差して語ってきた野村であったからこそ、「食って生きる」という社会生活上の切実な課題を、自らの思想問題として引き受けざるをえなかったのである。だからこそ、以下で検討していくように、野村は大正期からの変更点を強調する一方で、そこに断絶ではなく連続的発展の契機をも認めているのである。大正期から昭和期にかけての思想転回、それはある意味では、「愛」に彩られた関係を「功利」に彩られた関係へと連続的に発展させる試みであった。

愛と功利の架橋

野村は、「たゞ望むらくは、弱き精神主義者でなくして強き生活主義者でありたいのだ」と言う（『生活訓練と道徳教育』：36）。センチメンタルな感傷に浸っていては食っていけない、生きるためには強くあらねばならない、野村は自らにそう言い聞かせるかのように、「弱き精神主義者」ではなく「強き生活主義者」を標榜しはじめる。大正期の野村は、相手に寄り添うばかりの愛をそれ自体で肯定していたのだが、昭和期の野村はそのような愛に留まらず、自他の生活を実質的に支えられるようになるまで愛を訓練すべきだと主張する。

> 吾々は吾々の本能愛を肯定し、それが実現を意欲すればする程、現代社会にあってはこの生理的な愛に対して、社会認識から来た生活技術を持たしめねばならぬのである。つまり科学的認識と協働自治の実践によって、客観性を持った愛にまで訓練づけなくてはならないのである。（同上：77）

野村はここで愛そのものを否定したのではなく、むしろその実現を望むがゆえに、生活訓練によって主観的な段階を越え、客観的な段階にまで愛を鍛えるべきだとしている。愛を生活教育の根底に置き、その発展をめざしている点では、大正期も昭和期も一貫している。

たしかに、科学的認識に裏付けられた客観的貢献が愛に要求される点で、昭和期の考えは従来の見解を踏み越えている。しかし、野村はそのような客観的功利性の要求を、もともとの自生的な愛のうちに見いだすことで、それまでの見解との接続を図る。そもそも愛は自己単独の利益ではなく自他全体の利益をめざすという点で、「本来」的に客観的功利性を志向していたと再解釈されるのである。

愛は本来生物的にみて功利的（それは打算的という意味でなく、お互いにとってなくてはならぬものという意味）なものであるのだが、それが成長には、何時でも仕事の上の功利を必要とする。／例えば母は決して子供を自分以外のものと考えていない。つまり生物的に母と子とには協働が成立している。従って母は子供との生活をそのまま吾が生活と考えている。つまりその生活には生物的に一つの功利が成立している。又恋人同志はお互の生活といふものを一つの生活として愛している。従って恋人同志は恋愛生活をそのまま自分達の生活と考えている。（同上：32）

野村は、一方で家族関係や恋愛関係における「愛」を未成長段階の「協働」として再解釈し、他方で仕事関係における「協働」を成長段階の「愛」として発展的に位置づける。ここでは、「愛」の概念と「功利」の概念との接続が試みられている。上の引用を解釈すれば、愛に本来的な功利とは、お互いを不可分な存在として感じる関係を「一つの生活」として愛するときに、その生活を保つために不可欠だと相互に了解される全体の利益である。そのような意味での功利とは、個人的な利益のたんなる総和ではなく、自己の利益に他者の利益が浸透しているため、「一つの利」にして直ちに「お互の利」だと言われる（同上：33）[9]。

愛は自他不可分な全体の功利を志向し、個人はそのために協働する。家族や恋愛における愛に協働が見いだされるのと並行して、仕事における協働には愛が見いだされる。すなわち野村によれば、生物的な愛の関係は、社会的な協働の関係へと連続的に発展するための可能性をあらかじめ胚胎しているのである。「弱き精神主義者」から「強き生活主義者」への転身を遂げようとする野村は、そのように愛と功利を接合することで、自らの思想転回に一貫性を確保する。子どもを客観的に訓練することは、愛に胚胎された協働の可能性が発展するために必要な契機として正当化される。

協働自治

愛と功利の接合を最後まで推し進めたところに、昭和期の野村の中心的主張をなす「協働自治」論が展開される。野村によれば「協働自治は一面、人の本性である愛に呼応するし、一面は社会の組織的必然である公利に呼応する。だから協働自治は人々も社会も共に要求するところであるが故に、人も組織も共に牽引さるべき必然を内在する」（『生活学校と学習統制』：29）。協働自治こそが、「愛」と「功利」（公利）の統一を実現する実践なのである。最後に、野村の思想転回が最大の成果としてもたらした協働自治論を検討したい。

野村は「理想主義自治」と「協働自治」を比較して、前者が「理性」に依拠した「個人的自治」であるのに対し、後者は「協議」に依拠した「集団的自治」だと規定する（『生活訓練と道徳教育』：46）。そして、「協働の認識する功利は、何処までも協働組織の功利であって、これを各自の利己に還元し得ないものである」（同上：47）と述べ、協働自治の準拠する基準として、個人の理性に代えて、組織全体の功利を提示する。加えて、その組織全体の功利は経済的必然性によって規定されているため、科学的客観性によって把握でき、生活訓練を実施するための確実な準拠点になると想定される（同上：34）。要するに協働自治とは、個人の理性や個人の利己に代えて、客観的に規定された組織全体の功利に準拠して集団的協働を統制していく自治の様式である。

そのように規定される協働自治は、「協議」と「抗議」をその原則としている。野村によれば、「協議」とは討議による集団的自己決定を意味する。また「抗議」とは一部の者だけを利する「行動または制度」に対して、全体の功利の観点から訂正を要求することである（同上：50-2）。「抗議」が個人の「行動」と同様に、組織の「制度」に対してもなされうるのは、全体の功利の観点に立つかぎり、一人がその他全員に抗議することも、その他全員が一人に抗議することも、両者ともに正当な行為として認められているからである。したがって、協働自治においては個と集団の双方が尊重され、全体の功利の観点から両者に対して統制が加えられる。

このような構成をもった協働自治論を、先行研究の多くは高く評価してきた。中内（1970）は協働自治論についての「子供の自発性と教師の指導性との統一的把握という課題のみごとな解決」と述べている（963）。竹内（1969）は協働自治論を指して、個人には還元されない集団の力学とそれに対する科学的統制を認識し、訓練論的生活教育論を展開しえたと評価している（252）。本章は先行研究を踏まえつつも、そこで提示された論点を愛と功利の架橋という観点から捉え直す。注目すべきは、両者を調停するために野村が提示した論理である。前述したように、親密な愛の関係においては、相互に不可分な「一つの生活」を維持するために、個人の利己には還元できない、「お互の利」としての全体の功利が志向された。協働自治論においては、その論理がさらにもう一段推し進められる。協働自治論の論理では、愛は本来的に全体の功利を志向するがゆえに、全体の功利に準拠した集団的統制を自ら進んで受け入れる。だからこそ、「道徳教育とは、組織的功利（協働）によって生理的功利（愛）を自覚させ、又愛の生理的功利によって、組織的功利（協働の必然性）を構成させながら、そこに協働意志に立った協働自治の生活をさせて行くことである」（『生活訓練と道徳教育』：69）と言われる。功利が愛を「自覚」させ、愛が功利を「構成」できるのは、両者を媒介する論理がそこに組み込まれているからである。

この点を敷衍して言えば、野村の提唱する協働自治は、間主観的に構成され・客観的に規定された全体の功利に基準をおく、愛による愛の自己統治として解釈できる。あるいは同じことだが、自生的愛が客観的功利性を備えた社会的協働にまで自らを鍛えるための自己陶冶の場として解釈できる。自生的に芽生えた愛は「社会活動の出来るやうな自分に訓練したい」という「訓練的自覚」に立って、客観的な立場から自らに対して訓練を課すのである（同上：64）。愛と功利を内在的に架橋する協働自治論は、「弱き精神主義者」から「強き生活主義者」への転身を、外部からの客観的な要請に応えつつ、あくまで内発的に遂げようとはかる野村が見いだすことのできた一筋の活路であった。

しかし、以上のような理論的進展を認めつつも、大正期の野村の教育論を検討した私たちは、昭和期の協働自治論から零れ落ちてしまったものがないかどうか、慎重にならざるをえない。協働自治論では、すべての成員が、客観的に認識可能な全体の功利の立場に立って協働するよう求められる。大正期の立場とは対照的に、個人は全体の観点に立つことを求められ、しかもその可能性は客観的に担保されている。協働自治における「協議」と「抗議」は、つねに全体の利益の観点からなされねばならず、そこから逸脱した利益の擁護は利己主義として排斥される(10)。集団に対する個人の抗議はその地位を正当に認められているのだが、そのためには抗議があくまで全体の利益の観点からなされねばならない。これでは、個人は個人として抗議しているようでいて、その実、抗議しているのはその個人に投影された集団全体に他ならない(11)。協働自治における個人は、すでに全体の観点を内面化した個人である。したがって原理的に考えて、集団性を拒否するような異議申し立てはここでは許容されない。「友の抗議」は即ち「社会的抗議」（同上：52）だとされる。そうである以上、もはや友人の声にその人固有の「人格の響き」や「個性」の味わいを感じとるのは難しい。

大正期の野村の思想においては、部分である個人が全体の観点に立つことは許されていなかった。そのような立場は生命や如来といった審級に託されていた。それがいまや、協働自治に参与するすべての人間に許されているどころか、すべての人間に義務づけられている。特定の個人のみが全体の観点に立つことは禁じられているが、それは全員が全員の上に立つためである。「服法即自治」（『生活学校と学習統制』：31）と述べられているように、それは被治者と統治者の一致を前提とする民主主義の論理でもある。いまや、全体の功利に準拠した集団的決定を介して、人間の手が人間自らを導く。もはや、神の見えざる手による導きが待たれることはない。人間は指導的位置に立つことを、一人では無理だとしても集団全員であえて引き受けるのである。

とはいえ、昭和期に入って以降、宗教の神秘性を批判することはあっても、野村は自らの宗教性を捨て去ることはなかった（同上：25-8）。したがって、より正確に述べるならば、神の見えざる手は消去されることなく、人間の手に重ね合わされたまま、必然の軌跡を描き続けている。ただし、あたかも図と地が反転するように、人間の手が前景に出る一方で、神の手は後景に沈み、その教育思想の体系においては決定的な役割を果たさなくなるのである(12)。それに伴って、共生の味わいを恵みとして享受する感覚や、ただ相手に共感的に寄り添うセンチメンタルな愛の感情といったものも背景に退いていく。それらに代わって生活教育の中心に置かれるのは、統治者＝導き手としての責任意識と実質的貢献である。

> そして衣食住に対する協力とは何の縁もない精神的な友情というものがあるにしても、かくの如き友情こそは、吾々の生活にとって、美しきものでなく、望ましきものでもない。その反対に、遊戯的のもの、偽善的のもの、いときたなきものである。（『生活訓練と道徳教育』：62）

ここでの野村が「食って生きる」ことの切実さに向き合っている以上、私たちはこの言明を簡単に否定することはできないだろう。共同生活を維持するための実質的貢献を求めることはそれなりに正当であるし、教育はそのために必要な知識・技能の教授を役割ともしている。とはいえ、人間の獲得できる技術や能力には限界があるというのもまた事実である。自身の弱さを否定しつくすことはできない。それに、できることの限界に直面したからといって愛は消滅を余儀なくされない。むしろ、限界においてこそ愛は試されると言うこともできる。自己の弱さを見つめ、その有限性の限界点において、ただ寄り添うことの力能を肯定し、共生の恵みが到来することを信じていたのは、ほかでもなく大正期の野村自身ではなかったろうか。とはいえ、野村は自身の過去の思想を完全に否定してしまったわけではない。次の言葉がそれを示している。

精神主義は、功利主義より見れば、協働に於て万策尽きたる場合の人情的協働であると思はれる。吾々は凡て協働と言ふ客観的愛と仕事の一致世界を生き切るべきであって、決して、精神的愛と言ふ如き主観に逃込むべきではない。然しながら、客観の世界を生き切るためには、先きにも言ったやうに必ず十全の科学的認識力を必要とする。然るに人間の科学的認識力は決して十全ではあり得ないが故に、生活戦に於て矢折れ馬倒れし最後に当面しないとは誰が断言されやう。その時死を前にして一つの主観的愛、心に於ける協働が、その人を支配したとしても、吾々はその人を以て単なる観念的人道主義者と呼ぶことが出来やうか、それは一つの弱きことではあっても、決して利己の如くきたなきものではない。吾々はその意味に於て、吾々の生活の何処かに、常に一つの人情の骸を積んで行く人道主義を否定し得ない。／たゞ望むらくは、弱き精神主義者でなくして強き生活主義者でありたいのだ。（同上：36）

生活の限界点での「精神的愛」を、それがたとえ一つの「弱きこと」であったとしても、「否定し得ない」ことを野村は疑っていない。大正期と比べるなら、弱き愛に対する野村の態度はより厳しいものになっているが、依然として彼は「弱さ」を内に抱え込んでいて、それを捨て切れずにいるかのようだ。だからこそ、「たゞ望むらくは、弱き精神主義者でなくして強き生活主義者でありたいのだ」という最後の言葉には切実な響きが宿っている。もしかすると、大正期から昭和期にかけての思想的転回は、弱さを抱え込んだまま強さを得ようと願う野村のこの一言に賭けられていたのかもしれない。

4　おわりに

本章は、生命思想を土台とした大正期の主張を起点として、昭和期に協働自治論が提唱されるに至るまでの野村芳兵衛の教育思想の変遷をたどった。まず、大正期の野村は教師の指導意識を否定して、その代わりに生命の「協力意志」を措定していた。教師による上からの統制が問いに付されることで、諸力の交互作用の全体が発見された。そこでは指導する／されるの関係に代えて、個と個とのあいだに生起する「共鳴」関係が描かれ、なかでも「愛」の感情は実感を伴って現れる生命に固有の力として強調された。そのような生命思想を背景にした野村の生活教育論は、他者と生活を共にするなかで共生の実感を自覚的に深めていくという「生活観照」の課題を中心に据えていた。またその生命思想の根底に見いだされる「生命信順」の信仰的態度は、自己の有限性を自覚しながらも、感情の内なる導きを信頼して他者へと向かい、その結果として他者とのあいだに成就する共生関係を、個人の作為には収まらない生命の「恵み」として享受するものであった。

次に、昭和期の野村の教育思想を検討した。野村は当時の厳しい状況下で「食って生きる」という社会的課題への応答を迫られ、生活教育論の修正を余儀なくされた。自他の生活を支えるためには、科学的客観性に裏付けられた生活訓練が欠かせないと説かれはじめる。「弱き精神主義」から「強き生活主義」への移行が打ち出され、自生的で親密な愛は客観的功利性を備えた社会的協働に至るまで鍛えられるべきだとされた。そこで野村は「愛」と「功利」を内在的に架橋するための論理を編み出し、両者を統一する実践として「協働自治」を構想した。たしかにそこでは一定の理論的進展が確認されたのだが、大正期の思想と対照させたときに浮き彫りとなる難点も指摘された。協働自治はすべての構成員に集団全体の功利の観点に立って自治を分担するよう求めるものであり、それゆえに統治者としての責任と能力が前面に押し出されることで、生活の「恵み」を「しみ〴〵と味ふ」余裕や、他者に共感的に寄り添う態度が後退するという問題が見いだされた。

「生命」と「生活」の概念を基底に据えた野村の教育思想は、子どもたちの生を支えようとする姿勢において一貫しながらも、大正期から昭和期にかけて、その理論構成と質感を大きく変えている。本章はその思想転回にある種の困難を読み取らざるをえなかった。ここに示唆されるのは、生を肯定する思想は見かけの単純さとは異なって、さまざまな困難や隘路をはらんでおり、その道行きは決して単純なものではないということだ。教育という営みが、子どもの生命に寄り添いつつも、その生活を支えるためにこそ子どもの生活指導や自治訓練に責任を持つべきだとするならば、教育思想は生を肯定するということの意味を突き詰めて考えねばならない。野村の教育思想は曲折した軌跡を描きながら、そのための一つの道筋を私たちに示してくれている。

注

（1）子どもの「自己活動」を前提としたうえで、それを指導すべきか／放任すべきかについて議論する教育思想の枠組みを、今井（1998）は「新教育の地平」と呼んでいる。今井はそのような二元論的な問題設定に収まらない教育思想を展開した人物として、ベンヤミンに加えて、デューイと野村芳兵衛を挙げている（32-6）。

（2）中内（1970）の「神学から人間学への転回」の節を参照。中内は大正期の野村の思想構造を「神学」として規定し、次のように述べている。「野村は、まず、自然、社会、人間行動のすべてに働いている「生命」の働きを措定する。これを、彼は、「宇宙生命」、「万物の尺度原器」ともよぶ。それは、「個性的なもの」であると同時に、「普遍的なもの」でもある。このような形而上学的な存在の措定は、西南日本の農村共同体のなかでの成長史を通じてつちかわれ、親鸞信仰の同志的グループとの交流によって再強化されたかれの信仰上の立場からきているのであって、その存在のための論証は、かれにとって、それほど問題にならない」（898）。

（3）「今一度はっきり言ふと、教師と子供との対等な意識へ自分の意識を置かうとするのは、私の意識を支配意識に置いては私の生活が不純になることを一向に恐れるからのことである。支配意識又は指導意識は優越意識、傲慢意識であって、これ程小生活観照を不純にするものはないと私は信じてゐる」（『生活教育論争』：46）。

（4）「私たちも亦宇宙の生命に導かれて、個の姿を合唱の中に生かせられるものである。生命の本願は合唱である。そして個の生活は個の性をそのまゝに本願を仰ぎ生命に信順することによって救はれる」（『新教育における学級経営』：19）。「ではおまへの愛とは何か。それは個性と個性とが触れることによって躍動する生命の感激だ。触れるとは個と個の放電だ。知ると言ってもいゝ、感ずると言ってもいゝ、個性と個性とが生命に於て溶けると言ってもいゝ。私たちの生命に響く合体の実感である」（『生命信順の修身新教授法』：63）。

（5）野村は子どもたちとの何気ないやり取りの記録や自身の子ども時代の回想を多数残している。文学的抒情性に溢れた野村の文体は、子どもとの情感的関係を生きることを旨とする彼の教育思想・教育実践と不可分の関係にある。野村の教育言説を含め、新教育における教師の語りを分析した浅井（2008）を参照。

（6）野村はとりわけ親鸞の思想に親しんでいた。親鸞の自然法爾の考えについては吉本（2002：169-73）を参照。また、日本思想のより広い文脈における「自然」（じねん）の観念については竹内（2010）を参照。

（7）「たゞ如何なる人も、如何なる時もみつめてゐなければならぬのは、人間の計ひ以上なる宇宙の光と力とである。それは協力意志である。協力意志は主張すべきものではない。宇宙に永遠の昔から永遠の未来に向って実在する命である」（『生活教育論争』：60）。

（8）「さて、五つぐらいの時であったろうか。ある夜、私は、布団の上に起上って、ふるえていた。ゴンゴンという休みのない音に合わせて、天井の隅から、黒い小人が出て来る。次から次から出てくる小人は、天井を斜に伝って、反対側の隅へと入って行く。私は、ふるえながら、それを見ていた。その時、母が飛起きた。「ヨシ坊どうした」と言って、すぐ私を抱いてくれた。私は泣き出した。母は、私を抱いて、仏壇の前へ行き、燈明をともした。そして、「ノンノサマトイッショダカラ、ナンニモコワイコトハナイ」と言った。やがて、私のふるえは、治って行った。こうして、私の中には、母と区別のつかない仏が住むようになった」（『私の歩んだ教育の道』：15-6）。

（９）「なるほど仕事に於ける功利は一つの利である。然しそれは利己又は利己の集りではなくして直ちにお互の利だ。このお互の利である仕事の功利と言ふ環境こそ、最も十全に、生物的功利即ち愛を育つべき畑であるのだ」（『生活訓練と道徳教育』：33）。

（10）「抗議とは、功利のため協働のために利己が否定されるところの社会の統制的要求に他ならない。だから、抗議はたんなる個人的意志によってなされてはならない」（『生活訓練と道徳教育』：51）。

（11）「社会は道を誤った吾に対してこそ抗議したが、抗議した社会こそ本当の吾なのだ――吾々はこゝで自我の抽象的宇宙を夢みないで、現実的に、自我がその組織大の社会我にまで発達することを認識すべきだ」（『生活訓練と道徳教育』：51）。

（12）「吾々の一挙一動が如来の必然であるのはそのためである。つまり一切の部分は、魚一匹草一本に至るまで神につながってゐるのだ。／吾々は信仰的には全に統制されながら、認識的には、相対的に部分の統制を計画して生きて行く」（『生活学校と学習統制』：27）。野村の協働自治論は、後者の「相対的」な「統制」と「計画」を前面に押し出すものである。

文献

・野村芳兵衛の著作

a．著作集

1974（初出1925）『生命信順の修身新教授法――野村芳兵衛著作集１』黎明書房
1973（初出1926）『新教育に於ける学級経営――野村芳兵衛著作集２』黎明書房
1973（初出1932）『生活訓練と道徳教育――野村芳兵衛著作集３』黎明書房
1974（初出1933）『生活学校と学習訓練――野村芳兵衛著作集４』黎明書房
1974（初出1936）『新文学精神と綴方教育――野村芳兵衛著作集５』黎明書房
1974『生活教育論争――野村芳兵衛著作集６』黎明書房
1973『幼児教育論集――野村芳兵衛著作集７』黎明書房

1973『私の歩んだ教育の道――野村芳兵衛著作集8』黎明書房

b．論文

1924a「私のことや子供たちのこと」『教育の世紀』教育の世紀社、第二巻第九号

1924b「私の学級経営（一）」『教育の世紀』教育の世紀社、第三巻第一号

・その他の文献

浅井幸子 2008『教師の語りと新教育――「児童の村」の一九二〇年代』東京大学出版会

磯田一雄 1974「解説」『生命信順の修身新教授法――野村芳兵衛著作集一』所収、二五九―二八三頁、黎明書房

今井康雄 1986「野村芳兵衛における「教育意識」否定の論理」『広島大学教育学部紀要』第一部第三五号

今井康雄 1998『ヴァルター・ベンヤミンの教育思想――メディアのなかの教育』世織書房

竹内整一 2010『「おのずから」と「みずから」――日本思想の基層』春秋社

竹内常一 1969『生活指導の理論』明治図書出版

竹内常一 1973「解説」『生活訓練と道徳教育――野村芳兵衛著作集3』所収、四〇九―四三八頁、黎明書房

田中智志 2012「「協働自治」に向かうカリキュラム――野村芳兵衛の生活教育論」田中智志・橋本美保『プロジェクト活動――知と生を結ぶ学び』所収、東京大学出版会

中内敏夫 1970『生活綴方成立史研究』明治図書出版

中野光ほか 1980『児童の村小学校』黎明書房

原武史 2010『滝山コミューン　一九七四』講談社

民間教育史料研究会 1984『教育の世紀社の総合的研究』一光社

吉本隆明 2002『最後の親鸞』筑摩書房

終章　思想としての大正新教育へ——呼応し躍動するアガペー

Toward the History of Thought of Taisho-Shin-Kyoiku: Responsibly Vibrant Agape

田中　智志

〈概要〉　近代日本の教育学説は、「功利主義」というイデオロギーと「進化論」という「思想圏」のなかで形成された、という仮説が提示されている。この仮説を踏まえつつ、二つの論点を示す。一つは、明治期の学校教育・教育学説を批判するかたちで登場したはずの「大正新教育」は、功利主義と進化論に抗する思想に支えられつつ形成されたのではないか、という論点である。もう一つは、道徳的行為を導く原理の探求を伴う教育思想史は、功利主義と進化論という枠組みを視野に入れつつも、この大正新教育の思想に含まれている「生命・自然思想」の本態を明らかにすることではないか、という論点である。本章の着地点は、これら二つの論点を敷衍し、大正新教育の思想が「アガペーとしての愛」を語る存在論的思考（キリスト教的存在論）に向かっている、という解釈を示すことである。

1　大正新教育をめぐって

近代日本の教育思想史へ

一九九〇年に、教育学者の原聡介、森田尚人らが中心となり、現在の教育思想史学会の前身である近代教育思想史研究会が創設された。その一人、森田によれば、この研究会のめざしたところは、端的に「近代教育批判」であり、その方向性は、続く教育思想史学会にも引き継がれていった。二〇一三年に森田は、この近代教育批判は「反近代」に向かうこと、すなわち目的合理性を中心とする近代的理性を全否定することを意味していなかったし、「人間性」「自由・平等・博愛」といった近代的な価値規範すべてを「宙づり」にしようなどとも考えていなかったが、その批判の営みは「われわれの拠って立つ道徳的基盤そのものを破壊しかねない危うさもあわせもっていたことを……軽視していた」のではないか、と回顧している。そして「近代的理性の問いなおしが、同時にわれわれの道徳的行為を導く原理の探求になるような教育思想史を構想することが、今後の研究活動の焦点になるべきなのではないだろうか」と述べている（森田 2013: 87）。

この「道徳的基盤」の確保に向かうだろう教育思想史の構想が、森田の「近代日本教育学史の構想」という論考である（森田 2013）。同論考において、森田は、近代日本の教育学説が「功利主義」というイデオロギーと「進化論」という「思想圏」のなかで形成されたのではないか、という仮説を示している。この「功利主義」と「進化論」は、古い社会学の言葉を用いれば、「メリトクラシー」の前提であり、これまた古い教育学の言葉を用いれば、「発達教育学」の前提である。私なりの言い方をすれば、それは、言葉で語ろうとしても語りつくせない真理を排除し、生きる目的を現世利益の追求拡大におく、機能的な有用性志向である。森田は、確保すべき「道徳的基盤」

を具体的に語らないが、それは、「他者の生命と人格の尊重」という「道徳的要求」と重なるのかもしれない。これについては、本章の最後であらためてふれることにしよう。

大正新教育の思想について

さて、森田の仮説を踏まえるとき、私たちは、次の二つの論点を示せるだろう。第一に、序章で示したような、明治期の学校教育、また教育学説を批判するかたちで登場したはずの大正新教育は、その「功利主義」のイデオロギー、「進化論」の思想圏に抗する思想、すなわち非功利主義的・非進化論的な思想を踏まえつつ登場したのではないか、という論点である。第二に、森田が望むところの、「われわれの道徳的行為を導く原理の探求」となる教育思想史は、森田のいうところの功利主義と進化論という枠組みを踏まえつつも、この大正新教育に含まれている非功利主義的・非進化論的な思想を探究することではないか、という論点である。

こうした二つの論点は、森田論文が語るところではない。むしろ、「明治初期から大正期の新教育運動にいたるまで、日本の教育学は進化論の「思想圏」にあった」（森田 2013）という一文からすれば、森田は、こうした大正新教育思想についての考え方を退けているといえるだろう。しかし本書は、そうした主張を退け、これら二つの論点の可能性を示すことをめざしている。すなわち、大正新教育の思想は、「キリスト教的存在論」と通底する「自然・生命思想」（後述）を含んでいる、という仮説を示すことで、大正新教育のなかにいまだ充分に把握されていないが、近代教育を乗り越え再構成するための重要な知見が含まれていることを暗示することである。もっともそれは、森田が言及する「大正新教育」への積極的評価を繰りかえすことではない。森田は、大正新教育は「一般的にいって戦前教育の唯一の『遺産』として積極的に評価された」と述べているが（森田 2013: 85）、ここで試みることは、そうした評価とは無縁である。

大正新教育の評価について補足すべきことは、大正新教育が積極的に評価されただけでなく、厳しく批判されているということである。たとえば、中野光の批判、松下良平の批判などである。ここでは細かく検討できないが、これらの批判は、なぜか大正新教育の思想に内在的に言及しないまま、行われているように見える。あたかも、大正新教育は教育方法であり教育思想ではないかのように。なるほど、教育思想のない教育方法もあるかもしれないが、大正新教育の多くは何らかの思想を伴った実践である。その思想に言及しないままその実践を評価することは、のちに示すように、誤読の可能性を高めるという意味で、適切ではない。

ともあれ、まず、森田の教育学説史構想について、その概略を示そう。続いて、その構想を踏まえながら、大正新教育についての、あらたな思想的位置づけを試みよう。最終的に帰着するところは、主要な大正新教育の思想が「アガペーとしての愛」を語る、キリスト教的存在論と形容可能な思考に向かっている、という解釈である。

2　功利主義と個人の発達

功利主義

森田は、先の論文において、明治期末から大正期に活躍した教育学者の吉田熊次の言葉を引きながら、国民教育制度の端緒である「学制」前文が定義した学校教育のあり方は、功利主義的教育観を前提にしている、と述べている。すなわち「被仰出書」の「サレハ学問ハ身ヲ立ルノ財本共云ヘキ者ニシテ」と「必ス邑ニ不学ノ戸ナク家ニ不学ノ人ナカラシメン事ヲ期ス」という文言は、「立身出世イデオロギー」と、それが要請する「単線型学校制度」の端緒であるという。そして、それらが一九世紀以来の資本主義・市場経済を前提にしていたことを考えれば、森田がいうように、「明治維新にはじまる国民教育制度の創設は、資本主義化を先導する文化革命という内実をもっていた」（森田 2013: 73）ということもできるだろう。

森田はまた、この功利主義的教育観は、明治・大正期だけでなく、戦後改革から高度経済成長期を経て現代にいたるまで、日本人の教育観を大きく規定してきた、と述べている。「表向きはいかなる高尚な教育理念や教育概念が語られようとも、この功利主義的教育理念はいまなおわれわれの教育観の深層にあって、日本人の行動を……根柢において規定する最大要因となっている」と（森田 2013: 73）。森田は、功利主義的教育観に対抗する言説が教育学の内部から生まれてこなかったことは、「われわれが依然として明治期日本の教育イデオロギーの延長上に生活していることを物語っていないだろうか」と述べている（森田 2013: 73）。

個人の発達

功利主義的教育観に対抗する言説を充分に生みださず、それと野合していた近代日本の教育学は、どのように構成されていたのか。この問いに、森田は「近代日本の教育学はダーウィン進化論の『思想圏』のなかで形成された」と答えている。「思想圏」とは、特定の個人に遡ることができるような思想的源泉をもちつつも、また後継者たちによってきわめて多義的に解釈されつつも、「グランド・セオリーとしてある種の共約性をもちえた思想の勢力範囲」である（森田 2013: 74）。この「近代日本の教育学」には、明治初期の伊澤修二や高嶺秀夫から明治後期の吉田熊次にいたるまでの、東京高等師範学校と東京帝国大学の教育学だけでなく、多様な展開を見せたはずの「大正期の新教育運動」も含まれている。そして、「ダーウィン進化論」は、スペンサーの社会進化論を含むものであり、「生存競争」「適者生存」「社会適応」を語る言説である。

森田によれば、こうした進化論に支えられた、近代日本の教育学の功利主義的教育観は、戦後の一時期しばしば参照された「発達教育学」のなかにも、ほぼそのまま見いだされる。堀尾輝久によって構想され定位された「発達教育学」は、かつて「国家」対「国民」の教育権をめぐる闘争のなかで、学力・成績による序列化という「能力主義」を批判し、国民一人ひとりの「学習権」と「発達」を理念としてかかげる、「国民」の側に立つ教育論である（『現代日本の教育思想』1979）。しかし、森田は、今井康雄の論文を引きながら、その教育論は『発達』の名における個人の能力の無闇な搾取」（今井）をゆるす理論であり、「国際競争力を高めるために産業構造の再編を進学率の上昇と高学歴化に求めた国家の経済戦略にまさに適合」する理論であり、そもそも「わが国の近代化のはじまりとともにあった」考え方である、と述べている（森田 2013: 83）。

確かめておくなら、森田も述べているように、「個人の発達」を教育目的とする教育学説は、目新しいものではない。明治期に輸入されたアメリカ・ヨーロッパの教育学説は、しばしば「発達」を教育実践を嚮導する中心概念としてかかげていた。森田によると、アメリカの師範学校で最も広く読まれ、日本語にも翻訳されたペイジ（Page, David P.）の教育学書（*Theory and Practice of Teaching*, 1847）は「教育は発達である」と定義している。また高嶺秀夫の訳したジョホノット（Johonnot, James）の『教育新論』（*Principles and Practice of Teaching*, 1878）が描くペスタロッチ主義も「心意ノ諸力ハ一定ノ順序ニ因テ発達スルコト」を重視していた。さらに、明治後期の多くの教育学書が依拠したヘルバルト主義もまた、「受育者ノ心意ノ発達ヲ以テ目的トセル」点で変わりはなかった（森田 2010: 27）。そして「大正期の新教育運動のなかで［も］、ルソーの消極教育の理念が再発見され、子ども中心主義の教育理論と実践のなかで、発達の概念が教育目的のなかで揺るぎない地位を占めるようになった」（森田 2013: 84）。すなわち、森田においては、大正新教育も「個人の発達」を教育目的とする教育論の一つとして位置づけられている。

社会的教育学の登場

しかし、進化論に裏打ちされ、発達を理念化する功利主義的教育観は、日本の教育学を現代にいたるまで深く染め上げてきた、ということではない。そうした教育言説に対抗する言説も出現していたからである。森田によると、そうした対抗言説の端緒が、明治期末に吉田熊次が唱えた「社会的教育学」である（『社会的教育学講義』1904）。それは、「教育の目的を普遍的なもの、つまり、抽象的な個人に対する意図的な働きかけ」にでなく、「『各個人を社会上に有用なる者たらしむる』（吉田）ことに見いだすものであり、この個人の機能的［＝有機的］意味づけによって、教育の社会的機能の分析を教育学理論に組み入れ」たものである（森田 2011; 2013: 84）。

吉田の「社会的教育学」が示している方向、すなわち人びとのおかれた歴史・社会的情況によって異なる教育目的が定立されるべきであるという方向は、同時代のフランスのデュルケームやアメリカのデューイの教育論にも見いだせる。森田は、それを「世界史的同時性」と呼んでいる。しかし、森田は、吉田の「社会的教育学」は、まだ「進化論の『思想圏』のなかにあった」という。「吉田の教育学……の基底にあったのは進化論的な人間観であった」と。森田は、その論拠として、『社会的教育学講義』における次の一節をあげている。「唯社会のなかに生活すると云ふことは経験的事実であって、人間の生活と云ふものは社会的生活に外ならぬのであるからして、個人は社会的生活に適応して行かなければならぬのである」（森田 2011; 2013: 84）。なるほど、この一節は、スペンサー流の社会進化論が説く「社会適応」のように見える。

森田によれば、社会進化論に裏打ちされた功利主義的教育論に真に対抗する言説は、「実証主義への反逆」として登場したドイツの教育思想である。すなわち「主観的な『価値』の重要性」を強調する「理想主義（新カント派の哲学）」である。それは、大正新教育の言説とまったく無縁ではないが、たとえば、ナトルプ（Natorp, Paul）の影響を受けた篠原助市が語った「社会的教育学」である（森田 2013: 85）。ナトルプは、『社会的教育学』（*Sozialpädagogik,*

1899）を著したドイツの教育学者であり、カントのように「意志の陶冶」を説きながらも、その意志は「社会的」でなければならないと説いた人である。その「社会的」が意味することは、社会学的な「社会的」ではなく、存在論的な「社会的」である。すなわち、他者とともに生きることである。

ここでは、以上のような、森田の構想した日本の近代教育学の系譜論を、あれこれ論評することは控えよう。ここで述べたいことは、森田が受け容れている大正新教育の位置づけについてである。先に少しふれたように、森田は「一般的にいって、戦前教育の唯一の『遺産』として積極的に評価されたのは大正新教育運動だけだったから、この運動の担い手であるか、あるいはそれからの距離の近さだけが、教育学者として［のその思想が］研究に値するかどうかの判断基準とされた」と述べているが（森田 2013: 85）、それは、教育思想としての大正新教育ではなく、教育方法としての大正新教育ではなかっただろうか。そもそも、大正新教育の思想内容についての研究は、充分に行われてこなかったのではないだろうか。

3　大正新教育の思想史へ

大正新教育思想の研究

「大正新教育」と呼ばれる歴史的な営みは、教育実践であると同時に教育思想でもある。教育実践としての大正新教育については、たとえば、中野光の『大正自由教育の研究』（一九六八）、『大正デモクラシーと教育』（一九九〇）、『学校改革の史的原像』（二〇〇八）において詳細に検討されているし、「ダルトン・プラン」「プロジェクト・メソッド」などの、大正新教育において言及されたアメリカの教育方法についても、さまざまに研究されてきた。しかし、教育思想としての大正新教育については、充分に論じられてこなかったように思われる。たとえば、第2部で取りあげた、大正新教育を象徴する一九二一（大正一〇）年に開かれた講演会「八大教育主張」の論者の教育思想についてのこれまでの研究は、けっして充分とはいえない。なるほど「八大教育主張」は、「大正新教育運動」の熱気を伝える歴史的事実としてたびたび言及されてきた。しかし、その講演会で講演した八人の教育者の思想、すなわち樋口長市の「自学教育論」、河野清丸の「自動教育論」、手塚岸衛の「自由教育論」、千葉命吉の「一切衝動皆満足論」、稲毛金七の「創造教育論」、及川平治の「動的教育論」、小原國芳の「全人教育論」、片上伸の「文芸教育論」の思想については、個々別々の研究論文はあっても、また中野の研究において部分的に取りあげられているが、その全体をまとまったかたちで、またその思想内容について論じた研究書はなかった。

にもかかわらず、どういうわけか、森田が述べているように、大正新教育はたびたび肯定的に評価されてきた。そうした肯定的な新教育への評価は、端的にいえば、教師主導・画一的・受動的・主知的な教育方法に対して、子ども中心・主体的・活動的・経験的な教育方法を提唱することであり、機械化・産業化に対して、自然・生活の大切さを説き、個人主義・自己利益に対して、協同性・人間性の価値を説くことである、といえるだろう。そこで高く掲げられる概念、とりわけ「活動」「生活」「自由」「経験」「協同」などは、大正新教育の言説が語るところの「教育的価値」である。こうした教育的価値は、それらを支える思想的文脈を知らなくとも、人びとに対して否定しがたい訴求力を発揮してきたように思われる。たとえば、近年、文部科学省が提唱した「生きる力」や「主体的な学び」も、こうした新教育の教育的価値に連なっている。

二項対立論の貧しさ

こうした新教育が語る教育的価値は、二項対立図式のなかに位置づけられる傾向にある。すなわち、新教育の言説は、座学／活動、学知／生活、命令／自由、言葉／経験、受動／能動、個性／社会といった二項対立図式のなかで、理解されてきた。たとえば、及川の動的教育論を批判する谷新蔵は、及川が「極端なる児童本位主義に堕して居る」といい、「国家社会の理想」「社会の文化価値」を「忘れ」ているという（尼子ほか 1923: 440）。これは、谷の他の及川批判、すなわち活動／価値、自学／模倣、経験／書籍による価値軽視、模倣軽視、書籍軽視と同じで、個性／社会という二項図式を勝手に定め、及川の思想を一方に切り詰め、他方を欠いていると非難しているだけである。こうした二項図式援用の危うさはすでに指摘されている。デューイの研究者であった永野芳夫は、小原について「彼の考は、だいたいから見て、二元の闘争的對立ではないかと思ふ。理性と感情、理想と現実、霊と肉、心と体、神と人などの対立が根本に流れてゐるかと思はれる」。これに対して「私のは二元の協同的同身的な合一出発とする」と述べている（尼子ほか 1923: 468）。また、近年、松下良平は「『ことばよりも体験を』といった新教育的な言説はまったく意味をなさない」といい、また「環境とかかわることは単に『主体的・能動的な』ものでもない。そこではむしろ、環境（特に他者）からの呼びかけを聴き、受けとめるという意味での受動性もまた重要な役割を果たす」と述べている（松下 2010: 149）。すなわち、言葉と体験とは、対立するのではなく包含しあうのであり、能動と受動もまた、対立するのではなく相互に連関する、と。

しかし、本書で取りあげた新教育の思想は、各章の論述に示されているように、このような二項対立図式を前提にしていない。そこには、学知と生活との、言葉と経験との包含関係、受動と能動との、個人と共同との相互連関などを、容易に読みとることができる。たとえば、及川平治にとって、「生命」の顕現としての「生活」は、主観／客観、自／他、人／世界の「調和統一」の場であり、動態的・持続的・倫理的である。すなわち、「生命」に支えられた「生活」は、制度の縛りを超えて、再び善き活動を生みだす活動であり、この善き活動は、個人の身体を超えて、過去の文化遺産や未来の文化創造に連なる活動であり、この文化創造に連なる活動は、個人の生理学的メカニズムを超えて、より善く生きることに向かう活動である。及川のいう「生活」は、よりよく生きようとする生命の活動であり、その様態は、超えていくことである（橋本 2013）。

新教育の言説の文脈構成

新教育の言説に記されている言葉を通俗的な二項対立図式で理解するだけでは、新教育の思想を捉えることはできない。新教育の言説を、その思想のレベルで理解することは、その用語の意味を通俗的に理解することから、区別される。概念と概念の意味の関係としてみれば、対立している二つの概念も、言説全体を彩る文脈にそれらを位置づけるときに、包含され・連関しているということが、見えてくるからである。そうした包含関係・相互連関を踏まえたうえで、基本概念を強調することと、ただ対立概念としてのそれらを規範として宣揚することとは、大いに異なる。二項対立を構成するいくつかの概念を組み合わせて、「新教育の地平」「新教育の限界」なるものを構成することは一つの試みであるが、そこに描かれるものは、ここでいう新教育の思想とは無関係である。新教育は、子どもの「活動性」を無批判に前提にし、そういったものを方向づけ発達させるための教師の働きかけは「目的合理的」である、といったところで、それは、新教育の思想ではない。子どもの生き生きとした活動性の存立条件は、人の語りうるところをはるかに超えているし、眼前の子どもに対する教師の働きかけも、「目的合理的」という形容に収まるものではない。そうした思議を超える営みへのいささかの想いももたず、自分で形骸化させ貧困化した概念と概念をつないで、新教育を方法的に単純化することは、慎むべきだろう。

二項対立図式で新教育を把握するという単純化を避けるためには、何よりも先入見や予断を捨てて、新教育の言説の文脈を構成しなければならない。その作業を行うためには、そこで言及されているヨーロッパ・アメリカの新教育思想・進歩主義教育思想と日本の大正新教育思想とのかかわり・つながりについて、できるかぎり深く追尾しなければならないが、充分であったとはいえない（海外の新教育については、たとえば、長尾編 1988a, 1988b, 1988c を参照されたい）。なるほど、アメリカのデューイ、キルパトリックなどの進歩主義教育思想からの大正新教育への影響については、これまでにも繰りかえし言及されてきた。しかし、それがどのような思想的影響だったのか、その内実については、明らかにされてこなかったのではないか。とりわけ、デューイの教育思想の根幹をなす「自然思想」の深さは、ほとんど等閑視されてきたように思われる。また、ヨーロッパのベルクソン、ドクロリー、フレネなどの、いわば「生命思想」の大正新教育思想への影響についても、言及されることはあっても、近年にいたるまで、その内実が語られることはなかったのではないか。たとえば、及川平治の教育思想とベルクソン、ドクロリーの生命思想との関係が思想のレベルで論じられるようになったのは、二〇一三年になってからである（橋本 2013）。

大正生命主義について

なるほど、大正新教育が「生命」を重視していたことは、すでに指摘されている。また、大正新教育のみならず、大正期の文学・哲学なども「生命」を繰りかえし強調した。鈴木貞美の研究（1996, 2008）は、新教育に言及していないが、大正期の「生命」強調の潮流を網羅的に追尾した研究であり、その潮流を「大正生命主義」と呼んでいる。鈴木によれば、たとえば、徳富蘆花の『自然と人生』（一九〇〇）は、大正生命主義の先駆的著作の一つであり、高名な西田幾多郎の『善の研究』（一九一一）もまた大正生命主義の主要な著作の一つである。なるほど、西田は『善の研究』において、人間の精神の奥底に「真生命」を見いだし、人がそれと一体化し、自己意識を消すことが、「神との一体化」である、と述べている。こうしてみると、本書で取りあげた大正新教育の思想も、大正生命主義の一つとして位置づけられるようにみえるだろう。

しかし、大正生命主義という概念はかなり大きな括りであり、その括りは基本的に生命を理念化しているように見える。たしかに大正新教育の論者の多くが「生命」を理念化している。たとえば、千葉命吉は、『独創主義教育価値論』の「序」において、「俗耳に容り易き論理主義の理想を捨てよ／生命は神秘にして超論理だ／便宜に陥り易き心理主義の自然を捨てよ／生命はより不可思議にして超自然だ」と述べている（千葉 1923：序3）。また、及川平治は、「人間の本性」に、躍動する力としての「生命」を見いだし、子どもの「活動」、すなわち学術的な「知識」を踏まえつつも、主観的な「情意」に彩られ、具体的な「身体」を伴い、「理想」を含みもつ「活動」に、この「生命」の顕現を見いだしている。しかし、彼らのいう「生命」は、規範としての理念だろうか、その「生命」は、理念として語られているが、すでに在るところの不可視の前提、いわば存在論的事実ではないだろうか。

自然思想と生命思想

大正新教育の著作を読むとき、私たちは、通俗的な生命概念から大きく異なる生命概念に出会う。及川平治や千葉命吉の語る「生命」は、人間を存立可能にしている基礎的事実としてのそれであり、この基礎的事実から届けられる声は、人がよりよく生きるための倫理的契機である。こうした考え方は、存在者が存在に支えられ、存在からの声（「良心の声」）をよりよく体現するときに、人は固有的・本来的に生きることができるという、ハイデガーの存在論を思い出させる。その意味では、大正新教育の語る「生命」は、信奉信仰される理念などではなく、すでに人間によって生きられているにもかかわらず、しばしば看過されている基礎的事実である。いいかえれば、それは、私たちの日常のなかに顕現しているが、いわゆる「言語」を超えるところに位置し、いわば「良心の声」のような、おのずから現れる衝迫的な倫理感覚として意識される。

本書で取りあげた大正新教育の思想が語る生命概念は、以下に示すように、デューイの自然思想と、またベルクソン、ドクロリー、フレネの生命思想と、少なからず親和的である。その意味で、大正新教育の思想史を描くための参照項として設定できるものは、デューイの自然思想と、ベルクソン、ドクロリー、フレネの生命思想である。デューイの自然思想は、『デモクラシーと教育』にもいくらか垣間見られるが、『経験と自然』によく示されている。ベルクソン、ドクロリー、フレネの生命思想は、ここで取りあげたドクロリー、フレネの著作よりも、ベルクソンの著作、とりわけ『創造的進化』と『道徳と宗教の二源泉』によく示されている。次に、それぞれの内容が収斂するところ——アガペーとしての愛——について、ごく簡単に述べておきたい。

4　アガペーとしての愛

デューイの自然思想

デューイの思想は、しばしば「プラグマティズム」（「実用主義」「道具主義」）と形容されてきた。デューイの思想を「プラグマティズム」のなかに位置づけることは、哲学思想史の常識である。一九八二年に出版されたローティ（Rorty, Richard）の『プラグマティズムの帰結』もまた、デューイをプラグマティズムのなかに位置づけている（Rorty 1982=1985）。たしかに、デューイは、パース、ジェームスが唱えたプラグマティズムを肯定的に評価している。デューイにとって、プラグマティズムは、「科学的思考」によって、生成変化する「実在」を観察し、意味づけ、そのなかで把握される原理・規準・法則を活用し、何らかの問題を解決する、という考え方である。このとき把握される原理・規準・法則が「プラグマティックな真理」である。すなわち、プラグマティズムにおいては、真理は、ギリシア哲学やスコラ学が語ってきた「永遠の真理」ではなく、具体的な問題解決のなかで把握される暫定的な真理である（Dewey 2008, mw. 12, RP: 171）。

しかし、デューイが重視したことは、パース、ジェームスの唱えたプラグマティズムそれ自体というよりも、プラグマティックな真理概念がもたらす倫理的な帰結である。デューイにとってそれは、科学的思考が析出する「原理・規準・法則といったものが、個別・固有の情況を分析するための知性的（intellectual）な道具」になることであり、この個別・固有の問題情況において、人が「知性」（intelligence）とともに「道徳性」（morality）、すなわち「豊かな共感、鋭い感性、……不屈の態度、……偏りのない関心」を発揮することである（Dewey 2008, mw. 12, RP: 173-4）。つまり、デューイにとっては、科学的に思考し、原理・規準・法則を析出し、それを上手に活用することでなく、「個別・固有の情況」、たとえば、眼前のこの子どもの置かれた問題情況を理解し、その改善をはかるために道徳的に知性を活用することのほうが、重要なのである。

デューイにおいては、この個別性・固有性を重視するというスタンスが、「生」（life/living）を重視するというスタンスを生みだす。デューイにとって生とは、個別・固有の人が抱く個別・固有の「意味」に彩られた、個別・固有の営みに他ならないからである。生きることは、必ず「副詞」で形容される何らかの価値に彩られているが、その価値は個別的・固有的である。「健康」という価値についていえば、「人間一般ではなく、特定の機能不全に苦しんでいる特定の人こそが、健康に生きることを望んでいる。彼にとっての健康の意味は、［老いて］死を迎えつつある人にとってのその意味と同じではない」（Dewey 2008, mw. 12, RP: 175）。人は、一人ひとり自分の生を離れてではなく、自分の個別・固有の生のなかで個別・固有の価値を求めて生きている。その個別・固有の価値は本来的に多様であるが、それはまた本来的に倫理的である。なぜなら、人が「自然」の一部であり、「自然性」を内在させているからである。すこし敷延しよう。

第1章で述べたように、デューイにとって「自然」の本態（自然性）は「呼応可能性」である。呼応可能性は、外在的自然の自然性であるだけでなく、人間性という、人に内在する自然性でもある。いわゆる外在的自然の自然性も、内在的自然の自然性も、他からの働きかけ・呼びかけに応えうる力である。その呼応可能性は、生命体においては「生命本来の力」として現れるが、人が生命体に働きかけるとき、しばしばその生命本来の力は見逃されてしまう（Dewey 2008, mw. 12, RP: 129）。たとえば、大人は、子どもに対する自分の働きかけが生みだす成果（たとえば、学力向上）を経験し、その経験がもたらす知、すなわちプラグマティックな知の力に基づいて、もっと確実な成果があがるように子どもに働きかけようとするからである。すなわち、経験がもたらす知の力が、子どもが体現していた生命本来の力を凌駕するからである。生命本来の力である呼応可能性は、人が人・世界と行うさまざまな相互活動の大前提であり、それがよく発現するとき、その相互活動はデューイのいう意味での「コミュニケーション」となる。このコミュニケーションには、人をアガペーとしての愛に誘う理念化の営みがふくまれている。すなわち、少なくとも人には、アガペーとしての愛に向かう力が、はじめから贈られている。人の自然性は、このアガペーとしての愛に向かって充全化される運命にある。

ベルクソンの生命思想

こうしたデューイの自然思想の寡聞さに較べるなら、ベルクソンの生命思想はよく知られている。それは、「生命の躍動」(élan vital）という有名な言葉に象徴されるように、「生命」を人の諸活動を倫理的に基礎づける「根源性」と見なす考え方である。生命全体の根源性は、さまざまな生命体全体に通底する、生きるという躍動性それ自体である。この生命全体の躍動性は、一命において他の一命への、そして生命全体への「愛」(charité）として顕れる。このcharitéは、さかのぼれば、ラテン語のカリタス（caritas）であり、さらにさかのぼれば、ギリシア語のアガペー（agape）、パウロ／ヨハネがいうところのそれである。この、一命へのアガペーとしての愛は、動物、植物、そしてすべての自然な事物に広がっていく。つまり、根源性としての生命が人に十全にあらわれるとき、人の愛は、デューイの場合と同じように、アガペーとしての愛となる。

ベルクソンにおいては、このアガペーとしての愛は、人の「魂」の全体を取り込み、それを再活性化する。とりわけそれは、自由と平等を結びつけ、真のデモクラシーを招来する。このアガペーとしての愛が、おのずから出来する営みであるという意味で、自由を暗示し、愛する者と愛される者とは相互に相手を自分よりも大切に思うという意味で、平等を暗示するからである。デモクラシーは「自由を宣言し、平等を要求する。そして対立するこの二つの姉妹を、彼女たちに姉妹であると想起させ、同胞愛（fraternité）をすべての上に位置づけることで、和解させる。……自由と平等の間の、しばしば指摘されてきた矛盾は、同胞愛によって止揚される。同胞愛こそが必須である。デモクラシーは、エヴァンジェリカル［＝福音書的］であり、愛を動因としている」（Bergson 2008: 300=2003, II: 235）。この「同胞愛」は、前述のcharitéと同じで、ヨハネの福音書——またパウロの手紙——で説かれている「隣人への愛」である。どんな人でも、無条件の愛によって自分の「同胞」「隣人」となりうるという意味で、この隣人への愛は、アガペーとしての愛である。

ベルクソンが語るアガペーとしての愛は、Give and Takeなどという、自他の利害計算の比較検討という意味の、交換の思考に彩られている「正義」とは無縁の、根源性としての生命から届く声、すなわち「良心の声」にただ応えるという意味の、いわば贈与の思考に彩られている正義である。「無条件の愛に向かえ」という良心の呼びかけに人が応えるとき、人は「閉じられた道徳」を超え、「生命の躍動」を体現する。アガペーとしての愛は、抗しがたい衝迫であり、いかなる障害を認めない。アガペーとしての愛は、生命の躍動によって前進し、その目的に専心する。人間を支えつつ人間を超える存在を「神」と呼ぶなら、この衝迫・専心の無条件の愛の営みこそが神である。すなわち、愛し愛されているという生命の営み全体が、神である。ベルクソンは、明らかなことは「愛が神それ自体であることである」と述べている（Bergson 2008: 267=2003, II: 183）。

ベルクソンの生命思想においては、人間は、デューイの場合と同じように、このアガペーとしての愛によって不断に「進歩」しつづける。ベルクソンは『道徳と宗教の二源泉』のなかで、アウグスティヌスの説いたアガペーとしての愛に言及しつつ、次のように述べている。「未来は、あらゆる進歩に開かれているはずであり、とくにそれは、今すぐに実現されそうにない、おそらく考えられてもいないような、さまざまな形態の自由と平等が可能になる条件の創造に開かれている。どうしてそうした自由や平等の精確な定義が求められるのか。定義によっては、それらの輪郭がただ描かれるだけである。ただ同胞愛が与えられるかぎりにおいて、その内容はよくなっていくのである。『愛せよ、そしてあなたの欲することを為せ』(Ama, et fac quod vis)」(Bergson 2008: 301=2003, II: 236)。最後に引かれているラテン語の言葉は、アウグスティヌスの『ヨハネの手紙第一への注釈』に記されている言葉である。重要なことは、ベルクソンにおいては、アガペーとしての愛に向かうという不断の躍動が、すべての知性的な言動に先行している、という事実である。アガペーとしての愛の不断の躍動は、「真理」に向かう営みを本態とするため、その真理に向かう営みにそぐわない共同体を、その制度的な縛りから開放するのである。その真理は、「隣人への愛」すなわちアガペーとしての愛に他ならない。

ティリッヒのキリスト教的存在論

こうしたデューイ、ベルクソンの自然・生命の思想、つまるところ、アガペーとしての愛の思想は、特異な思想に思われるかもしれないが、キリスト教思想の系譜を見るなら、けっして特異な思考ではない。それは、トマス・アクィナスのキリスト教思想のなかにも見いだされる。坂口によれば、トマスは「存在それ自体」(ipsum esse) という概念で、人間を含むすべての生命体を支えている力を意味していた。すなわち、すべての生命体に満ちあふれ、それぞれを生かしているその力は、神の贈与、すなわち神の愛であった (坂口 2008: 48)。端的にいうならば、キリスト教思想においては、生き生きとしていることは神の愛の顕現であり、その愛を生き、その愛を体現することが人の生である。こうしたアガペーとしての愛の存在論としてのキリスト教思想（キリスト教的存在論）は、デューイ、ベルクソンの自然・生命の思想と相同的である。

近年のキリスト教的存在論の一つを紹介しよう。ティリッヒ（Tillich, Paul 1886-1965）のそれである。ティリッヒは、ハイデガーの大きな影響下にあったプロテスタント神学者であり、存在論に傾きすぎていると、正統派のキリスト教神学者からしばしば否定的に評価されてきた。そのティリッヒは、有名な『存在する勇気』（*The Courage to Be*, 1952）において、近代は、人びとが超越性としての神を失い、「無意味」（虚無感）に苛まれる時代である、と述べている。古代の人びとは「死（運命）の不安」（anxiety of death）に怯えていた。中世の人びとは「罪（堕落）の不安」（anxiety of condemnation）に怯えていた。そして近代の人びとは「無意味（虚無感）の不安」（anxiety of meaningless）に怯えている、と。ティリッヒは、人びとがこの「虚無感」「猜疑心」に取り憑かれているなかで、なおも「存在する勇気」すなわち「生きる勇気」をもちうるとするなら、それは、意味としての、超越性としての、象徴としての神を喪ったにもかかわらず、なお生きることに「希望」を見いだすことによってである、と論じる。そしてティリッヒは、その「希望」の源泉に「神を超える神」（God above God）という名を与える（Tillich 2000: 41ff, 186ff）。ティリッヒのいう「神を超える神」は「存在それ自体」（esse ipsum/Sein-selbst/Being-itself）である。それは、人間が想像する神を越えるもの、人間のような有限の存在者に見られる乖離・分裂・疎外に先行している、いわば命あるものの「全体性」である（Tillich 1951=2004: 186, 191, 196）。この全体性は、人為が作りだす何らかの全体主義的なものではない。それは、一つ一つの命を生みだし、生かし、支え合わせる全体的な生命のつながりである。

そして、ティリッヒにとって、人が生き生きと生きていること自体が、愛である。それは、最も気高い状態である。ティリッヒは、「それ［＝愛］は、実現された躍動する生命そのものである。愛がそれ自体を具現する様態と構造は、生命が可能であり、かつ生命の自己破壊的な力が克服されるような様態と構造である」と述べている（Tillich 1995: 94-5; 1989=1999: 92-3）。このような具体的で躍動的な生命と一体である愛こそが、真の倫理である。真の「倫理とは、愛がそれ自体を具現し、そして一命が保たれ救われること、その仕方である」（Tillich 1995: 95; 1989=1999: 93）。ティリッヒは、そうした愛のなかで最も重要な要素を「アガペー」と呼ぶ。いわゆる「愛」には、アガペーのほかに、低い立場の者が高い立場の者に向かう「エロース」や、同等な者が結合しようとする「フィリア」も含まれている。これらの愛の要素は愛の情感的要素であるが、アガペーは愛の直観的要素である。それは、自分に愛の行為を迫る情況、たとえば、他者の傷み・苦しみを直観すること、つまるところ、他者への共鳴共振である（Tillich 1989=1999: 38）。こうしたアガペーとしての愛は根源的倫理であり、通俗的な道徳（善を体現する規範命題）を超えうる。ティリッヒは「愛は、あらゆる道徳的伝統を拒否しうるとともに、またそれを利用しうるが、つねに道徳的慣習の妥当性を吟味する」と述べている（Tillich 1989=1999: 39）。アガペーとしての愛は「具体的情況に耳を傾け、そしてこれらの原理［すなわち可能的人格をもつあらゆる存在を人格として認めよ、という正義の要求］を根拠として、敢然と行為する愛である」と（Tillich 1989=1999: 41-2）。

通念的様態と固有本来的様態

人の営みがアガペーとしての愛に向かうこと自体が、その営みがキリスト教的存在論に位置づけられるための根本条件である。「愛」と呼ばれうる営みがアガペーとしての愛に向かっている場合にのみ、それは存在論が示そうとする固有本来的概念である。同じように、「生存」も、それがアガペーとしての愛につらなる生命に由来するときにのみ、いいかえれば「生存のための戦い」ではなく「生存のための連帯」に向かうときにのみ、存在論的な意味での固有本来的概念である。たとえば、ドクロリーの「生のための、生による」(pour la vie, par la vie) というフレーズのなかの「生」(vie) も、それがたんなる日常の、しばしば生存競争に取り込まれた「生活」であるとき、通俗通念的概念であり、それが生き生きと躍動する「生命」に連なるとき、固有本来的概念である。デューイがいう「より深い思考と望み」(deeper thoughts and desires) も、またドクロリー、フレネがいう「深層の文化(深みのある教養)」(la culture en profondeur) も、キリスト教的存在論が示そうとする固有本来的概念である(第1・2・3章を参照)。

ここでいうキリスト教的存在論は、アリストテレスに由来する存在論ではなく、ハイデガーのいう存在論に近似する。ハイデガーのいう存在論はまず、存在するもの、たとえば、一人の人の存在様態が、頽落的様態と固有本来的様態の二重態である、と考える。そして、人は、この世界に生きているかぎり、この世界の通俗性に頽落するように誘惑されている、と考える。すなわち、人が資本、能力、資格、商品といったモノに執着し、それらを所有しようとし、名声、権力、安心といった通念的価値に迎合し、大衆となることで安心しようとし、固有本来的に生きることから逃避する、いいかえれば、真の自分を疎外する、と考える。しかし、ハイデガーの存在論はさらに、人がこうした世界への頽落に違和感を覚える、と考える。その違和感は、得体の知れない不安として心を襲うが、その不安のなかで、人は「良心」の声を聴く。すなわち、固有本来的に生きることを呼びかけられる。ハイデガーは、この呼びかけの主を「存在」と呼ぶにとどめているが、この呼びかけの主を、キリスト教的な「不在の神」であると考えてみることができるだろう。つまり、人を固有本来的に生きることに誘う「良心の声」は、キリスト教が語る神に由来遠因する、と考えることが、キリスト教的存在論である。

生命／愛概念の頽落のなかで

このようなキリスト教的存在論が語る生命概念は、ギリシア哲学に傾くドイツの「人間学」に依拠する教育学が説く生命ではない。たとえば、稲富栄次郎は『教育作用の本質』において「人間の生命が静的形態をではなくて、動的形態を有すべきこと」を主張するが、プラトン、シェーラーに言及しながら「人間の生命内容には、下〔は〕無機的自然物の要素より、上〔は〕神的要素にいたる一切のものが凝縮されて居り、その限りにおいて全宇宙が凝まって人間の生命内容をなす」と述べている（稲富 1949: 270, 268）。つまり、稲富にとって、人間の生命は神と自然との「中間」に位置し、どちらの要素も含んでいる。人間の生命の神的要素が「理性」であり、自然的要素が「欲求」である。稲富は、このギリシア哲学的生命概念の神的要素のなかに、ペスタロッチやフレーベルの教育思想の根幹である「内在神性」（第5章参照）を位置づけているが、それは、内在神性という人を超えるものの人間化にほかならない。内在神性は、いわば人の心の奥底から響いてくる神の声の残響のようなもので、人が意図的に使うものではなく、人を唐突に突き動かすものである。そして、第5章で述べたように、ペスタロッチやフレーベルが依拠しているアウグスティヌスにおいては、この内在神性こそが「生命」であり、アガペーとしての愛の源泉である。

奇妙なことにも、稲富はこのような内在神性の生命を知っていたにもかかわらず、自身の生命論のなかに位置づけていない。稲富は、愛と一体である子どもの生命を「児童の生命の絶対性」と呼んでいる。「〔われわれは〕子供の世界にこそ、何物にも汚されぬ、純真な人間性の流露を見る。何等の虚偽も術策もない、溌剌たる生命の動き、真の歓喜と希望との躍動を見いだすのである」（稲富 1949: 142）。しかし、この「生命の絶対性」は、前述のように、同書後半の生命論からは抜け落ちている。また、稲富は、教育の関係性の重要な構成要素として「アガペエ」を挙げているが、彼の語る「アガペエ」は、「師弟」がともに「人間」であるという「横の軸」、すなわち教師／子どもの水平的関係性を生みだす心情に縮減されている。稲富にとって教師／子どもをともに高める心情は「エロス」であり、これが教育の関係性の「縦の軸」を生みだす。この「縦の軸」の向かうところが「真善美」という「文化価値」である。つまり、「アガペエ」は、「エロス」を支えるものと見なされているが、それ自体は目的と見なされていない（稲富 1949: 150）。しかし、アウグスティヌス、そしてペスタロッチ、フレーベルのいうアガペーは、「文化価値」をはるかに超えるところ、神が人に贈る無条件の慈愛、人がそれに与り営むべき真実である。

私たちがアガペーとしての愛を喚起すると考える真情に、たんなる無邪気さを見いだすにとどまるということは、存在論的思考が欠如していることを意味している。たとえば、千葉に向けられた批判のなかに、存在論的思考を欠く思考を見いだすことができる。菅原勝之進は、『八大教育批判』に採録されている千葉命吉に対する評言において「……吾々の見る処に依れば、子供の真純と云ふ天然自然の無邪気の表出は、殆んど道徳的評価から脱出して居ると思ふ。彼等の心理的必然の行動に善悪はない、只純な心の尊さに過ぎない。……〔中略〕……〔子どもの〕好きと云う赤裸々といふ至誠が、正当に自我てふ道徳の至誠に至り得るか不明瞭で有ると思ふ……」と述べている（尼子ほか 1923: 371-2）。菅原は、彼のいう「子供の真純」、つまり稲富のいう「純真な人間性」が「道徳の至誠」に連なるとは考えていない。ましてや、それが、道徳を超えるアガペーとしての愛に連なるとなどと考えもしていない。彼にとって、子どもはたんに無邪気なだけである。存在論的思考とは、無邪気に、すなわち無条件に人・命を気遣う真情に、通念的（合理的・有用的・大衆的）な思考を超える共存在の事実を見いだすことである。それは、暗黙裡にであれ、キリスト教的知見を要する思考である。

ともあれ、言葉を換えながらも、キリスト教的存在論において語り続けられてきた生命の本態は、どんなにテクノロジーや計算的思考が高進しようとも、人が喪失してはならない真理、すなわちアガペーとしての愛であろう。それは、何よりもまず、他者の一命への無条件の気遣いであり、苦境にある他者の求めるものをただ贈ることであり、自他が呼応することである。そのインターエッセ（存在のなかにあること）が、デューイの自然思想の核心である。そして人は、身近なだれかを無条件に気遣うなかで、すべての生きものが一命（vie）であることを学ぶ。その学び、すなわち生命への畏敬が、ベルクソンの生命思想の核心である。この全体世界のなかで、人はまさに小さな存在者であるが、他者・世界と相互に通底し、全体世界という存在を支えている。こうした全体世界という存在は眼に見えない。その現れである無条件の気遣いもなかなか眼に見えない。存在論的様態は、文明化の進展とともにますます見えにくくなる。人が食べるもののほとんどが命あるものであることもわかりにくくなり、助け合って生きるかわりに機能的分業の遂行が求められるからである。しかし、環境がどんなに都市化され、生活が機能的に分化されようとも、人は本来的に、他の一命に共鳴共振する「弱きもの」である。その声に耳を傾けること、私たちの弱さに気づくことが、私たちが真理に向かうための第一歩である。

愛の規範化を超えて

さて、大正新教育の思想が――その一部であったとしても――アガペーとしての愛を語るキリスト教的存在論のなかに位置づけられるとすれば、大正新教育の思想は、はじめからアポリアをふくむ運命にあったはずである。アガペーとしての愛は、道徳規範としての愛へと頽落せざるをえないからである。人がしばしばアガペーとしての愛を看過し、自己利益のための支配・暴力に傾くからこそ、人はアガペーとしての愛を道徳規範としての愛、たとえば「親子愛」「夫婦愛」「家族愛」として宣揚しなければならないからである。そうした愛は、もはやアガペーとしての愛ではない。「人を愛せ」といった道徳規範は、どんなに繰りかえし人に教えられても、その人を真に愛する存在にしない。それどころか、人を愛への疑念、愛の否定へと駆り立てるだろう。ティリッヒは「もしも［アガペーとしての］愛が私たちの全存在を規定しているのであれば、また愛が私たちと一つであるような構造としての法であれば、それは、けっして命令する法、つまり道徳規範の表現するところとはならないであろう。愛は、私たちが私たちの存在と一体であり、それに矛盾しない場合における、私たちの存在の表現であろう」と述べている（Tillich 1995: 48; 1989=1999: 43）。すなわち、現実の私たちがアガペーとしての愛からずれて生きているからこそ、私たちは、道徳規範としての愛を語らなければならないのだ、と。

しかし、私たちは、アガペーとしての愛からまったく隔てられているのではない。アガペーとしての愛は、私たちの人生において、たびたび現れる。親の子への愛として、子の親への愛として、かけがえのない伴侶・友人への愛として、そして苦境にある見ず知らずの人への愛として。ただし、こうしたアガペーとしての愛は、完全におのずから然るもの——自然（じねん）——である。それは、私の意思や論理が制御しうる情動ではない。この自然のアガペーを体現するために必要なことは、ただ一つである。すなわち、自分の心の奥底から響いてくる「声」に耳を傾け、できるかぎり、その声に応えることである。この声を聴き、それに応えることは、いわゆる「コミュニケーション」ではなく、キリスト教の用語を用いれば「コミュニオン」(communion）である。それは、さまざまに定義されているが、ティリッヒの言葉を借りていえば「神的なものである生命に参与すること」である。そして「すべての有限なもの［＝人］の目的は、神的なものである生命に与ることである」(Tillich 1995: 60; 1989=1999: 56)。すなわち、アガペーとしての愛の贈与は、アガペーとしての愛の享受である。

「信仰」なきアガペーとしての愛

こうしたアガペーとしての愛は、たしかにキリスト教に由来するが、いわゆる「信仰」を必要としていない。通念としての「キリスト教」は「信仰」(faith/foi/Glaube）がアガペーを可能にする、と語ってきた。「信仰」のないところにアガペーとしての愛はない、と。キリスト教の「信仰」は、罪の鏡としての「律法」(「十戒」）と、罪の赦しとしての「福音」(「使徒信条」）を、「神の言葉」という名の規範として聴き、それを信じ守ることである。この「信仰」は、人を、どこまでも自己審判する個人に向かわせ、異端者に刑罰を与えるという処罰に向かわせ、そして異教徒を人と認めないという排除に向かわせてきた。しかし、アガペーとしての愛は、人を、すべての命への無条件の気遣いという普遍に向かわせ、人知を超える存在に与るという享受に向かわせ、そして自分を超えてよりよく生きるという自由に向かわせる。「信仰」とアガペーとしての愛とは、相容れない関係にある。アガペーとしての愛は「信仰」ではなく、「信仰」はアガペーとしての愛をもちえない。アガペーとしての愛が、アガペーとしての愛を超えるものを知らないからである。

このアガペーとしての愛は、キリスト教的な概念であるが、普遍的な事実である。それは、キリスト教の神という人知を超えるものに由来しながらも、キリスト教と無関係に生きる私たちの日々の生活のなかに垣間見られる。それは、たとえば、見知らぬ人であれ、人が苦境にある人を助けようとすることであり、どんな罪を犯した人の死であれ、人が死というものを忌避することである。また、幼い子どもの仕草に、人が思わず微笑んでしまうことであり、老いて寝たきりの人を、人がなお敬うことである。こうした「人間的」と形容されること、すなわち自己利益・自己関心、道徳規範・法令規範、親近性・親密性、有能性・有用性などとは無縁に人が人を気遣うことは、よりよく生きることに不可欠である、他者・世界との呼応的なつながりを暗示している。それは、人知を超えるところからの、人への贈りものである。キリスト教は、その贈りものを、独特の歴史的事象に支えられて、最も深く意味づけてきた。大正新教育が語る「子どもを信じる」ということは、教師が子どもという存在者とそれを超える存在との相互連関を了解することであり、子どもと他者・世界との存在論的なつながりを理解することである。もしもそうした存在論的な相互連関、つながりを「非科学的」「超自然的」と呼び、嘲笑し棄却するなら、教師は、眼の前の子どもに「おはよう」という声一つかけられなくなる。人が人と出会うこと、ともに生きることを無心に歓ぶのも、アガペーとしての愛の営みに他ならないからである。

5　呼応し躍動するアガペー

存在論的な営みとしての自然・生命

ようするに、新教育を、座学／活動、学知／生活、言葉／経験、受動／能動、従順／自由、個人／社会といった二項対立図式のなかで考え、後者の、活動、生活、経験、受動、自由、社会を強調する立場と捉えることは、一面的である。活動も生活も経験も受動も社会も、少なくとも表層／深層という二層の概念、すなわち常識的・制度的・実証的な意味のそれらという表層の概念であるとともに、超越的・情感的・詩作的な意味のそれらという深層の概念でもあるからである。表層の意味のそれらは、たしかに座学、学知、言葉、受動、従順、個人に対立するが、深層の意味のそれらはこれらに対立しない。活動、生活、経験、能動、自由、社会は、座学、学知、言葉、受動、従順、個人から区別されるが、それらを可能にする存在論的営みでもある。

そして、最も重要なことは、この存在論的な営みとしての活動、生活、経験、能動、社会が、キリスト教が語ってきたアガペーとしての愛を、しばしば含んでいることである。それは、それが何に由来すると語られるかにかかわらず、自我／他我、主体／客体、個人／社会の区別に先行する、他者への無条件の気遣いである。つまり、私たちが注目するところは、新教育思想それ自体が、通俗的な営みとしての活動、生活、経験、能動、自由、社会だけでなく、存在論的な営みとしての活動、生活、経験、能動、自由、社会も語っていたという重層性であり、存在論的な営みに通底する特徴が――デューイの自然思想、ベルクソンの生命思想が語った核心に結びつけていえば――アガペーとしての愛であるということであり、それは、そうであるかぎり、規範化してはならないものの規範化というアポリアを孕んでいる、ということである。

したがって、大正新教育の論者に対して、「教育目的の理想」を掲げるのみで、確固とした「方法」を提示していない、あるいは「教育方法」ばかりを語り、空理空論の教育理念しか語っていない、といった大正新教育への批判は、二重の過誤がもたらした結果である。すなわち、規範としての理念と不在の存在としての理念との存在論的な区別がなされていないうえに、アガペーという不在の存在がもたらす愛の規範化というアポリアが避けえない宿命であると気づいていないからである。存在論的な事実としてのアガペーは、一人ひとりの教師の、一人ひとりの子どもに対する、固有な情況における固有な応答として現れる、千差万別・一回唯一のマニエールであり、だれもがいつでも使えるメソッドとして、一般化・理論化されるものではない。ようするに、存在論的な教育論に対して、かつてラインらの設定した「理論／実践」の区別をあてはめ、「理論はあるが、実践がない」「実践はあるが、理論がない」と論難することは、たんなる誤謬である。

補足しておくなら、デューイの自然思想、ベルクソンの生命思想は、それらがアガペーとしての愛を思想的核心とするという意味で、一八世紀に登場した「生気論」(vitalisme) からも区別される。生気論は、さかのぼれば、ユダヤ・キリスト教の「プネウマ」(息吹)、古代ギリシア哲学の「プシュケー」「アニマ」「エレンケイア」(生気) にさかのぼる「命」を語る言説であるが、生気論は、医学者ブルーメンバッハ (Blumenbach, Johann Friedrich 1752–1840) の「形成衝動」(Bildungstrieb) のように、生体の生物学的動因としての「生気」を語る言説だからである。自然思想・生命思想は、アガペーとしての愛を核心としつつ、人の「生」を論理的に語る言説である。それは、同時代に登場したキリスト教的存在論、すなわち、ティリッヒ、ブルトマン (Bultmann, Rudolf)、マルセル (Marcel, Gabriel) などが展開した存在論、そして彼らに大きな影響を与えたハイデガー (Heidegger, Martin) の存在論と大きく重なる。奇妙に思われるかもしれないが、ティリッヒ、ブルトマン、マルセルだけでなく、ハイデガーの存在論も、私の見るところ、アガペーとしての愛を基礎にした倫理を暗示的に語っている (田中 2013c)。その倫理は、「道徳的」と形容される規範としての倫理ではなく、日常の生活を根底で支えている事実性としての倫理、いいかえれば、自明の理、暗黙の礎としての存在論的倫理である。

危機に瀕していたものは何か

こうした根底的事実性としての倫理を語るキリスト教的存在論は、日本の大正新教育思想だけでなく、アメリカの進歩主義教育思想、フランスの新教育思想、ドイツの改革教育学のなかにも見いだされるだろう。そうであるとすれば、キリスト教的存在論は、この時代の教育改革論議の思想的基礎であるといえるかもしれない。森田は、日本の教育学説史研究は、日本教育史研究としてだけでなく、同時代のヨーロッパ・アメリカの哲学・思想状況に通暁する教育思想史研究として展開されるべきであるという。私もその考えに賛成する。本書でいくらか試みたように、とりわけ大正新教育についてそうするべきである。そのときに問われるべきことは、大正新教育の思想、そしてデューイ、ベルクソンの自然・生命思想、さらにキリスト教的存在論がどのような考え方に対峙し、どのようにそれを乗り越えようとしたのか、である。主要な敵は、森田がいう功利主義・個人主義であるが、もう少し言葉を補えば、功利主義・個人主義に含まれている一命への暴力である。そして、この暴力を告発する倫理感覚、「良心の声」——一九二二（大正一一）年の片上伸の『文芸教育論』の言葉を引くなら「人間の心の底の声」（片上 1973: 105）——が、これらの思想の原動力ではないだろうか。

おそらく、このおのずから現れる倫理感覚、それゆえに語りがたいそれをあらためて語らなければならないという情況が、二〇世紀初期のアメリカ・ヨーロッパに、そして日本にも拡がったのではないだろうか。すなわち、人の生が唯一固有であり代替不可能であると了解されていたにもかかわらず、その十全な営みを支援する意義が看過されるような、歴史社会的情況が認識されたのではないだろうか。たとえば、稲毛金七は一九二二年に「物価的価値を標準にして人間に位置を与へる、婚姻関係、権力関係、袖の下、裏口、台所、欺の如きものを以て、我々に椅子を与へることが遺憾ながら我が国家現在の一大欠陥である」と述べている（稲毛 1976: 81）。向山嘉章は片上の文芸教育論を論評するなかで「［日本は］外面的世俗的には著るしい発達を遂げたが、我等の内的生活はこれによつて惑乱され、呼吸も碌につけない様な焦燥な状態となり、我等は世界と共に一種の欠乏を感ずる様になつた」と述べている（尼子ほか 1923: 489）。そうした危機・焦燥招来の諸契機をどのような言葉で語るか、「資本主義」「国家権力」など、その術語の選定に関する議論はともかく、そこで危機に瀕していると考えられたものをあらためて確認するべきだろう。その危機的情況は、今も続いているように思われるからである。現代の教育も、なお協同を騙る有用性志向、愛他を騙る自律性志向に彩られているからである。そして、そうであるとすれば、少なくともアガペーとしての愛を核心とするキリスト教的存在論は、過去の遺物などではなく、現代教育を照らし出しより深く考えるための重要な礎であるといえるだろう。

最後に二つ確認しよう。まず、この大正新教育の思想史研究は、先述の存在論的倫理を必要としている。読まれる思想は、読む思考と共鳴共振することで、現れるからである。私が「存在論的倫理」と呼ぶものは、冒頭で引いた、森田のいう「道徳」に近いかもしれない。森田のいう「道徳」が、テイラー（Taylor, Charles）が『自我の源泉』でいう「他者の生命と人格の尊重」という「道徳的要求」を実際に遂行する力に通じているからであり、その力が「人間的なるものについての一定の存在論」に支えられているからである。テイラーのいう「存在論」が何であるのか、ここでは確認できないが、すくなくともそれは、アリストテレスの「存在論」ではないだろう。それは、ここで述べてきたキリスト教的存在論とそう遠くないのではないだろうか。もう一つ、ここで示した大正新教育思想の解釈は、新教育思想のなかに現代を生きる思想を見いだそうと試みるときに見えてくる一つの解釈であり、けっしてすべての新教育思想が存在論的な深みをもち、アガペーとしての愛を語っている、というような全称命題ではない。ここで述べたことは、大正新教育思想のなかにキリスト教的存在論という基調音を見いだすことができる、ということにとどまる。そして、そうするときに見えてくることは、大正新教育がつねに直面していた教育のアポリア、すなわちアガペーとしての愛が操作的に具現化できないという事実である。そして、その意味でこそ、大正新教育の思想は「功利主義」「進化論」という枠組みのなかに収まる思想であるどころか、そうした枠組みを根底から相対化する思想である、といえるだろう。

＊付記　本章は「大正新教育の思想史へ――躍動する生命の思想」(『近代教育フォーラム』第二二号、二〇一三、九一－一〇〇頁)に大幅に加筆したものである。

文献

尼子止水ほか共編 1923『八大教育批判』大日本学術協会
伊藤 益 1996『日本人の愛――悲憐の思想』北樹出版
稲富栄次郎 1949『教育作用の本質』福村書店(一九三五年刊行の目黒書店版の改定版)
稲毛金七 1976「創造教育論」小原國芳ほか『八大教育主張』玉川大学出版部(原著 一九二二年 ただし尼子止編)
片上 伸 1973『文芸教育論』玉川大学出版部(原著一九二二年)
鈴木貞美 1996『「生命」で読む日本近代――大正生命主義の誕生と展開』日本放送出版協会
鈴木貞美 2008『日本人の生命観――神、恋、倫理』中央公論新社
田中智志 2013a「倫理的基礎――教育を支える愛」森田尚人/森田伸子編『教育思想史で読む現代教育』勁草書房
田中智志 2013b「大正新教育の思想史へ――躍動する生命の思想」教育思想史学会編『近代教育フォーラム』第二二号、九一－一〇〇頁
田中智志 2013c「共鳴共振する存在――ハイデガー/ティリッヒのカイロス」東京大学大学院教育学研究科編『東京大学大学院教育学研究科紀要』第三九号、一－一〇頁
千葉命吉 1923『独創主義教育価値論』同文館

長尾十三二編 1988a『新教育運動の生起と展開』明治図書
長尾十三二編 1988b『新教育運動の理論』明治図書
長尾十三二編 1988c『新教育運動の歴史的考察』明治図書
中野光 1968『大正自由教育の研究』黎明書房
中野光 1990『大正デモクラシーと教育』改訂増補版 新評論
中野光 2008『学校改革の史的原像——「大正自由教育」の系譜をたどって』黎明書房
中野光 2011『大正自由教育研究の軌跡——人間ペスタロッチーに支えられて』学文社
橋本美保 2009「及川平治における生活単元論の形成——欧米新教育情報の影響を中心に」『教育学研究』第七六巻第三号、三〇九—三二一頁
橋本美保 2013「カリキュラム——及川平治教育思想の生命概念」森田尚人／森田伸子編『教育思想史で読む現代教育』勁草書房
早川 操 2010「大正自由教育思想におけるデューイ教育理論の受容——千葉命吉の独創教育論に見るデューイ教育理論の影響についての考察」『名古屋大学大学院教育発達科学研究科紀要』（教育科学）第五七巻第一号、五三—六五頁
松下良平 2010「新教育の彼方へ——学ぶこと・教えることの新たなヴィジョンに向けて」『教育思想史コメンタール』教育思想史学会
森田尚人 2010「伊澤修二の『進化原論』と『教育学』を読む」『彦根論叢』（滋賀大学経済学会）第三八三号、一—三三頁
森田尚人 2011「吉田熊次と〈現代〉教育学の誕生——教育研究における哲学と歴史の位置づけをめぐって」『教育哲学研究』（教育哲学会）第一〇四号、一—三五頁
森田尚人 2013「近代日本教育学説史の構想——思想史方法論をめぐる個人的総括」『近代教育フォーラム』（教育思想史学会）第二二号、六七—九〇頁

*

Bergson, Henri 2008 *Les deux sources de la morale et de la religion*. Paris: Presses Universitaires de France.＝ベルクソン（森口美都男訳）2003『道徳と宗教の二源泉』I・II中央公論社.
Dewey, John 2008 *The Collected Works of John Dewey, 1882-1953*. ed., Jo Ann Boydston. Carbondale, IL: Southern Illinois University

Press（Early Works = ew / Middle Works = mw / Later Works = lw）.
RP = *Reconstruction in Philosophy*（1920 mw. 12）

Rorty, Richard 1982 *Consequences of Pragmatism*. Minneapolis, MN: The University of Minnesota Press. = ローティ（室井尚ほか訳）1985『哲学の脱構築――プラグマティズムの帰結』御茶の水書房

Tillich, Paul 1951 *Systematic Theology*, Vol. 1. Chicago: University of Chicago Press. = ティリッヒ（谷口美智雄訳）2004『組織神学』第1巻 新教出版社

Tillich, Paul 1989 “Kairos und Logos,” Carl Heinz Ratschow ed., *Paul Tillich Mainworks / Hauptwerke*, Vol. 1. New York/Berlin: Walter de Gruyter. =ティリッヒ（大木英夫／清水正訳）1999「カイロスとロゴス」『ティリッヒ著作集』第3巻、白水社

Tillich, Paul 1995（1963）*Morality and Beyond*. Louisville, KY: Westminster John Knox Press.

Tillich, Paul 2000 *The Courage to Be*, 2nd edn. New Haven, CT: Yale University Press. = ティリッヒ（大木英夫訳）1995『生きる勇気』平凡社=（大木英夫訳）1999「生きる勇気」『ティリッヒ著作集』第9巻（存在と意味）白水社

あとがき

本書は、二〇一一〜一三年にかけて、ほぼ月に一回のペースで東京大学大学院教育学研究科で行われた「新教育研究会」の成果をまとめたものである。「新教育」といっても、これまでのところ、基本的に日本の新教育、いわゆる「大正新教育」だけを扱ってきた。

この研究会は、少し変わっていて、教育史研究者として大正新教育を専門に研究している人よりも、そうではない人のほうがずっと多く属している。すなわち、ふだんは、教育哲学研究者として、ハイデガー、アーレント、バタイユ、フーコーといった、アメリカやヨーロッパの哲学思想を研究主題としている人が、大正新教育の思想を論じている（に嵌まっている）。

したがって、新教育研究会においては、教育史の研究手法と哲学思想の研究手法とのずれがたびたび露わになった。教育史の研究手法は、歴史的な事実を一つ一つ確認し、その積み重ねによって、これまで明らかにされてこなかった教育の史実を再構成することをめざすが、哲学思想の研究手法は、歴史的な事実を無視するわけではないが、語られている思想の本質、すなわち言葉にされていない真実を浮き彫りにしようとするからである。

しかし、そうした研究手法のずれは、たいした問題ではなく、むしろどちらのタイプの研究者にとっても、この研究会は有意義な刺激となった。自分の研究をより深め、広げることにつながったからである。重要なことは、どちらの研究手法を採ろうとも、教育学研究は教育的思考をめぐって行われるべきであると再確認できたことだろう。教育的思考とは無縁に、いくら教育史学、教育哲学、教育社会学などをやっても、それはもはや教育学ではない。

教育学は、雑学などではなく、教育的思考という普遍性（universality 一つに向かうこと）を探究する学問である。

とはいうものの、私たちにとって、大正新教育のなかに見いだされる教育的思考は、依然として謎のままである。人は、どうして子どもの一命を畏敬し、その本来的固有性を発現させようと、無条件に努めることができるのか。教育的思考に裏打ちされて教師として生きることは、どのようにして可能になるのか。思想史的知見を踏まえれば、この教育的思考に慣れ親しむことはできるだろうが、本質的なところで、その成り立ちを語ることは、私たちの用いる言葉の臨界を超えているようにも思う。

すくなくとも、大正新教育の思想がキリスト教を何らかのかたちで前提にしていることは、確かである。大正新教育の思想においては、言葉の臨界を超える教育的思考が、いわゆる「キリスト教信仰」から区別される「キリスト教思想」に支えられて可能になっている、と思う。大正新教育にかぎらず、近代の、そして現代の教育思想を深く理解しようとするなら、いわゆるキリスト教信仰ではなく、キリスト教思想は、不可欠な素養なのだろう。

本書においては、残念ながら、八大教育主張の論者の一人、片上伸については一章を設けることができなかった。また、成瀬仁蔵、澤柳政太郎、木下竹次など、大正新教育の主要な論者についても、本書では取りあげられなかった。さらに、大正新教育との思想的連関が考えられる海外の思想家、たとえば、ヘルマン・リーツ、エドモンド・ドモラン、ゲオルク・ケルシェンシュタイナー、ウィリアム・キルパトリック、などについても、あらためて取りあげたいと思う。ともあれ、本書が、大正新教育の捉えなおしや読みなおしにつながり、現代日本の教育についての考え方が少しでも倫理的に豊かになってくれれば、と願ってやまない。最後に、本書の出版については、東信堂代表の下田勝司さんに大変お世話になった。下田さんとは、もう二〇年以上のおつきあいになる。衷心より御礼申し上げる。

編　者

や

由良哲次　*263*
吉田熊次　*172, 173, 176, 199, 345, 521, 522, 524*

ら

ライン　*8-10, 263, 545*
リッケルト　*190*
リンドナー　*9*
ルソー　*132, 194, 279, 284, 331, 381, 393, 523*
ローティ　*531*
ロンブローゾ　*157*

チャーターズ 207, 210
ツィラー 8, 9
ティリッヒ 535-537, 541, 542, 545
手塚岸衛 14, 19, 165, 166, 169, 183, 278, 279, 427, 526
デューイ 13, 17, 18, 26, 28, 34-43, 45, 46, 48, 50-59, 62, 63, 75, 82-85, 87, 88, 136, 146, 152, 190, 203, 207, 209, 210, 215, 218, 222-226, 228, 229, 300, 301, 315, 316, 320, 321, 346, 514, 524, 527, 529-536, 538, 540, 544-546
ドゥルーズ 301, 311-314, 319, 321
ドクロリー 13, 16, 17, 26, 28, 62-85, 97-100, 122, 131, 228, 429-434, 437, 439, 440, 529-531, 537, 538
ドックス 455
トマス・アクィナス 40, 535
ドモラン 136, 137

な

中野光 189, 255, 257, 276, 281, 468, 521, 525
中村春二 14, 166
ナトルプ 183, 190, 453, 454, 458, 464, 524
成瀬仁蔵 187, 324, 343
ナン 100
ニーチェ 101, 182, 193, 266, 267, 275, 300, 307, 311, 312, 319, 320
ニイル 100
ニコラウス・クザーヌス 188
西山哲治 14, 166
野口援太郎 16, 63, 430
野村芳兵衛 16, 486, 487, 513, 514

は

パーカースト 16, 383, 399, 444, 445, 462
ハイデガー 186, 187, 530, 536, 538, 545
ハウスクネヒト 9, 10
パウロ 48, 56, 57, 194, 533, 534
バグリー 208, 221, 228, 229
橋詰良一 380-399
バッカム 455
羽仁もと子 14
バルビュス 91, 129
春山作樹 172, 175, 199
樋口勘次郎 13, 343, 405
樋口長市 14, 165, 166, 169, 181, 234, 255-258, 269, 275, 526
フーリエ 115
フェリー 136
フェリエール 90, 100, 131, 132, 362, 431
藤井利誉 18, 199, 427
ブルーメンバッハ 545
ブルンナー 188
フレーベル 76, 139-144, 147, 149, 150, 152-154, 156-158, 187, 188, 194, 350, 382, 384, 393, 394, 399, 539
フレネ 13, 26, 28, 63, 76, 89-102, 105-111, 113-123, 125-137, 529-531, 538
ペイジ 523
ペスタロッチ 7, 76, 194, 393, 523, 539
ベルクソン 85, 101, 180-189, 193, 203, 207, 208, 210, 211, 215, 222-226, 228, 229, 249, 250, 252, 255, 266, 267, 275, 300, 307, 311-314, 317-319, 321, 322, 467, 470, 475-480, 483, 484, 529-531, 533-536, 540, 544-546
ヘルバルト 6-11, 67, 76, 263, 264, 320, 346
ヘンリー・ホームズ 141-145, 153
ボイド 148, 149

ま

マクマリー 208, 320
マンフォード 353
峰地光重 16
三好得恵 427
森鷗外 269
モンテッソーリ 13, 28, 29, 91, 129, 139-149, 151-158, 186, 187, 324, 327, 328, 334, 335, 342-344, 394, 399

人　名

あ

アウグスティヌス　*41, 59, 76, 194, 201, 535, 539*
赤井米吉　*14, 443, 444*
鰺坂二夫　*166, 170, 350, 363-365*
芦田恵之助　*402-404, 406, 422, 423*
阿部重孝　*172, 174, 444*
アマイド　*63, 64, 78, 430, 431, 433, 440*
尼子止　*167, 172, 174, 175, 253, 254*
イエス（・キリスト）　*39, 43, 57, 188, 193-195, 197*
稲毛金七　*14, 165, 166, 180, 232, 233, 235, 236, 239, 240, 252, 526, 546*
稲富栄次郎　*538*
入沢宗寿　*172, 174*
ヴァーウェル　*145, 151*
上沼久之丞　*19, 63, 431*
エアハート　*207*
エドモンド・ホームズ　*141*
エンソア　*100, 325*
及川平治　*14, 19, 21, 38, 63, 165, 166, 169, 179, 203, 204, 275, 297, 426, 432, 526, 527, 529, 530*
オイケン　*266, 267*
オーシア　*209, 210, 229*
大瀬甚太郎　*9, 172, 174, 199*
大塚常太郎　*177*
オーリ　*63*
岡田虎次郎　*407*
小原國芳　*14, 165, 166, 172, 187-189, 191-193, 199, 255, 349-375, 526, 527*

か

賀川豊彦　*164, 194*
片上伸　*14, 165, 166, 172, 184, 190, 468, 526, 546*
北澤種一　*14, 18, 166, 199, 425, 426, 431*
北村久雄　*467, 469, 470*
木下竹次　*14, 18, 20, 166, 199, 426*
河野清丸　*14, 141, 165, 166, 170, 173, 186, 275, 323-325, 341, 344, 345, 526*
キルパトリック　*13, 18, 26, 28, 29, 141, 152, 428, 529*
倉橋惣三　*382, 396-398*
クラパレード　*90, 100, 101, 131, 132*
クレアモント　*145*
ケルシェンシュタイナー　*101, 132, 359, 373, 426*
ケルン　*9*
コーエン　*190*
小西重直　*359, 361, 363, 365, 375*
コニョ　*118*
小林澄兄　*172, 175, 255*

さ

サーチ　*209*
澤柳政太郎　*14, 352, 432, 447*
篠原助市　*19, 183, 190, 279, 280, 282, 285, 334, 345, 427, 524*
ショーペンハウアー　*182, 264, 266, 275, 451, 470, 473, 474, 484*
ジョホノット　*523*
スコット　*445*
スニデール　*117, 118, 135*
セガン　*157*
ゾラ　*115*

た

高嶺秀夫　*522, 523*
谷本富　*9, 10, 13, 263, 343*
為藤五郎　*327*
千葉命吉　*14, 35, 165, 166, 170, 173, 178, 185, 191, 299, 300, 320, 322, 526, 530, 540*

や

有用性　*134, 321, 458, 519, 543, 547*

ら

理性　*40, 100, 119, 183, 184, 190, 191, 226, 278, 283, 284, 286-288, 291-293, 296, 302, 303, 306, 345, 503, 508, 519, 527, 539*
「理想」　*178, 180, 190, 203, 208, 213-217, 220-223, 306, 440, 451, 530*
隣人への愛　*56, 57, 70, 81, 192, 196, 534, 535*
連続発展　*284-288, 292*
連帯　*70, 72, 73, 79-81, 84, 299, 304-311, 320, 463, 537*
労作教育　*14, 349-351, 359-363, 365, 372-375, 426*

同胞愛　196, 534, 535
陶冶的価値　471, 474, 475, 479
ドクロリー教育法　425, 427, 429-433, 439, 440
ドクロリー・メソッド　16, 19, 20, 26, 63-65, 73, 78
ドルトン・プラン　→ダルトン・プラン

な

内観　412-414, 417, 421
内在恩寵　194
内在神性　194, 195, 539
内在的生命　194
二項対立図式　526-528, 544
人間教育　17, 187, 194
人間的自然性　36, 37, 51
人間の源基性　128
人間の根源的条件　128
人間の本性　180, 184, 232, 243, 248, 530
野天保育　386

は

灰色教育家　323, 338, 339, 341, 342
派生的経験　49
八大教育主張　14, 164-166, 174, 176-179, 189-191, 193-196, 199, 233-236, 239, 240, 244, 245, 247, 249-251, 253-255, 257-259, 264, 265, 274, 299, 300, 304, 324-327, 329-331, 334, 339, 344, 350, 369, 526
——講演会　164-168, 189, 198, 199, 228, 246
八大教育批判　177, 179, 199, 245, 246, 540
発動的態度　402, 408, 409, 414-417, 420
反対の合一　188
万人労働　451-453
美的直観　472, 475, 479, 480
表現　7, 16, 20, 39, 45, 46, 57, 65-67, 73-77, 83, 90, 94, 95, 107, 114, 117, 121, 122, 130-132, 135, 137, 139, 144, 145, 148, 151, 155, 156, 183-185, 193, 198, 212, 213, 218, 220, 226, 237, 262, 294, 301, 304, 305, 307, 308, 310, 315, 320, 336, 342, 345, 355, 360, 365, 370, 387, 406, 407, 422, 434, 437, 449-451, 453, 458, 464, 467, 470, 472, 474, 481, 482, 493, 499, 501, 502, 541
品性の陶冶　6, 7
プエブロ・プラン　206
深みのある教養　107, 538
プラグマティズム　34, 35, 59, 302, 317, 319, 531, 532
フレーベル主義　139-141, 143, 147, 150, 156
プロジェクト・メソッド　18, 19, 26, 428, 525
文芸　165, 184, 274, 468, 526, 546, 547
——教育論　165, 184, 526, 546, 547
分団式教育　22-24, 166, 206-209, 211, 222
ヘルバルト主義　3, 9-11, 26, 29, 182, 210, 222, 228, 260, 263, 264, 267, 427, 523
方法　8, 178, 218, 545
——意識　206, 210, 225
——的単元　8, 10, 11
没我性　55
保姆　19, 388-390, 392, 394, 398, 399
本能　72, 185, 221, 304, 320

ま

学びの道程　36, 224
マニュアルトレーニング　323, 336, 339, 342
「恵み」　494, 500-502, 513, 514
問題　42, 210, 215, 217, 219-221
——解決　18, 23, 36, 54, 77, 123, 184, 215, 216, 219, 299, 301-305, 308-310, 314, 315, 318-320, 496, 531
モンテッソーリ教育（法）　139, 141-145, 147, 149, 152, 153, 155-158, 166, 323-326, 329, 334, 335, 341, 343-345
モンテッソーリ・メソッド　29, 140, 143, 146

全人教育　14, 165, 166, 187-189, 349-351, 359, 363, 364, 368-370, 373, 375, 526
　——論　165, 166, 187-189, 349, 350, 369, 375, 526
潜勢力　83, 318, 319, 321
全体　66, 186, 313
　——化　62, 64-69, 75, 195, 313, 430
　——教育　425, 432, 435-439
　——性　38, 49, 62, 65, 67-69, 73, 84, 184, 313, 429, 432, 437, 536
相互活動　26-28, 40-47, 50, 59, 533
相互浸透　39, 55, 396, 476, 479, 493, 501, 504
創造　20, 24, 51, 85, 97, 100, 108, 109, 115, 142, 144, 149, 150, 155, 169, 170, 180, 181, 183, 185, 186, 199, 214, 217, 224, 232-234, 236, 238, 240-245, 247-251, 253, 254, 266, 278, 284, 286, 288, 291-296, 301-303, 305, 308, 309, 311, 313, 315, 316, 318, 320, 321, 329, 330, 333, 365, 425, 439, 440, 446-454, 458, 462, 464, 483, 497, 527, 535
　——教育論　165, 180, 232, 233, 235, 236, 239, 240, 242, 243, 245-249, 251, 252, 526
　——性　17, 99, 118, 232, 243, 244, 248, 252, 255, 309, 313, 467, 483
　——的進化　85, 101, 181, 207, 211, 222, 224, 229, 232, 241, 242, 248, 250, 255, 300, 312, 313, 319, 322, 484, 531
想像性　139-152, 155-157
　——の教育　147
想像力　42-44, 47, 49, 50, 56, 100, 144, 150, 151
相談　186, 307-309, 354, 399, 461, 462
存在論的（な）思考　198, 518, 393, 540
存在論的な関係性　62

た

対極の一致　188
題材　179, 207, 215, 217-219
『大正自由教育の研究』　189, 276, 525
大正新教育　3-5, 12, 13, 21, 26, 28, 34-38, 63, 164, 166, 189, 191, 196, 198, 204, 233, 235, 249, 251, 252, 257, 259, 295, 299, 300, 324-326, 333, 342, 343, 380, 426, 427, 429, 431, 468, 469, 486, 487, 518-521, 523-526, 528-531, 541, 543, 545-548
　——運動　4, 6, 21, 26, 29, 164, 165, 256, 525, 526
大正生命主義　29, 256, 266, 275, 529
大正デモクラシー　12, 286, 343, 381, 525
大日本学術協会　166-168, 170, 171, 236, 240, 253, 254, 258, 343, 445
太陽主義　330, 331
玉川学園　14, 349-352, 354-363, 365-375
ダルトン・プラン（ドルトン・プラン）　16, 17, 443-445, 460-462, 525
知行合一　302, 314, 316, 317, 319, 345, 350
超越性　187, 536
直接体験　452
直接的経験　121, 123
綴（り）方　16, 20, 130, 131, 327, 346, 403-406, 415, 417, 418, 421, 423, 487
　——教授　402, 404, 406, 407, 416, 418
「手」　74, 186, 187, 323, 332, 335-337, 339, 340
デモクラシー　12, 34, 35, 37, 51-53, 56, 59, 83, 176, 218, 286, 343, 381, 525, 531, 534
田園都市　349-370, 372, 373
東京高等師範学校講堂　14, 166
闘争　117, 306, 307, 310, 311, 523, 527
動的教育　14, 22-25, 169, 179, 203, 206-210, 215, 217, 219, 220, 225, 227, 228, 297
　——論　22, 23, 38, 165, 179, 180, 203, 204, 207-211, 215, 220, 221, 225, 226, 228, 229, 526, 527
動的世界観　211, 215
道徳規範　83, 84, 183, 214, 541, 543
道徳性　10, 154, 337, 532

217, 237, 285, 296, 330, 332, 415, 491, 503, 519, 531, 532, 535, 540, 541
——の探究法　*23, 179, 209*
人類の文化　*186, 329, 339*
随意選題　*402, 403, 415-418, 420*
「生」　*62, 65, 70, 71, 76, 78, 81, 223, 481, 532, 538, 545*
生活　*14, 16, 17, 20, 22-24, 26, 29, 58, 72, 75, 78, 81, 92-94, 96, 97, 99-101, 107, 108, 116, 117, 121, 122, 124-127, 130, 131, 136, 137, 154, 180, 182-184, 188, 191, 196, 198, 203, 210, 211, 213-215, 217, 219-221, 223-226, 240, 244, 250, 252, 254, 264-266, 284, 286-288, 294, 305, 310, 321, 333, 345, 353, 355-360, 374, 381-385, 387, 389, 390, 394, 395, 397, 403, 407, 408, 414, 418, 419, 434, 455, 470, 482, 486-491, 494, 497-501, 504-516, 522, 524, 526-528, 538, 541, 543, 544, 546, 547*
——意慾　*184, 191, 256, 265, 266, 275*
——教育　*20, 24, 182, 224, 225, 256, 259, 265, 266, 275, 486-489, 497-502, 504-506, 509, 511, 513, 515*
——教育学　*182, 256, 259, 265, 266, 275*
——準備　*101, 124, 125, 127, 182, 287, 288*
——単位　*19, 225, 228*
——単元　*22-24, 208, 436, 438*
——のための、生活による　*78*
——のための生活による学校　*430*
生気論　*545*
静坐　*402, 407, 408, 410-412, 414-417, 421, 422*
精神　*56-58, 67, 103, 107, 118, 135, 139, 144, 146, 148, 153-157, 184, 211, 253, 263, 264, 314, 317, 335, 336, 344, 363, 369, 425, 428, 452, 454, 456, 457, 460, 462, 463, 479, 529*
精神の衛生学　*154, 157*
——の自然　*154, 155*
生成　*27, 44, 99, 111, 211, 223, 225, 304, 310, 312, 337, 396, 402, 414, 531*
静的教育　*23, 179, 209, 217, 220*
聖典化　→カノン化
生のための生による教育　*78*
生の哲学　*101, 125, 256, 266, 275, 299-301, 311, 319, 322*
生命　*20, 24, 29, 37, 49, 50, 52, 56, 62, 65, 72, 78-81, 83-86, 103-106, 111-114, 116, 125-127, 133, 134, 155, 164, 177, 180-182, 184-187, 189, 191, 192, 194-196, 203, 208, 210, 211, 215, 216, 220-226, 229, 238, 241, 246, 256, 259, 265, 275, 299-320, 371, 373, 380, 396, 397, 410, 413, 429, 436-438, 443, 449-454, 459, 463, 464, 467, 470, 471, 476, 478, 480-484, 486-490, 492, 494, 497, 499-501, 503, 504, 510, 513-515, 520, 527-531, 533-540, 542*
——・自然思想　*518*
——思想　*29, 65, 85, 180, 186-189, 194, 198, 223, 299-301, 303, 311, 319, 487, 488, 490, 500, 513, 520, 529-531, 533, 535, 540, 544-546*
——者　*425, 437, 439*
——主義　*20, 29, 177, 263, 265, 266, 275, 529*
——信順　*486, 491-498, 501, 502, 513, 515*
——の技術　*106*
——の衝動　*301, 304, 309*
——の潜勢力　*299, 313-315, 318, 319*
——の存在論的了解　*82-84, 86*
——の跳躍　*85*
——の哲学　*225, 228, 313, 467, 483*
——の流れ　*304, 315, 484*
——の躍動　*180, 181, 224, 225, 241, 312, 533, 534*
——のライン　*106*
「善」　*185, 186, 188, 192*
潜在的なもの　*312-314, 318, 321*

——と自学 *278, 296*
実在的なもの *313, 321*
実体変化 *43*
実用主義 *190, 531*
自動 *186, 191, 329-332, 341*
児童愛 *380, 387, 389-393, 399*
自動教育 *139, 152-156, 186, 323, 324, 329, 330, 341, 343, 344*
——論 *165, 186, 187, 323-327, 329, 334, 344, 526*
自動主義 *170, 187, 323, 324, 326-334, 337, 341-345*
社会 *48, 211, 444, 445, 462, 465*
——生活 *287, 463, 491, 506*
——的教育学 *10, 524*
——的連帯 *443, 464*
主意主義 *256, 263, 275*
自由 *3, 10, 12-17, 20, 26, 29, 52, 53, 56, 58, 94, 95, 98, 117, 123, 129, 132, 136, 139-142, 145, 146, 148, 151, 155-157, 164, 180, 181, 183, 186, 189-191, 196, 198, 224, 225, 232, 237-239, 241, 242, 247-249, 252, 253, 278-297, 330, 332, 333, 343, 354, 364, 384, 386, 387, 389, 393, 394, 397, 402, 403, 405, 413, 417-419, 446, 447, 453, 454, 464, 468, 472, 474, 475, 477-480, 483, 519, 526, 527, 534, 535, 543, 544*
——学習 *281, 288-290, 294*
——教育 *13, 14, 16, 19, 165, 166, 169, 183, 189-191, 204, 255, 257, 276-284, 286, 287, 289, 292-297, 343, 382, 427, 468, 481, 484, 487, 488, 525*
——教育論 *19, 165, 183, 190, 278, 279, 283-285, 526*
——性 *241, 242, 473, 474*
——テクスト *93, 94, 96, 108, 127*
——発表主義 *405, 417*
——論 *140, 141, 155, 156*
修身 *184, 219, 228, 240, 269-271, 275, 328, 491-498, 502, 515*
充全性 *47, 49, 53*
主知主義 *101, 106, 107, 110, 122, 136*
受動的態度 *408-412, 414, 420*
需要 *203, 210, 214, 217, 220, 221*
純粋持続 *475, 477-480, 484*
情況 *5, 12, 21, 41, 42, 46, 52, 53, 56, 66, 73, 86, 179, 188, 203, 206, 207, 214, 215, 219, 220, 224, 495, 524, 532, 537, 545-547*
衝動 *170, 178, 182, 185, 186, 188, 193, 260, 262, 264, 284, 299, 303-311, 314, 315, 318-320, 446, 449-451, 457, 458, 460, 463, 465, 482*
——の理想化 *178*
贖罪論 *194*
職能 *180, 207, 212, 213*
素人主義 *390, 391*
「信」 *500, 503*
人格 *6, 42, 53, 69, 178, 187, 190, 191, 214, 219, 220, 237, 239, 243, 245, 250, 266, 292, 293, 328, 333, 335-337, 339, 346, 411, 461, 469, 474, 482, 493, 494, 510, 520, 537, 547*
——の完成 *448, 449*
——発展 *214*
進化論 *79, 207, 224, 228, 234, 518-520, 522, 524, 548*
新カント派理想主義 *183, 190, 191*
新教育の精神 *425, 433, 439*
新教育連盟 *17, 91, 100, 325, 430, 440*
信仰 *38, 43, 57, 58, 194, 252, 274, 310, 371, 410, 489, 490, 500-503, 513, 515, 516, 530, 542, 543*
真（・）善（・）美 *183, 186, 187, 195, 284, 285, 291, 329, 345, 350, 470, 474, 539*
身体の衛生学 *154, 157*
心的弛緩の遊び *114*
心的発生論 *65, 76*
真理 *23, 39, 41, 47, 53, 86, 102, 103, 177, 179, 180, 183-185, 187, 194, 209, 214,*

現働化　*299, 312, 313, 318, 321*
現働的なもの　*312-314, 318, 321*
郊外保育　*386*
好奇心　*29, 69, 71, 146, 260*
構造　*207, 212, 213*
功利　*261, 302, 303, 318, 480, 486, 505-512, 514, 516, 524, 546*
——主義　*475, 505, 512, 518-522, 524, 546, 548*
呼応可能性　*34, 36, 44, 46, 50, 55, 532, 533*
国語　*218, 421*
国際幼稚園連盟　*143, 149*
子どもの家　*129, 132, 140, 141, 146, 148, 154*
子どもの発見　*152-154, 157*
コミュニオン　*43, 47, 48, 542*
コミュニケーション　*42-47, 51, 53, 54, 56, 58, 59, 533, 542*

さ

作業 *14, 94, 95, 100, 111, 116, 126, 135, 137, 141, 147-149, 154, 155, 182, 257, 260, 261, 325, 330, 341, 359, 370, 374, 395, 405, 418, 426, 437, 438, 441, 447, 528*
——本能　*182, 260, 261*
参入　*42-44, 47, 56*
サン・ポール事件　*91*
自学　*16, 18, 19, 180-183, 187, 191, 206, 217, 260, 262, 263, 268, 269, 279, 281, 282, 286, 288, 289, 291, 294, 297, 324, 326, 343, 527*
——教育　*169, 181*
——教育論　*165, 181, 182, 186, 255, 526*
——主義　*182, 183, 234, 258, 259, 261-266, 273, 275, 279, 282*
——主義教育　*234, 256-259, 261, 263, 268, 274, 275*
自我の自覚　*182, 261*
自己　*24, 44, 46, 52, 53, 55, 56, 72, 83, 98, 103, 136, 139, 141, 144, 145, 148, 151, 156, 169, 180, 182, 183, 191-193, 195, 197, 205, 214, 217, 225, 237-239, 242, 244, 250, 253, 262, 287, 293, 294, 296, 299, 302-309, 311, 324, 331, 338, 362, 389, 394, 396, 403, 407, 408, 413, 414, 416, 422, 423, 443, 446-449, 452, 454, 456-459, 462-464, 477, 483, 489, 490, 492, 493, 507, 509, 510, 512-514, 526, 529, 537, 541-543*
——教育　*141, 324*
——肯定　*299, 304, 305, 307-309, 311*
仕事 *53, 55-57, 72, 89, 91, 93, 100, 102, 105, 106, 109-116, 119, 121, 125, 128, 129, 134, 137, 144, 171, 183, 241, 262, 264, 265, 273, 285, 358, 374, 375, 382, 383, 433, 458, 462, 463, 507, 508, 512, 516*
——＝遊び　*111-115*
自然　*16, 29, 34, 36-41, 43, 44, 46-52, 54-56, 58, 59, 62, 68, 73, 77, 81, 85, 94, 100, 102-107, 115-117, 125-128, 132, 133, 136, 137, 139, 140, 145, 146, 150, 154, 155, 182, 183, 185, 187, 189-192, 212, 222, 224, 226, 253, 279, 283-285, 292, 305, 345, 353, 355, 356, 363-365, 367, 368, 371, 380, 381, 383-387, 389-391, 393-399, 402, 412-414, 417, 422, 423, 437, 450, 460, 490, 498-500, 502, 515, 520, 526, 529-533, 535, 536, 539, 540, 542-544, 546*
——呼応論　*34, 36-38, 48, 55, 56, 59*
——思想 *29, 518, 529-531, 533, 540, 544, 545*
——性　*36, 37, 50, 191, 532, 533*
——中心主義　*105, 127*
——との交感　*380, 397*
——の保育室　*387, 390, 393, 394*
——の法則　*414, 416, 417*
——の理性化　*183, 191, 283-285, 287, 291, 292, 333, 334, 337*
自治　*19, 21, 175, 183, 279, 281, 282, 286-289, 292, 294, 357, 372, 486, 487, 508-511, 514, 516*

関心 4, 11, 12, 16, 19, 22-24, 35, 44, 51-53, 55, 71, 96-99, 131, 136, 147, 154, 166, 173, 257, 264, 279, 283, 291, 323, 324, 341, 346, 350, 370, 383, 430-432, 470, 471, 483, 532, 543
完成 7, 11, 12, 41, 47, 154, 199, 228, 443, 447-449, 461, 464, 497
完全性 10, 48, 104, 185, 222
観念 213, 214, 221
機能 77, 180, 212, 310
——主義 101, 301, 319
——的な遊び 111
教育愛 196
教育意識 190, 488, 489
教育学術研究大会 166, 167, 169, 171, 173, 176, 179, 233, 236, 240
教育関係 17, 26-28, 146, 151, 156, 168, 172, 175, 308, 468, 486, 487, 490, 503
教育的価値 100, 208, 221, 226, 228, 229, 325, 326, 336, 526
教育的教授 7
教育的思考 21, 26-28
教育的創造 446-450, 453
教育的タクト 8
共営為 44-46
共感 20, 35, 70, 72, 81, 180, 191, 419, 443, 444, 486, 532
教材 207, 218
享受 41, 42, 183, 312, 493, 494, 499-502, 504, 511, 513, 542
教授 6-11, 13, 15, 17, 18, 22-26, 72, 97, 145, 166, 168, 169, 172, 176, 181, 182, 206, 208, 209, 225, 227, 236, 239, 240, 247, 248, 255, 257, 258, 260, 268-270, 273, 278, 280-282, 286, 288, 294, 295, 301, 310, 314, 315, 338-340, 342, 371, 381, 403-406, 408, 409, 421, 427, 436, 443, 453, 456, 458, 461, 463, 465, 474, 475, 488, 491-498, 502, 512, 515
教職の覚醒 26, 27
共生 182, 486, 499-502, 504, 505, 511-513
教生 244, 245, 251
共通感覚 40-42
協働 177, 332, 433, 486, 487, 507-510, 512, 514, 516
協同 19, 34, 44, 51-56, 59, 62, 63, 65, 66, 68, 72-74, 77, 83, 84, 91, 132, 289-291, 297, 397, 443, 459-463, 465, 526, 527, 547
——性 34, 51-56, 65, 84, 526
協働自治 16, 488, 506, 508-510, 513, 514, 516
共同体 34, 37, 53, 54, 111, 349, 353, 356, 357, 515, 535
興味 7, 11, 16, 22, 23, 64, 69-72, 75, 77, 78, 83, 94, 95, 97-99, 117, 118, 121-124, 128, 130, 131, 135-137, 142, 148, 179, 203, 208-211, 217, 220, 221, 261, 287, 302, 395, 425, 429, 434-439, 461
——の中心 64, 65, 70-73, 97, 98, 122, 131, 425, 429, 430, 433, 434, 436, 439
共鳴 20, 38, 101, 126, 374, 384, 397, 398, 443, 449-451, 454, 464, 492-494, 496, 497, 499, 501, 504, 505, 513
——（・）共振 398, 537, 541, 547
協力 46, 486, 487, 490-492, 502, 505
——意志 486, 488-492, 501, 513, 515
キリスト教的存在論 518, 520, 521, 535-538, 540, 541, 545-548
偶然性 97, 309
経験 27, 35, 36, 38, 40-42, 45, 46, 48-51, 53, 54, 56, 58, 59, 70, 74, 75, 88, 93, 94, 100, 102, 121, 123, 128, 129, 136, 153, 167, 184, 214-217, 219, 247, 251, 262, 296, 328, 333, 334, 345, 352, 355, 362, 370, 371, 386, 389, 403-405, 407, 412, 415, 429, 435, 451, 458, 468, 495, 497, 498, 524, 526, 527, 531, 533, 544
形成衝動 545
原経験的自然主義 36
言語の存在様態 421
原初的経験 49, 50, 55

索引

事項

あ

愛 *37, 46-48, 53, 56-59, 70, 85, 106, 164, 181, 188, 189, 191-198, 236-238, 253, 292, 293, 307, 309, 391-393, 397-399, 423, 446, 449-451, 456-458, 462, 463, 465, 486, 494, 495, 497-499, 501, 506-516, 518, 521, 531, 533-537, 539-545, 547, 548*
アガペー *34, 37, 56, 57, 59, 85, 86, 164, 189, 195-198, 518, 521, 531, 533-537, 539-545, 547, 548*
遊び *16, 22, 53, 68, 106, 111-115, 126, 139, 147, 148, 151, 152, 155, 156, 311, 358, 387, 391, 395, 399, 428, 495*
——＝仕事 *111, 113, 114*
アニミズム *46*
アンチ・クリスト *193*
飯田小学校事件 *269*
家なき幼稚園 *380-383, 385-387, 389-391, 393, 395, 397-399*
生（き）んとする意志 *256, 264, 275*
池袋児童の村小学校 *16, 17, 487, 505*
一切衝動皆満足論 *165, 185, 299, 300, 304-306, 308-311, 317, 320, 526*
祈りの心 *443, 455, 457, 464*
祈りの精神 *456, 457*
永遠回帰 *312*
園外保育 *386, 387*
音楽的美的直観 *467, 470, 471, 480, 481, 483*

か

カイルハウ *384*
書き言葉の批判 *108*
学習本能 *182, 260-262*
学級王国 *294, 297*
学校印刷 *90, 91, 93, 94, 108, 127*
学校の社会化 *445, 460-463*
活動 *45, 53, 65, 66, 69, 177, 179, 203, 214-217, 220, 221, 223, 526, 530*
活用 *17, 22, 41, 42, 70, 435, 531, 532*
可能的なもの *313, 321*
カノン化（聖典化） *349*
カノン形成 *361*
神の国 *58*
カリキュラム *4, 15, 19, 21, 23-25, 27, 30, 36, 98, 130, 207, 208, 210, 224-228, 406, 428, 433-435, 439*
川井訓導事件 *256, 257, 259, 267, 269, 270, 274-277*
観察－連合－表現 *73, 429, 438*

主要著書：『教育課程論』（編著）一藝社、2013年
『ナラティヴとしての保育学』（共著）萌文書林、2007年
『グローバルな学びへ――協同と刷新の教育』（共著）東信堂、2008年

山名　淳（やまな　じゅん）（12章）
広島大学大学院博士後期課程単位取得退学。博士（教育学）
京都大学大学院教育学研究科准教授。教育学（教育哲学、教育思想史）
主要著書：『夢幻の独田園都市』ミネルヴァ書房、2006年
『「もじゃぺー」に〈しつけ〉を学ぶ』東京学芸大学出版会、2012年

米津美香（よねづ　みか）（13章）
東京大学大学院教育学研究科博士課程単位取得退学。
日本女子大学人間社会学部教育学科（学術研究員）。教育学（教育思想史、幼児教育）
主要著書：「モンテッソーリ教育における生態学的思考――「科学的教育学」と「宇宙的教育」の接点として」『教育哲学研究』第105号、2012年
「多文化環境に生きる子どもたちへの「平和・共生への教育」に関する研究――キャンベラ・モンテッソーリ・スクールにおける平和教育実践に着目して」『こども環境学研究』Vol.8, No.3, 2013年

李　舜志（り　すんじ）（16章）
東京大学大学院教育学研究科基礎教育学コース博士課程/日本学術振興会特別研究員。教育学（教育哲学）
主要著書：「ハイデガーにおける『なぜ』の問い――思考と存在の見捨てについて」（東京大学・修士論文）

主要著書：「第6章　西洋の教育思想と学校の歴史2～教育的関心の誕生」『教育の理念・歴史（新・教職課程シリーズ）』一藝社、2013年
「第9章　保育内容と保育の展開」田中正浩、浅見均編著『子供の育ちを支える保育内容総論』大学図書出版、2013年

田中智志（たなか　さとし）（編著者、1・2・5・終章）

田中智輝（たなか　ともき）（9章）
東京大学大学院教育学研究科基礎教育学コース博士課程/日本学術振興会特別研究員。教育学（教育哲学、教育思想）

塚原健太（つかはら　けんた）（17章）
東京学芸大学大学院連合学校教育学研究科博士課程/日本学術振興会特別研究員。教育学（日本教育史、音楽教育学）
主要著書：「青柳善吾による形式的段階の唱歌科への適応――技能教科としての特質の認識を中心に」『日本教科教育学会誌』第36巻第2号、2013年
「大正新教育期におけるアメリカ音楽教育情報の受容――サティス・コールマンの「創造的音楽」を中心に」『アメリカ教育学会紀要』第25号、2014年

永井優美（ながい　ゆみ）（8章）
東京学芸大学大学院連合学校教育学研究科博士課程修了。博士（教育学）
東京成徳短期大学准教授。教育学（教育史、幼児教育）
主要著書：「桜井女学校幼稚保育科の創設と保姆養成の実際――卒業生の実践を手がかりに」『幼児教育史研究』第5号、2010年
「国際幼稚園連盟（IKU）による幼稚園教員養成カリキュラムの標準化――連邦教育局報告書*Kindergarten Training Schools*の分析より」『アメリカ教育学会紀要』第22号、2011年

橋本美保（はしもと　みほ）（編著者、序・5・6章）

松橋俊輔（まつはし　しゅんすけ）（14章）
東京大学大学院教育学研究科基礎教育学コース博士課程。教育学（教育哲学）
主要著書：「『存在と時間』におけるロゴスの制作的側面」（東京大学・修士論文）

山内紀幸（やまうち　のりゆき）（4章）
広島大学大学院教育学研究科博士課程後期単位取得退学。博士（教育学）
山梨学院短期大学保育科教授、山梨学院大学附属小学校・中学校・高等学校校長。教育学（教育哲学、教育課程論）

執筆者紹介（50音順、編著者は奥付参照）

安部高太朗（あべ　こうたろう）（7章）
東京大学大学院教育学研究科基礎教育学コース博士課程。
教育学（教育哲学）

遠座知恵（えんざ　ちえ）（15章）
筑波大学大学院博士課程人間総合科学研究科単位修得退学。博士（教育学）
東京学芸大学教育学部准教授。教育学（教育史、教育実践史）
主要著書：『近代日本におけるプロジェクト・メソッドの受容』風間書房、2013年
「東京女子高等師範学校附属小学校におけるプロジェクト・メソッドの研究実態——第三部幼学年カリキュラムの開発を中心に」『カリキュラム研究』第19号、2010年

金森　修（かなもり　おさむ）（3章）
東京大学大学院人文科学研究科博士課程単位取得退学。博士（哲学・パリ第1大学）
東京大学大学院教育学研究科教授。フランス哲学、科学思想史、生命倫理学
主要著書：『バシュラール』講談社、1996年
『サイエンス・ウォーズ』東京大学出版会、2000年、新装版2014年
『科学的思考の考古学』人文書院、2004年
『〈生政治〉の哲学』ミネルヴァ書房、2010年
『ゴーレムの生命論』平凡社、2010年
『動物に魂はあるのか』中央公論新社、2012年

木下　慎（きのした　しん）（10・18章）
東京大学大学院教育学研究科基礎教育学コース博士課程。教育学（教育哲学）
主要著書：「千葉命吉の初期教育思想——「生の哲学」の影響に注目して」『教育哲学研究』110号、2014年

近藤めぐみ（こんどう　めぐみ）（8章）
東京学芸大学大学院教育学研究科修士課程修了。
J. P. ホールディングス 日本保育サービス企画開発室員。教育学（教育史、幼児教育）
主要著書：「和田實のカリキュラム論——目白幼稚園における実践に着目して」『幼児教育史研究』第8号、2013年

田口賢太郎（たぐち　けんたろう）（11章）
東京大学大学院教育学研究科博士課程単位取得退学。
山梨学院短期大学専任講師。教育学（教育思想史）

編著者紹介

橋本美保（はしもと　みほ）
1963年、広島県生まれ
専攻：教育学（教育史、カリキュラム）
現職：東京学芸大学教育学部教授
広島大学大学院教育学研究科博士課程後期中途退学。博士（教育学）広島大学
著書：『明治初期におけるアメリカ教育情報受容の研究』（風間書房、1998）
『教育から見る日本の社会と歴史』（共著、八千代出版、2008）
『教職用語辞典』（共編著、一藝社、2008）
『新しい時代の教育方法』（共著、有斐閣、2012）
『プロジェクト活動――知と生を結ぶ学び』（共著、東京大学出版会、2012）
『教育の理念・歴史』（共編著、一藝社、2013）など

田中智志（たなか　さとし）
1958年、山口県生まれ
専攻：教育学（教育思想史、教育臨床学）
現職：東京大学大学院教育学研究科教授
早稲田大学大学院文学研究科博士後期課程満期退学。博士（教育学）東京大学
著書：『ペダゴジーの誕生』（編著、多賀出版、1999）、『他者の喪失から感受へ――近代の教育装置を超えて』（勁草書房、2002）、『〈近代教育〉の社会理論』（共編著、勁草書房、2003）、『教育学がわかる事典』（日本実業出版社、2003）、『教育人間論のルーマン――人間は教育できるのか』（共編著、勁草書房、2004）、『教育の共生体へ――Body Educationalの思想圏』（編著、東信堂、2004）、『人格形成概念の誕生――近代アメリカ教育概念史』（東信堂、2005）、『臨床哲学がわかる事典』（日本実業出版社、2005）、『グローバルな学びへ――協同と刷新の教育』（編著、東信堂、2007）、『キーワード 現代の教育学』（共編著、東京大学出版会、2009）、『教育思想のフーコー――教育を支える関係性』（勁草書房、2009）、『社会性概念の構築――アメリカ進歩主義教育の概念史』（東信堂、2009）、『学びを支える活動へ――存在論の深みから』（編著 東信堂、2010）、『教育学の基礎』（編著、一藝社、2011）、『プロジェクト活動――知と生を結ぶ学び』（共著、東京大学出版会、2012）、『教育臨床学――〈生きる〉を学ぶ』（高陵社書店、2012）、『教育の理念・歴史』（共編著、一藝社、2013）など

大正新教育の思想――生命の躍動

2015年7月3日　初版第1刷発行　〔検印省略〕
定価はカバーに表示してあります。

編著者©橋本美保・田中智志／発行者　下田勝司　印刷・製本／中央精版印刷株式会社

東京都文京区向丘1-20-6　郵便振替00110-6-37828
〒113-0023　TEL（03）3818-5521　FAX（03）3818-5514
発行所　株式会社 東信堂

Published by TOSHINDO PUBLISHING XO., LTD.
1-20-6, Mukougaoka, Bunkyo-ku, Tokyo, 113-0023 Japan
E-mail：tk203444@fsinet.or.jp　http://www.toshindo-pub.com

ISBN978-4-7989-1300-1 C3037